Thorsten Kubitza

Identität – Verkörperung – Bildung

**Thorsten Kubitza** (Dr. phil.) lehrt Pädagogik an den Universitäten Bochum und Osnabrück. Seine Forschungsschwerpunkte sind Identitäts- und Bildungstheorien, Leibphänomenologie und Philosophische Anthropologie.

Thorsten Kubitza

# Identität – Verkörperung – Bildung

Pädagogische Perspektiven der Philosophischen Anthropologie Helmuth Plessners

[transcript]

*Gedruckt mit Unterstützung des Vereins zur Förderung des Kulturwissenschaftlichen Instituts in Essen*

**Bibliografische Information der Deutschen Bibliothek**
Die Deutsche Bibliothek verzeichnet diese Publikation in der Deutschen Nationalbibliografie; detaillierte bibliografische Daten sind im Internet über http://dnb.ddb.de abrufbar.



© 2005 transcript Verlag, Bielefeld
Umschlaggestaltung: Kordula Röckenhaus, Bielefeld
Projektmanagement: Andreas Hüllinghorst, Bielefeld
Druck: Majuskel Medienproduktion GmbH, Wetzlar
ISBN 3-89942-318-6

Gedruckt auf alterungsbeständigem Papier mit chlorfrei gebleichtem Zellstoff.

Besuchen Sie uns im Internet: http://www.transcript-verlag.de

Bitte fordern Sie unser Gesamtverzeichnis und andere Broschüren an unter: info@transcript-verlag.de

# Inhalt

# Vorwort

Die vorliegende Arbeit ist die in einzelnen Teilen überarbeitete Fassung meiner Dissertation, die von der Fakultät für Philosophie, Pädagogik und Publizistik der Ruhr-Universität Bochum im Sommersemester 2001 angenommen wurde.

Mein Dank gilt zunächst dem Kulturwissenschaftlichen Institut Essen, das die Veröffentlichung der Arbeit durch einen großzügigen Druckkostenzuschuss unterstützt hat. Da ein umfangreicher Teil der Arbeit im Zuge meiner Mitarbeit in der Studiengruppe »Lebensformen im Widerstreit« des KWI entstanden ist, möchte ich an dieser Stelle stellvertretend für alle MitarbeiterInnen des Instituts sowie der Studiengruppe Prof. Dr. Jürgen Straub danken.

Zudem danke ich dem Graduiertenkolleg der Ruhr-Universität Bochum für dessen finanzielle Förderung der Arbeit in Form eines Stipendiums.

Danken möchte ich ferner all jenen, die am Entstehungsprozess der Arbeit durch ihre beratenden, kritischen und inspirierenden Anmerkungen maßgeblich mitgewirkt haben. Dabei gilt mein ganz besonderer Dank Prof. Dr. Käte Meyer-Drawe für ihre engagierte Betreuung der Arbeit. Ihre kritisch-konstruktiven Anregungen sowie ihre spezifische Art und Weise des Denkens haben meine Auseinandersetzung mit der Thematik in vielerlei Hinsicht bereichert.

Ebenfalls möchte ich mich ganz herzlich bei Anja Fischer bedanken, deren Geduld und Klarsicht in ungezählten Diskussionen ich weit mehr verdanke, als es hier gewürdigt zu werden vermag.

Nicht zuletzt danke ich meinen Eltern Ingrid und Karl-Heinz Kubitza für ihr außergewöhnliches Verständnis und ihre vielfältige Unterstützung auf dem langen Weg der Entstehung dieser Arbeit. Ihnen möchte ich deshalb dieses Buch widmen.

# EINLEITUNG

> »Der Mensch ist sich selbst das rätselhafteste Ding der Natur, denn er kann nicht begreifen, was Körper und noch weniger, was Geist ist und am wenigsten von allem, wie ein Körper mit einem Geist vereint sein könne. Das ist der Gipfel aller Schwierigkeiten und indessen ist es unser eigenes Wesen.«
> (Blaise Pascal, Gedanken)

> »Wer sich nur recht beobachtet, wird sich kaum zweimal in der gleichen Verfassung befinden. [...] [W]er immer sich recht aufmerksam prüft, wird in sich, ja sogar in seinem Urteil über sich selbst, diese Unstetigkeit und Unstimmigkeit vorfinden.«
> (Michel de Montaigne, Essais)

Zum Aufgabenbereich einer reflexiv verfahrenden Wissenschaft zählt neben der Begriffs- und Theorie*bildung* auch die kritische Überprüfung *etablierter* Konzepte und Terminologien. Obwohl die Pädagogik im Rahmen ihrer Theorie- und Begriffsarbeit diesem Anspruch unbestritten Rechnung trägt, monieren Kritiker dennoch immer wieder eine nur gering ausgeprägte Bereitschaft dieser Disziplin zur Inspektion leitender Konzepte und Terminologien. Danach korrespondiere der »Neigung des Faches [...], den jeweils neuen Entwicklungen der Nachbarwissenschaften zu folgen, so daß die theoretischen Moden im Wechsel der Begriffe und Konzepte nahezu inflationär werden«[1], ein konsequentes Festhalten an bislang bewährten Theorieansätzen. »Von gesellschaftlichen Veränderungen kaum berührt, dominieren die gleichen Begriffe seit Jahrzehnten. Parallel zum modischen Wechsel läßt sich [...] eine erstaunliche Beharrlichkeit von Konzepten und Begriffen, gelegentlich sogar eine eigentümliche Stagnation der Debatte konstatieren.«[2]

Zu den maßgeblichen Repräsentanten einer solchen konzeptionellen Persistenz zählt innerhalb des pädagogischen Diskurses u.a. der Terminus ›Identität‹. Obwohl nicht zu den »einheimischen Begriffen der Erziehungswissenschaft«[3] zählend, illustrieren die nach wie vor zahlreichen

1 Tenorth, 1995, S. 3.

2 Ebd. Auf die »Dringlichkeit einer Revision pädagogischer Grundbegriffe« verweist auch Wimmer (vgl. Wimmer, 1996, S. 53 f.).

3 König, 1999, S. 33.

pädagogischen Publikationen zum Thema ›Identität‹[4], dass es sich bei ihr um eine der maßgeblichen konzeptionellen Orientierungen dieser Disziplin handelt. »Im pädagogischen Kontext stellt die Kategorie der ›Ich-Identität‹ [...] eine bis heute kaum hinterfragte Leitkategorie pädagogischer Forschung und Theoriebildung dar, in deren Blick der ›mündige‹, das heißt interaktions- und diskursfähige Mensch liegt. Ihr Postulat [...] erstreckt sich von der Vorschulerziehung über Schulerziehung, Jugendarbeit, Erwachsenenbildung bishin zur Ausbildung der Erzieher.«[5]

Über seine Dignität als wissenschaftstheoretische Kategorie hinausgehend zählt der Terminus ›Identität‹ auch zu den zentralen Selbstverständigungsformeln, auf die Menschen in ihren Selbst- und Welt-Beschreibungen zurückgreifen. Angesichts dessen, dass Ausdrücke wie ›Ich-Identität‹ und ›Identitätskrise‹ inzwischen fest in der Alltagssprache verankert sind, ruft es heute kaum noch Verwunderung hervor, wenn von einer selbst- oder fremdaufgeforderten ›Findung‹ oder ›Bewahrung‹ der eigenen Identität die Rede ist. In merkwürdigem Kontrast zu seinem oftmals selbstverständlichen Gebrauch steht jedoch die immer wieder bemerkte ›Dunkelheit‹[6] des Ausdrucks. Denn trotz seiner sowohl wissenschaftlich als auch alltagspraktisch selbstverständlichen Verwendung scheint sich der Begriff entgegen der vordergründigen Evidenz seines Aussagegehaltes bei genauerer Betrachtung einer präzisen Bestimmung zu widersetzen. »Was hat es aber mit dem Wort ›Identität‹ auf sich, das uns in der Alltagssprache so selbstverständlich über die Lippen kommt? Auf den ersten Blick scheint der Bedeutungsgehalt ganz klar: Identität ist das Gefühl, ›man selbst zu sein‹, das Wissen, ›wer man ist‹. Aber sobald man sich mit dem Begriff ein wenig genauer auseinandersetzt, ergeben sich viele Schwierigkeiten: Ist Identität gleichbedeutend mit Ausdrücken wie ›Persönlichkeit‹, ›Selbstgefühl‹ oder ›Charakter‹? Handelt es sich um den Status, das ›Ansehen‹ eines Menschen in der Öffentlichkeit, oder ist Identität der Wesenskern, das ›Eigentliche‹ einer Persönlichkeit hinter ihren sozialen Auftritten und Rollen? Zeigt sich Identität in der Charakterfestigkeit, der Fähigkeit, sich selber in seinen Prinzipien treu zu bleiben, oder geht es um etwas, was man in unterschiedlichen Begegnungen stets neu nach außen ›präsentiert‹?

4 Vgl. u.a. Klika, 2000; Bernhard, 1999; Hoffmann/Neuner, 1997.

5 Stross, 1991, S. 3. Vgl. Schweitzer, 1988, S. 56; ders., 1985, S. 20. Hinsichtlich der Orientierung der Pädagogik am Identitätsbegriff bemerkt Ricken, dass nach wie vor »selten sein Gebrauch, sondern weit eher sein Nichtgebrauch [...] unter Rechtfertigungsdruck gerät« (Ricken, 2002, S. 318).

6 So spricht etwa Odo Marquard in einer oft zitierten Diktion von der ›Identität‹ als einer »Problemwolke mit Nebelwirkung« (Marquard, 1979, S. 347).

Wann entsteht so etwas wie ein Identitätsgefühl [...]? Und wann endet menschliche Identität, in der Psychose, in der Demenz oder im Tod?«[7]

Die in diesem Fragenkomplex anklingenden Probleme lassen erahnen, warum sich das Identitätskonzept neben einer außerordentlichen Wertschätzung auch von einer nicht unbeträchtlichen Zahl kritischer Stimmen begleitet sieht. Diese monieren u.a. den nahezu unüberschaubaren Bedeutungspluralismus des Wortes, durch den ›Identität‹ – so ein oft geäußerter Vorwurf – zum »Inflationsbegriff Nr. 1«[8], zum »Plastikwort«[9], zur »Metapher für Alles und Nichts«[10] avanciere. Neben jener beinahe ›epidemischen Ausbreitung‹[11] der Identitätsformel ist es vor allem die bis weit in die philosophische Tradition zurückreichende Auffassung, personale Identität lokalisiere sich als ein *reflexives* Selbstverhältnis vorrangig auf der Ebene der Kognition, die zunehmend in den Fokus der Kritik rückt. »Das Denken von Identität wurde lange Zeit über das Vermögen zu *denken* und seine Operationen der Synthese des Mannigfaltigen und Differenten, über das *Begehren* des Subjekts nach sich selbst, nach der Einheit des Sinns [...] hergestellt. Damit wurde aber auch das Denken von Differenz dem der Einheit oder der Synthese unterstellt.«[12] Als problematisch muss ein solches Verständnis seinen Kritikern deshalb erscheinen, weil hierdurch – wie im weiteren Verlauf deutlich gemacht werden soll – wesentliche Elemente des menschlichen Selbst(seins) ausgeklammert bzw. bagatellisiert werden.

Mit Blick auf den pädagogischen Diskurs erweist sich die Frage nach der Angemessenheit der Identitätsformel als adäquater (Selbst-)Thematisierungsform von Subjekten nicht zuletzt auch deshalb als bedeutsam,

7 Conzen, 1996, S. 54 f.

8 Brunner; zit. nach Keupp, 1997, S. 29.

9 Pörksen, 1989, S. 41.

10 Bolay/Trieb, 1988, S. 115. Angesichts dessen spricht Niethammer von der ›Identität‹ als einem »Allerweltswort für jedweden Kontext« (Niethammer, 2000, S. 34 f.). Und auch Straub konstatiert, dass »die qualitative Identitätsfrage offenkundig unüberbietbar komplex und weit gefaßt ist, und [...] daß unter dem Titel ›Identität‹ beinahe alles und jedes zum Gegenstand wissenschaftlicher Untersuchungen gemacht werden kann« (Straub, 1991, S. 57). Vgl. in diesem Zusammenhang auch die Feststellung de Levitas, dass »der Begriff der Identität so viele Bedeutungen hat, wie es Theorien gibt, die ihn verwenden« (de Levita, 1976, S. 9). Vgl. ferner Hoffmann/Neuner, 1997, S. 8; Strauss, 1968, S. 7.

11 Vgl. Assmann/Friese, 1998, S. 11.

12 Friese, 1998, S. 41.

weil die Identitätsproblematik in unterschiedlichen Verweisungszusammenhängen mit dem Problem der ›Bildung‹ steht. So wurde seit den späten sechziger Jahren des 20. Jahrhunderts darüber diskutiert, inwiefern es möglich und nötig ist, angesichts der Schwierigkeit seiner empirischen Nachweisbarkeit sowie des ihm zugeschriebenen ideologischen Charakters vollständig auf den Begriff der ›Bildung‹ zu verzichten und an seine Stelle denjenigen der ›Identität‹ treten zu lassen.[13] Darüber hinaus tritt der zwischen der Identitäts- und Bildungsproblematik bestehende Konnex auch darin zutage, dass die Identitätsgewinnung des Subjekts vielfach zum Leitziel von Bildungsprozessen erhoben wird.[14] Dabei wird deutlich, dass sich das einem solchen Konzept zugrundeliegende Bildungsverständnis – analog zur zuvor skizzierten Identitätsauffassung – ebenfalls von einer Vorstellung geleitet zeigt, nach der ›Bildung‹ vorrangig geistige Prozesse umfasst.

Die vorliegende Arbeit verfolgt das Ziel, einen Beitrag zur eingangs dargelegten Forderung nach einer Inspektion etablierter pädagogischer Begriffe und Theorien zu leisten, indem sie mit Hilfe der Philosophischen Anthropologie Helmuth Plessners[15] das zuvor skizzierte kognitiv restringierte Identitäts- und Bildungsverständnis einer kritischen Überprüfung unterzieht. Aus Sicht der Plessner'schen Anthropologie erweist sich die identitäts- und bildungstheoretische Reduktion des menschlichen Selbst(seins) auf die Ebene der Kognition deshalb als problematisch, weil hierdurch zentrale Dimensionen der menschlichen Existenz wie etwa die *körperlich-leibliche Verfasstheit* des Menschen sowie dessen fundamentale *Verwiesenheit auf Andere/s* und – eng damit verbunden – sein ständiges *Anderswerden* eine Marginalisierung erfahren.

13 Vgl. Meyer-Drawe, 2000c, S. 139 f. Die Schriften Meyer-Drawes können als richtungsweisend für die thematische Orientierung dieser Arbeit gelten. Neben *Leiblichkeit und Sozialität* (dies., 1984) kommt auch ihrer Schrift *Bildung und Identität* eine zentrale Bedeutung zu, in der sie anregt, »Bildung zu beschreiben, ohne auf eine wie auch immer geartete Identitätsvorstellung zurückzugreifen oder nach einer Alternative zu suchen« (dies., 2000c, S. 141).

14 Vgl. Kap. II 2.3.

15 Plessners Arbeiten werden im Folgenden nach den von G. Dux. O. Marquard, E. Ströker u.a. herausgegebenen *Gesammelten Schriften* zitiert. Zitatbelege erfolgen durch die Angabe des betreffenden Bandes sowie der Seitenzahl. Nicht in die GS aufgenommene Schriften Plessners werden durch die Angabe der jeweiligen Jahreszahl ausgewiesen. In bestimmten Fällen wird im Text auf die Verwendung von Siglen zurückgegriffen (vgl. hierzu das Siglenverzeichnis).

Entgegen einer auf den ersten Blick möglicherweise nahe liegenderen Vorgehensweise zielen die nachfolgenden Ausführungen allerdings nicht darauf, den Identitätsbegriff um einige ihm bisher fehlende Aspekte zu ergänzen, um so ausgehend von Plessners Einsichten ein »Leib-Körper-fundiertes Identitätsmodell«[16] entwickeln. Vielmehr soll Plessners Anthropologie im weiteren Verlauf als eine *differenztheoretische*[17] Beschreibungsmöglichkeit von Subjektivität und Bildung vorgestellt werden, die quer zu der Alternative von ›Identität‹ und ›Nicht-Identität‹ liegt, ohne beide – wie häufig zu beobachten – gegeneinander auszuspielen.[18] An die Stelle der Ausschließlichkeitsrelation ›identisch‹ *versus* ›nicht-identisch‹ tritt bei Plessner als Leitmotiv seiner anthropologischen Konzeption die Übergangsmetapher der ›Verschränkung‹, die nicht Koinzidenz des Selbst mit sich oder Anderen/m, aber auch nicht vollständige Diffusion oder beziehungslose Pluralität bedeutet.[19] Durch sie werden vielmehr die Potentiale eines ›Grenz-Denkens‹ transparent, das sich konsequent zwischen vereinseitigenden Alternativen situiert, indem es weder auf eine Hierarchisierung oder Nivellierung noch auf eine Versöhnung (Synthetisierung) von Differenzen und Zweideutigkeiten zielt, sondern die dynamische und relationale Struktur menschlicher Selbst- und Weltverhältnisse samt ihrer ambiguosen und konflikthaften Züge *als solche* expliziert. Insofern versteht

16 Gugutzer, 2002, S. 123 ff. (zu Plessner: S. 61 ff.). Vgl. in ähnlicher Hinsicht Stockmeyer, 2004 (zu Plessner: S. 34 ff.) sowie Haneberg, 1995. Neben dem Umstand, dass diese Positionen auf den Identitätsbegriff rekurrieren, ohne ihn selbst einer kritischen Reflexion zu unterziehen, unterscheidet sich die vorliegende Arbeit von den Genannten auch in der Einschätzung, dass die Einbettung der Leib-Körper-Relation in ein einheitssuggerierendes Identitätsvokabular (etwa in Form der Rede von einer ›leiblichen Identität‹) zumindest Gefahr läuft, wertvolle leibphänomenologische Differenzierungen preiszugeben.

17 Ungeachtet einer insgesamt noch immer vorhandenen »große[n] Zurückhaltung« (Fromme, 2000, S. 522) des pädagogischen Diskurses gegenüber differenztheoretischen Konzepten kann sich ein solches Vorhaben auf die inzwischen immer zahlreicher zu vernehmenden Stimmen berufen, denen zufolge es »gerade differenztheoretisch angelegte Selbst- und Weltbilder« sind, die »in erziehungswissenschaftlicher Sicht [interessieren]« (Marotzki, 1991, S. 84).

18 Vgl. hierzu kritisch Thyen, 1989, S. 205; Belgrad, 1992, S. 101; Schäfer, 1999b, S. 112 f., 159 ff.; Klika, 2000, S. 298.

19 Angesichts dessen erweist sich auch für seine Anthropologie das Diktum Maurice Merleau-Pontys als verbindlich, in dessen Spätwerk es heißt: »[E]s gibt keine Identität, auch keine Nicht-Identität, es gibt Innen und Außen, die sich umeinander drehen« (Merleau-Ponty, 1994, S. 331).

sich die folgende Abhandlung auch als ein Beitrag zur Historisierung des Identitätskonzepts, indem sie mit Rückgriff auf die Plessner'sche Anthropologie zu illustrieren beabsichtigt, dass das Denken der Moderne neben identitätstheoretisch orientierten Formen der Beschreibung menschlicher Selbst- und Weltverhältnisse durchaus konkurrenzfähige alternative Ansätze der Selbstthematisierung hervorgebracht hat. Dieser Hinweis impliziert zugleich eine Absage an den Vorsatz, Plessner aufgrund der seinem Ansatz inhärenten dezentralistischen Motivik und ungeachtet einer Reihe bestehender Berührungspunkte[20] als Avangardisten eines so genannten ›postmodernen‹ Denkens zu präsentieren. Die nachfolgende Darstellung wird vielmehr darum bemüht sein, ihn als einen kritischen Repräsentanten der Moderne auszuweisen, der ihr gegenüber allerdings eine für seine Person und sein Denken charakteristische ›exzentrische‹ Stellung wahrt. »Selbstpositionierung zunächst im Spannungsfeld der Klassischen Moderne [...]. Selbstpositionierung aber auch in Distanz [...] zu diesem Diskurs [...]. Deshalb steht Plessner in den zwanziger Jahren und weist zugleich über sie hinaus. Deshalb kommt man aber auch aus der Ambivalenz nicht heraus, wenn man sich auf ihn einläßt.«[21]

Dem von identitätstheoretischer Seite häufig vertretenen Standpunkt, dass das Subjekt seine ›Identität‹ vorrangig mittels eines reflexiven Selbstbezugs ›herstellt‹, wird im Folgenden mittels Plessners anthropologischer Forschung eine Perspektive gegenüberstellt, welche die Mitwirkung des Leibes an allen Formen menschlicher Vollzüge sowie die Verwiesenheit auf Andere/s und das Anderswerden als zentrale Elemente der conditio humana ausweist. Zur »Kardinalfrage menschlicher Existenz«[22] muss der Körper, genauer: die Körper-Leib-Relation, nach Plessner deshalb erhoben werden, weil für ihn die »Grundfigur des menschlichen Daseins« nicht vorrangig durch die Momente des Selbstbewusstseins oder der Sprache gekennzeichnet ist, sondern schwerpunktmäßig »im Banne des Körpers«[23] steht. Als exzentrisch positioniertes Wesen, das nicht in sich ruht, sondern immerzu außerhalb seiner selbst steht, zeigen sich menschliche Selbstbezüge daneben immerzu von einem Moment des Entzugs und der Verfehlung gekennzeichnet, das gleichzeitig die Verflechtung des Selbst mit

20 Vgl. Orth, 1995, S. 67; de Mul, 1991. Demgegenüber proklamiert Kämpf die grundsätzliche Überlegenheit von Plessners Formel der ›Exzentrizität‹ gegenüber der »postmodernen Fragmentarisierung« des Subjekts (Kämpf, 2001, S. 116).

21 Makropoulos, 1995, S. 100.

22 VII, S. 437.

23 Ebd., S. 211. Vgl. ebd., S. 218; Limbach, 1992, S. 295; Redeker, 1993, S. 162.

Anderem begründet. »Selbstdeutung und Selbsterfahrung gehen über andere und anderes. Der Weg nach Innen bedarf des Außenhalts. Wie er gegangen wird [...], entspricht stets der Auffassung der Außenwelt und der sozialen Verfassung. Daß er gegangen werden mußte und muß, liegt jedoch in der menschlichen Personalität [...] begründet [...].«[24]

Seine Konsequenzen offenbart dieser Gedanke in Gestalt von Plessners Einschätzung des Stellenwerts der Selbstvergegenwärtigung für die menschliche Lebensführung. Kulminieren im Identitätsdenken Erkenntnisanspruch und -ideal in der Frage ›Wer bin ich?‹ (wobei oftmals unterstellt wird, dass mit steigender Selbsttransparenz auch die subjektive Handlungsfähigkeit anwächst), so unterstreichen Plessners Überlegungen gerade die Produktivität einer partiellen Intransparenz inter-subjektiver[25] Vollzüge. »Ertragen wir die Durchbrechung auch noch der letzten Schutzschicht, die uns vor uns selbst und vor dem Blick der Anderen verbirgt [...]? Gibt es nicht so etwas wie ein wohltätiges Dunkel, in dem wir für andere wie für uns selbst bleiben müssen?«[26]

Die seit den zwanziger Jahren im Rahmen seiner Konzeption einer leiblich-exzentrischen Subjektivität entwickelten anthropologischen Einsichten kulminieren im Denken des späten Plessner im Prinzip der ›Verkörperung‹. Mit ihr findet er eine Thematisierungsmöglichkeit von Inter-Subjektivität, die verdeutlicht, inwiefern die menschliche Existenz als genuin leibliche in den Prozess einer unabschließbaren Dialektik von Selbstsein und Anderswerden eingebunden ist.[27] Dem von identitätstheoretischer Seite häufig vertretenen Standpunkt, menschliche Lebensführung bedürfe zu ihrem Gelingen einer ›stabilen‹ Identität, stellt Plessner den Gedanken einer ›Lebensführung als Verkörperung‹ entgegen und akzentuiert damit stärker als ein an den Vorgaben des Identitätskonzepts orientiertes Denken die immerzu fragile Züge tragende leibliche und relationale Dimension menschlicher Lebensführung.

Ist mit dem Problem der ›Identität‹ der eine thematische Fluchtpunkt

24 VIII, S. 196.

25 Mit dieser im Folgenden konsequent durchgehaltenen Schreibweise soll angezeigt werden, dass »[i]ndividuelle und generelle Subjektivität, d.h. Intersubjektivität, [einander] implizieren« (VIII, S. 339 f.; vgl. Meyer-Drawe, 1984, S. 11 Fn.).

26 Ebd., S. 129.

27 Vgl. in diesem Zusammenhang die folgende Anmerkung Wintersteiners: »Für die Pädagogik brauchen wir einen Begriff vom Anderen, der die Ver*änderung*, die Anderswerdung durch die Konfrontation und ›Vermischung‹ mit dem anderen zum Inhalt hat« (Wintersteiner, 1999, S. 174).

der vorliegenden Abhandlung markiert, so zielt deren zweiter Teil darauf, das Plessner'sche Konzept der ›Verkörperung‹ auf seine Relevanz für das Problem der ›Bildung‹ zu befragen. Unter bildungstheoretischen Gesichtspunkten lässt sich mittels des Verkörperungskonzepts der problematische Gehalt einer Vorstellung markieren, der zu Folge ›Bildung‹ als Weg zur Gewinnung einer dauerhaften Identität fungiert. Denn den immer wieder neu zu vollziehenden Akten der ›Verkörperung‹ liegt nicht, wie Plessner zeigt, eine über alle Veränderungen hinweg mit sich identisch bleibende Subjektformation zugrunde, vielmehr äußert sich ›Bildung‹ in einer immer wieder neu zu erbringenden konflikthaften Gestaltung der durch den Menschen hindurch verlaufenden Sphären von Innen und Außen, Selbst und Anderen/m, körperlich-sinnlichen und verstandesmäßigen Aspekten. Indem ›Bildung‹ somit als eine bewusste *und* habitualisierte Weise der ›Verkörperung‹ begriffen wird, lassen sich aus einer solchen Perspektive ferner eine Reihe kritischer Fragen an ein Bildungsverständnis richten, dem zufolge ›Bildung‹ vor allem als das Resultat einer Akkumulation kultureller Wissensbestände erscheint.

Die hier konturierte Programmatik soll im weiteren Verlauf anhand von vier Kapiteln weiter entfaltet werden. In einem ersten Zugang (I) wird in Form eines knappen historischen Rückblicks zunächst das oftmals problematische Verhältnis zwischen Pädagogik und Anthropologie erörtert. Dabei soll herausgestellt werden, dass die hier verfolgte pädagogische Erschließung von Plessners Ansatz keineswegs eine anthropologische ›Fundierung‹ der Pädagogik im Blick hat. Im zweiten Kapitel (II) wird mittels eines Durchgangs durch einige ›klassische‹ und aktuelle Ansätze versucht, Belege für die bereits erwähnten reduktionistischen Tendenzen des Identitätsdenkens (Marginalisierung der Leiblichkeit und des Anderen/Anderswerdens) zu erbringen, wobei ein besonderer Akzent auf solchen Positionen liegen wird, welche ›Identität‹ zur zentralen Möglichkeitsbedingung menschlicher Lebensführung erklären. Im dritten Kapitel (III) erfolgt dann die Rekonstruktion von Plessners leiblich-exzentrischer Inter-Subjektivitätskonzeption, die nicht nur die Grundlage für eine systematische pädagogische Fruchtbarmachung seines Ansatzes, sondern auch für das Verständnis des Prinzips der ›Verkörperung‹ darstellt, dessen Explikation im Mittelpunkt des vierten Kapitels (IV) erfolgt. Die aus Plessners ästhesiologischem Ansatz sowie seinen rollentheoretischen Überlegungen gewonnenen Befunde hinsichtlich der Verkörperungsdimension der menschlichen Existenz aufnehmend werden schließlich einige aus dem Prinzip der ›Verkörperung‹ erwachsende bildungstheoretische Konsequenzen diskutiert. Als eine pädagogisch relevante Kategorie erscheint die ›Verkörperung‹ dabei insofern, als sich durch sie eine Reihe von Einsichten in die grundsätzliche Leibgebundenheit von Bildungsprozessen gewinnen lassen. Zugleich wird sich in diesem Zusammenhang jedoch auch zeigen, dass das ausgehend von seinen anthropologischen Einsichten entwickelte Bildungsverständnis nach einer über Plessners Vorgaben hinausgehenden Ausdifferenzierung verlangt. Insofern es sich bei Bildungsprozessen nicht nur um bewusste, sondern auch habitualisierte Formen der ›Verkörperung‹ handelt, werden abschließend unter Einbeziehung der Überlegungen Klaus Mollenhauers und Pierre Bourdieus Möglichkeiten einer Präzisierung und Bereicherung des Plessner'schen Verkörperungskonzepts geprüft.

Vor dem Hintergrund dessen, dass es sich bei ›Identität‹ und ›Bildung‹ um zwei Leitkategorien des pädagogischen Denkens handelt, verbindet sich mit der thematischen Ausrichtung dieser Arbeit zugleich der Anspruch, Plessners anthropologische Einsichten erstmals in umfassender Weise für den pädagogischen Diskurs zu erschließen. Zwar finden sich immer wieder Stimmen, die darauf aufmerksam machen, dass die in seinem Ansatz »enthaltenden Chancen bisher keineswegs erschöpfend genutzt worden sind«[28], bzw. er »es eigentlich verdient, in pädagogischen Zusammenhängen ausführlicher erläutert zu werden«[29], doch stellt eine *systematische,* d.h. nicht auf einzelne Theorieelemente oder Begriffe restringierte Berücksichtigung von Plessners Überlegungen innerhalb pädagogischer Kontexte nach wie vor ein Desiderat dar. Dass es sich bei seiner Anthropologie um einen Ansatz handelt, der »konstitutiv, nämlich von seinem Anfang her, auf Überschreitung drängt«[30], wird nicht zuletzt durch dessen Selbstverständnis als ›Grenzforschung‹ bezeugt. Als solche weder von den übrigen Wissenschaften unabhängig noch diesen übergeordnet, stellt sie eine Konzeption dar, deren Perspektivenreichtum sich erst mit der Übertragung ihrer Befunde auf andere Forschungsgebiete entfaltet. »Der Entwurf verlangt nach seiner Durchführung in angrenzenden Disziplinen. Er ist darauf angelegt, dort seine Tragweite und Fruchtbarkeit zu erweisen.«[31]

28 Dux, 1970, S. 300.

29 Mollenhauer, 1998, S. 29. Vgl. Braun, 1989, S. 68.

30 Friedrich/Westermann, 1995, S. 336. Vgl. Lessing, 1998, S. 21.

31 Dux, 1970, S. 255. Vgl. ebd., S. 298. Analog hierzu schlagen auch Mollenhauer und Kamper vor, die »anthropologischen Thesen Plessners als regulatives Prinzip für die Beurteilung pädagogischer Sachverhalte« (Kamper/Mollenhauer, 1995, S. 480) zu nutzen.

# I. Anthropologie und Pädagogik – Skizzen einer problematischen Allianz

»Wessen Instinkt auf Rangordnung aus ist, der haßt die Zwischengebilde und Zwischenbildner: alles Mittlere ist sein Feind.« (Friedrich Nietzsche, Nachgelassene Fragmente)

Während sich aktuelle anthropologische Konzeptionen mehrheitlich von der Überzeugung geleitet zeigen, dass Anthropologie nicht mehr als eine universalistisch-normative, sondern allein als eine historisch-kritische Wissenschaft vom Menschen betrieben werden kann, fallen Genese und Wirkung von Plessners Konzeption in einen Zeitraum, in dem das hauptsächliche Forschungsinteresse dieser Disziplin noch immer vorrangig der Frage nach den Grundstrukturen des Menschseins galt.[1] Angesichts dessen bedeutete die Entstehung der Philosophischen Anthropologie als selbständige Wissenschaft in den zwanziger Jahren des letzten Jahrhunderts aufs Ganze gesehen zunächst weniger eine Revision des neuzeitlichen Bildes der Anthropologie als universalistisch argumentierende und damit geschichtsferne Disziplin, vielmehr schien dieses Verständnis in den Ansätzen Schelers, Plessners und Gehlens auf den ersten Blick seine Bestätigung und Fortführung zu erfahren. Die seinerzeit weitverbreitete und vielfach zu Recht bestehende Auffassung des anthropologischen Denkens als eines ›unhistorischen‹ spiegelt sich auch in der bekannten und einflussreichen Bestimmung Odo Marquards, nach der sich »›Anthropologie‹ [...] nicht jede, sondern allein diejenige philosophische Theorie des Menschen [nennt], die durch Abkehr von traditioneller Schulmetaphysik und mathematischer Naturwissenschaft, d.h. durch ›Wende zur Lebenswelt‹, möglich und durch ›Wende zur Natur‹, d.h. durch Resignation der Geschichtsphilosophie, fundamental wird.«[2]

Zeigte sich das anthropologische Denken lange Zeit von der Überzeugung geleitet, eine verbindliche Auskunft über das Wesen *des* Menschen geben zu können, so ist es eben jener »Dogmatismus und Essentialismus«[3], auf dem das spannungsreiche Verhältnis zwischen der Anthropolo-

1 Vgl. Landmann, 1976, S. 6.

2 Marquard, 1997, S. 138. Vgl. jedoch zur kritischen Beurteilung von Marquards These Schnädelbach, 1983, S. 274; Pleines, 1973, S. 51 sowie zur Problematik einer solchen Bestimmung in Bezug auf Plessners Ansatz Giammusso, 1990/91, S. 133 ff.; Limbach, 1992, S. 6 f.; Völmicke, 1994, S. 194 f.

3 Mertens, 1998, S. 45.

gie und anderen Disziplinen wie etwa der Pädagogik gründet. Dass Anthropologie und Pädagogik dessen ungeachtet im Verlauf der Geschichte immer wieder auch eine – wenn auch häufig konfliktträchtige – Allianz bildeten, bezeugt nicht nur die bis zur Mitte des 18. Jahrhunderts zurückreichende Verbundenheit beider Disziplinen[4]; ihre Koalition spiegelt sich darüber hinaus auch in Gestalt der seit den fünfziger Jahren des 20. Jahrhunderts einsetzenden Bemühungen um die Entwicklung einer Pädagogischen Anthropologie.[5] Als bemerkenswert kann in diesem Zusammenhang der Umstand gelten, dass sich mit der Ausbildung und Etablierung der Pädagogischen Anthropologie der anhaltende Streit zwischen dem pädagogischen und anthropologischen Diskurs nun in Erstgenannten hinein verlagerte. Eine intensive Erörterung erfuhr dabei vor allem die Frage eines möglichen ›Fundierungsanspruchs‹ der Anthropologie gegenüber den übrigen Teildisziplinen der Pädagogik.[6]

In Abgrenzung zu den Inauguratoren der Philosophischen Anthropologie des frühen 20. Jahrhunderts, aber auch in partieller Distanz zu den pädagogisch-anthropologischen Entwürfen der fünfziger bis siebziger Jahre trat seit Ende der achtziger Jahre unter dem Signum ›Historische Anthropologie‹[7] eine neue Form anthropologischen Denkens in den Blickpunkt der pädagogischen Aufmerksamkeit. Wie bereits der Titel anzeigt, positioniert sich diese Richtung diametral zu einer »auf das Bleibende der menschlichen Natur gerichtete[n] Erkenntnis [...], die eher konservativen Zeitströmungen entspringt und auch zugute kommt.«[8] Damit erweisen sich aus der Sicht dieser Bewegung auch die für das vorgängige anthropologische Denken charakteristische Frage nach *dem* Menschen und der mit ihr verbundene universalistische Anspruch als obsolet. Demgegenüber begreift sich die Historische Anthropologie als eine Forschung, die »sowohl die Geschichtlichkeit ihres Gegenstandes als auch die Geschichtlichkeit

4 Vgl. Wulf, 1996; Herrmann, 1992.

5 Vgl. zur Geschichte dieser Disziplin Wulf/Zirfas, 1994, S. 7 ff., sowie Braun, 1989.

6 Vgl. zum Verhältnis von Pädagogik und Anthropologie in der Perspektive der sechziger und siebziger Jahre neben einem kurzen Überblick bei Wulf/Zirfas, 1994, S. 9 ff. die Sammelbände von Becker (1971) und Höltershinken (1976) sowie zur kontroversen Einschätzung des Problems einer philosophischen Grundlegung der Pädagogik Derbolav, 1970, S. 49 ff.; Bollnow, 1965, S. 43 f.; Nosbüsch, 1976, S. 174 ff.; Braun, 1989, S. 10.

7 Vgl. Gebauer, Kamper, Lenzen u.a., 1989; Wulf/Kamper, 1994, S. 9 f.; Wulf, 1994, S. 7 ff.; Wimmer, 1994, 1998; Gebauer, 1998.

8 Kamper/Wulf, 1994, S. 8.

ihrer Methoden zu reflektieren ermöglicht.«[9] Aus dieser reflexiven Stellung zu sich und ihren Objekten resultiert schließlich die Forderung, dass die Pädagogische Anthropologie das Moment der »*Anthropologiekritik* in ihr Selbstverständnis einbeziehen«[10] müsse.

Angesichts des hier verfolgten Anliegens einer systematischen Erschließung von Plessners Denken für die Pädagogik soll dessen Ansatz in einem ersten Zugang vor dem Hintergrund des skizzierten konflikthaften Verhältnisses zwischen beiden Disziplinen daraufhin befragt werden, ob und inwiefern dieser sich von den häufig gegenüber anthropologischen Konzeptionen erhobenen Einwänden betroffen zeigt. Dabei wird im Anschluss an einige einleitende Bemerkungen zur Relevanz der Kategorie des ›Zwischen‹ für Plessners Denken (1) die hier bereits konturierte Problematik einer »anthropologischen Betrachtungsweise in der Pädagogik« (Bollnow) eine vertiefende Erörterung erfahren (2). Hieran anknüpfend erfolgt eine Befragung des Selbstverständnisses der Plessner'schen Anthropologie, die u.a. Auskunft darüber geben soll, inwiefern mit deren Befunden ein ›Fundierungsanspruch‹ gegenüber anderen Disziplinen einhergeht (3). Weiterhin wird anhand einer Untersuchung seines Wesensbegriffes überprüft, ob sich in Plessners Rede vom ›Wesen des Menschen‹ tatsächlich ein geschichtsferner Essentialismus ausspricht (4). In einem letzten Schritt wird dann anhand einiger Beispiele ein Grundproblem der bisherigen pädagogischen Plessner-Rezeption erörtert, das, wie sich zeigen wird, maßgeblich in einem selektiven, d.h. lediglich einzelne Begriffe bzw. Elemente berücksichtigenden Rekurs auf seinen Ansatz besteht (5).

## I.1 Präliminarien zu einer ›Anthropologie des Zwischen‹

Plessners Philosophische Anthropologie ist eine Philosophie des ›Zwischen‹. Mit dieser Charakterisierung soll im Folgenden jene Grundhaltung seines Denkens bezeichnet werden, in der sich eine Abkehr von einseitigen Anschauungsweisen zugunsten einer Würdigung der »tiefen Zweideutigkeit in aller Existenz«[11] bekundet.

Neben seiner Bedeutung als spezifische Signatur der menschlichen Seinsweise besitzt das ›Zwischen‹ in Bezug auf Plessner jedoch auch eine biographische Relevanz. Jene für seine Person charakteristische »Grenz-

9 Ebd., S. 9.

10 Wulf, 1994, S. 15.

11 V, S. 55.

gängerschaft«[12] kommt u.a. darin zum Ausdruck, dass er sich zu keiner Phase seines Denkens einer bestimmten wissenschaftlichen Schule zugehörig fühlte und auch eine auf seinem eigenen Denken gründende Schulbildung zumindest skeptisch beurteilte.[13] Über jene akademisch »geradezu konstitutive Unzugehörigkeit und Ort-losigkeit«[14] hinaus wird der Aspekt des ›Zwischen‹ auch durch die methodische Heterogenität der Plessner'schen Anthropologie bezeugt, die neben naturwissenschaftlichen Befunden kritizistischen, lebensphilosophischen und phänomenologischen Elementen Raum bietet.[15] Zugleich stellte Plessners »Fähigkeit der Assimilation und Aneignung fremder Ansätze, Begriffe und theoretischer Elemente«[16] für ihn jedoch auch eine Crux dar, wurde sie doch von nicht wenigen seiner Zeitgenossen – so etwa von Scheler[17] – als Ausdruck mangelnder intellektueller Originalität ausgelegt.[18]

Philosophiehistorisch kann die Idee einer ›Zwischenstellung‹ bzw. ›Doppelnatur‹ des Menschen auf eine Reihe prominenter Vorläufer zurückblicken. Zu denken wäre in diesem Zusammenhang etwa an die im biblischen Schöpfungsmythos und bei Heraklit vorzufindende Positionierung des Menschen zwischen Tier und Gott sowie dessen antike Auffas-

12 Lessing, 1998, S. 17. Vgl. Makropoulos, 1995, S. 100.

13 Vgl. X, S. 341.

14 Lessing, 1998, S. 19.

15 Vgl. Kap. I 3. Nur am Rande sei in diesem Zusammenhang auf die Plessners Werk innewohnende Dialektik von Kontinuität und Wandel hingewiesen. Diese kommt darin zum Ausdruck, dass sich seine Arbeiten einerseits stets gegenüber neuen wissenschaftlichen Erkenntnissen aufgeschlossen zeigen (vgl. Dejung, 1987, S. 259), andererseits jedoch eine gewisse, sich bis in das Frühwerk erstreckende sachliche Homogenität aufweisen (vgl. Pietrowicz, 1992, S. 25). Einen Reflex dieser Charakteristik stellt Plessners eigene Kommentierung seines Werks dar. Während er gegenüber König mit Blick auf die frühe *Krisis* seinem Erstaunen darüber Ausdruck verleiht, wie treu er sich letztlich geblieben ist (vgl. BW, S. 182), weist er an anderer Stelle auf die erst allmähliche Ausbildung seines Ansatzes sowie seine ständige Bereitschaft zur Revision früherer Ansichten hin (vgl. X, S. 341).

16 Lessing, 1998, S. 18. Vgl. Pietrowicz, 1992, S. 117.

17 Vgl. X, S. 329; BW, S. 173.

18 Vgl. hinsichtlich weiterer biographischer Aspekte neben Plessners *Autobiographischer Einführung* (Plessner, 1982, S. 3 ff. bzw. seiner *Selbstdarstellung* (X, S. 302 ff.) auch Lessing, 1998, S. 16 ff.; Pietrowicz, 1992, S. 15 ff.; Schüßler, 2000.

sung als ›animal rationale‹, ›zoon politicon‹ oder ›zoon logon echon‹.[19] Deuten diese Bestimmungen einerseits auf den Umstand einer dem Menschen innewohnenden grundsätzlichen ›Gespaltenheit‹, so beinhalten sie insofern einen dualistischen Zug, als die »Fähigkeit zu *Politik*, *Technik* und *Sprache* nicht nur eine Steigerung seiner animalischen Ausstattung ist, sondern den Menschen fundamental von allen Tieren unterscheidet und ihn im Prinzip auch in Gegensatz zu seiner eigenen Animalität bringt.«[20] Im Vergleich zur traditionellen Auffassung einer ›Zwischenstellung‹ des Menschen erfährt dieser Gedanke in Plessners Konzeption dahingehend eine Radikalisierung, dass die durch ihn angezeigte ›mittlere Ebene‹ nicht zugunsten der letztlichen Privilegierung eines bestimmten Bereichs – etwa der Ratio – preisgegeben wird. »Das Resultat ist eine Philosophie, die frei von jeder biologistischen, spiritualistischen, moralistischen, irrationalistischen oder anderen einseitigen Reduktion ihre Kraft hat in der subtilen und reinen Ausarbeitung aller Verflechtungen und Verbindungen, schwebenden Zwischenpositionen und Ambivalenzen, internen Spannungen und unauflöslichen, aber dennoch unentbehrlichen Gegensätzlichkeiten, die den Menschen als ›Bürger zweier Welten‹, als ›Doppelgänger seiner selbst‹ kennzeichnen und in seiner Existenz bestimmen.«[21] Mit dieser spezifischen Perspektive eröffnet Plessners Anthropologie Einsichten in das »Zwischenreich«[22] des Ambiguosen, das sich den Gesetzmäßigkeiten einer zweiwertigen Logik widersetzt, in die Sphäre einer »ontologische[n] Zweideutigkeit«[23], die mehr besagen will als die bloße Möglichkeit einer bilateralen Betrachtungsweise.[24]

19 Vgl. Lorenz, 1990, S. 21 ff.

20 Böhme, 1997, S. 100. Wie Böhme betont, trifft diese Charakterisierung jedoch auf Aristoteles selbst nicht zu, für den »das Politischsein wie auch die Sprachfähigkeit des Menschen etwas [ist], das zu seiner Naturausstattung gehört« (Böhme, 1997, S. 100). Gleichwohl gilt es festzuhalten, dass »Aristoteles den Menschen durch Teilhabe an der ewigen *Vernunft* durchaus erhaben sieht über all das, womit er qua Lebewesen ausgestattet ist« (ebd.).

21 Redeker, 1993, S. 214. Der Arbeit Limbachs kommt das Verdienst zu, die Sphäre des ›Zwischen‹ bei Plessner erstmals explizit als Bereich der Intersubjektivität ausgewiesen zu haben (vgl. Limbach, 1992, S. 25 ff., 41, 58).

22 V, S. 69, 79; III, S. 20.

23 Ebd., S. 63.

24 Vgl. hierzu Meyer-Drawes Hinweis auf den Unterschied der Begriffe ›Ambivalenz‹ und ›Ambiguität‹: »Während man bei ambivalenten Zusammenhängen hervorheben will, daß eine Sache unter zwei Gesichtspunkten zu betrachten ist, deutet die Charakterisierung ›ambiguos‹ darauf hin, daß eine angeblich

Der produktive Gehalt des im weiteren Verlauf noch näher charakterisierten Motivs des ›Zwischen‹ offenbart sich auch im Hinblick auf die Revision einiger problematischer Interpretationen von Plessners Ansatz. Zu diesen zählt vor allem der immer wieder geäußerte Vorwurf, es handele sich bei diesem um eine monologisch ausgerichtete, idealistischen oder gar solipsistischen Vorgaben folgende Konzeption.[25] Sucht man nach Erklärungen für diese Lesart, so scheinen die Ursachen hierfür neben einer ungenügenden Berücksichtigung der Bedeutung der zuvor explizierten Zwischen-Stellung seines Denkens vor allem in einigen seiner maßgeblichen Einflussquellen begründet zu liegen.

Als zeitweiliger Schüler Husserls steht auch Plessner im Verdacht, dessen Wende zum transzendentalen Idealismus mitvollzogen zu haben.[26] Ihre vermeintliche Plausibilität gewinnt diese Vermutung nicht zuletzt dadurch, dass es ursprünglich in Plessners Absicht lag, bei Husserl mit einer Arbeit über dessen Ichbegriff im Vergleich zu demjenigen Fichtes zu promovieren, ein Unternehmen, das nach Plessners eigenen Worten an seiner mangelnden Kenntnis der Lehre Kants scheiterte.[27] Mit der Philosophie Fichtes ist ein weiteres Motiv für Plessners idealistische ›Vereinnahmung‹ benannt. Wenn er die exzentrische Positionalität als ein »sich selber Setzen«[28] des Subjekts bezeichnet, so weist diese Bestimmung eine unübersehbare Affinität zum Denken Fichtes auf. Erscheint es aufgrund dieser und einer Reihe weiterer Parallelen zunächst durchaus nahe liegend, Plessner als einen der idealistischen Tradition verpflichteten Denker anzusehen, so wird sich diese Arbeit um eine partielle Korrektur dieser Einschätzung bemühen. Dabei soll veranschaulicht werden, dass sich seine Anthropologie zwar gegenüber idealistischen Denkmotiven aufgeschlossen zeigt, diese im Rahmen seines Ansatzes jedoch eine Reihe entscheidender Modifikationen erfahren.

Aus dem bisher Gesagten geht hervor, dass das ›Zwischen‹ in Plessners anthropologischer Konzeption als jener Umschlagspunkt fungiert, an dem immer wieder aufs Neue die Entscheidung hinsichtlich einer gelun-

identische Sache im Erfahrungsprozeß selbst etwas anderes wird, und zwar nicht im Sinne einer linearen Ablösung von Zuständen, sondern als Reliefbildung innerhalb eines Gewebes (un tissu) oder eines Geflechts (un etrelacs)« (Meyer-Drawe, 1984, S. 18).

25 Vgl. Honneth/Joas, 1980, S. 82 f.; Rehberg, 1985, S. 72; Kramme, 1989, S. 21; Gebauer/Wulf, 1998, S. 56 ff.

26 Vgl. Limbach, 1992, S. 10 f.

27 Vgl. X, S. 308; IX, S. 353.

28 IV, S. 401.

genen Vermittlung oder aber Desintegration zwischen zwei Relata getroffen wird. Zugleich wird transparent, dass der Terminus ›Zwischen‹ das Anliegen der Plessner'schen Anthropologie nur unangemessen, wenn nicht sogar missverständlich charakterisiert, da er – anders als etwa das lateinische ›inter‹ – das Vorhandensein eines selbständigen, die beiden Pole lediglich vermittelnden Dritten suggeriert. »Das deutsche Zwischen beläßt die Pole in ihrer Bedeutung und bezeichnet nur eine Relation zwischen den Relata, wohingegen das ›inter‹ eine Dimension bezeichnet, die die Bedingung der Wirklichkeit von Polarisierungen allererst schafft.«[29]

Dass sich Plessner der Schwierigkeit einer begrifflichen Fassung der von ihm zu explizieren versuchten ›Zwischen‹-Sphäre durchaus bewusst war, belegen seine immer wieder neu unternommenen Beschreibungsversuche dieser Dimension. Als eine sachlich adäquate Explikationsform dieses ›Zwischen‹ wird sich, wie zu einem späteren Zeitpunkt näher ausgeführt, für ihn dabei vor allem das Motiv der ›Verschränkung‹ erweisen.

## I.2 Probleme einer »anthropologischen Betrachtungsweise in der Pädagogik«

Die Geschichte der neuzeitlichen Anthropologie entdeckt diese als eine in vielfacher Hinsicht umstrittene Disziplin[30], die ihren fragwürdigen Ruf vor allem ihrer häufig naturalistischen und essentialistischen Ausrichtung verdankt. Da sich angesichts der zahlreichen Vorbehalte gegenüber anthropologischen Ansätzen jeder Versuch ihrer Erschließung für andere Disziplinen als ein riskantes und von einer berechtigten Skepsis begleitetes Unternehmen darstellt, werden im Folgenden vier zentrale anthropologiekritische Argumente konturiert, von denen ausgehend in den nachfolgenden Abschnitten dieses Kapitels gefragt wird, ob sich mit Plessner möglicherweise doch eine »anthropologische Betrachtungsweise in der

29 Meyer-Drawe, 1984, S. 31. Wie Meyer-Drawe mit Blick auf die Phänomenologie Merleau-Pontys bemerkt, »haben Worte wie ›intercorporéité, ›interfacticité, ›interlocuteur‹ im französischen Sprachgebrauch keine Mißverständnisse zur Folge, weil sie den vollen Sinn des lateinischen ›inter‹ (inter nos amamus) übernehmen und von ›entre‹ unterscheiden können« (ebd.). Vgl. zur Problematik des Terminus ›Zwischen‹ auch Coenen, 1985b, S. 208 f.

30 Eine anthropologiekritische Haltung vertreten u.a. die Kritische Theorie, die Phänomenologie, der Marxismus sowie die Existenzphilosophie (vgl. Arlt, 2001, S. 40 ff.; Weiland, 1995, S. 165 ff.; Landmann, 1976, S. 42 ff., 48 ff.).

Pädagogik«[31] gewinnen lässt, die den aufgeführten anthropologiekritischen Einwänden standzuhalten vermag.

In Schelers Reformulierung der bereits bei Kant anzutreffenden Einsicht, dass sich »[i]n einem gewissem Verstande [...] alle zentralen Probleme der Philosophie auf die Frage zurückführen [lassen], was der Mensch sei«[32], dokumentiert sich *erstens* die Schwierigkeit der Anthropologie, ihren Referenzrahmen genau zu markieren, d.h. eine distinkte Unterscheidung zwischen anthropologischen und nicht-anthropologischen Ansätzen zu treffen.[33] Diese Unbestimmtheit ihres eigenen Begriffs hatte bereits Heidegger – dessen Einwände als die einflussreichste Kritik der Philosophischen Anthropologie des 20. Jahrhunderts gelten können – als eines der Grundprobleme des anthropologischen Denkens ausgewiesen. So heißt es in seinem Kant-Buch: »[V]ielleicht liegt die Grundschwierigkeit einer philosophischen Anthropologie nicht erst in der Aufgabe, die systematische Einheit der Wesensbestimmungen über dieses vielfältige Wesen (Mensch) zu gewinnen, sondern in ihrem Begriff selbst.«[34]

Als eine weitere gewichtige Stimme im Tenor der kritischen Einwände gegenüber der Anthropologie tritt *zweitens* die Geschichtsphilosophie auf. Aus ihrer Sicht stellt die Rede von ›dem‹ Menschen und der mit ihr verbundene Anspruch auf die Statuierung zeitloser Wesensgesetzlichkeiten

31 Bollnow, 1965.

32 Scheler, 1955, S. 175.

33 Vgl. in diesem Zusammenhang auch die Anmerkung Landmanns, dass sich »[j]ede Philosophie [...] in eine Anthropologie umschreiben [läßt], wie ein Musikstück in eine andere Tonart oder auf ein anderes Instrument« (Landmann, 1962, S. XII). In Entsprechung hierzu bemerkt Arlt: »Es gibt mehr Anthropologien, als Wörter auf eine Druckseite passen« (Arlt, 2001, S. 5 f.).

34 Heidegger, 1998, S. 190. Vgl. ebd., S. 208 ff. Vgl. zur weiteren Anthropologie-Kritik Heideggers die Ausführungen Fahrenbachs, der sich zugleich um eine sachlich ausgewogene Betrachtungsweise der Heidegger'schen Einwände bemüht. Dabei weist er nach, dass »die Charakterisierung, die Heidegger hier von der anthropologischen Grundtendenz gibt, zwar eine ›anthropologische Philosophie‹ (im Stile Feuerbachs), aber kaum eine der vorliegenden philosophischen Anthropologien und schon gar nicht die Idee bzw. jeden möglichen Entwurf philosophischer Anthropologie [trifft]« (Fahrenbach, 1970, S. 114). Fahrenbachs Erläuterungen stellen zugleich die Grundlage für Plessners Entgegnung auf Heideggers Kritik dar (vgl. VIII, S. 380 ff.). Vgl. zur Rekonstruktion weiterer kritischer Argumente gegenüber der ›traditionellen‹, d.h. unhistorisch verfahrenden Anthropologie auch Wulf/Zirfas, 1994, S. 20 ff.; Wimmer, 1998, S. 90 ff.; Matzker, 1998, S. 188 ff.

eine Nivellierung des historischen Charakters der menschlichen Existenz dar. Indem eine universalistisch orientierte Anthropologie jene Historizität des Menschen, aus der sich dieser nach dem bekannten Diktum Diltheys erst erfährt, nivelliert, lässt sie ebenso die Veränderlichkeit des Menschen im Verlauf seiner Geschichte unberücksichtigt wie sie Gefahr läuft, ihre eigene Historizität aus dem Blick zu verlieren und damit ihre Befunde absolut zu setzen. Als eines von zahlreichen Indizien dafür, inwiefern die mit dem Verzicht auf eine historische Situierung ihrer Aussagen einhergehende ›Wende zur Natur‹ eine Reihe problematischer Konsequenzen nach sich zieht, sei an dieser Stelle auf die Gefahr einer politisch-ideologischen Vereinnahmung anthropologischer Befunde verwiesen. So erinnert Schnädelbach daran, dass der Aspekt der Naturalisierung in der Vergangenheit in einer engen Verbindung zum Rassedenken stand und Erstgenannte somit immer auch als ein Kriterium zur ›Klassifizierung‹ von Menschen fungierte: »Naturalisierung heißt dann wesentlich *Biologisierung* der Anthropologie, und die erwies sich als äußerst folgenreich [...] für die Rasseideologie, die schließlich in den Nationalsozialismus mündete und dort eine verhängnisvolle ›Identitätssicherung‹ auslöste.«[35]

Eng mit diesem letzten Aspekt verknüpft sah sich die philosophische Anthropologie *drittens* zudem immer wieder mit dem Verdacht konfrontiert, als bloße »›Explikation der jeweiligen Weltanschauung‹«[36] zu fungieren. Durch eine solche Orientierung an den Vorgaben bestimmter Menschenbilder büße sie allerdings, so ihre Kritiker, ihren Status als wissenschaftliche Disziplin ein. »Indem die Philosophie sich zur Anthropologie wendet, tritt (sie) ins Reich wissenschaftsfremder Weltanschauung über. [...] Die Philosophie gewinnt in der Anthropologie den glänzenden Schein einer Weltanschauung, aber sie verliert ihre wissenschaftliche Funktion.«[37]

Mit Blick auf die im Folgenden beabsichtige Erschließung von Plessners Denken für die Pädagogik erweist sich schließlich ein *vierter* Einwand als bedeutsam. Diesem zufolge leistet die Anthropologie zwar Wesentliches, wenn es darum geht, die Erziehungsbedürftigkeit des Menschen zu begründen, jedoch lassen sich aus der anthropologischen Bestimmung der menschlichen Seinsweise keinerlei Rückschlüsse dahingehend gewinnen, wie erzogen werden soll. »[L]äßt sich von [der] Wesensstruktur des Menschen [...] her etwas darüber ausmitteln, auf welches Ziel hin wir erziehen

35 Schnädelbach, 1983, S. 275. Vgl. zur Gefahr einer politisch-ideologischen Vereinnahmung anthropologischer Befunde auch Roth, 1996, S. 598.

36 Ebd.

37 Ritter; zit. nach ebd., S. 236.

sollen? [...] Seine ewige Natur [...] besteht nur darin, daß er seine angestammte Unabgeschlossenheit in den wechselnden Kulturen jeweils selbst schließen muß. Welche Richtung er jedoch dabei nimmt [...], darin ist er frei [...]. Eben deshalb aber wird es nie gelingen, aus [...] seinem Sein sein Sollen abzuleiten. Jede Hoffnung, durch Erkenntnis seines Was einen Wink für sein Wie zu gewinnen, bleibt trügerisch. Man projiziert dabei immer nur, was in Wahrheit bereits selbsterkorener Imperativ ist, in sein Wesen hinein [...] Nur durch einen irrationalen Sprung, durch eine setzende Tat, kann der Inhalt jeweilen festgelegt werden.«[38]

Neben den skizzierten Problemfeldern gilt es allerdings auch zu konstatieren, dass das anthropologische Denken ungeachtet seiner zahlreichen Kritiken immer wieder neue Konjunkturphasen erlebte. So stellt Meinberg rückblickend fest: »Seitdem die Philosophische Anthropologie Ende der 20er Jahre ihre Stimme erhob, ist die Kritik ihre ständige Begleiterin. [...] Tatsache ist aber auch: Die Philosophische Anthropologie lebt trotz aller Kritik fort!«[39] So begegnen etwa ihre Verteidiger dem Einwand, Anthropologie repräsentiere eine bloße Weltanschauungsphilosophie, mit dem Hinweis, dass auch die Distanzierung von konkreten Menschenbildern und Weltanschauungen keinen neutralen Standpunkt garantiert, da jede »explizite Anthropologie« ihre Befunde immer vor dem Hintergrund eines fungierenden anthropologischen Vorverständnisses, einer »impliziten« oder »Kryptoanthropologie«[40] gewinnt. »Jeder Mensch lebt immer schon unausweichlich, sei es auch nur dumpf und ohne daß er sich darüber Rechenschaft abzulegen brauchte, in einem Horizont des Selbstverständnisses [...] nicht nur seiner eigenen Person, sondern ebenso sehr des Menschen überhaupt.«[41]

Dass sich das pädagogisch-anthropologische Denken in bestimmtem Maße durchaus offen für anthropologiekritische Einwände zeigt, belegt u.a. der Umstand, dass sich bereits in den siebziger Jahren Standpunkte

38 Landmann, 1961, S. 98 f.

39 Meinberg, 1988, S. 270. Vgl. in diesem Zusammenhang auch die Diagnose von Barkhaus u.a., dass sich »die deutsche Philosophie zwischen Anthropologisierung und Entanthropologisierung fast zwanghaft hin und her [bewegt]« (Barkhaus u.a., 1996, S. 12), sowie zur »Wiederkehr anthropologischen Denkens« neben ebd., S. 11 ff. auch Völmicke, 1994, S. 192 und Wulf, 1994, S. 7 ff.

40 Vgl. Landmann, 1962, S. XI ff.; Arlt, 2001, S. 6.

41 Ebd., S. XI. Vgl. zur Menschenbild-Problematik innerhalb des pädagogisch-anthropologischen Denkens Derbolav, 1957; Sterzer, 1967, S. 50; Loch, 1971, S. 37 ff.; Pleines, 1971, S. 32 ff.; Reble, 1971; Döpp-Vorwald, 1976, S. 313; Dienelt, 1977, S. 89 ff.; Meinberg, 1988; Lassahn, 1995.

finden, die dem Fundierungsanspruch universalistischer Anthropologien eine deutliche Absage erteilen. »Explizite Anthropologie meint etwas anderes als ›Menschenbild‹ oder ›Leitbild‹ oder ›Kommuniqué‹ der Gesellschaft. [...] Nur wenn man jenen verwaschenen Begriff von ›Anthropologie‹ vor Augen hat, scheut man sich auch, sich zu einer ›anthropologischen Betrachtungsweise‹ zu bekennen. Dabei wird aber übersehen, wie sehr man trotz ängstlicher Abwehr des anthropologischen Anspruchs dann doch, wenn auch versteckt, selbst anthropologisch argumentiert.«[42]

## I.3 ›Grenzforschung‹ als Korrektiv – Anspruch und Selbstverständnis der Philosophischen Anthropologie Plessners

Dem Motiv der ›Grenze‹ kommt in Bezug auf Plessners Denken gleich in mehrfacher Hinsicht eine zentrale Bedeutung zu. Neben der für seine Person und seinen Ansatz charakteristischen ›Grenzgängerschaft‹[43] zwischen oftmals divergierenden wissenschaftlichen Disziplinen und Gebieten erscheint die ›Grenze‹ in Plessner Werk auch als eine der Grundstrukturen des Organischen.[44] Schließlich bezeichnet dieser Terminus auch den Anspruch der Plessner'schen Anthropologie selbst, die sich als »Grenzforschung«[45] an jenen »geheimnisvollen Zwischenzonen der Verklammerung des Wirklichen [positioniert], an die sich die auf die jeweiligen Hauptzonen eingeschränkte Spezialwissenschaft schon aus methodischen Gründen nicht herantraut.«[46] »Der Grenzforschung gelingen Überbrückungen zwischen Gebieten, die für so disparat gehalten werden, daß man keine gegenseitigen Abhängigkeiten zwischen ihnen vermutet und Übergänge von einem zum anderen für unmöglich hält.«[47] Obwohl Plessner einräumt, dass sich ihr Forschungsbereich nicht auf den Menschen beschränkt, sieht er in diesem dennoch »den klassischen Fall für Grenzforschung.«[48] »Er ist das an Dimensionen reichste Objekt, das wir kennen, und er ist in allen diesen Dimensionen und zu ihnen Subjekt. Er bietet also nicht nur rein seinsmäßig die meisten Übergänge von Schicht zu

42 Dienelt, 1977, S. 104 f. Vgl. in ähnlicher Weise auch Zdarzil, 1978, S. 9.

43 Vgl. Kap. I 1.

44 Vgl. Kap. III A. 2.

45 VIII, S. 120. Vgl. ebd., S. 124, 126.

46 Ebd.

47 Ebd.

48 Ebd., S. 121.

Schicht, von Stoff zu Leben, zu Seele, zu Geist, sondern er ist ihnen zugleich als Person [...] überlegen und gewissermaßen entzogen. Dergestalt sie begrenzend, begegnen sich in ihm Natur und Geschichte, Gesetz und Freiheit, Schicksal und Gnade.«[49]

Mit der Konzeptualisierung seiner Anthropologie als ›Grenzforschung‹ verbindet sich Plessners Anliegen, »das Menschsein in der denkbar größten Fülle an Möglichkeiten, in seiner unbeherrschbaren Vieldeutigkeit«[50] in den Blick zu nehmen. Eine bedeutende Stellung nimmt im Rahmen dieser Programmatik die Kategorie des ›Lebens‹ ein. Dass sich Plessner dem problematischen Gehalt dieses Begriffs durchaus bewusst war, unterstreicht u.a. seine distanzierte Rezeption der Ansätze Bergsons und Spenglers. Trotz ihrer unterschiedlichen Ausrichtung ist beiden seiner Ansicht nach ein »Irrationalismus der Begründung«[51] gemein, der für ihn vor allem im Begriff der ›Intuition‹ zum Ausdruck kommt. Als erfahrungsfeindlich erscheint die intuitionistische Erkenntnis für Plessner vor allem deshalb, weil sie die »Einheit und Homogenität einer Erfahrungsrichtung«[52] von Leben und Denken aus dem Blick verliert. »Der Lebensintuitionismus hütet sich allerdings, die natürliche, vorproblematische Anschauung ins Unrecht zu setzen [...]. Aber er gibt ihr nur auf dem Umweg über die nichtrationale Erkenntnisquelle der Intuition ein (überdies bedingtes) Recht und macht auch dadurch diese Konzession wieder illusorisch, daß er den Intellekt als Erkenntnisquelle entwertet. Ohne Intellekt jedoch keine echte Erfahrung, die nur dann und soweit echt ist, als sie die Gegenstände in ihrem eigenen Bestand und Wesen anschauend *und* denkend erfaßt.«[53]

Im Gegensatz zu den genannten Positionen findet Plessner im Ansatz

49 Ebd. Vgl. III, S. 371. Ihren ›Grenzcharakter‹ offenbart Plessners Anthropologie auch in Bezug auf ihre Aufgeschlossenheit gegenüber einer Vielzahl unterschiedlicher Denkrichtungen (vgl. Arlt, 1996, S. 137; Pietrowicz, 1992).

50 Ebd., S. 37.

51 IV, S. 47. Ohne auf diesen Aspekt näher eingehen zu können, seien gegenüber Plessners Lesart zumindest Zweifel daran angemeldet, inwiefern sich Bergsons Position widerspruchsfrei als ›irrationalistisch‹ klassifizieren lässt.

52 Ebd., S. 48.

53 Ebd. Vgl. ebd., S. 171; Hammer, 1967, S. 68. In diesem Zusammenhang spricht Limbach von einem »*kritisch-naive[n]*« Lebensweltbegriff Plessners (Limbach, 1992, S. 140; vgl. ebd., S. 66). Vgl. zum ›Leben‹ als organische *und* historische Kategorie bei Plessner auch IV, S. 58; V, S. 174; Pietrowicz, 1992, S. 273 sowie zu seiner Kritik an Bergsons intuitionistischer Lebensphilosophie IV, S. 39 ff.; VIII, S. 147 ff.

Diltheys einen Lebensbegriff vor, der sich für ihn durch seinen nicht antiintellektualistischen und »*erfahrungsmäßige[n]* Sinn«[54] auszeichnet. »Leben bedeutet für Dilthey nicht eine durch Abkehr von der Erfahrung zu erschauende Allmacht wie für Bergson oder Spengler, sondern eine durch Anschauung und Intellekt und Phantasie und Einfühlungsfähigkeit erfahrbare und selbst wieder die Erfahrung von sich ermöglichende, erzwingende Größe.«[55] Für Plessner markiert die Diltheysche Auffassung des ›Lebens‹ vor allem deshalb einen zentralen Anknüpfungspunkt, weil sie unter Vermeidung irrationalistischer Prämissen zur Reetablierung einer diesseits des Subjekt-Objekt-Dualismus liegenden »vortheoretische[n] Natürlichkeit«[56] beiträgt. »Erkenntnissubjekt und Erkenntnisgegenstand gehören demselben Leben der einen menschlichen Sphäre an, [...] weil es zum Wesen des Lebens gehört, sich zu transzendieren und zugleich die Ergebnisse der Selbsttransparenz wieder in sich hineinzunehmen und aufzulösen.«[57]

Ob Dilthey aus Plessners Sicht zu den »unmittelbaren Vorgängern der philosophischen Anthropologie«[58] zählt, stimmt Plessner dessen Thesen dennoch nicht vorbehaltlos zu, sondern verweist auf die Notwendigkeit einer Weiterentwicklung dieses Ansatzes. Insofern Dilthey, so sein Einwand, sein Programm einer ›Kritik der historischen Vernunft‹ als geisteswissenschaftliches Pendant zur Vernunftkritik Kants entwirft, bleibe sein Denken nach wie vor dem klassischen Dualismus von Natur- und Geisteswissenschaften verhaftet. Dessen Überwindung vermag aus Plessners Sicht allein eine »philosophische Hermeneutik« (Plessner) zu leisten, die sich in gleichem Maße den historischen Aspekten der menschlichen Existenz wie

54 Ebd., S. 59.

55 Ebd. Gegenüber einem »organizistischen Pantheismus des ›Lebens‹« bemerkt Plessner in *Macht*: »Das schöpferische Leben darf nur bedeuten die jeweilige menschliche Wirklichkeit, wie sie restlos in unsere Erfahrung eingeht; nicht einmal einen in ihr liegenden Quellgrund, dessen schöpferische Fähigkeit diesseits der Geschichte als eine zeitlos zeitigende Struktur von der Philosophie zu formulieren oder, wenn nicht rational, doch schauend zu fixieren wäre« (V, S. 186; vgl. VIII, S. 156).

56 V, S. 174 f.

57 IV, S. 59. Vgl. VIII, S. 156 f. Eine zentrale Bedeutung gewinnt der Begriff des ›Lebens‹ auch im Rahmen von Plessners Erörterung des Verhältnisses zwischen seiner Philosophischen Anthropologie und der Daseinsontologie Heideggers. Dort führt er aus, dass ›Existenz‹ im Heidegger'schen Sinne nur *eine* der Möglichkeiten des Lebens repräsentiere (vgl. VIII, S. 388 ff.).

58 VIII, S. 149.

auch ihrer naturhaften Seite zuwendet. »Hermeneutik fordert eine Lehre vom Menschen mit Haut und Haaren, eine Theorie seiner Natur, deren Konstanten allerdings keinen Ewigkeitsanspruch gegenüber der geschichtlichen Variabilität erheben, sondern sich selber zu ihr offenhalten, indem sie ihre Offenheit selber gewährleisten.«[59] In Anlehnung an eine Formulierung Diltheys, nach der die Natur gegenüber der »Bühne des Lebens« lediglich die »Rückwand der Kulissen« darstellt, würdigt Plessner deren Bedeutung als »szenische Macht.«[60] »Die Theorie der Geisteswissenschaften braucht Naturphilosophie, d.h. eine nicht empirisch restringierte Betrachtung der körperlichen Welt, aus der sich die geistig-menschliche Welt nun einmal aufbaut, von der sie abhängt, mit der sie arbeitet, auf die sie zurückwirkt.«[61]

Aufgrund der eigentümlichen Zwischenstellung des Menschen, der »ein Stück Natur und doch auch wieder nicht ganz Natur«[62] ist, stellen der natürliche und historisch-geistige Aspekt für ein solches Wesen keine Alternativen, sondern zwei gleich-gültige Bereiche dar. Gegenüber einer fraktionierenden »Körperansicht und Bewußtseinsansicht«[63] des Menschen erachtet es Plessner als zentrale Aufgabe seiner Philosophischen Anthropologie – ausgehend von ihrer grundsätzlichen Orientierung »an der menschlichen Körperform«[64] – »die äußersten Pole der menschlichen Existenz, den leiblich-sinnlichen und den geistigen Pol [...] unter *einem* Aspekt zu sehen und ihre gegenseitigen Abhängigkeiten, die Wesensgesetze ihrer Koexistenz zu begreifen.«[65]

59 Ebd., S. 158.

60 Vgl. ebd.

61 IV, S. 63 f.

62 VIII, S. 150. In *Macht* spricht Plessner von einer »ständig in Bewegung bleibende[n] Zirkulation zwischen Erfahrung und dem, was sie möglich macht« (V, S. 174). »Nur so schließt sich der Kreis zwischen dem geschichtsgebundenen Naturbild und dem naturgebundenen Geschichtsbild ›im‹ Menschen als einer die gegenseitige Relativierung dynamisch ermöglichenden, selbst auf Natur und Geschichte relativen lebendig sich wandelnden Einheit« (IX, S. 72). Vgl. zur wechselseitigen Verschränkung des naturphilosophischen und geschichtlichen Aspekts in Plessners Anthropologie ferner IV, S. 63 f.; VIII, S. 161; VIII, S. 36, 398; SuV, S. 388; NuG, S. 2; Pietrowicz, 1992, S. 270; Giammusso, 1995, S. 195.

63 IV, S. 126.

64 VIII, S. 59.

65 IV, S. 71. Vgl. ebd., S. 40, 49. Als ein maßgeblicher Einfluss auf Plessners Zielsetzung der Gewinnung jener *einen* Erfahrungsstellung kann sicherlich

In Anbetracht der »seltsame[n] Mehrdimensionalität des menschlichen Phänomens«[66] vermag die Anthropologie weder zeitlos gültige Menschenbilder zu entwerfen noch ihrem sich vormals selbst auferlegten Universalanspruch gerecht zu werden. Gegenüber einem Verständnis, das in ihr »das Herzstück der Philosophie oder gar ihr Fundament«[67] sieht, verweist Plessner wiederum auf ihren ›Grenzcharakter‹. »Sie kann sich im Hinblick auf umfassende Wissensgebiete der Tradition als periphere Disziplin verstehen, als Teil der umfassenden Philosophie wie als Teil der umfassenden Anthropologie, deren Kreise in ihr zu teilweiser Überschneidung gelangen. [...] In der Philosophischen Anthropologie ist der Mensch als Mensch angesprochen und in diesem Zusatz eine Einschränkung auf den Bereich vorgenommen, der zwischen den Extremen größtmöglicher Vereinzelung und größtmöglicher Verallgemeinerung eine nicht genau festzulegende Mitte hält.«[68]

Nicht also begreift Plessner die Philosophische Anthropologie als eine Wissenschaft, der es um die Statuierung zeitloser Wesensgesetzlichkeiten geht, vielmehr sieht er sie in der »Funktion eines beständigen Korrektivs.«[69] »So kommen wir auch philosophisch nur weiter, wenn wir die anthropologische Reflexion als Korrektur einsetzen. Wem das zu wenig ist, und wer von der Anthropologie Anweisungen zum seligen oder auch nur Direktiven für das täglich allzu tägliche Leben erwartet, hat sich in der Adresse geirrt.«[70]

Georg Misch gelten (vgl. Rodi, 1965, S. 706 sowie zur Bedeutung Mischs für Plessners Dilthey-Rezeption Pietrowicz, 1992, S. 89 f., 244 f., 439 ff., 486 f.).

66 VIII, S. 314.

67 Ebd., S. 36.

68 Ebd. An anderer Stelle heißt es: »Sie ist überhaupt nicht ausgezeichnet dem Range nach oder der einzig legitime Ansatz zur Philosophie, auch sie selbst erfährt an sich das Schicksal der Exzentrizität« (BW, S. 176). Vgl. auch VIII, S. 36, wo Plessner von der »dreifache[n] Verbundenheit der Philosophischen Anthropologie mit der Einzelwissenschaft, der Philosophie und der geschichtlichen Situation des menschlichen Lebens« spricht, der er bereits zuvor in *Macht* durch den Hinweis auf die Unentscheidbarkeit des Vorrangs zwischen Anthropologie, Politik und Philosophie (vgl. V, S. 201 ff., 218) Ausdruck verliehen hatte. Vgl. in diesem Zusammenhang auch Plessners Forderung einer Revision des klassischen Verständnisses der ›Universitas‹ als einer geschlossenen, übergreifenden Einheit (vgl. VIII, S. 117) zugunsten einer nicht auf einen Abschluss drängenden »offenen Universitas« (ebd., S. 118; vgl. S. 135).

69 IX, S. 287. Vgl. VIII, S. 134 f.; Eßbach, 1998, S. 144.

70 X, S. 328. Vgl. VIII, S. 46 f. sowie zur ›selbstreflexiven‹ Tendenz von Pless-

## I.4 Wesenhafte Unergründlichkeit – Der Mensch als ›offene Frage‹

Neben ihrer Relevanz für die Konfrontation von Plessners Anthropologie mit einer Reihe anthropologiekritischer Einwände gewinnt die Wesensproblematik ihre Bedeutung für die Fragestellung dieser Arbeit auch daraus, dass, sich die Begriffe ›Identität‹ und ›Wesen‹ über ihre etymologische Verwandtschaft[71] hinaus dahingehend miteinander verbunden zeigen, dass Ersterer – obwohl nicht unmittelbar aus ihm ableitbar – doch als ein moderner Nachfolger des Letzteren gelten kann.[72] Vor dem Hintergrund dieser Sachlage konzentrieren sich die anschließenden Ausführungen auf folgende Fragestellungen: Fungiert der Wesensbegriff in Plessners Anthropologie als Synonym für eine Art ›Identitätskern‹? Meint Plessners Rede von der »natura hominis«[73] möglicherweise mehr und anderes als die Festlegung des Menschen auf ein invariantes Wesen? Inwiefern erscheint es gerechtfertigt, seine Konzeption als einen »ideologisch verfängliche[n] Geist-Essentialismus«[74] zu bezeichnen?

Dass sich Plessner der Missverständlichkeit seines Anliegens, »Wesensanalyse«[75] treiben zu wollen, bewusst war, wird daran ersichtlich, dass er seine anthropologische Forschung ausdrücklich von dem Verdacht einer »metaphysischen Absicht«[76] freizusprechen sucht. Denjenigen Stimmen, die in der Inanspruchnahme des Wesensbegriffs eine »Berufung auf okkulte Quellen«[77] vermuten, begegnet Plessner mit dem Hin-

ners Anthropologie VII, S. 210; VIII, S. 134 f.; IX, S. 67; X, S. 327 f.; LuP, S. 308; Pietrowicz, 1992, S. 281 f.; Schulz, 1972, S. 433; Schürmann, 1997, S. 168. Indem sie neben ihrer Auseinandersetzung mit den Befunden anderer Disziplinen auch eine kritische Reflexion ihrer eigenen Möglichkeiten und Grenzen unternimmt, zeichnet sich Plessners Konzeption nicht zuletzt dadurch aus, dass sie *als* Anthropologie eine Reihe genuin anthropologiekritischer Züge aufweist (vgl. Limbach, 1992, S. 7; Völmicke, 1993, S. 22).

71 »›Identisch‹ sein findet im lateinischen Demonstrativpronomen ›idem‹ seine Wurzel, was ›ein und derselbe‹, ›eben der‹, ›der nämliche‹ bedeutet und auf ›Gleichheit‹ und ›Übereinstimmung‹ verweist. Das spätlateinische ›identitas‹ bedeutet ›Wesenseinheit‹« (Belgrad, 1992, S. 10).

72 Vgl. Marquard, 1979, S. 358; Krieger, 1985, S. 5 f., 17 ff.

73 VIII, S. 164.

74 Matzker, 1998, S. 230.

75 Plessner, 2001c, S. 186. Vgl. VIII, S. 39; V, S. 200.

76 VII, S. 218. Vgl. IX, S. 287.

77 Ebd.

weis auf die prinzipielle Erfahrungsverbundenheit seines Ansatzes.[78] Zugleich verteidigt er seinen Wesensbegriff jedoch auch gegenüber einer vereinseitigenden Historisierung oder Naturalisierung. »So ist das Wesen des Menschen zu einer Frage geworden, die nur unter Vermeidung extremer Positionen angepackt werden kann. Folgt man den Naturalisten, etwa den Rassetheoretikern, oder den Psychologisten, dann setzt man es zu tief an und tötet Freiheit und Geschichtlichkeit des Menschen. Folgt man aber den Historisten idealistischer oder materialistischer Prägung, dann setzt man es zu hoch an und transzendiert es in unerreichbare Ferne.«[79]

Offenbaren sich in jeder Wesensbestimmung die Spuren der Erfahrung und eines bestimmten historischen Kontextes, so impliziert dies nach Plessner notwendig eine Absage an den Gedanken universaler Wesenserkenntnis. »Theoretische und praktische ›Bestimmung‹ des Menschen greifen [...] ineinander, wie denn jede Philosophie davon abhängt, was für ein Mensch man sein will. Und so sehr dieses Seinwollen eine Manifestation der Essenz des Menschlichen (im Sinne des ihm Spezifischen) ist, wirkt es doch seinerseits bildend auf diese Essenz ein und mehr als ein gewissermaßen gesichertes Substrat nur formend: es erzeugt sie. Wesentlichkeit und Wesenhaftigkeit bedingen einander wechselweise. Keine ist der anderen übergeordnet. Hominitas – wenn wir darunter die wertneutrale Wesensverfassung des Menschen vorstellen – ist nur durch Humanitas, d.h. eine vielleicht gegen viele einander ausschließenden Positionen tolerante, doch eben die umspannende Weite zum Ideal erhebende Haltung möglich, wie umgekehrt Humanitas nur durch Hominitas.«[80]

Aus Plessners Sicht verlangt die Frage nach dem Wesen deshalb nicht nach einem methodischen Instrumentarium wie etwa einer entbergenden ›Wesensschau‹ Husserl'scher Provenienz, weil das ›Wesen‹ nicht in der

78 Vgl. ebd.

79 VIII, S. 126. Vgl. IX, S. 286. Als solche Positionen, die eine Kluft zwischen den Bereichen des Eidetischen und Faktischen errichten und damit »an der Mehrdeutigkeit der wirklichen Existenz vorbei[führen]« (VIII, S. 40), identifiziert Plessner neben den Ansätzen Heideggers, Jaspers' und Schelers (vgl. ebd., S. 39 f.; IX, S. 287; SuV, S. 20 f.) auch die Phänomenologie Husserls, der er vorwirft, »platonisierenden und idealisierenden Vorentscheidungen« (V, S. 175; vgl. IX, S. 139, 289, 367) zu unterliegen.

80 IX, S. 286 f. Vgl. ferner V, S. 199 f., 221; VI, S. 178 f.; VII, S. 384; VIII, S. 44, 116, 131, 159, 214, 359, 398; IX, S. 62, 92 f.; BW, S. 192 f.; NuG, S. 9. Eine Relativierung seines Standpunktes nimmt Plessner lediglich in Bezug auf das Phänomen der Leiblichkeit vor, die für ihn eine »Grenze« markiert, die »allem geistig-geschichtlichen Wandel trotzt« (VII, S. 210).

Immanenz des Subjekts verborgen liegt, sondern sich in unterschiedlichen Formen *innerhalb* der menschlichen Existenz zeigt. »[J]edem Aspekt, von dem aus der Anspruch erhoben werden kann, daß in ihm menschliches Wesen erscheint, ob der physische, psychische, geistig-sinnliche oder religiöse, ist der gleiche Wert für die Aufdeckung des ganzen menschlichen Wesens zuzubilligen.«[81] Eine besondere Bedeutung im Hinblick auf die Wesenserkenntnis des Menschen weist Plessner dem menschlichen Ausdruck (und im Speziellen den Phänomenen des Lachens und Weinens[82]) zu. »[S]olange, als man den Begriff des Wesens nicht auf ausdrucksfremde Bereiche seiner Existenz eingeschränkt hat, auf eine allem Außen und aller Äußerung unzugängliche Innerlichkeit, muß man erwarten, daß der Ausdruck ein Spiegel, ja eine Offenbarung des Wesens des Menschen ist.«[83] Analog zur Vielfalt menschlicher Ausdrucksmöglichkeiten diagnostiziert Plessner eine »Unausschöpfbarkeit des menschlichen Wesens«[84], der er u.a. dadurch Rechnung trägt, dass er statt von *dem* Wesen des Menschen von Wesens*merkmalen* spricht.[85]

Einen Bruch mit seiner wiederholt vorgetragenen Überzeugung einer »gegenseitigen Abhängigkeit des Wesens und der Auffassung«[86] scheint Plessner jedoch in der *Conditio humana* zu vollziehen, in der er nach den jedem geschichtlichen Wandel zugrundeliegenden »Bedingungen der Möglichkeit menschlichen Seins«[87] fragt. Problematische Züge weist dabei vor allem seine Rede von ›Invarianten‹ bzw. ›Konstanten‹ der menschlichen Natur auf.[88] Vom Verdacht eines essentialistischen Standpunktes zeigt sich Plessners Argumentation hierbei jedoch insofern unberührt, als die Frage nach den Bedingungen der Möglichkeit menschlichen Seins nicht auf die Ermittlung invarianter Wesensaussagen zielt, sondern diese Bedingungen in der ›Natur‹ findet. Ein solcher Standpunkt, demzufolge die Natur als Möglichkeitsbedingung menschlichen Seins fungiert, provoziert unweigerlich die Frage, ob Plessner damit nicht letztlich doch »un-

81 VIII, S. 38.

82 Vgl. VII, S. 236, 213.

83 Ebd., S. 213 f. Vgl. ebd., S. 218.

84 VIII, S. 47.

85 Vgl. u.a. VII, S. 228, 244, 245.

86 IX, S. 287.

87 VIII, S. 140. Mit dieser Formulierung unterscheidet sich Plessners Denken, wie Müller bemerkt, von anderen anthropologischen Konzeptionen dahingehend, dass er nicht danach fragt, was der Mensch ›ist‹, sondern danach, was ihn möglich macht (vgl. Müller, 2002, S. 56).

88 Vgl. ebd., 140, 216.

beirrt an einer allem Menschsein zugrundeliegenden, universalen und unveränderlichen Struktur fest[hält].«[89] Zuzustimmen ist einem solchen Einwand darin, dass Plessner die Natur tatsächlich als Fundament im Sinne einer »schöpferische[n] Bedingung«[90] menschlichen Tuns begreift, diese jedoch insofern kein ›fundamentum inconcussum‹[91]darstellt, weil sie sich durch eine »unauslotbare Tiefe und unstillbare Unruhe«[92] auszeichnet. Zwar fungiert die Natur damit weiterhin als ›tragender Grund‹ der menschlichen Existenz, doch gibt sie sich nie als solche, sondern nur in ihren immer wieder wechselnden *historischen* Konfigurationen zu erkennen. Die »menschliche Gattung als der beharrliche, aber unsichtbare Akteur, [...] erscheint selbst nicht, es sei denn in ihren Verkörperungen. [...] Der einzelne Mensch ist nicht nur Exemplar seiner Gattung [...]. Als geschichtliches Wesen ist er mehr oder sehr oft weniger, weil ihm Menschsein nicht nur Menschenhaftigkeit, sondern auch eine Chance bedeutet, die jeder ergreifen oder verfehlen kann.«[93] Angesichts dieser Ausführungen wird deutlich, inwiefern Plessners Charakterisierung der »organischen Natur« (Plessner) als konstanter und diesseits geschichtlicher Prägungen liegender »Grund« durchaus keinen Widerspruch zur ebenfalls in der *Conditio humana* begegnenden Rede von der »geschichtliche[n] Prägung menschlichen Wesens«[94] darstellt.

89 Benk, 1987, S. 71.

90 VIII, S. 217.

91 Vgl. Arlt, 1996, S. 112.

92 VIII, S. 217. Vgl. VII, S. 236; III, S. 37.

93 Ebd., S. 140. Eine aufschlussreiche Parallele zu Plessners Naturverständnis stellt Merleau-Pontys Begriff des ›Fleisch‹ (›chair‹) dar. Dieser bezeichnet eine ontologische Grundstruktur (»Milieu«, »Emblem«, »Element«, »Generalität«; vgl. SuU, S. 193, 183), auf deren um- und übergreifendem Charakter die Verflochtenheit von Leib, Welt und den Dingen basiert (vgl. ebd., S. 313 f.). Analog zu Plessners Rede von einer nur in ihren jeweiligen historischen Konfigurationen ›sichtbaren‹ Natur weist auch Merleau-Ponty darauf hin, dass das Fleisch nie in seinem ursprünglichen »Ansich« (ebd., S. 193), sondern als »inkarniertes Prinzip« (ebd., S. 183) nur in Gestalt seiner unerschöpflichen »Sublimierung[en]« (ebd., S. 190, 202) erscheint. »Es geht darum, [...] im Fleisch der Welt [...] das ›immer Neue‹ und ›immer Gleiche‹ zu finden« (ebd., S. 335).

94 Ebd., S. 159. Vgl. Bielefeldt, 1994, S. 86; Paczowska-Lagowska, 1995, S. 63 f. Vgl. in diesem Kontext auch Plessners Unterscheidung zwischen den ›Konstanten‹ menschlichen Verhaltens und den ›Invarianten‹ der menschlichen Natur. Zu Erstgenannten zählen für ihn Modelle wie der *homo faber, homo ludens, homo divinans, homo sapiens,* die sich zwar »in allem geschichtlichen

Da der Mensch aufgrund der konstitutiven »Schrankenlosigkeit«[95] seines Wesens ein letztlich »unauflösliches Rätsel«[96] bleibt, verlangt dies nach einer theoretischen Konzeption, die jene Nichtfestlegbarkeit expliziert, ohne sie jedoch ausschließlich als einen Mangel auszulegen. Ein solches Konzept legt Plessner mit dem Prinzip der ›Unergründlichkeit‹ sowie der Fassung des Menschen als ›offene Frage‹ vor. »Die Rede vom Menschen als offener Frage ist aber kein bloßer philosophischer Glaubenssatz, geboren aus der Scheu oder Furcht vor dem (zumal wissenschaftlichen) Wissen; sie zielt auch keineswegs auf eine Abwertung oder gar Negation des möglichen anthropologischen Wissens [...], sondern auf Begrenzung und Kritik totalisierter Erkenntnis- und Wissensansprüche.«[97] Obwohl sich bereits in seinen früheren Werken Anklänge an diesen Gedanken ausfindig machen lassen[98], entwickelt Plessner das Prinzip der ›Unergründlichkeit‹ erst in *Macht* vor dem Hintergrund der Frage des Verhältnisses von Natur- und Geisteswissenschaften. Während sich die Resultate Erstgenannter einer »eindeutige[n] Festlegung ihrer Gegenstände nach dem Prinzip der Messung«[99] verdanken, ist Letzteren eine solche Eindeutigkeit in den meisten Fällen aufgrund der Idealität ihrer Objekte versagt, sie sind »unergründbar« und damit »offene Fragen.«[100] »Eine offene Frage ist, was den Sicherheitsgrad ihrer Entscheidung angeht, der formal geschlossenen Frage des Naturforschers [...] unterlegen. Dafür zielt sie aber in die Sache selbst, anstatt auf die Regel der eindeutigen Festlegung der Sache. Mit dieser Zielnahme weist sie ins Unbekannte und Unergründbare.«[101] Durch

Wechsel [...] bewähren«, jedoch nicht – wie die ›Invarianten‹ – an die »Quelle« menschlicher Möglichkeiten heranreichen (VIII, S. 216; vgl. Pape, 1987, S. 37 f.).

95 Ebd., S. 357.

96 Ebd., S. 132.

97 Fahrenbach, 1995, S. 93.

98 Thiele glaubt bereits in der *Krisis*-Schrift aus dem Jahre 1918 erste Hinweise auf das Unergründlichkeitstheorem zu entdecken, wobei er sich vor allem auf den dort entwickelten Freiheitsbegriff sowie auf die »skeptische Grundhaltung« (Thiele, 1990, S. 217) Plessners bezieht. Spuren des Unergründlichkeitsprinzips lassen sich zudem an einigen Stellen der *Grenzen* ausfindig machen (vgl. V, S. 64, 107, 126).

99 V, S. 180 f.

100 Ebd., S, 181. Vgl. III, S. 145.

101 Ebd. Hinweise auf ein der menschlichen Existenz innewohnendes Unergründlichkeitsprinzip finden sich neben Herder und Reimarus (vgl. Arlt,

Plessners anthropologische Ausdeutung des von Dilthey und Misch übernommenen Theorems der Unergründlichkeit[102] erweitert sich dessen Radius über den methodischen Rahmen hinaus zu einem maßgeblichen Bestimmungsmoment menschlicher Verfasstheit. »In dieser Relation der Unbestimmtheit zu sich faßt sich der Mensch als Macht und entdeckt sich für sein Leben, theoretisch und praktisch, als offene Frage.«[103]

In Anbetracht dieser von Plessner erhobenen theoretischen wie praktischen Relevanz des Unergründlichkeitstheorems[104] bleibt zu fragen, in welcher Weise sich auf dessen Grundlage überhaupt verbindliche anthropologische Aussagen vornehmen lassen. Mündet das Theorem der Unergründlichkeit tatsächlich, wie Dux annimmt, in einen »Absolutismus«, der »alles möglich [macht]«[105]? Gegen eine solche Interpretation bleibt einzuwenden, dass es sich beim Theorem der Unergründlichkeit vorrangig um ein methodisches Prinzip handelt[106], dessen Aufgabe darin besteht, als

1996, S. 112 Fn.) u.a. auch bei Scheler (vgl. GW 3, S. 175) und Merleau-Ponty (vgl. PhW, S. 25, 31, 202, 507; SuU, S. 139, 322).

102 Vgl. Pietrowicz, 1992, S. 230, 245.

103 V, S. 188. In Bezug auf die Frage, wie sich Plessners Kennzeichnung der menschlichen Natur mit dem Attribut der Unergründlichkeit zu seiner in den *Stufen* vorgenommenen Ausweisung der exzentrischen Positionalität als anthropologische Grundstruktur verhält, lassen sich im Rahmen der Plessner-Rezeption unterschiedliche Standpunkte ausfindig machen. So vertritt neben Benk, 1987, S. 71, auch Arlt die Ansicht, dass die Exzentrizität dem Unergründlichkeitsprinzip als dessen ›Möglichkeitsbedingung‹ vorgeordnet ist. Dies wird vor allem daran deutlich, dass Arlt die Unergründlichkeit als ein viertes anthropologisches Grundgesetz neben den drei von Plessner entwickelten bestimmt (vgl. Arlt, 1993, S. 118). Im Gegensatz hierzu argumentiert Schürmann, dass es sich bei der Unergründlichkeit um ein »eigenes *Prinzip*« handelt, »das Plessner dem Prinzip der Exzentrizität isothenisch zugeordnet hat, und das mehr ist als nur ein viertes anthropologisches Grundgesetz« (Schürmann, 1997, S. 347 Fn.). Dennoch kehrt er das Verhältnis beider Kategorien nicht einfach zugunsten des Unergründlichkeitsprinzips um, sondern zeigt dessen Verschränkung mit demjenigen der Exzentrizität auf: »Es handelt sich [...] jeweils um *bedingte* Ermöglichungsgründe, nicht aber um Ermöglichungsgründe schlechthin. Es ist somit weder möglich, das Prinzip der Unergründlichkeit aus dem Prinzip der Exzentrizität abzuleiten, noch umgekehrt« (ebd., S. 353; vgl. ebd., S. 357).

104 Vgl. ebd., S. 184, 202.

105 Dux, 1990/91, S. 59.

106 Vgl. V, S. 181.

Korrektiv gegenüber den Einseitigkeiten apriorisch und empirisch verfahrender Wissenschaften zu fungieren. »Theoretisch definitiv ist die Wesensbestimmung des Menschen als [...] eine offene Frage nur insoweit, als sie die Regel gibt, eine inhaltliche oder formale theoretische Fixierung als ... *fernzuhalten* [...]. Zugleich ist diese Bestimmung theoretisch richtig [...], weil sie den Menschen in seiner Macht zu sich und über sich, von der er allein durch Taten Zeugnis ablegen kann, trifft. Man darf nur nicht dabei übersehen, daß ihm in dieser Wesensaussage das Kriterium für die Richtigkeit der Aussage selbst überantwortet ist. Denken wir das ›Offene Frage Sein‹ [...] als eine *Essenz* im Menschen, dann kann ihre Wahrheit nur durch die Geschichte selber erhärtet werden.«[107]

Als mögliche Ursachen dafür, dass Plessner im Rahmen seiner folgenden Schriften stärker als in *Macht* auf die diesem Prinzip innewohnende Pflicht zur ›Verantwortung‹ rekurriert[108], können möglicherweise seine Einsicht in die politisch-praktische Brisanz des Unergründlichkeitstheorems[109] sowie seine persönlichen Erfahrungen während der nationalsozia-

107 Ebd., S. 190 f. Vgl. Hammer, 1967, S. 190; Westermann, 1995, S. 25 ff.; Benk, 1987, S. 202.

108 Vgl. Pietrowicz, 1992, S. 231 ff.; VIII, S., 37, 39, 51; VII, S. 219.

109 In welch weitem Maße der Gedanke einer Unergründlichkeit des menschlichen Wesens instrumentalisierbar ist, zeigt sich nicht zuletzt in Plessners eigener Argumentation, die ausgehend von diesem Prinzip einerseits die »wertdemokratische Gleichstellung aller Kulturen« (V, S. 186; vgl. ebd., S. 161, 171) propagiert, es andererseits jedoch auch zur Rechtfertigung der von Carl Schmitt übernommenen Formel der »Freund-Feind-Relation« verwendet (vgl. ebd., S. 191 f.). In offensichtlicher Antizipation des Gefahrenpotentials der Unergründlichkeitskategorie hatte er sich bereits in *Macht* mehrfach gegen den Gedanken ihrer Verabsolutierung ausgesprochen (vgl. ebd., S. 182, 185, 186, 188). Vgl. zum Verhältnis Plessner – Schmitt die nicht unwidersprochen gebliebene Arbeit Krammes (1989), dessen Ausführungen in der These kulminieren, beide Ansätze seien »in ihrem politischen Kontext als ein Text zu lesen« (ebd., S. 7; vgl. ebd., S. 22). Um eine Revision dieser Einschätzung bemüht sich u.a. Bielefeldt, der Plessner im Gegensatz zu Schmitt die »Grundeinstellung [...] eines Liberalen« (Bielefeldt, 1994, S. 92; vgl. ebd., S. 69; Fischer, 1992, S. 53) attestiert. Vgl. zur Kritik der Plessner-Interpretation Krammes auch Honneth, 2002, sowie zur weiterhin aktuellen Diskussion um den Einfluss Schmitts auf Plessners Denken Lauermann, 1995; Pircher, 1995; Endreß, 1997; Schüßler, 2000, S. 110 ff., 126 ff.; Eßbach, 2002, S. 76 ff. Als problematisch kann ferner der gegenüber Plessner erhobene Vorwurf eines politischen Dezisionismus gelten (vgl. Schütze, 1986, S. 69;

listischen Diktatur gelten. An die Stelle des Theorems der Unergründlichkeit tritt in den späten sechziger Jahren schließlich die Formel des ›homo absconditus‹, die zwar wesentliche Bestimmungsmomente des Erstgenannten mit sich führt, jedoch unter Aussparung seiner zuvor in *Macht* explizierten politisch-ideologischen Implikationen. »Als ein in der Welt ausgesetztes Wesen ist der Mensch sich verborgen – *homo absconditus.* Dieser ursprünglich dem unergründlichen Wesen Gottes zugesprochene Begriff trifft die Natur des Menschen. [...] Darum müssen alle Versuche scheitern, seine Natur auf bestimmte, angeblich ausschlaggebende Faktoren einzuschränken.«[110]

Wie die vorangegangenen Ausführungen zeigten, kann Plessners Anthropologie als »ein Beispiel dafür [gelten], daß die philosophische Behandlung der Frage nach dem Menschen nicht unweigerlich mit der Fixierung von Wesensbegriffen zusammenfällt.«[111] Aus seiner Sicht kann man zwar »eine Wesensbestimmung nicht nicht haben«, jedoch stellt »eine Wesensbestimmung *als* Wesensbestimmung prinzipiell nur eine besondere, eine partikulare Bestimmung«[112] dar. *Zwischen* einem geschichtsnivellierenden Essentialismus und einem historischen Relativismus situiert, geht Plessners Ansatz von der Annahme aus, dass die menschliche Natur zwar gewisse Konstanten aufweist, die als solche allerdings »keinen Ewigkeitsanspruch gegenüber der geschichtlichen Variabilität erheben, sondern sich selber zu ihr offenhalten, indem sie ihre Offenheit selber gewährleisten.«[113] Damit wird deutlich, dass Plessners Frage nach dem Wesen des Menschen nicht als ein »*Endziel*«, sondern als ein »*Durchgang*« zu verstehen ist, »der immer wieder in eine Offenheit der Erfahrung und der Lebenspraxis einmündet.«[114] »Nicht nur die Menschen wandeln sich, auch das Menschliche verändert sich im Wandel der Zeit.«[115] Als theoretische

Kramme, 1989, S. 154; Dux, 1990, S. 55). Vgl. zur Unhaltbarkeit dieser Einschätzung die kritischen Einwände von Oesterreicher-Mollwo, 1972, S. 158 ff.; Benk, 1987, S. 184 f.; Völmicke, 1994, S. 179; Schürmann, 1997, S. 357; Endreß, 1997, S. 39 f.; Giammusso, 1995, S. 193 Fn.

110 VIII, S. 365. Vgl. ebd., S. 134.

111 Völmicke, 1994, S. 193. Vgl. Pape, 1986, S. 33.

112 Schürmann, 1997, S. 351.

113 VIII, S. 158.

114 Waldenfels, 1980b, S. 79. Vgl. Fahrenbach, 1997, S. 99.

115 VII, S. 210. Zwar würde es an dieser Stelle zu weit führen, die philosophiehistorischen Einflüsse zu hinterfragen, denen Plessner seine Position einer »geschichtliche[n] Wesenslehre« (Schürmann, 1997, S. 347) verdankt, doch soll an dieser Stelle auf einige dieser durchaus nahestehende Ansätze hingewie-

Kategorie eignet dem Prinzip der ›Unergründlichkeit‹ eine eigentümliche und letztlich nicht zu tilgende Ambivalenz, die sich darin ausspricht, dass es einerseits aufgrund seiner fehlenden Fixierung auf bestimmte Gehalte permanent in der Gefahr steht, instrumentalisiert zu werden, andererseits jedoch als ein »mentales Reservat« begriffen werden kann, »aus dem heraus überhaupt noch verantwortlich von ›dem Menschen‹ gesprochen werden kann.«[116]

Dass sich Plessner der von ihm vertretenen Einschätzung einer Unergründlichkeit des menschlichen Wesens bis in seine letzten Arbeiten hinein verpflichtet zeigt, belegt seine späte *Selbstdarstellung*, in der es heißt: »Wenn Kant in der Einleitung zur ›Logik‹ die Menschheitsfragen: Was kann ich wissen? Was soll ich tun? Was darf ich hoffen? zusammenfaßt in der Frage: Was ist der Mensch?, dann weiß er die Antwort. Der Anthropologe weiß sie nicht.«[117]

## I.5 Zur pädagogischen Rezeptionsweise von Plessners Werk[118]

Trotz eines in den letzten Jahren zunehmenden Interesses an Plessners Philosophie stellt die systematische Erschließung seiner anthropologischen Einsichten für pädagogische Fragestellungen nach wie vor ein Desi-

sen werden. Neben Nietzsche, der gegenüber dem Gedanken eines Wesens ›an sich‹ dessen »Perspektivität« (Nietzsche, Werke III, S. 487) und »Relationalität« (ebd., S. 752) hervorhebt, finden sich Versuche, die Wesenssphäre ihres Absolutheitsstatus‹ zu entledigen und ihre Abhängigkeit vom Bereich der Erscheinungen aufzuzeigen u.a. bei Adorno (vgl. Pape, 1986, S. 33), Marcuse (vgl. Marcuse, 1979, S. 68 ff.) und Merleau-Ponty, der das Wesen als ein »fungierendes und tätiges« (SuU, S. 158; vgl. ebd., S. 149 ff.) bezeichnet.

116 Schütze, 1986, S. 70.

117 X, S. 328. Als Beleg dafür, dass Plessners Anthropologie nicht zuletzt auch ihre eigenen Befunde gegenüber der Unergründlichkeit menschlicher Möglichkeiten offenhält, sei auf folgende Stellen verwiesen: VIII, S. 44, 214, 246, 358.

118 Der folgende, sich auf mögliche Wirkungsstätten der Plessner'schen Anthropologie konzentrierende Streifzug durch den pädagogischen Diskurs erhebt keinen Anspruch auf Vollständigkeit. Vielmehr werden die referierten Positionen und Disziplinen lediglich stellvertretend für eine weitverbreitete problematische Rezeption seines Ansatzes in pädagogischen Kontexten herangezogen.

derat dar. Zwar lassen sich innerhalb des pädagogischen Diskurses durchaus Spuren von Plessners Denken entdecken[119], doch bergen diese Bezugnahmen, wie im Folgenden anhand einer Reihe von Beispielen gezeigt werden soll, nicht selten problematische Züge, insofern sie sich vornehmlich auf die Verwendung einzelner Theorieelemente bzw. Termini beschränken, ohne diese an den Gesamtkontext seiner anthropologischen Konzeption rückzubinden.

Blickt man auf Plessners Ansatz, so offenbart dieser zunächst eine Reihe von Aspekten, die das bisher nur geringe pädagogische Interesse an ihm berechtigt erscheinen lassen. Zunächst wäre in diesem Zusammenhang der Umstand anzuführen, dass die in seinen Schriften immer wieder begegnende Rede von *dem* Menschen den Verdacht eines universalistischen Denkens nahe legt, das sich der geschichtlichen Dimension der menschlichen Existenz verschließt. Dieser vermeintlich unhistorische

119 Als eine der frühesten Bemühungen um eine pädagogische Fruchtbarmachung seines Werkes kann die Plessner selbst gewidmete Arbeit von Elzer gelten. Für die später erfolgende Erörterung seiner Konzeption unter bildungstheoretischen Gesichtspunkten ist dabei vor allem Elzers Feststellung von Bedeutung, dass »[d]ie Anthropologie von [...] H. Pleßner [...] Fragen auf[wirft], die eindeutig mit dem Begriff ›Bildung‹ gefaßt werden müssen« (Elzer, 1956, S. 21 Fn.). Obwohl sich die nachfolgende bildungstheoretische Ausdeutung in zentralen Punkten von Elzers Standpunkt, dem nach Ansicht des Verf. letztlich eine mit Plessners Denken nicht zu vereinbarende Geist-Körper-Hierarchie zugrunde liegt, unterscheidet, geht sie dennoch mit dessen Einschätzung konform, dass »Bildung *auch* eine Kategorie des Leibes und nicht nur des Bewußtseins ist« (ebd., S. 123).
Auf die bildungstheoretische Relevanz von Plessners Analysen zum Phänomen der Leiblichkeit macht in den siebziger Jahren des letzten Jahrhunderts auch Günzler aufmerksam: »Das von H. Plessner erarbeitete und inzwischen zum Allgemeingut gewordene Wissen über die konstitutive Bedeutung der Leiblichkeit hat die von Descartes begründete Deutung des Leibs als einer Leibmaschine so überzeugend widerlegt, daß eine pädagogische Leibvergessenheit zugunsten intellektueller Bildung als Norm sachlich nicht mehr begründbar ist« (Günzler, 1976, S. 30 f.). Ferner sei an dieser Stelle auf den Vorschlag Derbolvs verwiesen, die »Grundstrukturen« von Plessners Ansatz in den Entwurf eines Lehrplans für das Fach Pädagogik aufzunehmen (vgl. Derbolav, 1970, S. 231). Nach Derbolavs Einschätzung lässt sich mit Autoren wie Plessner »in moderner Weise der paradoxe Status des Menschen in seiner gebrochenen Natürlichkeit und seiner Weltoffenheit plastisch verdeutlichen« (ebd.).

Standpunkt kann sicherlich als einer der zentralen Gründe für die schwerpunktmäßige Reserviertheit der ›Historischen Anthropologie‹ in Bezug auf Plessners Konzeption gelten.[120] Demgegenüber versuchte der vorangegangene Abschnitt aufzuzeigen, dass Plessners Ansatz keineswegs ein geschichtsfernes, naturalistisches Konzept repräsentiert, sondern der geschichtliche Aspekt anthropologischen Fragens in seinem Denken durchaus – und zwar an prominenter Stelle – seinen Ort besitzt.

Ein ›direkter‹ pädagogischer Zugang zu Plessners Denken wird ferner auch dadurch erschwert, dass dieses trotz seines außerordentlichen Perspektivenreichtums auf den ersten Blick nur geringe Impulse für pädagogisch relevante Fragestellungen zu bieten scheint. Denn anders als eine Reihe anderer anthropologisch argumentierender Autoren bleibt er nicht nur bspw. die Ausarbeitung einer »Anthropologie des Kindes« bzw. »Jugendlichen«[121] schuldig, auch nimmt er an keiner Stelle seines Werkes direkt zu Fragen der Erziehung, Bildung oder Sozialisation Stellung. Zudem betont Plessner unter Berufung auf den formalen Charakter[122] seiner Anthropologie, dass sich aus ihr keinerlei Handlungsdirektiven ableiten lassen.[123] Zwar streift sein Denken durchaus immer wieder eine Reihe pädagogisch relevanter Interessensgebiete, doch lassen diese Ausführungen erkennen, dass Themen wie das Generationsproblem, Fragen zur Erwachsenen- und Elitenbildung oder auch die Jugendbewegung von ihm nicht auf ihren pädagogischen, sondern (bildungs)politischen bzw. soziologischen Gehalt hin befragt werden.[124] Daneben zeigen sich auch seine gelegentlichen Bezugnahmen auf *das* Kind[125] weniger von einem pädagogi-

120 Vgl. Müller, 1998, S. 247 ff.

121 Vgl. Langeveld, 1968a; 1968b.

122 Völmicke, 1994, S. 120. Vgl. Landmann, 1976, S. 195; Hammer, 1967, S. 191 f.

123 Vgl. X, S. 328.

124 In diesem Zusammenhang sei auf die von der pädagogischen Plessner-Rezeption bisher vollständig unberücksichtigten Schriften *Über Elite und Elitenbildung* (X, S. 138 ff.), *Universität und Erwachsenenbildung* (ebd., S. 250 ff.), *Nachwort zum Generationsproblem* (ebd., S. 107 ff.) sowie auf eine sich im Groninger Nachlass befindliche Rede mit dem Titel *Zur Soziologie der Bildungsideen* aus dem Jahre 1958 hingewiesen. Vgl. zum bildungspolitischen Anspruch der erstgenannten Schriften vor allem X, S. 107, 138, 146, 259 sowie zu Plessners kritischer Auseinandersetzung mit der Jugendbewegung neben den *Grenzen* die im gleichen Jahr erschienene Schrift *Die Utopie in der Maschine* sowie X, S. 108 ff., 117.

125 Vgl. u.a. III, S. 376; IV, S. 74, 206, 374; VII, S. 75, 221, 242, 289, 392, 450,

schen als vielmehr entwicklungstheoretischen Forschungsinteresse geleitet.

Schließlich ist es die »nicht so leicht griffige[] Art«[126] seiner Anthropologie, die ihrer umfassenden pädagogischen Kenntnisnahme bisher im Wege stand. Um der für sein Denken charakteristischen Zwischen-Stellung einen adäquaten Ausdruck zu verleihen, bedient sich Plessner häufig sperriger, manchmal umständlich erscheinender Formulierungen und Denkfiguren. Immer wieder stößt man in seinem Werk auf Motive, die sich jedem Anspruch auf Eindeutigkeit entziehen, und stattdessen die paradoxen und konflikthaften Züge der menschlichen Existenz, deren niemals in einen dauerhaft harmonischen Zustand zu überführende »Gleichgewichtslosigkeit« (Plessner) sowie das dem Menschen auferlegte permanente Risiko des Scheiterns unterstreichen.

Neben der schwerpunktmäßigen Nichtberücksichtigung von Plessners Ansatz in pädagogischen Kontexten weisen jedoch – wie anhand zweier Beispiele dargelegt werden soll – auch die wenigen Bemühungen um eine Fruchtbarmachung seiner Einsichten für den pädagogischen Diskurs vielfach problematische Züge auf.

Seine ohne Zweifel intensivste pädagogische Rezeption erfuhr Plessners Ansatz im Kontext der Pädagogischen Anthropologie der sechziger und siebziger Jahre. Hierbei ist es vor allem das Prinzip der ›offenen Frage‹, auf das sich die damalige Diskussion fokussiert. Zu den Befürwortern dieses Prinzips zählt u.a. Bollnow, der es den von ihm entwickelten »methodischen Prinzipien der Philosophischen Anthropologie«[127] hinzufügt und auf die Pädagogik zu übertragen versucht.[128] Im Gegensatz zu einigen Kritikern des Offenheits-Prinzips[129] sieht Bollnow in diesem »kein[en] Mangel an systematischer Kraft, sondern de[n] aus tiefer Verantwortung erwachsene[n] Verzicht auf unzulässige Vereinfachungen.«[130]

452; VIII, S. 60, 168, 170, 171, 175, 181, 191, 196, 221, 275 f., 289, 317, 339, 398; IX, S. 42, 61.

126 Braun, 1989, S. 68.

127 Vgl. Bollnow, 1956, S. 17 ff; ders., 1972, S. 26 ff.; ders., 1983, S. 28 ff.

128 Vgl. ebd., S. 35 f.

129 Vgl. u.a. Döpp-Vorwald, 1976, S. 313 ff., Gerner, 1986, S. 97.

130 Bollnow, 1965, S. 38. Vgl. ders., 1983, S. 129. Einen knappen Überblick über verschiedene pädagogisch-anthropologische Positionen hinsichtlich des Prinzips der ›offenen Frage‹ bietet die Arbeit von Dienelt (1977, S. 96 ff.), deren Ausführungen zugleich verdeutlichen, in welchem Maße die seinerzeit stattfindende Diskussion z.T. von erheblichen Missverständnissen bezüglich dieses Prinzips begleitet war.

In merkwürdigem Kontrast zu dieser Verteidigung des Prinzips der ›offenen Frage‹ steht allerdings Bollnows Distanzierung von Plessners anthropologischer Grundformel der ›exzentrischen Positionalität‹, die er als »voreilige Konstruktion[]«[131] zurückweist. Als problematisch kann Bollnows Ablehnung des Exzentrizitätsbegriffs nicht nur deshalb gelten, weil sie den immanenten Zusammenhang zwischen Plessners Zentralkategorie und dem Prinzip der ›offenen Frage‹ außer Acht lässt, sondern auch, weil durch diese Beschränkung die zentrale Bedeutung des Aspekts der Leiblichkeit für Plessners Denken einen thematischen Ausschluss erfährt. Allerdings bleibt das lange Zeit nur geringe pädagogische Interesse an Plessners Leiblichkeitskonzeption keineswegs, wie verschiedene Darstellungen[132] zeigen, auf das Feld der Pädagogischen Anthropologie begrenzt.

Anders als in vielen Teildisziplinen des pädagogischen Diskurses stoßen Plessners Analysen zur Leiblichkeit zunächst vor allem in der Sportpädagogik auf eine verstärkte Resonanz, in der diese u.a. als anthropologische Grundlage für eine Theorie der Leibeserziehung und Bewegungsanalyse fungieren.[133] Betrachtet man diese Zugänge zu seinem Werk jedoch genauer, so stößt man auch hier auf gewisse Einseitigkeiten hinsichtlich der Rezeption. Denn ähnlich wie im Falle der Pädagogischen Anthropologie bleibt auch innerhalb der Sportpädagogik die Auseinandersetzung mit Plessners Forschung letztlich auf einige wenige und aus dem Gesamtkontext seines Werks herausgelöste Aspekte (in diesem Falle die Leiblichkeitsproblematik) beschränkt.

Die beiden hier gewählten Beispiele der Pädagogischen Anthropologie und der Sportpädagogik können als Belege für eine – durchaus nicht nur auf den pädagogischen Diskurs beschränkte – Form der Plessner-Rezeption gelten, die zwar dazu führte, dass »[e]inzelne seiner Begriffe [...] – in merkwürdigem Gegensatz zum Gesamtwerk – geradezu ›populär‹ [wurden]«, Plessner jedoch in letzter Konsequenz »das Schicksal der Degradierung zum Stichwortgeber«[134] widerfuhr. Einer möglichen Fehldeutung des hier vertretenen Standpunktes vorgreifend sei betont, dass das Verfahren einer Bezugnahme auf einzelne Begriffe und Theorieauszüge eines Denkers selbstverständlich keineswegs *grundsätzlich* als problematisch angesehen werden kann. Im Gegenteil kann sich auch und gerade

131 Bollnow, 1972, S. 33. Vgl. zur Meta-Kritik der Einwände Bollnows gegen Plessner Fahrenbach, 1997, S. 98 ff.

132 Vgl. Maier, 1969; Herzog, 1985; Kamper/Wulf, 1982.

133 Vgl. u.a. Grupe, 1964, S. 63 f., 72 f., 77, 82; ders., 1984, S. 17 ff., 30 ff.; Meinberg, 1981, S. 21, 29, 32, 132 ff.

134 Friedrich/Westermann, 1995, S. 336 Fn.

der (ohnehin als solcher kaum zu umgehende) selektive Zugang zu bestimmten Aspekten eines Werkes als durchaus ertragreich erweisen. Dies bestätigen nicht zuletzt eine Reihe neuerer Bemühungen um die pädagogische Fruchtbarmachung von Plessners Anthropologie, von denen hier vor allem die Arbeiten Klaus Mollenhauers, Käte Meyer-Drawes und Hans Rüdiger Müllers hervorgehoben werden sollen.[135]

Inwiefern eine selektive Inanspruchnahme seiner Begriffe *ohne* Rückbindung an den Kontext seiner Anthropologie jedoch gerade im Falle von Plessners Konzeption auch Missverständnisse und problematische Verzerrungen provozieren kann, soll im Folgenden am Beispiel verschiedener Rezeptionsformen des tragenden Pfeilers seines Denkgebäudes, der Grundkategorie der ›exzentrischen Positionalität‹, erläutert werden.

Bereits zu Beginn der sechziger Jahre des vergangenen Jahrhunderts stellt Siegfried Oppolzer den Begriff der ›Exzentrizität‹ dem pädagogischen Publikum als »Ermöglichungsgrund für die Selbsterkenntnis, Selbstprüfung und Selbsterziehung«[136] des Menschen vor. Dabei rekurriert er vor allem auf die durch Plessners Terminus angezeigte Fähigkeit des Menschen zur Distanznahme, die für ihn als Voraussetzung der Selbsterziehung des Subjekts, d.h. einer »Erziehung seiner selbst durch sich selbst«[137], gilt. Als argumentative Grundlage dient Oppolzer dabei Plessners Diktum, der Mensch müsse sich ›zu dem, was er schon ist, erst machen‹[138], also sein Leben führen.

Wie sich im Verlauf dieser Arbeit zeigen wird, liegt Oppolzers Argumentation ein verkürztes, da auf das Moment der Selbstreflexivität reduziertes Verständnis der Exzentrizitätsthese zugrunde. Durch die Überakzentuierung des Exzentrizitätsgedankens nicht nur als »Möglichkeit«, sondern »Notwendigkeit«[139] zur Selbsterziehung leistet Oppolzer – wenn auch ungewollt – einem monologischen Verständnis der Exzentrizitätskategorie Vorschub, um dessen Korrektur sich die vorliegende Arbeit u.a. durch die Herausarbeitung ihrer inter-subjektivitätstheoretischen Implikationen bemühen wird. Dabei soll gezeigt werden, dass Plessner insofern als ein zweifelhafter Referenzautor für den Gedanken der Selbstedukation

135 Vgl. u.a. Meyer-Drawe, 1993, 1996a, 1996b, 1997, 1998c, 1999/2000, 2000a, 2000b; Müller, 1998, S. 235 ff.; ders., 2002 sowie zu Mollenhauer Kap. IV B. 2.

136 Oppolzer, 1961, S. 62. Vgl. in ähnlicher Weise Mertens, 1998, S. 47, 53.

137 Vgl. ebd., S. 58.

138 Vgl. zur genaueren Beleuchtung dieser Redewendung in Bezug auf Plessners Ansatz Kap. III A. 4.

139 Oppolzer, 1961, S. 62.

gelten kann, als er mit Nachdruck immer wieder auf die fundamentale Abhängigkeit des Menschen vom Anderen seiner selbst verweist.

Im Gegensatz zu Oppolzer konzentriert sich der sozialisationstheoretische Ansatz von Claessens auf eine »Verbindungsmöglichkeit« der Exzentrizitätsthese »mit dem Begriff der ›zweiten, sozio-kulturellen Geburt‹ des Menschen.«[140] Unter Bezugnahme auf die in den *Stufen* entwickelte »Gegengewichtsthese«[141], nach der sich der Mensch auf eine Kompensation seiner konstitutiven Gleichgewichtslosigkeit angewiesen zeigt, fragt Claessens nach der sozialisatorischen Funktion der »Kernfamilie« als »sozial-anthropologische[r] und soziologische[r] Primärformation«[142], wobei er die »›Gegengewichtsthese‹ in die Kind-Mutter- und Kind-Familie-Problematik hineinprojiziert.«[143] Da die Kernfamilie »zwischen Kultur-Gesellschaft und Individuum ›eingepaßt‹« ist, kommt ihr eine zentrale Bedeutung hinsichtlich der »Vermittlung«[144] beider Pole zu. Analog zu Oppolzer beruft sich auch Claessens auf das Diktum der *Stufen*, wonach sich der Mensch zu dem, was er schon ist, erst machen muss, allerdings nicht ohne darauf hinzuweisen, dass dieses ›Machen‹ für ihn weder eine »reine Selbsttätigkeit«[145] noch einen abschließbaren Prozess bezeichnet.

Zwar akzentuiert Claessens das mit der exzentrischen Position einhergehende Moment der menschlichen Gebrochenheit in stärkerem Maße als Oppolzer, dennoch birgt auch seine Inanspruchnahme des Exzentrizitätsbegriffs eine Reihe von Schwierigkeiten. Wenn er etwa die ›Gegengewichtsthese‹ als »ein zweipoliges Gleichgewichts-Modell« bestimmt, in dem »ein ›Pol‹ als durch das Ich – in der exzentrischen Positionalität – besetzt zu denken [ist], der andere, das Gleichgewicht haltend, durch die vom Menschen auf sich hin geformte, in ihm integrierte Außenwelt«[146], so birgt sein Ansatz ein Problem, das Braun als »Vergesellschaftung der exzentrischen Position«[147] bezeichnet. Durch sie werde das von Plessner entwickelte »Bild von der ›inneren Außenwelt‹ wieder auf[gehoben], weil im Gegengewicht etwas Äußeres geschaffen wird, was den Menschen von der Welt abschirmt und damit echte Innerlichkeit verhindert.«[148] Das in Claessens

140 Claessens, 1967, S. 68.
141 Vgl. IV, S. 384 f.
142 Claessens, 1967, S. 14.
143 Ebd., S. 71.
144 Ebd.
145 Ebd., S. 68 f.
146 Ebd., S. 99.
147 Braun, 1989, S. 71 f.
148 Ebd., S. 71.

Sozialisationstheorie anklingende dichotome Verhältnis von Individuum und Gesellschaft erweist sich nach Braun als unvereinbar mit Plessners Behauptung eines wechselseitigen Bedingungsverhältnisses zwischen Exzentrizität und Sozialität. Insofern vollziehe Claessens im Rahmen seiner sozialisationstheoretischen Überlegungen eine »gedankliche Verbiegung«[149] der Exzentrizitätsthese.

Schließlich sei an dieser Stelle auf den von Hitzler und Honer im Anschluss an Becks Individualisierungsthese entwickelten Typus der ›Bastelexistenz‹ verwiesen. Nach Ansicht der AutorInnen zeichnet sich eine solche Existenzform dadurch aus, dass das individualisierte Individuum aufgrund des Verlustes traditionell vorgegebener Sinnressourcen darauf angewiesen ist, »die Drehbücher seines individuellen Lebens selber zu schreiben, die Landkarten für seine Orientierung in der Gesellschaft selber zu zeichnen, über seine Biographie, seine Persönlichkeit, sein Selbstverständnis selber Regie zu führen.«[150] Damit wird die ›Bastelexistenz‹ als eine »sozusagen *reflexive* Form des individualisierten Lebensvollzugs« ausgewiesen, wobei der ›Sinnbastler‹ »als ein hinlänglich kompetenter, ein zur Einschätzung seiner subjektiven Belange hinlänglich fähiger [...] Akteur [erscheint]. Er gestaltet, subjektiv hinlänglich [...] seine Existenz.«[151] Zwar steht ihm dabei eine Auswahl z.T. konkurrierender Sinnangebote zur Verfügung, jedoch ist er nicht gezwungen, sich langfristig an diese zu binden.[152] Im Rahmen dieser Konzeption wird Plessners Formel der ›exzentrischen Positionalität‹ dazu herangezogen, um die von den AutorInnen vertretene These eines dem Menschen auferlegten ›Zwangs‹ zur Sinngebung anthropologisch zu ›fundieren‹.[153]

Mit den im Vorangegangenen erörterten Positionen zeigt sich das hier referierte Modell der ›Bastelexistenz‹ dadurch verbunden, dass auch in ihm Plessners Zentralkategorie eine subjektivistische Deutung erfährt, die suggeriert, dass das Individuum seine Existenz letztlich in reflexiver Eigenregie und damit ohne den/die Anderen ausbildet. Auf den problematischen Gehalt einer solchen Interpretation der exzentrischen Seinsweise des Menschen macht Müller aufmerksam, der darauf verweist, dass mit dem Theorem der ›Bastelexistenz‹ »eine eigentümlich mechanistisch-handwerkliche Konnotation erzeugt [wird], so als befände sich das Subjekt als ›Werkmeister‹ an einem Ort außerhalb seiner Biographie, von wo es

149 Ebd., S. 72.

150 Hitzler/Honer, 1994, S. 312.

151 Ebd., S. 311.

152 Vgl. ebd., S. 309.

153 Vgl. ebd., S. 313.

jedem biographischen Ereignis seinen unverrückbaren Platz im Ganzen zuweist. Der Versuch, diesem Bild mit Plessners Theorem der ›exzentrischen Positionalität‹ philosophische Würde verleihen zu wollen [...], macht die Verwirrung komplett: der Akt virtueller Selbstdistanzierung, der uns zwingt, ein Leben zu ›führen‹, ohne es beherrschen zu können, wird umstandslos zu einem pragmatischen Lebensprinzip umgebogen, das das Ich zum Souverän über seine leibhaftige Existenz erklärt.«[154]

Trotz ihres zu würdigenden Anliegens, Plessners Formel der ›exzentrischen Positionalität‹ für pädagogische und soziologische Fragestellungen fruchtbar zu machen, bestätigen die zuvor erörterten Ansätze die eingangs formulierte These, dass zahlreiche von Plessners Begriffen »[d]urch manche bedenklich-unbedachte Anleihe [...] – abgetrennt von ihrem Entwicklungszusammenhang – [...] wesentlich an Gewicht [verlieren].«[155] Dem hier diagnostizierten Sachverhalt versuchen die nachfolgenden Ausführungen dahingehend Rechnung zu tragen, dass sie sich darum bemühen, das von ihnen in den Blick genommene Plessner'sche Vokabular konsequent an den Gesamtkontext seiner Anthropologie rückzubinden.[156] Speziell im Hinblick auf die häufige Reduktion der Exzentrizitätskategorie auf den Aspekt der Selbstreflexivität hoffen die folgenden Darlegungen durch die Rekonstruktion ihrer Herleitung aufzeigen zu können, dass es sich bei Plessners Zentralkategorie weder um ein bloßes »Geistprinzip«[157] noch um eine Formel handelt, die den Menschen als monologisch strukturiert auszuzeichnen beabsichtigt. Vielmehr zielt das Prinzip der exzentrischen Positionalität darauf, den Menschen als ein leibliches und in der Welt situiertes Wesen auszuweisen, dem die grundsätzliche Möglichkeit eines Rückzugs ›in‹ sich gegeben ist, ohne dabei allerdings seine Eingebundenheit in eine Sphäre des Sozialen überwinden zu können.

Mit der in den vorangegangenen Abschnitten vorgenommenen Erörterung einer Reihe anthropologiekritischer Einwände, des Anspruchs und Selbstverständnisses der Philosophischen Anthropologie Plessners sowie der Diskussion einiger Probleme der bisherigen Plessner-Rezeption in der Pädagogik bzw. den Sozialwissenschaften sollte das grundsätzliche Interesse des folgenden systematischen Versuchs einer Erschließung der Ein-

154 Müller, 1997, S. 253 Fn.

155 Friedrich/Westermann, 1995, S. 336 Fn.

156 Zwar stellt Plessners Konzeption kein ›System‹ im strengen Sinne dar (vgl. Arlt, 1994; Orth, 1995, S. 67 Fn.), allerdings wird sich im weiteren Verlauf zeigen, dass sie sich durchaus einer gewissen systematischen Strenge verpflichtet zeigt.

157 Vgl. Zdarzil, 1978, S. 31.

sichten Plessners für die Pädagogik markiert werden: Nicht geht es um die Frage eines möglichen Fundierungsverhältnisses und damit des Vorrangs einer der beiden Disziplinen gegenüber der anderen. Stattdessen soll im weiteren Verlauf gezeigt werden, inwiefern Plessners Einsichten korrektiv zu einer Bereicherung des pädagogischen Denkens beizutragen vermögen, indem sie diesem eine Reihe differenztheoretischer Impulse sowie daraus resultierend Perspektiven für die kritische Diskussion eines kognitiv restringierten Bildungsverständnisses bieten.[158]

Bedeutet die Verhandlung erziehungswissenschaftlicher Problemstellungen immer auch, »sich ausgehend von einem pädagogischen Frageprofil konsequent in einen interdisziplinären Dialog zu begeben«[159], so zeigen sich die folgenden Ausführungen von der Überzeugung einer wechselseitigen Ertragfähigkeit pädagogischer und anthropologischer Forschung begleitet. »Wissenschaft vom Menschen ist nur als interdisziplinäre Forschung möglich. [...] Ein interdisziplinäres Gespräch ist nicht erst dann gelungen, wenn alle Gesprächsteilnehmer einig sind, sondern bereits dann, wenn jeder Teilnehmer anders aus dem Gespräch herausgeht als er hineingekommen ist.«[160] Diese Auffassung einer grundsätzlich interdisziplinären Ausrichtung des pädagogischen Arbeitsfeldes konvergiert offensichtlich auch mit Plessners eigener Sicht auf die Pädagogik, deren wissenschaftlichen Status er nicht in ihrer Isolierung, sondern in ihrer Angewiesenheit auf und Kooperation mit anderen Fachgebieten begründet zu sehen scheint. Zwar erweist sich eine werkimmanente Rekonstruktion von Plessners Pädagogikverständnis aufgrund einer fast vollständigen Abstinenz entsprechender Bezugnahmen als kaum möglich, dennoch beinhaltet seine Schrift *Universität und Erwachsenenbildung* einen Hinweis, der die oben vorgetragene These zu stützen scheint. Dort heißt es: »Ich bin davon überzeugt, daß die Kooperation zwischen Soziologie und Pädagogik in der Situation, in der wir uns für die nächsten Dezennien befinden, nur fruchtbar, nur heilsam sein kann. Man kann eben in einer Welt, die sich alle 5 Jahre sehr stark strukturell ändert, nicht mehr mit pädagogischen Zielsetzungen allein durchkommen.«[161]

158 Vgl. zur »Entdeckungsfunktion der Anthropologie in der Pädagogik« auch Winkler, 1994.

159 Bauer/Marotzki, 1995, S. 297.

160 Marquard, 1995, S. 153. Vgl. auch ebd., S. 151. Vgl. zur wechselseitigen Verwiesenheit des anthropologischen und pädagogischen Denkens bereits Reble, 1971, S. 27 und Pleines, 1973, S. 28 ff.

161 X, S. 260.

# II. ›Identität‹ – Anfragen an eine pädagogische Leitkategorie

»Identität, wie immer sie näher bestimmt werden mag, hat jeder nur für sich selbst. Er hat sie immer auch nur durch sich selbst, womit menschliche Identität von vorneherein auf Freiheit als Selbstbestimmung verweist [...]. Geht es bei der Frage nach Identität um einen die verschiedenen Momente der menschlichen Existenz zusammenhaltenden und Einheit stiftenden Vollzug, geht es zugleich um die Frage [...]: Wer bin ich unter so vielen Millionen? als eine klassische Formulierung der Frage nach Identität.«
(Georg Scherer, Identität und Sinn)

Das vorliegende Kapitel verfolgt das Ziel der Entfaltung jenes Problemhorizonts, vor dem sich die spätere Diskussion von Plessners Anthropologie vollziehen wird. Als leitende Aufgabenstellung fungiert dabei die Frage nach dem Stellenwert von Identität für konkret-praktische Vollzüge des Menschen. Gemäß dieser Orientierung wendet sich die vorliegende Erörterung vor allem solchen Ansätzen zu, die Identität als Möglichkeitsbedingung menschlicher Lebensführung begreifen. Angesichts der Tatsache, dass sich diese sowohl durch leibliche Erfahrungen als auch durch eine Bezogenheit auf Andere/s bestimmt zeigt, werden die folgenden Ausführungen danach fragen, in welchem Maße diese beiden Aspekte eine hinreichende Berücksichtigung innerhalb identitätstheoretischer Entwürfe erfahren.

Hinzuweisen gilt es darauf, dass sich die nachfolgenden Abschnitte nicht als eine systematische Untersuchung, sondern als ein stichprobenartiger Durchgang durch verschiedene identitätstheoretische Entwürfe begreifen, der den Nachweis einer *tendenziellen* Exklusion bzw. Marginalisierung der leiblichen Erfahrungsebene sowie der permanenten Verwiesenheit des Menschen auf Andere/s und dem Anderswerden im Rahmen des Identitätsdenkens erbringen soll. Insofern die anschließenden Ausführungen also keine Globaldiagnostik zu betreiben suchen, ist damit zu rechnen, dass sich innerhalb des Identitätsdiskurses durchaus Gegenbeispiele für die hier vertretene Einschätzung ausfindig machen lassen. Ferner geht es im weiteren Verlauf nicht um eine bloße Überprüfung dessen, *ob* die Aspekte der Leiblichkeit bzw. des Anderen im Rahmen bestimmter Identitätsentwürfe auftauchen – dies ist, wie sich zeigen wird, keineswegs selten der Fall. Als entscheidendes Beurteilungskriterium gilt vielmehr, *in welcher Weise* sie eine Berücksichtigung erfahren.

Im Einzelnen vollzieht sich der hier zu erbringen beabsichtigte Nachweis einer schwerpunktmäßig kognitivistisch orientierten Identitätsauffassung in folgenden Schritten: Im Anschluss an eine Reihe einführender Bemerkungen zum Problem der Identität (1) erfolgt eine kursorische Sichtung verschiedener Identitätsentwürfe im Hinblick auf ihre Berücksichtigung der Aspekte der Leiblichkeit und des/der Anderen (2). Als Ausgangspunkt der Untersuchung fungieren dabei die Ansätze Eriksons und Meads (2.1). Wie deutlich gemacht werden soll, lässt sich bei beiden eine Marginalisierung der leiblichen Erfahrungsebene konstatieren, doch unterscheiden sie sich hinsichtlich des Stellenwerts, den sie dem/den Anderen zuerkennen. Hieran anknüpfend soll dann gezeigt werden, inwiefern mit der zunehmenden semantischen Ausdifferenzierung des Identitätsbegriffs auch weite Teile des übrigen identitätstheoretischen Vokabulars (›Synthese‹, ›Kontinuität‹, ›Kohärenz‹) entscheidende Bedeutungsverschiebungen erfahren (2.2). In einem nächsten Schritt wird die Karriere des Identitätskonzepts innerhalb des pädagogischen Diskurses näher beleuchtet, wobei ein Akzent auf dem Verhältnis von Identität und Bildung liegen wird (2.3). In den folgenden Ausführungen werden dann solche Ansätze zu Wort kommen, welche die Identität des Subjekts explizit zur Bedingung menschlicher Lebensführung erheben (3). Um zu zeigen, dass sich das pädagogische Denken nicht durch eine einträchtig affirmative Haltung gegenüber dem Identitätskonzept auszeichnet, werden zum Abschluss dieses Kapitels eine Reihe kritischer Stimmen aus diesem Diskurs vorgestellt (4).

## II.1 Notizen zur Geschichte, Konjunktur und Kritik des Identitätsbegriffs[1]

Aufgrund des Umstandes, dass Identitätsformeln heute einen festen Bestandteil der alltagssprachlichen Rede darstellen, gerät leicht in Vergessenheit, dass die Verwendung des Begriffs als Mittel zur Selbstverständigung von Menschen erst auf eine relativ junge Karriere zurückblicken kann. Historisch fällt das Aufkommen der Frage nach der eigenen Identität in jenen Zeitraum, der gemeinhin mit dem Epochenbegriff der ›Mo-

1 Die folgenden Ausführungen streben weder eine historisch-systematische noch begriffsgeschichtliche Rekonstruktion der Identitätsproblematik an. Vgl. hierzu u.a. de Levita, 1976, S. 22 ff.; Jörissen, 2000, S. 13 ff.; Schmidt, 1976; Gleason, 1983; Niethammer, 2000, S. 55 ff.; Ricken, 2002, S. 320 ff. sowie zu den unterschiedlichen Facetten des Themenfeldes ›Identität‹ Assmann/ Friese, 1998; Marquard/Stierle, 1979; Stross, 1991; Keupp, 1997, 1999; Willems/Hahn, 1999; Straub/Renn, 2002.

derne‹ belegt wird und als deren zentrales Merkmal das Reflexivwerden von Biographiemustern angesehen wird. »[D]ie Identität des Menschen in traditionalen Gesellschaften [war] fest, starr und stabil. Sie hing ab von im voraus festgelegten Rollen und einem System überlieferter Mythen, die Orientierung und religiöse Sanktionen hinsichtlich des eigenen Ortes in der Welt boten und zugleich das Denken wie auch das Verhalten streng reglementierten. [...] In vormodernen Gesellschaften war Identität etwas Unproblematisches, über das man weder nachdachte noch diskutierte. Die Individuen machten keine Identitätskrise durch, und sie erlebten auch keinen realen Identitätswandel. [...] In der Moderne ist Identität veränderlicher, vielfältiger, persönlicher, in höherem Maße reflexiv und Gegenstand von Wandel wie auch von Innovationen.«[2] Während die von praktischen Lebenslagen und Bedürfnissen weitgehend losgelöste Frage nach der Identität bis ins Hochmittelalter vor allem Dichtern, Theologen und Philosophen vorbehalten war[3], erfährt das Reflexivwerden der eigenen Identität – so die verbreitete Auffassung – mit Beginn der Neuzeit eine über diese exklusive Gemeinschaft in relativ breite Kreise der bürgerlichen Gesellschaft hineinreichende Expansion. »Erst unter Bedingungen der Moderne ist es nahezu allen Mitgliedern einer Gesellschaft möglich bzw. wird ihnen zugemutet, ihr Leben selbst in die Hand zu nehmen und zu gestalten. Moderne bedeutet nicht nur mehr Offenheit von Handlungsbedingungen und die Orientierung an Selbstverwirklichung als biographischem Prinzip, sondern gleichzeitig die Notwendigkeit, bestimmte Leistungen individuell zu vollbringen, die früher durch Traditionen und verbindliche Verhaltensregeln vorgegeben waren und fraglos adaptiert werden konnten und mußten. Heute tritt anstelle dessen Reflexion und Diskussion als Medium der Selbststeuerung und Selbstvergewisserung.«[4]

Begünstigt sowohl durch den »Konkurs des traditionellen Wesensbe-

2 Kellner, 1994, S. 214.

3 Vgl. Luckmann, 1979a, S. 294; Mollenhauer, 1998a, S. 172.

4 Behringer, 1998, S. 22. Vgl. allerdings zur Kritik der immer wieder begegnenden Dichotomisierung des Traditionalen und Modernen die Arbeit von Wagner (Wagner, 1995). Auf die oftmals unerwähnt bleibende Ambivalenz eines gesteigerten Reflexivitätsniveaus weist Keupp hin: »Reflexivität, als das konstitutive Moment spätmoderner Identität, kann als Überwindung vorgegebener persönlicher Entwicklungsschablonen begriffen und als Potential der Emanzipation gefeiert werden. Sie kann aber auch als der Verlust verläßlicher und unstrittiger Basissicherheiten der individuellen Lebensführung beklagt werden« (Keupp, 1994, S. 347).

griffs« als auch durch die »Schwierigkeiten mit der Teleologie«[5], führte die beeindruckende akademische, politische und alltagspraktische Konjunktur der Identitätsformel allerdings bald zu einer »epidemischen Ausbreitung«[6] und damit einhergehend einem nahezu unüberschaubaren Bedeutungspluralismus des Wortes ›Identität‹. Als problematisch erwiesen sich dabei nicht zuletzt auch die zahlreichen Bemühungen um eine ›Klärung‹ des Ausdrucks, da die ihm so immer wieder neu zugemuteten semantischen Transformationen letztlich eher zur Steigerung der beklagten Unübersichtlichkeit seines Bedeutungsspektrums beitrugen. Nach Ansicht von Dieter Henrich verdankt sich der dem Terminus anhaftende »sehr hohe[] Grad an Dunkelheit und Problemverwirrung«[7] auch den »unkontrollierte[n] Bedeutungsverschiebungen«[8], die dieser durch seine Übertragung aus dem logisch-philosophischen[9] in den sozialwissenschaftlich-psychologischen Kontext erfuhr. Dabei findet die Frage, inwiefern der sozialwissenschaftliche Identitätsbegriff auch weiterhin logische Implikationen mit sich führt, eine unterschiedliche Beurteilung. Der Behauptung, dass »[b]ei sozialpsychologischen Identitätsbegriffen [...] die Gesichtspunkte der Kontinuität und der Unterscheidbarkeit, die zunächst in den Zusammenhang des logischen Identitätsbegriffs gehören, mittransportiert [werden]«[10], steht die Auffassung entgegen, dass »das psychologische und soziologische Konzept damit kaum mehr etwas zu tun hat.«[11]

Über den Disput nach möglichen Berührungspunkten zwischen dem logisch-philosophischen und sozialwissenschaftlich-psychologischen Iden-

5 Marquard, 1979, S. 358.

6 Assmann/Friese, 1998, S. 11.

7 Henrich, 1979, S. 133. Vgl. Marquard, 1979, S. 362.

8 Ebd., S. 136.

9 In seiner Erörterung des ›Satzes der Identität‹ weist Heidegger darauf hin, dass dessen »geläufige Formel [...] gerade das [verdeckt], was der Satz sagen möchte: A ist A, d.h. jedes A ist selber dasselbe« (Heidegger, 1957, S. 14). Das Problem liegt nach Heidegger darin begründet, dass der Satz statt einer ›Selbstheit‹ der Variable A (›idem‹) ihre ›Gleichheit‹ postuliert. »Damit etwas das Selbe sein kann, genügt jeweils eines. Es bedarf nicht ihrer zwei wie bei der Gleichheit« (ebd.). Nach Heideggers Ansicht lautet eine »gemäßere Form« des Identitätssatzes: »Mit ihm selbst ist jedes A selber dasselbe« (ebd., S. 15). Da durch die Präposition ›mit‹, so Heidegger, innerhalb der Selbigkeit eine Vermittlung zum Ausdruck komme, sei jedem Seienden eine vermittelte Identität mit sich selbst zu eigen.

10 Barkhaus u.a., 1996, S. 24. Vgl. Pazzini, 1985, S. 9.

11 Straub, 1998, S. 94 f.

titätsbegriff hinausgehend lässt sich die Kluft zwischen Affirmation und Kritik des Identitätskonzepts auch an einer Reihe weiterer Beispiele verdeutlichen. Während einige seiner Befürworter dem Menschsein ein allgemeines »Identitätsbedürfnis«[12] unterstellen, glauben dessen Kritiker in dieser Annahme eine »Sucht nach Identität« zu erkennen, die als »die tiefste der unbewußten Programmierungen [...] so sehr verborgen [zu sein scheint], daß sie auch der aufmerksamen Reflexion lange entgeht.«[13] Als ein weiterer Streitpunkt kann ferner die Frage gelten, inwiefern gelingende Identitätsbildung als Indikator für psychische ›Gesundheit‹, Nicht-Identität dagegen als Ausdruck einer pathologischen Zuständlichkeit von Subjekten fungiert. Auch hier fallen die Antworten erwartungsgemäß unterschiedlich aus: Der Einschätzung, dass »*diffuse*, gespaltene, labile bzw. unsichere *Identitäten*« als Ergebnis mißlingender Identitätsbildung »in den Grenzbereich von Psychopathologie und Soziologie gehören«[14], steht eine Sichtweise entgegen, nach der »der Mensch nicht allein zerstört wird, wenn er vor lauter Differenz alle Identität verliert, sondern auch, wenn er vor lauter Identität alle Differenz verliert. Es gibt nicht nur eine Pathologie des Identitätszerfalls, sondern auch die vielleicht gefährlichere der fixierten Identität in den Identitätskatastrophen.«[15]

Die bemerkenswerte Deutungsoffenheit der Identitätskategorie belegt schließlich auch der folgende Sachverhalt: Einer verbreiteten Ansicht zufolge liege ein maßgeblicher Ertrag einer stabilen Identitätsstruktur in dem durch sie gewährleisteten kritisch-emanzipatorischen Potential. Dem mit sich identischen Subjekt wird die Kompetenz zugeschrieben, fremdbestimmte Anforderungen als solche zu erkennen und sich ihnen zu widersetzen. Fungiert Identität nach diesem Verständnis als Möglichkeitsbedingung selbstbestimmten Handelns und damit verbunden für den Gewinn subjektiver Freiheitsspielräume, so begegnen Skeptiker diesem Argument mit dem Hinweis auf den konformistischen Charakter des Konzepts. »So kann es in der Tat geschehen, daß der Identitätsbegriff unter Umständen,

12 Vgl. Vossenkuhl, 1995, S. 194, Volmerg, 1978, S. 44 f.

13 Sloterdijk, 1983, S. 156. Vgl. Grawert-May, 1992, S. 9 f.

14 Döbert u.a., 1977, S. 14. Vgl. hierzu auch die folgende Einschätzung Bernhards: »Die Koexistenz mehrerer ›Wahrheiten‹ in *einer* Person ist nur die verschleiernde Formulierung für pathologische Standpunktlosigkeit, die den Selbstverlust der Person anzeigt« (Bernhard, 1999, S. 302). Eine ähnliche Argumentation findet sich u.a. auch bei Habermas, 1976b, S. 93 und Vossenkuhl, 1995, S. 194.

15 Saner, 1986, S. 41. Vgl. Schweitzer, 1988, S. 60; Schmid, 1996, S. 377; Miedema/Wardekker, 1999, S. 105.

wenn er mit konkreten Zielen gefüllt wird, in sein Gegenteil umschlägt: ›Identität‹ erzeugt dann nicht Freiheit [...], sondern sie schafft Unfreiheit, sie wird ein Gefängnis, in das die Betroffenen [...] eingesperrt sind, da sie Anpassung, *erwartetes* oder *erwünschtes* Verhalten verlangt.«[16]

## II.2 »Vergessene Zusammenhänge« – Zur Stellung der Leiblichkeit und des Anderen in identitätstheoretischen Diskursen

Die Auffassung, dass es sich bei der Identität des Subjekts um eine vornehmlich kognitive Struktur handelt, lässt sich bis an den philosophiehistorischen Ausgangspunkt der systematischen Auseinandersetzung mit dem Problem personaler Identität, der zweiten Auflage von John Lockes *Essay concerning human understanding* (1694), zurückverfolgen. Im Kapitel XXVII des zweiten Buchs mit dem Titel ›Über Identität und Verschiedenheit‹ führt Locke als konstitutive Elemente der Identität des Menschen neben dem Geist auch »die Idee eines damit verbundenen Körpers von bestimmter Gestalt«[17] an. Zeigt sich die menschliche Identität damit unlöslich an das Moment ihrer leiblichen Verfasstheit gebunden, so wird jedoch der im weiteren Verlauf eingeführte und von demjenigen des ›Menschen‹ unterschiedene Begriff der ›Person‹ von Locke als prinzipiell leibunabhängig bestimmt. Als alleiniger Garant personaler Identität fungiert vielmehr das Bewusstsein, dem die Aufgabe zugeschrieben wird, die unterschiedlichen Handlungen der Person zu synthetisieren. »Soweit nun dieses Bewusstsein rückwärts auf vergangene Taten oder Gedanken ausgedehnt werden kann, soweit reicht die Identität dieser Person. Sie ist jetzt dasselbe

16 Hoffmann, 1997, S. 41. Vgl. ebd., S. 44, wo Hoffmann mit Verweis auf Mitscherlich darauf aufmerksam macht, dass der »›well adjusted member of society‹, also der nach dem Identitätskonzept sich selbst ›adjustierende‹, ›friedliche‹, mit der Gesellschaft versöhnte Prototyp sowohl für die ›freie‹ wie für die diktatorisch unterjochte Welt attraktiv ist.« Eine ähnliche argumentative Stoßrichtung verfolgen auch jene Ansätze, die auf den Zwangscharakter einer gesellschaftlichen »Verpflichtung« (Luckmann, 1979a, S. 294; vgl. Gamm, 1977, S. 110, 124) zur Identität verweisen, die bis hin zu einem »Leiden an der Identitätsforderung« (Böhme, 1996, S. 334 f.) führen kann. Vgl. in diesem Zusammenhang auch die Einschätzung Adornos, für den ›Identität‹ nicht als Ausdruck subjektiver Autonomie, sondern als »Charaktermaske der Unterwerfung« (Adorno; zit. nach Conzen, 1996, S.80) fungiert.

17 Locke, 1981, S. 419.

Selbst wie damals.«[18] Zwar konstatiert Locke, dass die Person mit einem empfindenden Körper verknüpft ist, doch erweist sie sich als unbeeinflussbar durch diesen, da ihre Identität auch durch den Verlust eines oder mehrerer Körperteile keinerlei Veränderung erfährt.[19] »[D]ie Identität der Person können wir jedenfalls, ohne uns in große Widersprüche zu verwickeln, in nichts anderes setzen als in das Bewußtsein (was allein das ausmacht, was wir unser *Selbst* nennen).«[20]

Ein solches Verständnis von Identität als reflexive Selbstbeziehung (›Wer bin ich?‹ bzw. ›Wer will ich sein?‹) unter Abblendung körperlich-leiblicher Aspekte lässt sich über den philosophischen Diskurs hinaus auch in zahlreichen anderen sozialwissenschaftlichen Identitätsentwürfen nachweisen. So formuliert etwa Assmann: »Identität ist eine Sache des Bewußtseins, d.h. des Reflexivwerdens eines unbewußten Selbstbildes. Das gilt im individuellen wie im kollektiven Leben.«[21] Im Gegensatz zu einer sich somit »über die Jahrhunderte hinweg [...] bis heute in unterschiedlicher Form fortschreibende[n] Dissoziierung von Körperlichkeit und Identität [...], die im Kontext der Computertechnologie und der hier stattfindenden Virtualisierungsprozesse ein lokales Hoch erreicht zu haben scheint«[22], herrscht innerhalb des Identitätsdenkens ungeachtet aller Differenzen ein allgemeiner Konsens darüber, dass Identität ihre Ausbildung immerzu in sozialen Kontexten (Gesellschaft, Umwelt, Interaktion) erfährt und zu ihrer Aufrechterhaltung notwendig der ›Anerkennung‹ Anderer bedarf. »Moderne Identitätstheoretiker von Hegel bis hin zu G. H. Mead haben Identität häufig durch eine wechselseitige Anerkennung charakterisiert, in dem Sinne, daß Identität von der Wahrnehmung durch andere und von deren Einschätzung dieser Fremdwahrnehmung abhängt. [...] In diesem Sinne bildet der andere in der Moderne ein konstitutives Element der Identität, und entsprechend erweist sich der außengeleitete Charakter, der für die Herstellung seiner persönlichen Identität von anderen abhängig ist, in der Spätmoderne als ein verbreiteter Typus.«[23]

18 Ebd., S. 420.

19 Vgl. ebd., S. 422.

20 Ebd., S. 430 f. Zu berücksichtigen gilt es in diesem Zusammenhang, dass Lockes Personbegriff nicht auf eine Hypostasierung derselben zielt, sondern sich vor allem als juristischer Ausdruck (»forensic term«) versteht, der seine Entwicklung in Zusammenhang mit den Problemen der Verantwortung und Schuldzuschreibung erfährt (vgl. ebd., S. 435 f.).

21 Assmann, 1992, S. 130. Vgl. ebd., S. 134 f.; Gamm, 1977, S. 97.

22 Becker/Schneider, 2000, S. 8.

23 Kellner, 1994, S. 214 f. Vgl. Kößler, 1997, S. 115, 117 sowie zur Anerken-

Scheint damit die eingangs vorgetragene These einer Nivellierung und Marginalisierung der/des Anderen innerhalb des identitätstheoretischen Denkens bereits an dieser Stelle widerlegt, so soll im Folgenden am Beispiel der Position Goffmans skizziert werden, inwiefern sich diese Behauptung trotz der dargelegten identitätstheoretischen Berücksichtigung der/des Anderen dennoch als zutreffend erweist.

Im Rahmen seines Ansatzes unterscheidet Goffman drei Modalitäten von Identität, die er als ›soziale‹, ›personale‹ und ›Ich-Identität‹ bezeichnet. Während die beiden Erstgenannten »zuallererst Teil der Interessen und Definitionen anderer Personen hinsichtlich des Individuums, dessen Identität in Frage steht«[24], darstellen, bezeichnet die Ich-Identität »zuallererst eine subjektive und reflexive Angelegenheit.«[25] Zwar gesteht Goffman zu, dass »das Individuum sein Bild von sich aus den gleichen Materialien [konstruiert], aus denen andere zunächst seine soziale und persönliche Identifizierung konstruieren«[26], dennoch dient ihm der Umstand, dass der Mensch durch seine Ich-Identität »bedeutende Freiheiten hinsichtlich, dessen, was e[r] gestaltet«[27], besitzt, als hinreichende Begründung dafür, Ich-Identität schwerpunktmäßig unter Abblendung der von ihm selbst diagnostizierten Bedeutung der Anderen zu erörtern.

Wenn im Folgenden somit die Nivellierung bzw. Marginalisierung des/der Anderen bzw. des Anderswerdens innerhalb des Identitätsdenkens zur Sprache gebracht wird, so wird damit nicht ein vollständiger Ausschluss des Anderen aus diesem Diskurs behauptet, vielmehr rekurriert diese Rede auf den Umstand, dass sich die Relationalität von Selbst und Anderem *als solche* im Rahmen subjektzentrischer Identitätsformeln nur unzureichend darstellen lässt. Zwar wird, wie am Beispiel Goffmans deutlich wurde, die Relevanz des Anderen für die Ich-Identität von identitätstheoretischer Seite zwar konstatiert, doch vermögen jene Ansätze nicht zu zeigen, in welcher Weise Anderes außer in den Modi der Genese und Anerkennung an der Konturierung des Selbst immerzu beteiligt *bleibt*.

Auf die im Rahmen identitätstheoretischer Diskurse oftmals »vergessene[n] Zusammenhänge«[28] einer für das Selbst und die Gestaltung seiner

nungsproblematik in identitätstheoretischen Kontexten Keupp, 1997, S. 26 ff.; ders., 1999, S. 252 ff.; Vossenkuhl, 1995, S. 194, 214.

24 Goffman, 1998, S. 132.

25 Ebd.

26 Ebd., S. 133.

27 Ebd.

28 Mollenhauer, 1998. Vgl. in diesem Kontext auch die Anmerkung von Elias, der »das Vergessen der ständigen Begegnungen des einzelnen Menschen mit

Existenz konstitutiven Bedeutung der leiblichen Erfahrungsebene und damit verbunden seiner permanenten Verwiesenheit auf Andere/s soll im Folgenden aufmerksam gemacht werden. Wenn im Rahmen dieser Erörterung die semantische Transformation des Identitätsvokabulars gelegentlich mit einem kritischen Akzent versehen wird, so gilt es zu betonen, dass den folgenden Ausführungen nicht ein ›Begriffsdogmatismus‹ zugrunde liegt, der für eine – als solche ohnehin kaum überzeugend begründbare – Festlegung von Begriffen auf *bestimmte* Bedeutungsgehalte plädiert. Allerdings lässt sich angesichts der im weiteren Verlauf dargelegten semantischen Transformation des identitätstheoretischen Begriffsinstrumentariums fragen, bis zu welchem Grad sich eine solche Ausdifferenzierung noch als sinnvoll erweist.

Der Erörterung aktueller identitätstheoretischer Positionen werden mit den Ansätzen Eriksons und Meads zunächst zwei ›klassische‹ Theorien vorangestellt, denen sich das pädagogische Identitätsverständnis – vermittelt durch ihre deutschsprachige Rezeption – nach wie vor verpflichtet zeigt. Anhand dieser Positionen soll zunächst in je unterschiedlicher Weise die schwerpunktmäßig kognitivistische Ausrichtung des ›frühen‹ identitätstheoretischen Denkens aufgezeigt werden. Darüber hinaus werden die genannten Entwürfe als Repräsentanten zweier unterschiedlicher Beschreibungsformen von Subjektivität vorgestellt. Wie sich zeigen wird, konvergieren beide Positionen in der Annahme, dass sich die Identität des Individuums oder, im Falle Meads, sein Selbst[29] immer im Rahmen gesellschaftlicher Interaktionsprozesse ausbildet. Während der individualpsychologische Ansatz Eriksons jedoch eher zu einer Synthetisierung hete-

anderen Menschen und der ständigen Verzahnung des eigenen Lebens mit dem von anderen Menschen im Laufe dieses Prozesses« (Elias, 1999, S. 268) moniert.

29 Mit der dieser Arbeit zugrunde liegenden terminologischen Differenzierung zwischen ›Identität‹ und ›Selbst‹ soll angezeigt werden, dass Mead, der bekanntlich zur Charakterisierung des subjektiven Selbstverhältnisses gerade nicht auf erstgenannten Terminus rekurriert, im Rahmen dieser Arbeit – entgegen einer weitgehenden Rezeptionsgewohnheit – *nicht* als Identitätstheoretiker im strengen Sinne begriffen wird. Da die in den Übersetzungen von Meads Arbeiten vorgenommene Wiedergabe des Begriffs ›self‹ mit ›Identität‹ bzw. ›Ich-Identität‹ als vielfach umstritten gilt (vgl. u.a. Grathoff, 1987, S. 138 f.; Henrich, 1979, S. 134; Krappmann, 1988, S. 24 f.; Prechtl, 1998, S. 190; Ricken, 2002, S. 337 f.; Tugendhat, 1993, S. 246 f.; Wittpoth, 1994, S. 55), wird im Folgenden zur Wahrung einer größtmöglichen Zuverlässigkeit aus den englischsprachigen Ausgaben der Arbeiten Meads zitiert.

rogener Aspekte durch das Ich neigt, legt Meads sozialpsychologische Konzeption einen stärkeren Akzent auf die dem Selbst inhärente Differenzstruktur, die – dies sei bereits an dieser Stelle bemerkt – später in ähnlicher Form auch in Plessners Ichbegriff begegnen wird.

### II.2.1 Ich-Synthese und Selbst-Differenz – Beschreibungsformen subjektiver Verfasstheit in den Ansätzen Eriksons und Meads

Auf die Problematik, mit der sich jeder Versuch einer Darstellung von Eriksons Ansatz konfrontiert sieht, macht Kraus aufmerksam: »Eriksons Werk [...] zu beurteilen ist schwierig. Sein Modell ist facettenreich, aber nicht völlig ausgeformt. Die Folge ist, daß sich vieles in seinen Texten finden läßt – und auch das Gegenteil. Und je nach Brille des Exegeten gibt es – mindestens – einen psychoanalytischen Erikson, einen sozialpsychologischen und einen kulturtheoretischen und innerhalb dieser Exegesen jeweils den veralteten Erikson gegenüber dem Erikson, der nach wie vor modern, aktuell ist.«[30] Die hier angesprochenen Ambivalenzen und partiellen Widersprüchlichkeiten von Eriksons Ansatz werden im Rahmen der folgenden Darstellung vor allem hinsichtlich des Problems von Kontinuität und Wandel der Identität in den Blick treten. Dabei wird sich herausstellen, dass beide Momente für Erikson zwar keine dichotomen Bestimmungen darstellen, sondern in einem dialektischen Verhältnis zueinander stehen, diese Dialektik allerdings immer wieder durch differenznivellierende Beschreibungsformen verdeckt wird.

In seiner Schrift *Jugend und Krise* nimmt Erikson im Anschluss an H. Hartmann eine dreifache Differenzierung zwischen den Begriffen ›Ich‹, ›Selbst‹ und ›Ego‹ vor. Während sich Ersteres durch die Qualität einer vollen Bewusstheit, Letzteres durch diejenige der Unbewusstheit auszeichnet, wird dem Selbst der Modus des Vorbewussten zuerkannt.[31] Erikson weist darauf hin, dass dieses Selbst keine einheitliche Struktur aufweist, sondern sich aus »verschiedenen Selbste[n]«[32] zusammensetzt, zwischen denen jedoch Möglichkeiten eines Übergangs bestehen. Um von einer Identität des Individuums sprechen zu können, bedarf es allerdings einer »Ich-Syn-

30 Kraus, 1996, S. 20. Vgl. auch Straubs Hinweis auf die bei Erikson anzutreffenden »unklaren, teilweise miteinander unverträglichen Begriffsbestimmungen« (Straub, 2000b, S. 290). Zugleich bemüht sich Straub jedoch um eine Rehabilitierung von Eriksons Ansatz, der sich aus seiner Sicht einer vielfach ungerechtfertigten Kritik ausgesetzt sieht (vgl. ebd., S. 286 ff.).

31 Vgl. Erikson, 1998, S. 227.

32 Ebd., S. 226.

these«[33], der die Aufgabe zukommt, »die psychosexuellen und psychosozialen Aspekte einer bestimmten Entwicklungsstufe zu integrieren und zu gleicher Zeit die Verbindung der neu erworbenen Identitätselemente mit den schon bestehenden herzustellen.«[34] Obwohl er zugesteht, dass auch frühkindliche Erfahrungen identitätsrelevante Aspekte beinhalten, werden aus der Perspektive Eriksons die maßgeblichen Weichenstellungen für eine gelingende Identitätsentwicklung in der Adoleszenz vorgenommen. »Die Identität wird am Ende der Adoleszenz phasen-spezifisch [...], d.h. das Identitätsproblem muß an dieser Stelle seine Integration als relativ konfliktfreier psychosozialer Kompromiß finden – oder es bleibt unerledigt und konfliktbelastet.«[35] Gegenüber der ›persönlichen Identität‹ als »bloße[r] Tatsache des Existierens«[36] bezeichnet Erikson die ›Ich-Identität‹ als »das Gewahrwerden der Tatsache, daß in den synthetisierenden Methoden des Ichs eine Gleichheit und Kontinuierlichkeit herrscht und daß diese Methoden wirksam dazu dienen, die eigene Gleichheit und Kontinuität auch in den Augen der anderen zu gewährleisten.«[37]

Die Eriksons Ansatz innewohnenden Widersprüchlichkeiten hinsichtlich der Identitätsfrage treten vor allem an jenen Stellen seines Werks in den Blick, an denen er einerseits die Möglichkeit einer »endgültige[n] Identität«[38] in Betracht zieht, andererseits jedoch von der Identitätsbildung als »lebenslange[r] Entwicklung«[39] spricht. Zudem scheint seine Bestimmung der Identität als »dauerndes inneres Sich-Selbst-Gleichsein«[40] sowie als »etwas im Kern des Individuums Angelegtem«[41] auf ein Verständnis hinzudeuten, für das eine ›stabile‹ Identität vor allem durch ein subjektives Kontinuitätsempfinden gekennzeichnet ist. Zwar erweist es sich als zutreffend, dass Identität für Erikson »als relativ stabile Basis, quasi als Fundament [fungiert], das durch die Erfahrungen des Erwachsenenalters wohl noch ausgebaut, aber nicht mehr wesentlich verändert werden kann.«[42] Allerdings bezeugt u.a. seine Unterscheidung zwischen einer

33 Vgl. u.a. ebd., S. 41, 46, 167, 233.

34 Ders., 1989, S. 143. Vgl. ebd., S. 189, 192.

35 Ebd., S. 149.

36 Ebd., S. 18.

37 Ebd. Vgl. ebd., S. 107.

38 Ebd., S. 139.

39 Ebd., S. 140 f.

40 Ebd., S. 124.

41 Ebd.

42 Kraus/Mitzscherlich, 1997, S. 151.

›Ganzheit‹ und einer ›Totalität‹[43], dass sich Eriksons z.T. widersprüchliche Ausführungen hinsichtlich der Verfasstheit von Identität vor allem dem Problem einer adäquaten Beschreibungsmöglichkeit der Dialektik von ›Kontinuität‹ und ›Wandel‹ verdanken. »Es ist klar, in welchem Dilemma Erikson sich hier befindet. Auf der einen Seite hat er Ich-Identität als das definiert, was im Ich konstant bleibt, während sich alles übrige ändert und entwickelt; auf der anderen Seite muß er erkennen, daß Identität sich selbst auch entwickelt und – weit davon entfernt, wie er spöttisch sagt, fertig mit dem Kind auf die Welt zu kommen – eine Anzahl von Stadien durchläuft, bis es, ziemlich spät in der Adoleszenz, eine etwas stabilere Identität erworben hat. Jede Entwicklung innerhalb der Persönlichkeit setzt voraus, daß etwas sich ändert und etwas dasselbe bleibt; das, was sich gleichbleibt, kennzeichnet das, was anders geworden ist, als Wandel.«[44]

In Bezug auf die Frage nach der Relevanz leiblicher Erfahrungen für die Persönlichkeitsentwicklung verweist Erikson zwar auf die Bedeutung der körperlichen Entwicklung des Kindes im Hinblick auf ein »realistischere[s] Selbstwertgefühl«[45] hin, die schließliche Ausbildung einer Identität vollzieht sich für ihn jedoch durch die synthetisierenden Akte des Ich. Deutlich treten an dieser Stelle die Divergenzen zwischen Eriksons Ichbegriff und demjenigen Freuds in den Blick. Denn während Erstgenannter das Körperliche schwerpunktmäßig im Hinblick auf seine ontogenetischen Aspekte thematisiert[46], betont Letzterer, dass das Ich »vor allem ein körperliches [ist].«[47] Zwar hatte auch Freud in seinen Vorlesungen die Synthesefunktion des Ich hervorgehoben[48]; in seiner berühmten Illustration des Ich als ›Reiter‹ des Es weist er jedoch darauf hin, dass die Vermittlungsbemühungen des Ich zwischen dem Es und der Realität (Außenwelt, Über-Ich) nicht selten scheitern und dieses deshalb eher als Diener seiner strengen Herren denn als ihr Souverän zu bezeichnen sei.[49] Kontrastiert man diese Aussagen mit der Ichauffassung Eriksons, so wird deutlich,

43 Vgl. Erikson, 1989, S. 168 Fn.

44 de Levita, 1976, S. 74. Dass sich Erikson der Schwierigkeiten, die der Identitätsbegriff mit sich führt, durchaus bewusst war, belegt seine folgende Feststellung: »Je mehr man über diesen Gegenstand schreibt, desto mehr wird das Wort zu einem Ausdruck für etwas, das ebenso unergründlich als allgegenwärtig ist« (Erikson; zit. nach Conzen, 1996, S. 78).

45 Vgl. Erikson, 1989, S. 17.

46 Vgl. ebd., S. 17, 30 f., 109, 111, 147, 191.

47 Freud, 1975, S. 294.

48 Vgl. ders., 1969, S. 513.

49 Vgl. ebd., S. 514.

dass das Freudsche Ich im Rahmen des Erikson'schen Modells maßgeblich seinen zweideutigen Charakter einbüßt. Zählen für Freud intrapsychische Konflikte zur ›Grundausstattung‹ der psychischen Struktur, so geraten sie bei Erikson vor dem Hintergrund seiner klinischen Erfahrungen vor allem als pathogene Phänomene in den Blick. Dies wird nicht zuletzt daran deutlich, dass für ihn ein Misslingen der Identitätsbildung geradewegs in ihr krisenhaftes Pendant, die »Identitätsdiffusion«[50] umschlägt.

Insofern die Genese der Identität für Erikson einen Prozess darstellt, in dem gesellschaftliche Anforderungen vom Ich ›verarbeitet‹ werden, bleibt in seiner Konzeption die Bedeutung des/der Anderen für das Individuum vor allem auf den Aspekt der Anerkennung beschränkt. »Die *Identitätsbildung* [...] entsteht dadurch, daß die Kindheitsidentifikationen teils aufgegeben, teils einander angeglichen und in einer neuen Konfiguration absorbiert werden, was wiederum von dem Prozeß abhängt, durch den eine Gesellschaft [...] den jungen Menschen identifiziert, indem sie ihn als jemanden annimmt und anerkennt, der so werden mußte, wie er ist.«[51] Da sich die auf der Anerkennung durch Andere basierende gesellschaftliche Integration des Einzelnen für Erikson eng an dessen Anpassungsbereitschaft geknüpft zeigt[52], schließt dies auch die normative Anforderung ein, »einmal das zu werden, was die Umwelt von einem erwartet.«[53] Ohne näher auf diesen häufig kritisierten, konformistischen Zug in Eriksons Argumentation einzugehen, bleibt festzustellen, dass gesellschaftlich-soziale Anforderungen in seinem Modell zwar durchaus Eingang ›in‹ das Individuum finden, dessen Identität letztlich jedoch eine *»selbstgemachte«*[54] darstellt, da sich deren Stabilität den Leistungen einer als relativ autonom gedachten Ichinstanz[55] verdankt.

Im Gegensatz zu Eriksons Ansatz, in Bezug auf den die Rede von einer ›kognitiven Identität‹ eine nur eingeschränkte Gültigkeit besitzt, da das Identitäts*gefühl* als auch die Ich-Synthese neben bewussten auch vor- und

50 Vgl. Erikson, 1989, S. 106 ff., 153 f. Unter Berufung auf die Forschungen Marcias als auch auf ihre eigenen empirischen Befunde argumentiert Behringer, dass der Aspekt der Identitätsdiffusion nicht zwangsläufig als pathologischer Zustand gedeutet werden muss (vgl. Behringer, 1998, S. 211, 214 f.).

51 Erikson, 1989, S. 140. Vgl. ebd., S. 138, 192.

52 Vgl. Stross, 1991, S. 90.

53 Erikson, 1989, S. 72. Vgl. ebd., S. 124.

54 Ebd., S. 112.

55 Vgl. ebd., S. 17, 78.

unbewusste Anteile aufweisen[56], nehmen Reflexion und Kognition in der Konzeption Meads eine zentrale Stellung ein. Wie bei Erikson, so stellt auch für Mead die Situiertheit des Individuums in gesellschaftliche Kontexte den Ausgangspunkt seiner Analysen dar. Der Einfluss sozialer Strukturen auf die Genese des Selbst äußert sich in Meads Ansatz u.a. in Form einer Übernahme der Rollen anderer (›taking the role of the other‹), die jedoch weder die Einnahme einer *bestimmten* Rollendisposition meint noch dem Kind vollständig bewusst sein muss.[57] Die vom Kind im Spiel (›game‹) in sein eigenes Verhalten aufgenommenen Reaktionen seiner Mitspieler repräsentieren das/den ›generalized other‹, »that accompanies and controls his conduct. And it is this generalized other in his experience which provides him a self.«[58] Als entscheidende Voraussetzung für die Bildung des Selbst nennt Mead die Fähigkeit des Individuums zur reflexiven Selbstobjektivierung. »Emphasis should be laid on the central position of thinking when considering the nature of the self. Self-consciousness, rather than affective experience with its motor accompaniments, provides the core and primary structure of the self, which is thus essentially a cognitive rather than an emotional phenomenon. [...] *The essence of the self [...] is cognitive*: it lies in the internalized conversation of gestures which constitutes thinking, or in terms of which thought or reflection proceeds. And hence the origin and foundations of the self, like those of thinking, are social.«[59]

Durch die Hereinnahme der Haltungen Anderer (»individual importa-

56 Vgl. ebd., S. 18, 147.

57 Vgl. MSS, S. 372.

58 Ebd. Vgl. ebd., S. 154 Fn. sowie zur Kritik an Meads Begriff des ›generalized other‹ Waldenfels, 1980d. Dessen Ausführungen kulminieren in der Einschätzung, dass Sozialität im Gegensatz zur Annahme Meads »tiefer verankert werden [müsse] als in bewußten Prozessen« (ebd., S. 258). Eine ihren Ausgang von Bourdieus Habitus-Konzept nehmende Kritik an der Mead'schen Auffassung der Rollenübernahme formuliert Wittpoth (vgl. Wittpoth, 1994, S. 110).

59 Ebd., S. 173; Hervorh. T.K. Vgl. zur zentralen Bedeutung der Reflexion für die Genese des Selbst in Meads Ansatz ebd., S. 168, 183, 200 f., 359; SW, S. 145. Über Meads Theorie hinausgehend bemerkt Krieger, dass »[d]ie Identitätstheorie des Symbolischen Interaktionismus [...] in jedem Falle eine kognitivistische Theorie [ist], d.h. sie geht davon aus, daß Individuen ihre Identität *bewußt* verhandeln« (Krieger, 1985, S. 64; vgl. Bolay/Trieb, 1988, S. 116). Auf die durch seine Übergewichtung der intellektuellen Dimension bedingte Desavouierung des Phänomens der Leiblichkeit bei Mead weist Meyer-Drawe hin (vgl. Meyer-Drawe, 1984, S. 65).

tion of the social process«[60]) weist das Selbst eine Differenz-Struktur auf, die Mead mittels der Begriffe ›I‹ und ›Me‹ charakterisiert. Obwohl voneinander unterscheidbar und nicht ineinander überführbar (»the ›I‹ is not a ›me‹ and cannot become a ›me‹«[61]) stellen beide wechselseitig aufeinander verwiesene Phasen einer Handlung dar.[62] Gegenüber dem ›Me‹ als »organized set of attitudes of others which one himself assumes«[63], zeichnet sich das ›I‹ u.a. durch das Moment seiner Unzugänglichkeit[64] aus, denn »the moment it is presented it has passed into the objective case.«[65] Da es sich somit immer nur im Objekt-Modus (›Me‹) zu erfahren vermag, zeigt sich jeder Versuch einer originären Erfahrung des Selbst von einer unausweichlichen Verfehlung begleitet. »There again I cannot turn around quick enough to catch myself. I become a ›me‹ in so far as I remember what I said. [...] It is because of the ›I‹ that we say that we are never fully aware of what we are, that we surprise ourselves by our own action.«[66]

Anders als dem Ich bei Erikson kommt dem ›I‹ Meads somit weder eine einheitsstiftende Funktion zu noch erfährt die Selbst-Differenz bei ihm eine dauerhafte Synthetisierung. »Indem Mead ›I‹ und ›Me‹ als Phasen des Selbst unterscheidet, gibt es so etwas wie Identität nur noch in der Differenz. Der unterstellte Kern müßte sich im ›I‹ finden lassen, da das ›Me‹ ein von Konventionen gelenktes Wesen ist. Dieses ›I‹ ist aber eine responsive Instanz, die unbestimmt bleibt und ihre ›Originalität‹ darin erweist, daß Reaktionen immer etwas anders ausfallen als erwartet. Es steht also nicht für Konsistenz, Autonomie [...] und Bei-sich-selbst-sein, sondern repräsentiert als unkalkulierbarer [...] Bewußtseinszustand die *Fremdheit im Selbst.*«[67]

Dass die dem Selbst inhärente Spaltung für Mead nicht von vornherein pathologische Züge aufweist und damit aus seiner Sicht »a multiple

60 Ebd., S. 196. Vgl. SW, S. 141, 288.

61 Ebd., S. 174.

62 Vgl. ebd., S. 178, 182, 199.

63 Ebd., S. 175.

64 Zugleich weisen Meads Charakterisierungen des ›I‹ insofern eine gewisse Mehrdeutigkeit auf, als dieses neben seiner oben aufgeführten Unbestimmtheit auch als Originator für Kreativität und Innovation sowie als Widerstand gegen gesellschaftliche Konventionen fungiert (vgl. Wittpoth, 1994, S. 67).

65 SW, S. 142. Vgl. MSS, S. 176.

66 MSS, S. 174. Vgl. auch SW, S. 141, wo Mead auf die Nähe des ›I‹ zum funktionalistisch konzipierten transzendentalen Ich Kants hinweist.

67 Wittpoth, 1994, S. 81. Vgl. Ricken, 2002, S. 339 f.

personality [...] in a certain sense normal«[68] ist, veranschaulicht er am Beispiel eines »professor of education«, der seinen Beruf aufgibt, um zukünftig in einem Holzfällerlager zu leben. Als ›pathologisch‹ gilt Mead dabei nicht die Tatsache jener eher unerwarteten Entscheidung des Professors, sondern lediglich der Umstand des vollständigen, d.h. kognitive wie körperliche Erinnerungen (»bodily memories«) einschließenden Vergessens derjenigen Erfahrungen, die sein vorheriges Selbst kennzeichneten. »What we have here is a situation in which there can be *different selves*, and it is dependent upon the set of social reactions that is involved as to which self we are going to be.«[69] Vor dem Hintergrund dieser Ausführungen wird verständlich, warum Mead zur Kennzeichnung der ›Einheit‹ des Selbst entweder von einem »unified self«[70] spricht, oder dort, wo er den Begriff ›unity‹ verwendet[71], auf sein *strukturelles* Verständnis dieses Terminus hinweist.[72] Zwar erscheint aus seiner Sicht eine »Verschmelzung« (»fusion«) der beiden differenten Phasen, die zu einem Hochgefühl (»sense of exaltation«) führt, grundsätzlich denkbar, doch beschränkt sie sich für ihn auf lediglich wenige soziale Aktivitäten (als Beispiele führt Mead Religion, Patriotismus und Teamwork an).[73]

Tritt mit Meads Unterscheidung der Phasen von ›I‹ und ›Me‹ der fundamentale und dauerhafte Einfluss sozialer Strukturen im Hinblick auf die Genese des Selbst begrifflich-sachlich in den Blick, so gilt es jedoch zugleich die seinem Ansatz inhärente »überrationalisierende Tendenz[]«[74]zu

68 MSS, S. 142.

69 Ebd., S. 143.

70 Ebd. Die in der deutschsprachigen Ausgabe von MSS vorgenommene Übersetzung dieser Wendung mit ›einheitliche Identität‹ erweist sich in Bezug auf das Anliegen Meads deshalb als problematisch, da das Englische für das ein Moment der Gleichheit implizierende Attribut ›einheitlich‹ den Begriff ›uniform‹ reserviert, während ›to unify‹ oder ›unified‹ eine *Ver*einung bzw. *Ver*einheitlichung von Differentem ausdrückt, bei der die relative Selbständigkeit beider Aspekte sichtbar bleibt.

71 Vgl. ebd., S. 144.

72 Vgl. ebd.

73 Vgl. ebd., S. 273 ff. Eine treffende Charakterisierung der entscheidenden Differenz zwischen dem Erikson'schen und dem Mead'schen Einheitsverständnis stellt die folgende Formulierung Schäfers dar: »Es ist weniger die Einheit, die sich in ihren Unterschieden reflektiert, sondern eher könnte man sagen, daß sich die Unterschiede in der Einheit ausdrücken« (Schäfer, 1999a, S. 88).

74 Wittpoth, 1994, S. 82, 58. Vgl. Stross, 1991, S. 96; Petzold/Mathias, 1982, S. 166 f.

konstatieren, die eine Marginalisierung der affektiv-leiblicher Erfahrungen zur Folge hat. Zwar räumt er diesen dahingehend eine zentrale Bedeutung ein, dass die Selbstwerdung zunächst über gestische, gebärdenhafte und stimmliche Ausdrucksformen vermittelt verläuft, letztlich ist es jedoch die kognitive Sphäre, der im Hinblick auf die Selbsterfahrung eine privilegierte Stellung zukommt. »We can distinguish very definitely between the self and the body. The body can be there and can operate in a very intelligent fashion without there being a self involved in the experience. The self has the charakteristic that it is an object to itself, and that characteristic distinguishes it from other objects and from the body. [...] We can lose parts of the body without any serious invasion of the self.«[75]

Kontrastiert man die Position Eriksons mit derjenigen Meads, so wird deutlich, dass es sich bei beiden um einander in zahlreichen Punkten nahe stehende, Positionen handelt, die in der konzeptionellen Realisierung ihres jeweiligen sachlichen Anliegens allerdings deutliche Divergenzen aufweisen. Denn während Mead das ›I‹ als eine immer aufs Neue und in unterschiedlicher Weise auf die Ansprüche des ›Me‹ reagierende Phase des Selbst konzipiert, nivelliert Eriksons Ansatz die hierdurch indizierte Dynamik häufig durch den Hinweis auf die Dringlichkeit einer Synthetisierung verschiedenartiger Erfahrungen als notwendige Prämisse für eine gelungene Identitätsbildung. Indem sich seine Ausführungen vornehmlich auf ein Konflikte nach Maßgabe herrschender gesellschaftlicher Regeln ausgleichendes und damit in sich weitgehend widerspruchsfreies Ich konzentrieren, erfahren der/die Andere/n in diesem intrapsychischen Rahmen lediglich in marginalisierter Form eine Berücksichtigung und treten explizit erst wieder in ihrer Anerkennungsfunktion für die Identität des Einzelnen in Erscheinung. Dass Identität für ihn »*Voraussetzung*, nicht aber *Ergebnis* der Beziehung zu anderen«[76] ist, wird auch anhand des von

75 MSS, S. 136. Vgl. ebd., S. 138, 139f., 186 Fn. An anderer Stelle bemerkt Mead allerdings, dass das Bewusstsein eine Erfahrung darstellt, »which is socially as well as physically determined« (SW, S. 112). Zweifel an der Plausibilität von Meads These, nach der das Selbst durch einschneidende Veränderungen des Körpers unbeeinflusst bleibt, wecken bestimmte Zeugnisse wie etwa der Erfahrungsbericht Jean-Luc Nancys, der in einer bewegenden Schilderung von seiner Herzerkrankung berichtet, die schließlich die Transplantation eines neuen Herzens erforderlich macht. Nancy erfährt sowohl sein krankes als auch das später neu verpflanzte Herz als ›Eindringlinge‹, deren Wirken in seinem Körper nicht ohne Folgen für sein Selbst bleibt: »Der Eindringling befindet sich in mir; ich werde mir selber fremd« (Nancy, 2000, S. 33).

76 Schweitzer, 1988, S. 61.

Erikson entworfenen Entwicklungsdiagramms deutlich, in dem sich seine Überzeugung einer Vorgängigkeit der ›Identität‹ gegenüber der ›Intimität‹[77] dokumentiert. »[E]s [gibt] keine wahre Zweiheit [...], bevor man nicht selber eine Einheit ist.«[78] Gegenüber diesem Befund weist die Position Meads eine stärkere Gewichtung der strukturellen Verfasstheit des Selbst auf. Indem er das/den Andere/n in Form des ›Me‹ von vornherein als eine notwendig zur Konstitution des Selbst gehörige Phase *innerhalb* desselben plaziert, weist dieses eine *als solche* sichtbar bleibende subjektiv-objektive Struktur auf. Dadurch erfährt in seinem Konzept das Moment der dauerhaften inneren Gespaltenheit, dem er im Gegensatz zu Erikson erst ab einem bestimmten Grad pathologische Züge zuzuerkennen bereit ist, letztlich eine stärkere Profilierung. »We must be others if we are to be ourselves.«[79]

### II.2.2 Zur semantischen Ausdifferenzierung des identitätstheoretischen Vokabulars

Eng verflochten mit den spätestens seit Mitte der achtziger Jahre diagnostizierten Individualisierungs- und Pluralisierungstendenzen innerhalb spätmoderner Gesellschaften vollzieht sich in soziologischen, sozialpsychologischen, philosophischen und pädagogischen Diskursen eine zunehmende semantische Ausdifferenzierung des Identitätskonzepts. Diese bleibt jedoch nicht auf den Terminus ›Identität‹ begrenzt, sondern erstreckt sich auf das gesamte identitätstheoretisch relevante Vokabular (›Einheit‹, ›Kontinuität‹, ›Kohärenz‹). Insgesamt lässt sich die beschriebe-

77 Vgl. Erikson, 1989, S. 150 f.

78 Ebd., S. 115. Auf den tendenziell harmonistischen Zug des Erikson'schen Ansatzes weist Conzen hin: »Ein Geist der Integration und Versöhnung ist bestimmend für Eriksons Werk und Wirken« (Conzen, 1996, S. 9; vgl. ebd., S. 10, 63).

79 SW, S. 292. Vgl. in diesem Zusammenhang auch ebd., S. 244, wo Mead dem Individuum die Fähigkeit zuspricht, »to be the other at the same time that he is himself«, sowie MSS, S. 376, wo er »the full personality« als eine »combination of the self and the others« beschreibt. Liefert Mead damit eine entscheidende Vorlage für jene differenztheoretische Betrachtungsweise von Subjektivität, die im weiteren Verlauf anhand von Plessners Ansatz erprobt wird, so soll an dieser Stelle bereits ein zentraler Unterschied zwischen beiden Denkern hervorgehoben werden: Während das Selbst bei Mead, wie dargelegt, wesentlich auf seine reflexiven Gehalte reduziert bleibt, wird sich Plessners Anthropologie als ein Differenzmodell erweisen, das diese nicht anhand der Reflexion, sondern der leiblichen Verfasstheit des Menschen in den Blick zu bringen sucht.

ne Entwicklung dahingehend zusammenfassen, dass das ›Differente‹ nun nicht mehr als »das Andere der Identität« fungiert, sondern in ihr »Innere[s] [...] verlegt« wird, so dass ›Identität‹ schließlich »nicht mehr de[n] Gegensatz von Alterität, sondern eine Praxis der Differenz«[80] darstellt. Die anschließende Darstellung verfolgt das Ziel einer Markierung zentraler Stationen dieses Entwicklungsverlaufs, in dem zugleich überprüft werden soll, ob und in welcher Form die beschriebene semantische Öffnung des Identitätskonzepts auch eine stärkere Akzentuierung der leiblichen und relationalen Dimension der menschlichen Existenz zur Folge hat.

Als eine entscheidende Etappe im Hinblick auf den »Übergang von einer inhaltlich fixierten zu einer offenen Identität«[81] kann Krappmanns Modell einer ›balancierenden Identität‹ gelten. Dem Entwicklungsverlauf der weiteren Identitätsdiskussion in gewisser Hinsicht vorgreifend betont er den labilen und prinzipiell unabgeschlossenen Charakter von Identität. »Die hier entwickelte Vorstellung von balancierender Identität unterstellt [...] nicht Harmonie, sondern die Struktur der Interaktionsprozesse verlangt gerade divergierende und widersprüchliche Erwartungen, unzureichende Bedürfnisbefriedigung und nicht voll gelingende Versuche der Übersetzung subjektiver Interpretationen und Intentionen auszuhalten und nicht zu verdrängen.«[82] Wohl müsse, so Krappmann, ›Identität‹ als eine Ichleistung aufgefasst werden, jedoch stelle sie kein »innerpsychisches Organisationsprinzip«, sondern ein »Element sozialer Interaktion«[83] dar. Obwohl er auf die Notwendigkeit eines Festhaltens am Gedanken der Identität hinweist, betont Krappmann, dass sich diese jeder positiven Bestimmung entzieht. »Definierbar und reproduzierbar ist das autonome, mit sich selbst identische Subjekt nicht, sondern nachweisbar nur die nicht endende Anstrengung um die Aufrechterhaltung dieser Identität.«[84] Dass Krappmanns Modell ungeachtet dieser Absage an eine positive Bestimmung von ›Identität‹ mit ihr letztlich doch einen »›realistische[n]‹ und wirklichkeitsadäquate[n] Anspruch«[85] verbindet, wird daran deutlich, dass er bei aller Betonung ihres fragilen Charakters die prinzipielle Erreichbarkeit einer individuellen Ich-Identität nicht nur voraussetzt, sondern gera-

80 Assmann/Friese, 1998, S. 23. Vgl. zur Darstellung und Diskussion spätmoderner Identitätsmodelle Eickelpasch/Rademacher, 2004.

81 Hoffmann, 1994, S. 33.

82 Krappmann, 1988, S. 30.

83 Ebd., S. 24.

84 Ders., 1980, S. 112. Vgl. in ähnlicher Hinsicht ebd., S. 111 sowie Strauss, 1974., S. 9, 11, 97.

85 Ders., 1988, S. 33.

dezu anstrebt.[86] Seine kritische Distanz gegenüber einer positiven Bestimmung von ›Identität‹ auf der einen bei gleichzeitigem Verweis auf die Notwendigkeit eines Festhaltens am Identitätsgedanken auf der anderen Seite begründet die eigentümliche ›Doppelstellung‹ der Position Krappmanns innerhalb des pädagogischen Identitätsdiskurses. Denn obwohl er zusammen mit Habermas einen maßgeblichen Beitrag zur Erschließung des interaktionistischen Identitätsbegriffs für das sozialwissenschaftliche und pädagogische Denken leistet, tritt er auch als Kritiker einer ›statischen‹ Identitätsauffassung auf, indem er auf den lediglich fiktionalen Charakter von ›Identität‹ verweist.[87]

Mit seinem Modell einer ›balancierenden Identität‹ steht Krappmann am Beginn eines sich bis in aktuelle Identitätskonzepte hinein vollziehenden Entwicklungsverlaufs, in dessen Zuge versucht wird, die semantische Öffnung des Identitätsbegriffs auch begrifflich ›sichtbar‹ zu machen, indem der Identitätsbegriff in zunehmendem Maße um verschiedene erläuternde adjektivische Wendungen bereichert wird. Neben der vielfach bemühten und durchaus nicht unumstrittenen Formel der »multiplen Identität«[88] artikuliert sich die beschriebene Tendenz in Gestalt eines inzwischen unüberschaubaren Arsenals begrifflicher Komposita wie etwa »komplexe«[89], »ambivalente«[90], »partizipative«[91], »kollektive«[92], »transitorische«[93], »situative Identität«[94] oder Wendungen wie »Patchwork-

86 Vgl. ebd., S. 21. Hingewiesen sei in diesem Zusammenhang auch auf Krappmanns Nominierung »identitätssichernder Qualifikationen« (vgl. ebd., 1983, S. 134 f.; 1978, S. 132 ff.).

87 Trotz des negativen Vorzeichens, mit dem der Identitätsbegriff bei ihm versehen ist, wurde gegenüber Krappmanns Ansatz – wie auch gegenüber demjenigen Habermas' – nicht selten der Vorwurf einer fehlenden Berücksichtigung nonverbaler und leiblich verankerter Identitätsbedingungen erhoben, da sich für ihn Identitätsbildung vornehmlich über kommunikative Akte vollzieht (vgl. Krappmann, 1988, S. 8, 12; Stross, 1991, S. 14; Hoffmann, 1997, S. 33).

88 Vgl. hinsichtlich einer Reihe kritischer Einwände gegenüber einem Gebrauch dieses aus der Psychopathologie stammenden Begriffs Bernhardt, 1999, S. 298; Straub/Renn, 2002, S. 26 f.

89 v. Krockow, 1987, S. 116 ff.

90 Beck, 1994, S. 475.

91 Hahn, 1997.

92 Bolay/Trieb, 1988, S. 21, 229.

93 Straub/Renn, 2002.

94 Rosa, 2002.

Identität«[95] bzw. »Identität im Übergang«.[96] Besonders deutlich treten die mit der beschriebenen semantischen Ausdifferenzierung des identitätstheoretischen Vokabulars einhergehenden Veränderungen anhand des Konzepts der ›narrativen Identität‹[97] hervor. Den Vertretern dieses Ansatzes zufolge wird die Einheit eines Lebenszusammenhangs maßgeblich durch das Erzählen von Geschichten gestiftet. Dabei geht es weder um die faktische Gültigkeit des Erzählten noch um eine *vollständige* Rekonstruktion der eigenen Biographie, vielmehr stellen für solche Ansätze sowohl Selbsttäuschungen als auch Darstellungslücken konstitutive Aspekte der eigenen Identität dar.[98] Gerade anhand narrativer Entwürfe lässt sich veranschaulichen, inwiefern die Elemente des Differenten, Kontingenten und Fragmentarischen nicht mehr als Widerpart der Identität, sondern als konstitutive Bestandteile derselben begriffen werden. »Die auf Kontinuität abzielende Erzählung führt, einem gängigen Vorurteil zum Trotz, keineswegs zur nachträglichen ›Eliminierung‹ von Kontingenzerfahrungen. [...] Sie bedarf ihrer und *bearbeitet* sie. [...] Die narrative Konstruktion von biographischer Kontinuität und personaler Identität reduziert *und* bewahrt Kontingenzerfahrungen. [...] Die narrative Operation versöhnt Kategorien, die vielfach als unvereinbar galten: Identität und Verschiedenheit, Einheit und Differenz, Kontinuität und Diskontinuität, Allgemeines und Besonderes, etc. [...] Die narrative Identität ist dementsprechend eine überaus dynamische Struktur. Die Erzählung konstituiert Identität als Einheit der Person, ohne zu unterschlagen, daß diese Einheit eine stets fragile und beständig zu reproduzierende Synthese des Differenten und Heterogenen ist.«[99]

Neben dem philosophischen ist es vor allem der sozialpsychologische Diskurs, innerhalb dessen sich die Konsequenzen der ›Revision‹ des Iden-

95 Keupp, 1988.

96 Sommer, 1988; Welsch, 1990.

97 Vgl. in Bezug auf das vor allem an Ricœur anknüpfende narrative Identitätsverständnis Meuter, 1995, S. 248 f.; Kraus, 1996; Keupp, 1999, S. 56 ff., 105 ff., 207 ff.

98 Vgl. Keupp, 1999, S. 103, 106.

99 Straub, 2000a, S. 173. Zu bedenken bleibt in diesem Zusammenhang allerdings die Feststellung Hahns, dass »Menschen [...] nicht von Natur aus dazu [neigen], sich über ihr Leben Rechenschaft abzulegen. Ob sie das tun und in welcher Form, hängt davon ab, ob es Institutionen gibt, die die Individuen zwingen oder es ihnen gestatten, ihre Vergangenheit zum Thema zu machen« (Hahn, 1987, S. 18).

titätskonzepts am nachhaltigsten aussprechen. »Eine solche Revision erweitert den Begriff gegenüber der falschen Vorstellung einer möglichen und zu fordernden gegenwärtigen Selbstgleichheit der Person mit sich.«[100] »Identität ist das Motiv für die an praktische, symbolische, kognitive und emotionale Aktivitäten gebundene Synthese oder Integration nicht nur von Differentem, sondern [...] von Heterogenem. Dabei bezeichnet diese Integration die prozedurale Synthetisierung des Heterogenen [...], nicht aber eine als stabilen Zustand oder Staus quo explizierbare Struktur. Demzufolge eröffnet der Identitätsbegriff Perspektiven für die Thematisierung und Plausibilisierung von Identitätsbewegungen und mehr oder weniger tiefgreifenden Transformationen qualitativer Identität. [...] Das moderne identitätstheoretische Denken lässt sich insgesamt der Betonung von Zeit, Kontingenz und Veränderung nicht kontrastiv gegenüberstellen.«[101]

Im Zuge der Konzeptionalisierung eines im Hinblick auf vormalige Vereinfachungen ›geläuterten‹ Identitätsbegriffs erfahren auch Vokabeln wie ›Kontinuität‹, ›Kohärenz‹ und ›Einheit‹ eine formaltheoretische Neubestimmung. So bemerkt Straub in Bezug auf den Terminus ›Kontinuität‹: »Ein moderner, identitätstheoretisch relevanter Kontinuitätsbegriff läßt sich nicht gegen ›Veränderung‹ ausspielen. Personale Kontinuität bedeutet vielmehr, daß jemand bei allen wechselnden Umständen, denen er ausgesetzt war, bei allen Entwicklungen, die er durchlaufen hat, und bei allen (äußeren und inneren) Veränderungen, die er erfahren, vielleicht erhofft und angestrebt hat, von sich und anderen als dieselbe Person ›identifizierbar‹ ist. [...] Das moderne Denken von Kontinuität *ist* geradezu, so paradox es klingen mag, ein Denken und symbolisches Bearbeiten von Kontingenz und Veränderung.«[102]

Eine ähnliche semantische Öffnung vollzieht auch der Kohärenzbegriff: »Es wäre gut, sich von einem Begriff von Kohärenz zu verabschieden, der als innere Einheit, als Harmonie oder als geschlossene Erzählung verstanden wird. Kohärenz kann für Subjekte auch eine offene Struktur haben, in der [...] Kontingenz, Diffusion im Sinne der Verweigerung von Commitment, Offenhalten von Optionen eine idiosynkratische Anarchie und die Verknüpfung scheinbar widersprüchlicher Fragmente sein dürfen.

100 Straub/Renn, 2002, S. 12.

101 Ebd., S. 19. Vgl. Straub, 1991, S. 59; ders., 1998, S. 82 f., 94; Keupp, 1999, S. 216, 263. Dass sich innerhalb des psychologischen Diskurses jedoch auch durchaus kritische Stimmen gegenüber dem Identitätskonzept finden, belegt die Arbeit von Markard, 2003.

102 Straub, 2000a, S. 174. Vgl. ebd., S. 172 sowie ders., 1998, S. 88.

Entscheidend bleibt allein, daß die individuell hergestellte Verknüpfung für das Subjekt selbst eine authentische Gestalt hat.«[103]

Vollzieht sich die hier dargestellte semantische Transformation des identitätstheoretischen Vokabulars auch vor dem Hintergrund der kritischen Abgrenzung gegenüber einer von postmodernen bzw. neostrukturalistischen Ansätzen vorangetriebenen »Auflösung der Ich-Identität«[104] und dem damit verbundenen Postulat einer Verabschiedung vom Identitätskonzepts, so zeigt eine genauere Betrachtung dieser Positionen, dass den in diesem Streit zu Tage tretenden Differenzen ebenfalls eine Reihe von Affinitäten korrespondieren. Wenn in diesem Zusammenhang von sozialpyschologisch-soziologischer Seite das Moment der ›Einheit‹ als »unabschließbar, entzweit, ungreifbar und vor allem zugleich dauerhaft angestrebt und fortwährend unerreicht«[105] bestimmt wird, so steht dies keineswegs in Widerspruch etwa zum ›postmodernen‹ Standpunkt Wolfgang Welschs, der nicht einen grundsätzlichen Verzicht auf den Gedanken der ›Einheit‹ anvisiert, sondern lediglich die Arretierung pluraler Strukturen in einer *übergeordneten* Einheit moniert. »Einheit ist eher für die Teile als für das Ganze konstitutiv. Der Grundbefund der Pluralität verlangt ja gerade, daß die diversen Komplexe als solche kohärent sind – keine Pluralität im Ganzen ohne zumindest relative Einheitlichkeit der Teile.«[106]

Befragt man die hier skizzierten aktuellen identitätstheoretischen Entwürfe auf ihre Einbeziehung leiblicher Erfahrungen sowie des/der Anderen, so scheinen sich diese dem Vorwurf einer Marginalisierung beider Aspekte auf den ersten Blick dadurch leicht zu entziehen, indem sie auf Diskursfelder wie etwas dasjenige der ›Geschlechtsidentität‹ verweisen. Demgegenüber gilt es allerdings zu konstatieren, dass *allgemeine* identitätstheoretische Bezugnahmen auf den Aspekt der Leiblichkeit meist kaum über bloße Andeutungen hinausgehen.[107] Darüber hinaus finden sich auch

103 Keupp, 1999, S. 245. Vgl. ebd., S. 94; ders., 1988, S. 151; ders., 2001, S. 38 ff.; Behringer, 1998, S. 50, 52, 217 f., 223; Bilden, 1997, S. 243 f., 245; Welsch, 1996, 847, 851; Schmid, 1996, S. 376; ders., 1999, S. 250 ff.

104 Kamper, 1980.

105 Straub/Renn, 2002, S. 10.

106 Welsch, 1996, S. 659. Vgl. ebd., S. 845, 749; ders., 1990, S. 171 f.; ders., 1991, S. 360. Zu bestehenden Berührungspunkten zwischen Welschs ›postmodernem‹ Identitätskonzept und ›modernen‹ Identitätsentwürfen vgl. Klika, 2000, S. 285, 299; Ricken, 2002, S. 336 f. Auf solche Konvergenzen weist auch Straub – allerdings in kritischer Absicht – hin (vgl. Straub, 2000a, S. 182).

107 Vgl. Sommer, 1988, S. 9; Keupp, 1999, S. 89.

in neueren Identitätstheorien Stellungnahmen, die darauf hinwiesen, dass »bereits die Formierung *personaler* Identität keineswegs an der leiblichen Existenz von Personen ›festgemacht‹ werden kann. Bezugnahmen auf die Leiblichkeit können zwar, wie bereits Erikson hervorhob, als wichtige Momente der Identitätsbildung und -reproduktion angesehen werden, und selbstverständlich mag das Körperbewußtsein und Körpergefühl in die qualitative Bestimmung persönlicher Identität hineinspielen. Jedoch ist es so, daß personale Identität als *formaltheoretisch* bestimmbare Einheit einer nämlichen Person immer an selbstbezügliche Akte gebunden ist, die die materiale Präsenz des eigenen Leibes transzendieren.«[108]

Wendet man den Blick vom Problem des Leiblichkeit auf dasjenige des Anderen, so offenbart sich ein ähnlicher Befund: Zwar sind es vor allem narrative Identitätskonzeptionen, die dem Verdacht einer lediglich marginalen Berücksichtigung des Anderen zu widersprechen scheinen, da Andere in ihnen als maßgebliche Elemente der vom Selbst als auch über das Selbst erzählten Geschichten fungieren.[109] Hiervon abgesehen gilt es allerdings zu konstatieren, dass die Thematisierungsformen des Anderen im Rahmen identitätstheoretischer Diskurse oftmals merkwürdig unterkomplex bleiben, in dem sie selten über das bereits seit Hegel, spätestens aber seit Mead und Erikson hinlänglich bekannte Argumentationsmuster einer immer sozial vermittelten Ausbildung der ›Identität‹ hinausgelangen. Ihre Bestätigung erfährt diese Einschätzung nicht zuletzt durch eine Reihe von Stellungnahmen aus dem identitätstheoretischen Diskurs selbst, dessen Fokus sich schwerpunktmäßig auf »die aktive und oft sehr kreative Eigenleistung der Subjekte bei der Arbeit an ihrer Identität«[110] richtet. Insofern Identitätsarbeit damit vor allem als »*aktive[] Selbstkontinuierung* von Subjek-

108 Straub, 1998, S. 96 f. Vgl. ders. 2000a, S. 170 f. sowie in offensichtlich partieller Revision jenes früheren Standpunktes ders., 2002, S. 104 f. Ferner sei an dieser Stelle auch auf die Anmerkung de Levitas verwiesen, der den Körper zwar zunächst als den »wichtigste[n] aller Identitätsfaktoren« ausweist, dann jedoch anfügt: »Die Beobachtung, daß [...] der menschliche Körper ständig die Formen verändert, in denen er Gestalt annimmt, müssen den Psychologen und den Arzt zur Bescheidenheit, aber nicht zur Änderung ihrer Konzepte bringen.« (de Levita, 1976, S. 214 f.).

109 Vgl. zur Einbeziehung des Anderen im Rahmen narrativer Identitätskonzepte Meuter, 1995, S. 248 f.; Straub, 1991, S. 59. Den Versuch, einen »dialektischen Begriff[] personaler Identität zur Rekonstruktion der Ambivalenz gegenüber Fremdem« zu entwickeln, unternimmt die Arbeit von Schneider, 1995, S. 8.

110 Kraus, 1996, S. 10.

ten«[111] aufgefasst wird, bleiben damit – so die vorläufige Bilanz der vorangegangenen Darstellung – auch aktuelle identitätstheoretische Entwürfe schwerpunktmäßig subjektzentrisch orientiert.[112]

### II.2.3 Identität als Bildungsaufgabe – Identitätskonzepte in der Pädagogik

Angeregt durch die Rezeption identitätstheoretischer Ansätze innerhalb der Sozialwissenschaften hielt der Identitätsbegriff zum Ende der sechziger Jahre auch Einzug in den pädagogischen Diskurs, in dem er bald zu einer der Leitkategorien dieser Disziplin avancieren sollte. Allerdings beschränkte sich das pädagogische Interesse vornehmlich auf die Übernahme identitätstheoretischer Vorgaben aus den Sozialwissenschaften, ohne den Identitätsbegriff selbst einer kritischen Reflexion zu unterziehen. »Obwohl ›Identität‹ als Leitbegriff pädagogischer Theoriebildung angesehen wird, hat die Pädagogik bisher keinen eigenen Identitätsbegriff entwickelt. Statt dessen hat sie den sozialwissenschaftlichen Identitätsbegriff weithin unbefragt übernommen, den Problemen dieses Begriffs aber nur wenig Aufmerksamkeit geschenkt. [...] Entweder man läßt sich von der Vielzahl sozialwissenschaftlicher Definitionen gleichsam mittragen [...], oder man verzichtet ganz auf eine Definition von ›Identität‹ [...]. Von einem ›pädagogischen Identitätsbegriff‹ kann demnach nicht wirklich gesprochen werden.«[113]

Seine Karriere als pädagogische Leitkategorie beginnt der Identitätsbe-

111 Straub, 2000a, S. 172. Eine Ausnahme stellt hierbei allerdings die Studie von T. Habermas (1999) dar, in deren Mittelpunkt die Relevanz der Dinge für die Identitätsbildung steht.

112 Vgl. hierzu auch die Einschätzung Reichenbachs, nach der sich eine humanistisch geprägte Psychologie schwerpunktmäßig einer Subjektauffassung verpflichtet zeigt, nach der »das Individuum [...] sich *selbst* am besten kennt, [...] nur *selbst* seine Potentiale verwirklichen kann, [...] seine eigenen Gefühle, Einstellungen und Ideen valider wahrnehmen kann als dies Diagnosen von außen vermögen, [...] sich konsistent verhalten will, [...] beständig ›Selbstverwirklichung‹ anstrebt [...]. Diese und andere Beschreibungen der Qualität und Funktionsweise des Selbst lassen erkennen, daß das Selbst hier, wenn nicht psychologistisch und solipsistisch verkürzt, so doch eher als ein in sich geschlossenes Ganzes dargestellt wird und der soziale Raum nur marginal [...] erwähnt wird« (Reichenbach, 2001, S. 261; Hervorh. T.K.).

113 Schweitzer, 1985, S. 22. Vgl. zur Rezeption des Identitätskonzepts in der Pädagogik neben Schweitzer, 1985, 1988 auch Stross, 1991, 1992; Hoffmann/Neuner, 1997, Krieger, 1985; Heissenberger, 1987; Schädelin-Gmür, 1988.

griff zu Beginn der siebziger Jahre, eingeläutet durch die Arbeiten Habermas', Krappmanns, Mollenhauers und Wellendorfs.[114] Als ausschlaggebend für die breite Zustimmung, die das Identitätskonzept in dieser Zeit nicht nur in pädagogischen Kontexten genoss, kann vor allem der ihm zugesprochene kritisch-emanzipatorische Gehalt gelten. Mit dem Besitz einer Identität, so wurde und wird bis heute vielfach angenommen, verfüge der Jugendliche über einen »Maßstab für die Kritik und die Rechtfertigung vorgefundener Normen«[115], der ihn zu autonomem Handeln befähigt. »Ursprünglich hatten identitätsorientierte pädagogische Ansätze den mündigen Menschen respektive das emanzipierte Subjekt im Blick. Ich-Identität galt als Vorbedingung für eine vernunftorientierte Emanzipation von Subjekten, deren Möglichkeit sich historisch-gesellschaftlich erst mit der Freisetzung des einzelnen aus den Zwängen [...] kollektiver religiöser Sinnstiftungen zu entfalten begonnen hatte. Das Spezifikum eines identitätsorientierten pädagogischen Unterfangens bestand darüber hinaus darin, die Identitätsbildung des einzelnen *sichern zu wollen.*«[116] Diesem Sicherungsstreben liegt die Annahme zugrunde, dass die erworbene oder im Erwerb begriffene Identität sich einer permanenten Gefährdung und Bedrohung entweder durch gesellschaftliche Ansprüche oder durch Erziehung und Bildung selbst[117] ausgesetzt sieht, der man mit der Forderung nach größtmöglicher Autonomie und Ichstärke des Individuums begegnen zu müssen glaubt.[118]

Allerdings lässt sich bereits bei einigen seiner deutschsprachigen Inauguratoren eine gewisse Sensibilität für die Ambivalenzen des Identitätspostulats erkennen. So bemerkt Wellendorf unter Berufung auf Adorno, dass »der Anspruch auf Identität im szenischen Arrangement der Schule« dann, wenn diese »den Individuen die Fiktion aufgedrängt, sie kämen in der Hingabe an die in der Schule gestellten Erwartungen und Aufgaben zu sich selbst, während sie zugleich durch identifizierende Kategorisierung Selbstbestimmung beschneidet, [...] Ideologie [ist].«[119] Allerdings beruft er sich gleich im Anschluss jedoch wieder auf die »ideologiekritische Kraft« des Identitätsbegriffs: »[E]r läßt sichtbar werden, was den Individuen durch die in der Schule verbreiteten Praktiken der Menschenbehandlung

114 Vgl. ebd., S. 16, 115; ders., 1988, S. 56.

115 Döbert, u.a., 1977, S. 10. Vgl. Habermas, 1981b, S. 150.

116 Stross, 1991, S. 40.

117 Vgl. Uhle, 1997, S. 21; Rumpf, 1976, S. 19.

118 Vgl. Krappmann, 1969, S. 12, 130; Rumpf, 1976, S. 144, 165; Nunner-Winkler, 1990, S. 675.

119 Wellendorf, 1973, S. 60.

implizit angetan wird – im Namen der Ideen Freiheit, Menschlichkeit und Gerechtigkeit.«[120]

Mit dem Einzug des Identitätsbegriffs in den pädagogischen Diskurs erlangt dieser auch eine zentrale Bedeutung im Rahmen bildungstheoretischer Kontexte[121], wobei er – nicht zuletzt aufgrund einer Reihe sich überschneidender Bedeutungsgehalte[122] – zunehmend in ein Konkurrenzverhältnis zum Bildungsbegriff tritt.[123] Daneben finden sich innerhalb der Pädagogik auch solche Ansätze, die sich darum bemühen, ›Bildung‹ und ›Identität‹ dadurch in eine hierarchische Ordnung zu bringen, indem diskutiert wird, ob die Identitätsgewinnung zur Aufgabe und zum Ziel von Bildungsprozessen zu erklären sei[124] oder ob umgekehrt ›Bildung‹ als Voraussetzung für die Identitätsstiftung fungiere. Letztere Position vertritt u.a. Günther Buck mit seinem Konzept einer ›individuellen Identität‹. Insofern

120 Ebd. Vgl. zum kritisch-emanzipatorischen Anspruch des Identitätskonzepts auch Krappmann, 1980, S. 102 und Rumpf, 1976, S. 165.

121 Die enge Verbundenheit des Identitäts- und Bildungsgedankens weist geistesgeschichtlich vor allem auf die Ansätze Rousseaus und Schillers zurück. Beiden Konzeptionen liegt die zivilisationskritische Annahme zugrunde, dass der Mensch sich durch den Prozess der Vergesellschaftung zunehmend von sich selbst entfremdet und nun das Schicksal der Identitätslosigkeit zu ertragen habe. Eine Veränderung dieses Zustands ließe sich aus Sicht beider Denker nur durch eine gegen die gesellschaftlichen Entfremdungs- und Fremdbestimmungstendenzen gerichtete ›Wendung in die Innerlichkeit‹ erreichen, um dort die verlorengegangene ›natürliche‹ Identität wiederzuentdecken (vgl. hierzu Richter, 1997, S. 19 ff.).

122 Vgl. Luther, 1992a, S. 155; Schubert, 1984, S. 131 f.; Schweitzer, 1988, 65, 67.

123 Vgl. Schweitzer, 1988; Stross, 1991, S. 65 ff.

124 Anstelle einer Rekonstruktion solcher Positionen, die sich für oder gegen den Gedanken der Identität als Leitmotiv erzieherischer und bildungsorientierter Bemühungen aussprechen, wird im Folgenden lediglich eine (keineswegs vollständige) Auflistung vorgenommen. Zu den Befürwortern dieser Vorstellung zählen in unterschiedlicher Pointierung u.a. Bernhard, 1999, 303; Heissenberger, 1987, S. 11; Kößler, 1997, S. 113; Miedema/Wardekker, 1999, S. 103; Neumann, 1997, S. 82, 97 f.; Pauls, 1990, S. 2, 157, 159; Schubert, 1984, S. 149; Zdarzil, 1972, S. 288, 292. Für ein Erziehungs- und Bildungsdenken, das Identität nicht als vorrangiges Ziel pädagogischer Bemühungen ansieht, votieren u.a. Benner, 1999, S. 324; Breinbauer, 1987; Gößling, 1993, S. 126, 129; Hoffmann, 1994, S. 27; Kade, 1989, S. 28; Luther, 1992b, S. 177; Maset, 1995, S. 125; Pongratz, 1988, S. 309; Reichenbach, 1997, S. 123 f.; Schäfer, 1980, S. 575; Stross, 1991, S. 4.

›Identität‹ »ungeplant und ungesteuert« zustande kommt, lässt sie sich, so Buck, »nicht herstellen, sondern *fällt einem zu.*«[125] Als Bildungsziel erweist sich eine so verstandene »praktische« und »lebensgeschichtliche Identität« (im Sinne von ›Individualität‹ und ›Einzigartigkeit‹[126]) nach Bucks Einschätzung deshalb nicht geeignet, weil ihr unwiderruflich ein Moment der Kontingenz innewohnt. »Die kontingente Identität ist die Basis möglicher Bildung, nicht aber ist es umgekehrt möglich, Identität in einem Bildungsprozeß [...] zu gewinnen.«[127]

Ähnlich wie für Buck zeichnen sich Identität und Bildung auch für Schweitzer durch ihre wechselseitige Verwiesenheit aus[128], doch dürfe, so seine These, »an der Gleichsetzung von Erziehung und Identitätsbildung nicht festgehalten werden.«[129] Schweitzers Kritik richtet sich gegen einen Identitätsbegriff, der einseitig das Moment der Individuation hervorhebt, ohne der weiterhin bestehen bleibenden sozialen Situiertheit des Einzelnen Rechnung zu tragen. »Die Forderung nach einer Beschränkung im Gebrauch des Identitätsbegriffs ergibt sich aus der Erkenntnis, daß Entwicklung nicht einseitig als Ablösung und Individuation zu verstehen ist. [...] Demnach stellen Identitätsbildung und Individuation auf der einen und Bindung, Zugehörigkeit und Verantwortung auf der anderen Seite die beiden Pole dar, zwischen denen sich die Entwicklung vollzieht.«[130] Da die Pädagogik nach Schweitzer »*ebensowenig auf den Identitätsbegriff verzichten kann wie es ihr zugleich unmöglich ist, sich bei ihrer Theoriebildung von diesem Begriff leiten lassen*«[131], schlägt er vor, »*beide Theorietraditionen*, die geisteswissenschaftlich-hermeneutischen Bildungstheorien und die sozialwissenschaftlich-empirischen Identitätstheorien *miteinander zu verbinden. Ziel wäre dabei eine identitätstheoretische Vertiefung des Bildungsbegriffs und eine bildungstheoretische Kontextualisierung des Identitätsbegriffs.*«[132]

Stärker als in der vorangegangenen Dekade formiert sich in den achtziger Jahren zwar eine zunehmend kritische Haltung gegenüber dem Identitätskonzept, doch zögern jedoch selbst hartnäckige Kritiker, sich von diesem vollständig loszusagen. »Pädagogik kann *ebensowenig auf den Identitätsbegriff verzichten [...] wie es ihr zugleich unmöglich ist, sich von diesem Be-*

125 Buck, 1981, S. 134. Vgl. ebd., S. 137.

126 Vgl. ebd., S. 128, 152.

127 Ebd., S. 148 f.

128 Vgl. Schweitzer, 1988, S. 66.

129 Ders., 1985, S. 13.

130 Ebd., S. 14.

131 Ebd., S. 110.

132 Ders., 1988, S. 69.

*griff leiten zu lassen*. Der Identitätsbegriff ist für die Pädagogik unentbehrlich, weil er Probleme bezeichnet, mit denen vor allem Jugendliche in der modernen Gesellschaft häufig zu kämpfen haben. Allerdings lassen sich diese Probleme als Identitätsprobleme nicht angemessen verstehen. Vielmehr verweisen sie auf einen Wandel der lebensweltlichen Erfahrungen.«[133]

Die hier angesprochenen Wandlungstendenzen finden, wie bereits im vorangegangenen Abschnitt dargelegt, zur Mitte der achtziger Jahre unter den Stichworten ›Individualisierung‹ und ›Pluralisierung‹ zunächst Eingang in den soziologischen Diskurs, sie werden jedoch bald auch seitens der Pädagogik, Philosophie und Psychologie zur Kenntnis genommen. Und ebenfalls in Analogie zur Sozialwissenschaft führt auch in diesen Disziplinen die Wahrnehmung einer zunehmenden Veränderung individueller Biographiemuster und Lebensläufe zu einer neu entfachten Debatte über ›Identität‹ sowie schließlich zu einer semantischen Transformation dieses Konzepts: »Identität ist eine unverzichtbare gesellschaftskritische Kategorie, die gerade das andere (sic!), das Fremde, das Nicht-Identische einschließt, und zwar als *konstitutives* Moment der Subjektwerdung.«[134]

Die seit Krappmanns Konzept einer ›balancierenden Identität‹ anhaltende Tendenz, dem Identitätsbegriff diverse adjektivische Wendungen zur Seite zu stellen, spiegelt sich innerhalb der Pädagogik u.a. in Form von Luthers Modell einer ›*fragmentarischen Identität*‹. Mit Hilfe des aus der Ästhetik übernommenen Begriffs des ›Fragments‹ will Luther, der von Hause aus Theologe ist, anzeigen, dass der Identitätsprozess nicht nur ein von Gewinnen, sondern auch von Verlusten begleitetes Ereignis darstellt. Luthers Ausführungen verstehen sich nicht als Plädoyer für eine prinzipielle Verabschiedung, sondern als Appell zur Revision einer bestimmten, aus seiner Sicht obsolet erscheinenden Form des Identitätsdenkens. »Gegen ein Identitätskonzept, das Identität als herstellbare und erreichbare versteht und das für Identität Kriterien wie Einheitlichkeit, Ganzheit und dauerhafte Kontinuität konstitutiv macht, wären darum vielmehr die Momente des Nicht-ganz-Seins, des Unvollständig-Bleibens, des Abgebrochenen – kurz: Momente des Fragments zur Geltung zu bringen.«[135] Gegen eine vollständige Verabschiedung des Identitätskonzepts spricht für Luther

133 Ebd., S. 68 f.

134 Bernhard, 1999, S. 299. Vgl. in diesem Zusammenhang ferner die Anmerkung Richters, dass »sich der Identitätsdiskurs durch die kritische Kategorie der ›Nichtidentität‹ gewandelt hat und zu einem Diskurs um Differenz und Pluralität geworden ist« (Richter, 1997, S. 14; vgl. ebd., S. 85).

135 Luther, 1992a, S. 159.

vor allem dessen »kritische Funktion.«[136] Ihm zufolge »hält der Begriff der Ich-Identität die Frage des Subjekts nach sich selbst wach gegenüber Anpassungsforderungen der Umwelt« und dient so, »ähnlich wie der Bildungsbegriff«, als Stabilisator für »die unverwechselbare, eigentümliche Individualität des einzelnen.«[137]

Eine ähnliche Begriffskonstruktion stellt Klaus Pranges im Wesentlichen auf kontingenztheoretischen und autopoietischen Annahmen basierende Formel einer ›*differentiellen Identität*‹ dar. Als ›differentiell‹ kann diese dabei insofern gelten, als sie eine »Identität auf Vorbehalt und auf Widerruf«[138] bezeichnet, die gegenüber einem ›statischen‹ Identitätsbegriff die Variabilität subjektiver Verhaltenspotentiale unterstreicht: »Das heißt: Wir können uns immer auch vorstellen, etwas anderes oder sogar das Gegenteil mit eben so guten Gründen zu tun wie das, was wir wirklich tun.«[139] Ähnlich wie bei Luther zeigt sich auch Pranges Absage an eine Suspendierung des Identitätskonzepts von der Sorge um den Verlust der Autonomie des Subjekts im Falle einer Aufgabe des Identitätsbegriffs geleitet. »Indes: so ganz ohne ›Identität‹ oder ›Selbst‹ oder ›Person‹ oder ›Ich‹ dürfte in der Pädagogik nicht auszukommen sein, d.h. nicht ohne einen Begriff davon, wie der Selbstbezug so zu fassen und zu thematisieren ist, daß wir uns auf andere in der Erwartung beziehen können, es mit Wesen zu tun haben, die ihr Leben einigermaßen unabhängig führen können und wollen.«[140]

Ungeachtet aller im Detail bestehenden Unterschiede lässt die Verwendung des Identitätskonzepts in pädagogischen Kontexten eine Tendenz erkennen, ›Identität‹ vornehmlich als eine *kognitive* Struktur zu begreifen. Eine solche Einschätzung findet ihre Bestätigung in zahlreichen pädagogischen Ansätzen, in denen ›Identität‹ schwerpunktmäßig als »*reflektierend-selbstbestimmte Realisierung von Handlungsweisen*«[141] oder im Sinne einer »Selbstfindung auf dem Weg einer reflexiven Selbstvergewisserung«[142] bestimmt wird, die es dem Subjekt ermöglicht, »sich über die Zeit und über Situationen hinweg als dasselbe wiederzuerkennen.«[143] Zwar finden sich innerhalb der Pädagogik vereinzelte Stimmen, die dafür plä-

136 Ders., 1992b, S. 177.

137 Ders., 1992a, S. 155.

138 Prange, 1998, S. 166.

139 Ebd.

140 Ebd., S. 163.

141 Schäfer, 1980, S. 592.

142 Schweitzer, 1985, S. 14.

143 Rausch, 1999, S. 11. Vgl. Heissenberger, 1987, S. 68; Schulze, 1983, S. 314.

dieren, »auch diejenigen Erfahrungen, die wir leiblich machen, als Ausbildung der Person und ihrer Identität zu begreifen«[144]; letztlich gilt es jedoch zu konstatieren, dass der pädagogische Rekurs auf das Problem der personalen Identität – möglicherweise aufgrund seiner eingangs erwähnten unkritischen Rezeption sozialwissenschaftlicher Identitätskonzepte – eine lediglich marginale Berücksichtigung der leiblichen Erfahrungsebene aufweist.

Als Indizien dafür, dass die hier aufgewiesene Identitätsauffassung nicht nur in theoretischen, sondern auch in praktisch orientierten pädagogischen Kontexten zu Tage tritt, können u.a. die 1995 von der Bildungskommission NRW herausgegebene Denkschrift mit dem Titel *Zukunft der Bildung – Schule der Zukunft* als auch die *Richtlinien und Lehrpläne des Unterrichtsfaches Erziehungswissenschaft* für die Sekundarstufe I gelten. Die in beiden Konzepten zu entdeckenden Wendungen wie ›Findung‹, ›Realisierung‹, ›Bewahrung‹ und ›Gefährdung‹[145] dokumentieren, dass die Identitätsbildung von SchülerInnen hier als maßgeblicher »Auftrag« und vorrangiges »Ziel von Erziehung«[146] gilt, was impliziert, dass ›Identität‹ als eine prinzipiell erreichbare angesehen wird. Ferner wird sichtbar, dass der Identitätsbegriff einen sachlichen Konnex mit den Postulaten der ›Mündigkeit‹ und ›Selbstbestimmung‹[147] bildet, wobei alle drei Qualitäten als Prämissen für eine gleichzeitig gesellschaftlichen Anforderungen wie individuellen Bedürfnissen angemessene Gestaltung des eigenen Lebens fungieren. Die Fähigkeit zur Selbstbestimmung »verlang[t] die Entwicklung von Ich-Stärke«[148], d.h. identitätsrelevante Aspekte werden schwerpunktmäßig im eigenen Ich verortet. Die Ausbildung von Identität erfolgt als ein sich zwar in sozialen Kontexten vollziehender, letztlich jedoch *selbsttätiger* Prozess, bei dem der Schule und dem Unterricht eine lediglich unterstützende Funktion zukommt.[149] Durchaus im Sinne des Erikson'schen Identitätskonzepts wird darüber hinaus betont, dass die eigene Identität eine individuelle Verantwortungsfähigkeit gewährleistet und auch die Anerkennung der Gleichwertigkeit Anderer einschließt.[150]

Befragt man o.g. Schriften auf den konkreten Bedeutungsgehalt der von ihnen zu einem pädagogischen Leitziel erhobenen ›Identität‹, so ertei-

144 zur Lippe, 1982, S. 26. Vgl. Herzog, 1985, S. 284; Wimmer, 1994, S. 137.

145 Vgl. Richtlinien Erziehungswissenschaft, S. 30, 46, 47.

146 Ebd., S. 46. Vgl. ebd., S. 30.

147 Ebd., S. 27 f.

148 Ebd., S. 83.

149 Vgl. ebd., S. 47.

150 Vgl. Bildungskommission NRW, S. 80.

len die *Richtlinien* Auskunft darüber, dass Identitätsentwicklung »u.a. durch eine innere Kontinuität innerhalb wechselnder und vielfältiger sozialer Bezugsgruppen und Rollensysteme gekennzeichnet ist«[151], während die *Denkschrift* darauf hinweist, dass das »Herausbilden der eigenen Identität als leiblich-geistiger Prozeß [...] Teil sozialer Beziehungen [ist].«[152] Scheint die Letztere damit die hier zu überprüfende These einer leibdistanzierten und selbstzentrierten Subjektauffassung auf den ersten Blick zu widerlegen, so steht diese Einsicht in die Bedeutung der leiblichen und inter-subjektiven Dimension für die Genese des Selbst jedoch in einer merkwürdigen Spannung zu dem wiederholt erfolgenden Verweis auf die Bedeutung der ›Selbstreflexion‹ für die Identitätsbildung als auch der Rede von einer identitätsgestifteten »reflektierte[n] und rationale[n] Selbstbehauptung.«[153]

## II.3 Lebensführung und -gestaltung mit oder ohne Identität?

Die zurückliegende Diskussion identitätstheoretischer Positionen ließ nicht nur Zweifeln daran aufkommen, »ob die verschiedenen Diskurse überhaupt denselben Gegenstand bezeichnen«[154], sie offenbarte zudem den Umstand einer zunehmenden Formalisierung des Identitätskonzepts. »Es ist möglich geworden, über Identität zu sprechen, ohne angeben zu müssen, wer oder was mit sich selbst oder anderem/n identisch ist. [...] Die Identitätsdiskussion versucht, konzeptionell etwas festzuschreiben, was empirisch genau zu benennen sie vermeidet.«[155] Daneben kennt das identitätstheoretische Denken jedoch auch eine Reihe von Ansätzen, die über den formaltheoretischen Status dieses Konzepts hinausgehend nach der Bedeutung von Identität im Hinblick auf das Problem menschlicher Lebensführung fragen. Im Kontext solcher Überlegungen wird Identitäten nicht selten die Funktion von »Steuerungsprinzipien subjektiven Bewußtseins«[156] bzw. »essentielle[n], lebenslang andauernde[n] Orientierungs- und Situierungsleistung[en] des Subjekts«[157] zugewiesen, die zugleich als

151 Richtlinien Erziehungswissenschaft, S. 46 f.

152 Bildungskommission NRW, 1995, S. 108.

153 Richtlinien Erziehungswissenschaft, 1997, S. 27.

154 Wagner, 1998, S. 46 f.

155 Ebd., S. 45.

156 Luckmann, 1981, S. 59.

157 Rausch, 1999, S. 271.

zentrale Voraussetzungen einer gelingenden inter-subjektiven Verständigung fungieren. »In den Sozialwissenschaften wird Identität als notwendige Voraussetzung für die Handlungsfähigkeit des einzelnen in der Gesellschaft gesehen. Überdauernde Interaktionsbeziehungen [...] sind nur möglich, wenn der andere ›weiß‹, wer ich bin.«[158]

Eine explizite Verknüpfung der Identitätsfrage mit dem Problem der Lebensführung und -gestaltung nimmt die Untersuchung von Behringer vor. Während der Aspekt der ›Lebensführung‹ für Behringer vor allem dadurch gekennzeichnet ist, »Veränderungen und Wechsel flexibel im Alltag integrieren zu können, ohne daß das Arrangement zusammenbricht«, dient die Identität des Einzelnen dazu, »sich trotz Veränderungen und Wechsel als gleiche Person [zu] erfahren.«[159] Mit ihrem Konzept der Lebensführung als »alltägliche[r] Identitätsarbeit« (Behringer) zeigt sich die Autorin einer Auffassung des Menschen verpflichtet, nach der sich die Gestaltung seiner Existenz vorrangig durch seine rationalen Möglichkeiten bestimmt zeigt. »Identitätsbildungsprozesse stellen eine Voraussetzung für die Handlungsfähigkeit von Individuen dar, werden aber im Spannungsfeld von Kohärenz und Nichtkohärenz sowie Kontinuität und Nichtkontinuität zunehmend komplizierter und problematischer und sie werden *allein den Individuen* überantwortet. [...] Das Selbst wird zum *reflexiven Projekt*, das beständig erforscht, konstruiert und kommunikativ abgesichert werden muß.«[160]

Eine illustrative Darstellung einer solch reflexiv vollzogenen Identitätsarbeit gibt Keupp: »Eine bestimmte Erfahrung (beispielsweise wie man sich in einer Prüfungssituation verhalten hat) wird daraufhin bewertet, ob die situativen Selbstthematisierungen meinem jeweiligen Identitätsstandard entsprochen haben: Habe ich mich so verhalten, wie ich es von mir erwartet habe, wie es für mich in solchen Situationen typisch ist, und ›paßt‹ dies für mich, oder fühle ich mich meiner eigenen Identität ent-

158 Frey/Haußer, 1987, S. 6. Spuren einer solchen »rationalistisch-individualistischen Theorie des menschlichen Handelns« (Wagner, 1998, S. 60) finden sich auch bei Döbert, u.a., wo es heißt: »Indem die Einzelnen ihre Identität erhalten, sichern sie [...] zugleich die Intersubjektivität möglicher Verständigung untereinander« (Döbert u.a., 1977, S. 10). Einen weiteren prominenten Vertreter findet die hier dargelegte Auffassung in Krappmann: »Damit das Individuum mit anderen in Beziehungen treten kann, muß es sich in seiner Identität präsentieren; durch sie zeigt es, wer es ist« (Krappmann, 1988, S. 8 f.; vgl. ebd., S. 119, 121, 207; ders., 1980, S. 102; Laing, 1972, S. 53).

159 Behringer, 1998, S. 55.

160 Ebd., S. 50 f. (Hervorh. T.K.). Vgl. ebd., S. 55.

fremdet? Letzteres wird immer dann der Fall sein, wenn es mir nicht gelungen ist, die verschiedenen Anforderungen und Bedürfnisse in einem für mich stimmigen Verhältnis zu versöhnen bzw. so zu organisieren, daß mein Toleranzrahmen nicht überschritten wird.«[161]

Ausgehend von diesen und ähnlich argumentierenden Positionen sollen in den nachfolgenden Abschnitten Bedenken gegenüber der Vorstellung artikuliert werden, dass sich Menschen in den routinierten Abläufen ihres Alltags *permanent* ihrer selbst reflexiv vergewissern und die eigene Identität damit als notwendige Prämisse für subjektive Handlungsvollzüge fungiert. Wenn im Rahmen dieser Ausführungen einem solchen Standpunkt die Annahme entgegengestellt wird, dass konkret-praktisches Tun sich nicht in einer derartigen Identitätsannahme erschöpft, so wird dabei keineswegs in Abrede gestellt, dass Subjekte – und dies aus guten Gründen – eine reflexive Überprüfung ihres Verhaltens vornehmen. Was vielmehr in Zweifel gezogen werden soll, ist die Behauptung, dass dabei die ›Identität‹ – also das aus dem reflexiven Selbstbezug resultierende ›Wissen‹ darüber, wer ich bin – als conditio sine qua non der Führung und Gestaltung des eigenen Lebens fungiert. Bedenken gegenüber der Vorstellung, dass menschliche Handlungsvollzüge permanent an eine ›mitlaufende‹ reflexive Identitätsversicherung geknüpft sind, meldet auch Conzen an: »[D]ie Situationen, in denen wir intensiv über unser Selbst nachdenken [...], [sind] im Alltagsleben selten. Man trägt nicht dauernd ein Bild von sich im Hinterkopf, kreist nicht unablässig [...] um die Frage ›Wer bin ich?‹. Meist bleibt die Identität unbewußt oder macht sich höchstens in vagen Stimmungen bemerkbar.«[162]

Gegenüber einer »buchhalterische[n] Selbstverwaltung«[163] in Sachen ›Identität‹ soll Plessners Anthropologie im Folgenden als ein Ansatz vorgestellt werden, welcher der Aufgabe der Lebensführung eine zentrale Bedeutung einräumt, diese jedoch nicht vorrangig an die Bedingung einer reflexiven Selbsterkenntnis im Sinne der o.g. Positionen knüpft. »Subjektivitätsentfaltung erfordert [...] nicht nur ein Sich-Selber-*Verstehen*, sondern auch ein Sich-Selber-*Gestalten*, dem nicht unbedingt Aufklärungsprozesse vorgeschaltet sind. Nur rationales Verhalten stutzt die Möglichkeiten von Lebensgestaltungen auf *eine* Dimension zurecht. Ästhetisch motivierte, wie

161 Keupp, 1999, S. 264. Vgl. ebd., S. 86, 215.

162 Conzen, 1996, S. 57. Ähnlich argumentiert Hoffmann: »Ich halte es für wenig glaubhaft, daß eine wirklich bedeutsam große Gruppe von Menschen innerhalb der Gesellschaft ›auf der Suche nach Identität‹ ständig über sich reflektiert.« (Hoffmann, 1997, S. 39). Vgl. T. Habermas, 1996, S. 264 f.

163 Belgrad, 1992, S. 166.

alle überschüssigen, überflüssigen, sich jenseits einer bestimmten Motivierung bewegenden Prozesse [...] *und* die rational ausgerichteten, gehören gleichermaßen zum Fundament einer entfalteten Subjektivität.«[164]

Wie sich zeigen wird, denkt Plessners Anthropologie die sich dem Menschen stellende Aufgabe der Lebensführung schwerpunktmäßig von dessen leiblicher Verfasstheit sowie seiner fundamentalen und unhintergehbaren Bezogenheit auf Andere/s her, d.h. es wird davon ausgegangen, dass die Führung des eigenen Lebens weder an die Voraussetzung eines stabilen Selbst geknüpft ist, noch dass umgekehrt Lebensführung als Weg zur schließlichen Findung der eigenen ›Identität‹ fungiert.[165] Zugleich soll deutlich gemacht werden, dass sich Plessners Konzept der Lebensführung von verschiedenen identitätstheoretischen Positionen auch hinsichtlich der Auffassung unterscheidet, dass es nicht eine größtmögliche Selbsttransparenz, sondern gerade die Nicht-Koinzidenz des Subjekts mit sich, sein Leben im Modus der Indirektheit und partiellen Selbstverfehltheit ist, die als maßgebliches Movens inter-subjektiver Vollzüge fungiert. Im Rahmen des hier dargelegten Vorhabens soll anhand von Plessners Ausführungen gezeigt werden, dass der im Mittelpunkt der meisten Identitätstheorien stehende Selbstbezug des Menschen nicht allein durch die Reflexion erfolgt, sondern ebenfalls eine körperlich-leibliche Komponente besitzt. Als ein leibliches Wesen sieht sich der Mensch immer wieder aufs Neue mit Verhältnissen konfrontiert, die von ihm eine Stellungnahme in Form eines

164 Ebd., S. 260. Vgl. ebd., S. 216, 254; Pazzini, 1985, S. 9.

165 Im Hinblick auf eine solche in konkreten Handlungsvollzügen zu Tage tretende ›Identitätslosigkeit‹ seien an dieser Stelle die Überlegungen Sartres angeführt, der anhand von alltäglichen Vorgängen wie Klavierspielen, Autofahren und Schreiben, aber auch »rein psychische[r] Handlungen, wie zweifeln, überlegen, meditieren, eine Hypothese aufstellen« (Sartre, 1997, S. 65) darauf hinweist, dass sich das unmittelbare und unreflektierte Bewusstsein von den Dingen der Welt ohne permanenten Rekurs auf das Ich vollzieht. »Wenn ich einer Straßenbahn nachlaufe, wenn ich auf die Uhr schaue, wenn ich mich in die Betrachtung eines Portraits vertiefe, gibt es kein Ich. Es gibt Bewußtsein *von-der-einzuholenden-Straßenbahn* usw. und nicht-positionales Bewußtsein von dem Bewußtsein. *De facto* bin ich also in die Welt der Objekte versenkt, sie sind es, die die Einheit meiner Bewußtseine konstituieren [...]; aber ICH, ich bin verschwunden« (ebd., S. 51). Einen ähnlichen Standpunkt vertreten u.a. auch Denker wie Mead (MSS, S. 137, 193, 195; SW, S. 145) und Merleau-Ponty (SuU, S. 162). Vgl. ferner das Plädoyer Luhmann/Schorrs, »die Hochform der Identität nur für Sondersachverhalte mit ungewöhnlichen Kontingenzen bereit[zu]stellen« (Luhmann/Schorr, 1982, S. 244).

Verhaltens verlangen. Wie zu einem späteren Zeitpunkt deutlich gemacht werden soll, handelt es sich bei einem solchen »Verhalten zu Verhältnissen« (Plessner) nicht ausschließlich um eine rationale Verarbeitung, sondern es vollzieht sich in Form einer noch näher erläuterten Gestaltung der körperlich-leiblichen Differentialität des Menschen.

Schließlich trägt das zuvor erläuterte Verständnis einer vorrangig an die reflexiven Potentiale des Menschen gekoppelten Auffassung von Lebensführung aus der Sicht der Plessner'schen Anthropologie auch insofern problematische Züge, als es ebenso die vielfältigen Abhängigkeiten einer vermeintlich selbsttätigen Lebensführung von gesellschaftlichen, politischen, aber auch wirtschaftlichen Vorgaben camoufliert, auf die der Einzelne oftmals nur geringfügig Einfluss ausüben kann, wie es die grundsätzliche Bedeutung des Anderen als konstitutives Element der Selbst-Bildung nivelliert.

Die bisherigen Erläuterungen lassen erkennen, inwiefern der Begriff der ›Lebensführung‹ im Kontext dieser Arbeit eine andere Konnotation erfährt als etwa im Rahmen bestimmter soziologischer Verwendungsweisen.[166] Demzufolge wird ›Lebensführung‹ im weiteren Verlauf als ein anthropologisches – im Hinblick auf seine spezifischen Ausformungen jedoch kulturellen und historischen Wandlungen unterliegendes – Faktum begriffen, das sich maßgeblich mit dem spezifischen Körper-Leib-Verhältnis des Menschen verbunden zeigt und analog zur fundamentalen »Zweideutigkeit« (Plessner) der menschlichen Existenz selbst einen »signifikanten Doppelsinn« birgt: »Sie meint nämlich einerseits die Strukturierung des möglichen Handlungsfeldes der anderen, andererseits aber auch ein Sichverhalten. [...] Aufgrund ihrer zwiespältigen Existenz müssen [Menschen – T.K.] [...] ihr Leben führen, d.h., sie übernehmen Vorgaben, die früher sind als sie, und sie müssen sich zu ihnen stellen.«[167]

166 Von verschiedenen soziologischen Konzepten alltäglicher Lebensführung (vgl. u.a. Voß, 1991; Vetter, 1991; Jurczyk/Rerrich, 1993; Kudera/Dietmaier, 1995; ders./Voß, 2000) unterscheidet sich das dieser Arbeit zugrundeliegende Verständnis dieses Terminus vor allem darin, dass ›Lebensführung‹ im Anschluss an Plessner als eine anthropologische Kategorie begriffen wird, die dahingehend ›früher‹ als soziologische Konzepte ansetzt, dass die Führung des Lebens nach ihrer Auffassung bereits beim Umgang mit und der Gestaltung der eigenen Leiblichkeit beginnt. Damit wird jedoch keineswegs eine Kritik der soziologischen Forschungsperspektive auf das Problem der Lebensführung intendiert, vielmehr erfährt ihr Relevanzbereich hierdurch eine Erweiterung.

167 Meyer-Drawe, 1996b, S. 659.

Wie in der Darstellung von Plessners Philosophischer Anthropologie gezeigt werden soll, ist es nicht ein größtmöglich ausgeprägtes Bewusstsein seiner selbst, sondern es sind die einem exzentrischen Selbst eingeschriebenen Differenzen, die den Menschen zur immer unabgeschlossen bleibenden Aufgabe der Führung seines Lebens zwingen. »Identität ist nicht Grund und Bedingung gelingenden Lebens, sondern seine Vision. Wir müssen uns nicht gefunden haben, um zu leben, sondern wir leben, um uns zu finden.«[168]

## II.4 Ansätze einer pädagogisch-sozialwissenschaftlichen Identitätskritik

Als Bilanz des kursorischen Durchgangs durch verschiedene identitätstheoretische Diskurse bleibt festzuhalten, dass die leibliche Erfahrungsebene sowie das permanente Anderswerden des Menschen sowohl im Rahmen ›klassischer‹ als auch aktueller Varianten des Identitätskonzepts zwar nicht vollständig ausgeklammert bleiben, aufgrund der schwerpunktmäßig selbst- und kognitionszentrierten Ausrichtung des Identitätsdenkens allerdings über eine periphere Thematisierung selten hinausgelangen.[169]

Neben einer breiten Zustimmung erfährt das hier ausgewiesene kognitivistische Identitätsverständnis jedoch auch von verschiedener Seite eine kritische Kommentierung. So moniert etwa Schweitzer die mit der Reduktion des Identitätsproblems auf kommunikative und reflexive Akte einhergehende theoretische ›Engführung‹ der menschlichen Seinsweise. »Hier zeigt sich der rationalistische Aspekt des Identitätsverständnisses: Das Individuum wird nur von seinen sprachlichen Fähigkeiten und von seiner Selbstreflexion her gesehen – nicht-sprachliche Aspekte auch der Interaktion sowie die reflexiv nie gänzlich einholbaren Formen des Erlebens und Erfahrens gehen in diese Vorstellung von Identität und Kommunikation offenbar nicht ein.«[170] Eine ähnliche argumentative Stoßrichtung verfolgen auch Barkhaus u.a., die in Bezug auf Habermas' Stufenmodell der Identitätsgenese fragen, »ob die Verortung von *leiblichen* Merkmalen auf der Stufe der natürlichen Identität und ihre Exklusion von

168 Luther, 1992, S. 151.

169 Zu einem gleichen Ergebnis gelangen im Hinblick auf den Aspekt der Leiblichkeit auch die Arbeiten von Gugutzer, 2002, S. 14, 20, 57 und Stockmeyer, 2004, S. 17, 41.

170 Schweitzer, 1988, S. 62. Vgl. Gamm, 1992, S. 21.

den konstitutiven Merkmalen der reifen Identität nicht schlicht falsch ist.«[171] Schließlich sei an dieser Stelle auf die Position Hanebergs verwiesen, der gegenüber einem auf die psychisch-kognitive Ebene reduzierten Identitätsverständnis die leibliche und inter-subjektive Dimension der Identitätsbildung herausarbeitet. Nicht erfolge die Genese der Identität beim Kind durch die synthetischen Akte des Ego, sondern sie beginne sich bereits vor dem Erreichen des Stadiums der Reflexivität im Rahmen eines leiblichen Mitvollzugs zu entwickeln. »Das Kind geht unmittelbar mit dem leiblichen Ausdruck der Anderen mit und erlebt sich, indem es selbst ihre zaghaftesten Gemütsregungen mitvollzieht, vom Anderen her.«[172]

171 Barkhaus u.a., 1996, S. 24. Vgl. Belgrad, 1992, S. 123 ff., 150; Herzog, 1985, S. 283 ff.; Junge, 1995, S. 141; Stross, 1991, S. 14. Die Relevanz leiblicher Erfahrungen für die Identitätsbildung akzentuiert ebenfalls Welsch, der anmerkt, dass »wir Identität auf ganz unterschiedlichen Niveaus konstruieren. Wir tun das keineswegs erst durch bewußte und reflektierende Tätigkeit, sondern bereits organisch« (Welsch, 1996, S. 845).

172 Haneberg, 1995, S. 39. Obwohl die vorliegende Arbeit in diesem Punkt mit der Argumentation Hanebergs konvergiert, gilt es dennoch bereits an dieser Stelle darauf aufmerksam zu machen, dass sie vor allem in Bezug auf die identitätstheoretische ›conclusio‹ seiner Ausführungen von dieser abweicht. Zwar ist Haneberg darin zuzustimmen, wenn er die Identitätsbildung als Wechselspiel von Leib und Körper (vgl. ebd., S. 17) beschreibt und darauf verweist, dass »[d]ie Spuren, die der Andere im Leibgedächtnis des Kindes hinterläßt, [...] das Grundmuster der Identität [bilden]« (ebd., S. 117; vgl. ebd., S. 23, 41, 56, 80, 89 ff.). Während jedoch Plessner, wie sich zeigen wird, gerade die aus dem körperlich-leiblichen Missverhältnis resultierenden Zweideutigkeiten und Risiken der menschlichen Existenz betont, rekurriert Haneberg schließlich doch wieder auf eine Reihe identitätstheoretischer Denkgewohnheiten, so etwa, wenn er die Einheit des Selbst als vorrangiges Ziel identitätsstiftender Prozesse bezeichnet. Dass er dabei Gefahr läuft, die kognitivistischen Prämissen zahlreicher Identitätskonzepte lediglich auf den Leib zu projizieren, lassen u.a. seine Ausführungen zum Problem der ›Kontinuität‹ erkennen (vgl. ebd., S. 86). In einem solchen Verständnis von Identität qua Kontinuität bleiben nicht nur gegenüber dem Grundmuster des leiblichen Erlebens divergierende Erfahrungen und Einflüsse ausgeklammert, vielmehr rechnet dieses Modell offensichtlich auch nicht mit der Möglichkeit einer Transformation dieser Grundstruktur durch *nicht* zu integrierende, abweichende Elemente. Während Plessner die Körper-Leib-Verschränkung dazu dient, auf die eigentümliche »Zweideutigkeit der menschlichen ›Natur‹« (VIII, S. 182; vgl. ebd., S. 396; VII, S. 235) aufmerksam zu machen, droht Ha-

Ein solcher Hinweis auf die Bedeutung des Anderen für die Bildung des Selbst kann auch als Reaktion auf die eigentümliche Demarkationsstruktur des Identitätsdenkens gelten, die sich u.a. in Identitätsformeln wie ›Ich bin ich‹ (was zugleich impliziert: ›Ich bin nicht ein anderer‹[173]) artikuliert und in denen sich jene spezifische Identitätslogik widerspiegelt, nach der das Selbst seine Bestimmung allein durch eine distinkte Grenzziehung gegenüber dem Anderen gewinnt. »[D]ie Konstruktion von Identität [bedeutet] immer auch Eingrenzung und Ausgrenzung [...]. Die Konstitution des (individuellen oder gemeinschaftlichen) Eigenen bedarf der Abgrenzung von anderem (sic!) als Fremdem. Dabei können sich [...] nur allzu leicht Borniertheiten verschiedenster Art einstellen. Überlegenheitsgefühle etwa und Überheblichkeiten gegenüber anderen, die die eigenen – vermeintlich oder tatsächlich umfassenderen – Orientierungen nicht teilen.«[174]

Als ein Beispiel für die Schwierigkeiten, vor die sich ein identitätsorientiertes Denken gestellt sieht, das eine Einbeziehung des Anderen zu erreichen sucht, kann die Position von Hans Joas gelten. Gegen »das idyl-

nebergs Rede von einer *stabilen* Identität (vgl. Haneberg, 1995, S. 80) diese konflikthafte Nicht-Koinzidenz nicht nur zu nivellieren und damit zu bagatellisieren, sondern sie läuft aufgrund ihres Verzichts darauf, Brüche in der Identität nicht auch auf ihre möglichen produktiven Gehalte zu befragen, zumindest Gefahr, diese mit dem Verdikt des Pathologischen zu belegen. Vgl. zur »Bedeutung der Leiblichkeit für die Ausbildung personaler Identität« auch Prechtl, 1998, S. 190 ff.

173 Vgl. Scharang, 1994, S. 33. Einige kritische Reflexionen zur Identitätsfrage ›Wer bin ich?‹ unternimmt Liebsch, der dafür plädiert, »das Identitäts-Fragen« – und Gleiches ließe sich, wie später deutlich gemacht werden soll, auch für den Aspekt der ›Bildung‹ reklamieren – »vom Anderen her auf[zu]rollen, wenn es sich nicht in den Aporien einer unmöglichen Selbstgewißheit verfangen soll« (Liebsch, 2002, S. 133).

174 Schubert, 1984, S. 158 f. Die Schwierigkeit, dem Anderen im Rahmen des Identitätsdenkens hinreichend Rechnung zu tragen, akzentuiert auch Wimmer, nach dem »das Identitätsproblem das Problem des Anderen verstellt« (Wimmer, 1988, S. 190; vgl. ders., 1998, S. 91). Vgl. zum oft bemerkten Ab- und Ausgrenzungscharakter des Identitätskonzepts auch Barkhaus u.a., 1996, S. 319; Bolay/Trieb, 1988, S. 107 f., 110; Buck, 1981, S. 128; Cohen/Taylor, 1977, S. 206; Giesen, 1995; Grawert-May, 1992, S. 91; Haneberg, 1995, S. 63; Luther, 1985, S. 162; Neumann, 1997, S. 85; Petzold/Mathias, 1982, S. 182, 188; Scharang, 1994, S. 32; Schmid, 1999, S. 265; Schubert, 1984, S. 158 f.; Thomas, 1997; Wagner, 1998, S. 62.

lische Bild einer rein dialogischen Identitätsbildung«[175] schlägt Joas vor, diese als »Verschränkung von Dialog und Ausgrenzung«[176] zu begreifen, um so »über Arten der Grenzziehung bei individueller und kollektiver Identitätsbildung nachzudenken, in denen das Ausgegrenzte als das Andere gleichwohl toleriert werden kann.«[177] In dieser Denkfigur einer ›Anerkennung des Ausgegrenzten‹ tritt deutlich das zentrale Dilemma identitätstheoretischer Konzeptionen in den Blick: Dieses besteht darin, *nachträglich* nach Vermittlungsebenen suchen zu müssen, um die vorgängigen – da für die Identitätsbehauptung notwendigen – Abgrenzungen zu relativieren, ohne dabei allerdings eine Auflösung des nach wie vor bestehenden hierarchischen Gefälles zwischen dem Selben (der Identität) und dem Anderen erreichen zu können. »[T]rotz aller Vorbehalte und Relativierungen [ist es] dem Identitätskonzept eigentümlich [...], das Selbe durch Instrumentalisierungen des Fremden zu erreichen, weil sowohl der personalen als auch der nationalen Identität [...] ein *horror alieni* und eine verhängnisvolle Weltferne eingeschrieben bleiben.«[178]

Die wachsende Einsicht in die zahlreichen Schwierigkeiten des Identitätskonzepts zeitigt ihre Konsequenzen auch im Rahmen des pädagogischen Denkens. Neben einer nach wie vor affirmativen Haltung[179] formiert sich in diesem Diskurs zunehmend eine – freilich unterschiedlich stark ausgeprägte – identitätskritische Einstellung.[180] Als charakteristisch für diese zunehmend kritische pädagogische Sicht auf das Problem der Identität kann der Denkweg Klaus Mollenhauers gelten. Während er sich in den frühen siebziger Jahren einem stark an den Vorgaben Meads orientierten Modell von ›Identität‹ verpflichtet zeigt, das mit deren empirischer Realisierbarkeit rechnet[181], bekennt sich Mollenhauer in den frühen achtziger Jahren zu seinen »Schwierigkeiten mit Identität.«[182] Diese veränderte Haltung gegenüber dem Identitätskonzept mündet in Mollenhauers Feststel-

175 Joas, 1996, S. 368.

176 Ebd. Wie gezeigt (vgl. Kap. II 2.2), bemühen sich neuere Identitätskonzepte jedoch vielfach um eine Überwindung dieser Exklusionstendenz.

177 Ebd., S. 369.

178 Meyer-Drawe, 2000c, S. 141. Vgl. ebd., S. 147.

179 Vgl. Uhle, 1997, S. 23; Neumann, 1997, S. 97 f.; Bernhard, 1999, S. 300 ff.

180 Da eine umfassende Darstellung der verschiedenen identitätskritischen Einwände innerhalb der Pädagogik im vorliegenden Rahmen nicht geleistet werden kann, sei diesbezüglich auf die Arbeiten von Klika, 2000; Hoffmann, 1997 und Stross, 1991, S. 32 ff. verwiesen.

181 Vgl. Mollenhauer, 1982, S. 84 ff.

182 Mollenhauer, 1998a, S. 155 ff.

lung, dass »gar kein genau bestimmtes Problem mehr mit diesem Vokabular bezeichnet wird.«[183] In Distanz zu einem Standpunkt, der mit der Möglichkeit einer empirischen Einlösbarkeit von ›Identität‹ rechnet, verweist Mollenhauer darauf, dass man diese nicht wie eine Eigenschaft ›haben‹ könne[184] – ihr produktiver Gehalt liege allein in ihrem fiktionalen Charakter. »Identität gibt es *nur als Fiktion*, nicht aber als empirisch zu sichernden Sachverhalt. Diese Fiktion aber ist eine notwendige Bedingung des Bildungsprozesses, denn nur durch sie bleibt er in Gang. Identität ist eine Fiktion, weil mein Verhältnis zu meinem Selbstbild in die Zukunft hinein offen, weil das Selbstbild ein *riskanter* Entwurf meiner selbst ist.«[185]

Insofern ›Identität‹ im Denken der Moderne vielfach als unverzichtbare Qualität einer sich als autonom behauptenden Subjektivität angesehen wird[186], vollzieht sich die pädagogische Kritik des Identitätskonzepts vor allem im Rahmen subjekttheoretischer Reflexionen. In diesem Zusammenhang verfolgen die Arbeiten Meyer-Drawes das Anliegen, »an die Mehrdeutigkeit von Subjektivität zu erinnern, so daß deutlich wird, daß die Alternative von Selbst- und Fremdbestimmung abstrakt ist, daß hier vielmehr eine Relation vorliegt, die sich durch das Subjekt selbst zieht, das in keiner Identität Ruhe findet.«[187] Aus Meyer-Drawes Sicht stellen Begriffe wie ›Autonomie‹, ›Individualität‹ oder auch ›Identität‹ »Heroenworte« dar, die »in bezug auf die Fragilität und Flüchtigkeit ichlicher Existenz [täuschen].«[188] »Je mehr Konkretion man ihnen abverlangt, um so unbrauchbarer werden sie. Gerade ihre Allgemeinheit und ihr tribunalisierender Effekt begründen ihre Beliebtheit in manchem pädagogischen Argumentationszusammenhang.«[189] Ungeachtet ihrer Kritik an einer bestimmten, problematischen Alternativen verpflichteten Auffassungsweise von Subjektivität erweist sich die Kategorie des ›Subjekts‹ für Meyer-Drawe

183 Ders., 1998a, S. 156. Vgl. Schweitzer, 1988, S. 58 f.

184 Vgl. ebd., S. 157.

185 Ebd., S. 158. An anderer Stelle spricht Mollenhauer von einer »imaginierten Identität«, die »kein[en] Inhalt, keine Eigenschaft, kein substantiell Zeigbares« darstellt, sondern »*nur als Verhältnis* (›Proportion‹) denkbar« ist (ders., 1986b, S. 54, 58 f.).

186 Vgl. zur Verbundenheit der Subjektivitäts- mit der Identitätsproblematik Schmid, 1996, S. 373; Winkler, 1989, S. 116.

187 Meyer-Drawe, 1991, S. 391.

188 Dies, 2000c, S. 145.

189 Ebd., S. 140. Analog hierzu spricht Rieger von der ›Identität‹ als einer der »Pathosformeln der Pädagogik« (Rieger, 1999, S. 303).

deshalb als unverzichtbar für das pädagogische Denken, da sie »eine verantwortliche Stellungnahme in konkreten Situationen ermöglicht.«[190]

Eine ähnliche Stoßrichtung wie Meyer-Drawe verfolgt auch Rickens Ansatz einer Reformulierung des Subjektgedankens in kontingenztheoretischer Perspektive. Am Beispiel pädagogischer Leitbegriffe wie ›Selbsttätigkeit‹ und ›Selbstbestimmung‹ zeigt er den ambivalenten Gehalt eines solch subjektzentrierten Vokabulars auf: Denn einerseits transportiert dieses den emanzipatorischen Gedanken einer kritischen Urteils- und Entscheidungskompetenz gegenüber fremdbestimmten Anforderungen des Subjekts, andererseits impliziert es jedoch eine »Aktivitätszentrierung«[191], welche die fundamentale Angewiesenheit des Subjekts auf Andere/s marginalisiert. Indem die pädagogischen Konzepte der ›Selbstbestimmung‹ und ›Selbsttätigkeit‹ eine von Anderen und Anderem unabhängige Verfügbarkeit des Subjekts über sich und sein Handeln suggerieren, ohne dessen Bedingtheiten und Bedürftigkeiten zu explizieren, reihen sie sich, so Ricken, in eine Denktradition ein, in der die Einsicht in die differentielle Verfasstheit des Subjekts immer wieder durch ›vereinheitlichende‹ Darstellungsformen eine Nivellierung erfahren hat. »[D]ie Subjektformel ist [...] eine ›Differenzformel‹, weil sie sich intern wie extern als Differenz verstehen lassen muß: *extern* dient sie der Abgrenzung und Absetzung von anderem – kurz: Objekten – und soll darin eine menschliche Besonderung und Höherstellung [...] ausdrücken; *intern* qualifiziert sie den Menschen selbst als Differenz – sich zu sich selbst verhalten zu müssen, – kurz: Selbstbewußtsein, Selbstbestimmung, Selbstverwirklichung. [...] Die Subjektformel sucht diese Differenzdiagnose durch Hierarchisierung ihrer Elemente in ein Ordnungsgefälle zu bringen und damit als Identitätsbehauptung auszugeben; anders formuliert: im Begriff des Subjekts soll die diagnostizierte Selbstdifferenz in einer – meistenteils durch Vernunft oder Sprache angeleiteten – Identitätstherapie überbrückt oder gar aufgehoben werden.«[192] Nach Rickens Ansicht erfordert eine Thematisierung von ›Subjektivität‹ deshalb den Verzicht auf ein identitätstheoretisches Begriffsarsenal, weil hierdurch sowohl ihre differentielle Struktur als auch deren konstitutive Angewiesenheit auf das Andere/s unterschlagen wird. »Subjektivität [...] läßt sich nicht in identitätstheoretischen Begrifflichkeiten entwickeln; vielmehr dienen diese dazu, sich den Differenzen und Heterogenitäten, den eigenen Brechungen und Verletzungen nicht zuwenden zu

190 Dies., 1990, S. 61 f. Vgl. ebd., S. 152.

191 Ricken, 1999, S. 386 Fn.

192 Ebd., S. 14. Vgl. ebd., S. 38. Im Rahmen seiner Überlegungen wendet sich Ricken exkursartig auch dem Ansatz Plessners zu (vgl. ebd., S. 268 ff.).

müssen. Im – meist zukünftig behaupteten – Anspruch, ganz Subjekt seiner selbst werden zu wollen, wird aber eine oft schmerzvoll erfahrene Selbstdifferenz zur Hierarchie eines ›zwar schon‹ aber ›noch nicht‹ umgewandelt; die Anstrengung, endlich ganzer und mit sich identischer Mensch sein zu wollen, verkehrt sich dann in Gewalt gegen sich selbst: die eigene ›Beweisnot‹ führt aufgrund der allgemein behaupteten ›Beweispflicht‹ zu ›Anklage‹ und ›Verurteilung; [...] Kurz: eigene Subjektivität wird als eklatanter Mangel erlebt und an anderen diskriminiert.«[193]

Inwiefern ein Denken, das zur Charakterisierung von Subjektivität nach Alternativen zu identitätstheoretisch orientierten Beschreibungsforme(l)n sucht, unweigerlich auf die Paradoxien der menschlichen Existenz stößt, verdeutlicht die Arbeit von Gößling. Da sich die klassische pädagogische Paradoxie, nach der »jemand Subjekt nur werden kann, wenn er dieses schon ist beziehungsweise als ein solches vorausgesetzt wird«[194] als letztlich unauflösbar erweist[195], gelte es, so Gößling, diese als konstitutiv für das pädagogische Denken anzuerkennen. Dass der Prozess des Subjektwerdens »lediglich in paradoxen Umschreibungen faßbar«[196] wird, gründet nicht zuletzt darauf, dass »der Subjektkategorie ein innerer Zwiespalt anhaftet, den pädagogische Theoriebildung nicht ausräumen [kann].«[197]

Für die in dieser Arbeit verfolgte Argumentation erweist es sich neben den genannten Kritikpunkten auch als bedeutsam, die beschriebene semantische Ausdifferenzierung des Identitätskonzepts einer kritischen Betrachtung zu unterziehen. Eine solche Erörterung erscheint über ihre allgemeine Relevanz für eine Beurteilung neuerer identitätstheoretischer Entwürfe hinaus auch insofern als sinnvoll, als die semantischen Modifikationen des Identitätskonzepts durchaus nicht in einem radikalen Kontrast zu der im Folgenden diskutierten inter-subjektivitätstheoretischen Position Plessners stehen, sondern im Gegenteil durchaus gewisse Parallelen aufweisen. Mit neueren Identitätskonzepten verbindet Plessners Ansatz vor allem die Einschätzung, dass es sich bei der ›Identität‹ nicht um eine dauerhafte und stabile Subjektkonfiguration handelt, sondern um eine solche, die sowohl Differenzen als auch Kontingenzen birgt.

193 Ebd., S. 263.

194 Gößling, 1993, S. 9. Vgl. ebd., S. 120.

195 Vgl. ebd., S. 216, 134.

196 Ebd., S. 206.

197 Ebd., S. 100. Zugleich bietet der Autor eine Reihe von Vorschlägen zum Umgang mit dieser Paradoxie an (vgl. ebd. S. 167 ff.), die er als »Bausteine für eine aporetische Handlungstheorie« (ebd., S. 216) begreift.

Über diese Gemeinsamkeiten gilt es allerdings die grundsätzlichen Divergenzen beider Positionen nicht aus dem Blick zu verlieren, die maßgeblich mit dem identitätstheoretischen Umgang mit ›Differenz‹ zusammenhängen. Dabei ist den Vertretern aktueller Identitätskonzepte durchaus darin zuzustimmen, dass ein »beträchtlicher Teil der Kritik am Konzept personaler Identität [...] daran [krankt], dass Varianten eines Begriffs kritisiert werden, über die zu debattieren es sich, zumal in wissenschaftlichen Zusammenhängen, in der Tat kaum lohnt. Man verabschiedet nicht selten, wofür sich ohnehin (fast) niemand mehr interessiert.«[198] Und auch all diejenigen Einwände, die den vermeintlichen Reduktionismen des Identitätsdenkens eine differenztheoretische Perspektive entgegenzustellen beabsichtigen, scheint man mit dem Hinweis auf die semantische Ausdifferenzierung des Identitätskonzepts scheinbar mühelos zu parieren: »[E]in anspruchsvoller, zeitgemäßer Begriff der personalen Identität [kann] nicht *gegen* den Gedanken einer in diachroner und synchroner Hinsicht differentiellen Verfasstheit der Struktur der kommunikativen Selbstbeziehung eines Subjekts ausgespielt werden [...].«[199] Insofern »differenztheoretisches Denken keineswegs einfach den Widerpart und Gegenspieler der Theorie personaler Identität dar[stellt]«[200], erweist sich das Identitätskonzept nicht nur anscheinend immun gegenüber differenztheoretischen Anfragen, sondern es erwidert deren Argumente seinerseits, indem es diese als Ausdrucksformen einer »dramatische[n] Abschiedsrhetorik unserer schnelllebigen Zeit«[201] disqualifiziert.

Ungeachtet der mit seiner semantischen Erweiterung zweifellos einhergehenden konstruktiven Gehalte ist es jedoch gerade die Umarbeitung des identitätstheoretischen Vokabulars, der insofern ein problematischer Zug innewohnt, als dieses hierdurch sein theoretisches Indizierungspotenzial erheblich einbüsst. Denn durch seine Einverleibung des Differenten, Diskontinuierlichen, A-Kohärenten und Kontingenten steht der Identitätsbegriff zumindest in der Gefahr, zu einer quasi-ubiquitären und damit ›konturlosen‹ Kategorie zu mutieren, für die sich ein negatives begriffliches Äquivalent kaum mehr benennen lässt. Ähnliche Bedenken hat offensichtlich auch Lenzen im Blick, wenn er fragt, warum am Identitäts-

198 Straub, 2002, S. 91.

199 Ebd., S. 94.

200 Ebd. Angesichts dessen kann Straub auch behaupten, der Identitätsbegriff richte sich »eindeutig gegen den psychischen und praktischen Ausschluss von Anderen oder Fremden [...] im Zeichen egozentrischer Interessen und egoistischer Selbsterhaltung« (ebd., S. 102 f.).

201 Ebd., S. 85.

konzept »überhaupt noch festgehalten wird, wenn es sich faktisch so entleert, daß seine wichtigsten Bestimmungsstücke, Stabilität und Unverwechselbarkeit, gar nicht mehr dazugehören.«[202] Ähnliche Zweifel gegenüber einer zu umfassenden Ausdifferenzierung des Identitätskonzepts äußert auch Pazzini: »Ich halte diese [...] Modifikationen des Identitätsbegriffs für nicht sehr hilfreich, weil sie prinzipiell in seinem Vorstellungsbereich, in seinem konnotativen Umfeld bleiben, dem Umfeld von a = a [...]. Neue Interpretationen des Identitätsbegriffs sind wenig sinnvoll, zumal dann, wenn man auf das Problem konkreter sinnlicher Erfahrung [...] Antworten erhofft.«[203] Ferner sei auf die Überlegungen Wagners hingewiesen, der vor dem Hintergrund der zunehmend als diskontinuierlich erlebten Erfahrungen von Individuen in spätmodernen Gesellschaftssystemen die semantische Ausweitung der Termini ›Kontinuität‹ und ›Kohärenz‹ problematisiert. »Diese Begriffe wären [...] entweder so weit zu fassen, daß sie inhaltsleer werden (wenn etwa ein radikaler Bruch mit einem früheren Leben immer noch als Kontinuität aufgefaßt wird, weil ja dieselbe Person diesen Bruch als solchen denkt). Oder sie setzen der empirischen Beobachtung solche Schranken, daß Erkenntnisse über bedeutsame Lebensorientierungen nicht mehr als Identitätsbildungsprozesse aufgefaßt werden können.«[204]

Schließlich bleibt zu fragen, ob die Momente der ›Differenz‹, ›Kontingenz‹ und des ›Wandels‹ in identitätstheoretischen Reflexionen letztlich nicht doch dahingehend eine Nivellierung erfahren, indem sie unter ein ›statische‹ Implikationen mit sich führendes und eindeutigkeitssuggerierendes Vokabular (›Synthese‹, ›Integration‹, ›Kontinuität, ›Kohärenz‹) subsumiert werden. »Damit aber gerät der Begriff der Identität in eine Zwickmühle, diese Differentialität nicht angemessen zum Ausdruck bringen zu können, indem er Probleme der Selbstheit doch immer wieder auf der Ebene der Selbigkeit situiert und von dort figuriert.«[205]

202 Lenzen, 1991, S. 46. Nach Lenzen konnte sich »ein solches Konzept von Identität als Identitätslosigkeit« (ebd., S. 55) historisch vor allem aufgrund des ihm inhärenten religiösen Impetus durchsetzen. Dieser spiegelt sich für ihn in der Hoffnung, durch die »Glorifizierung dieses Konzepts [...] einen Ersatz zu finden für die verlorene Orientierung an einem gemeinsamen Gott« (ebd., S. 51).

203 Pazzini, 1985, S. 10. Vgl. in ähnlicher Hinsicht bereits Gleason, 1983, S. 914, 931 sowie Niethammer, 2000, S. 31.

204 Wagner, 1998, S. 67.

205 Ricken, 2002, S. 341. Vgl. auch ebd., S. 344: Auf diesen Sachverhalt zielt auch die folgende Feststellung Wagners: »Jedes Schreiben über Identität ist in Ge-

Angesichts dessen, dass das Identitätskonzept – wie der in diesem Kapitel unternommene Durchgang durch verschiedene identitätstheoretische Diskurse zu zeigen beabsichtigte – letztlich »weit mehr Probleme generiert als zu lösen vermag«[206], wird im Folgenden mit Plessners Philosophischer Anthropologie ein Denkansatz vorgestellt, bei dem es sich ungeachtet der zuvor angesprochenen partiellen Nähen nicht um eine bloße Akzentverschiebung oder graduelle Erweiterung der identitätstheoretischen Perspektive, sondern um einen Perspektivenwechsel im vollen Sinne handelt. Eine entscheidende Veränderung gegenüber einer identitätstheoretisch orientierten Sichtweise bietet Plessners Anthropologie nicht nur dahingehend, dass sie sich der Frage nach dem Subjekt ausgehend von seiner leiblichen Verfasstheit sowie dessen elementarer Verwiesenheit auf Andere/s nähert; sie eröffnet darüber hinaus auch einen Blickwinkel, der sich dadurch auszeichnet, dass er Differenzen und Zweideutigkeiten *als* solche thematisiert, ohne sie einer übergeordneten Begrifflichkeit zu subsumieren.

fahr, ein Fest-Schreiben, ein Still-Stellen zu werden, das [dem] Charakter der Welt und der Menschen in ihr nicht gerecht werden kann« (Wagner, 1998, S. 72). Analog hierzu bemerkt Hoffmann, dass der Identitätsbegriff »auch dann, wenn er mit den notwendigen Einschränkungen bezüglich der Annahme lebenslanger Entwicklung versehen wird, im großen und ganzen *Eindeutigkeit* und *Festigkeit* [suggeriert]. Wenn Spannungen und Brüche auftreten, ist sehr schnell von Identitätskrisen oder gar von Identitätsverlusten die Rede« (Hoffmann, 1997, S. 29. Vgl. in diesem Zusammenhang neben Luther, 1992, S. 152; Schmid, 1999, S. 250 f. auch die Feststellung von Luhmann und Schorr, nach denen es sich bei der ›Identität‹ um einen »von den Paradoxien der Selbstreferenz gereinigte[n] Begriff« (Luhmann/Schorr, 1982, S. 227) handelt.

206 Ebd., S. 321.

# III. »Nur an dem anderen seiner selbst hat er – sich« – Zur Verschränkungs-Struktur leiblich-exzentrischer Subjektivität

»Dein Selbst [...] sind *andere* Leute, all die Leute, mit denen du verbunden bist, und es ist nur ein Faden.«
(Tom Wolfe, Das Fegefeuer der Eitelkeiten)

Ausgehend von der im letzten Kapitel aufgewiesenen tendenziellen ›Leibvergessenheit‹ des Identitätsdenkens sowie seiner Marginalisierung der Bedeutung des/der Anderen für menschliche Selbst- und Weltbezüge soll anhand von Plessners Anthropologie im weiteren Verlauf dieser Arbeit gezeigt werden, inwiefern es sich bei einem solchen Verständnis um eine problematische Verkürzung der menschlichen Existenzweise handelt. Anknüpfend an diesen Befund verfolgt das vorliegende Kapitel einerseits die Absicht, das identitätskritische Potential[1] von Plessners Anthropologie herauszuarbeiten.

Neben ihrer Relevanz als Korrektiv zu den aufgewiesenen Reduktionismen des Identitätsdenkens soll Plessners Anthropologie im Rahmen des vorliegenden Kapitels andererseits als eine (im Weiteren noch näher zu bestimmende) differenztheoretische Konzeption[2] ausgewiesen werden, die sich in einer kritischen Distanz zu den Extremen von ›Identität‹ und ›Nicht-Identität‹ positioniert. Mit diesem Hinweis soll angedeutet werden, dass es im Folgenden nicht darum gehen wird, Plessners Ansatz als eine um o.g. Reduktionismen bereicherte und in zahlreichen Hinsichten mit neueren Identitätskonzepten konvergierende Position darzustellen.

1 Vgl. in diesem Zusammenhang die Feststellung Krügers, dass Plessner »bereits in den zwanziger Jahren das Philosophieren von Fragen der Identität auf Fragen der Differenz um[stellt]« (Krüger, 2000, S. 290). Seine identitätskritische Ausrichtung offenbart Plessners Denken explizit in Form seiner Distanzierung von substantialistischen bzw. idealistischen Identitätsvorstellungen (vgl. Giammusso, 1995, S. 190 f.; Fischer, 2000a, S. 284). Vgl. zur Unvereinbarkeit von Plessners Ansatz mit einem Identitätsstandpunkt ferner Hammer, 1967, S. 105, 157; Brede, 1986, S. 970; Orth, 1990/91, S. 269; Völmicke, 1994, S. 201; Arlt, 1996, S. 77, 144.

2 Vgl. zur Relevanz einer differenztheoretischen Perspektive aus pädagogischer und bildungstheoretischer Sicht Maset, 1993, 1995; Reichenbach, 1997; Fromme (2000).

Wie bereits zu Beginn herausgestellt, zeichnet sich Plessners Denken dadurch aus, dass es gegenüber »stereotypen Formeln der Selbstsimplifizierung und Selbstmechanisierung«[3] zu einer ›Rekomplizierung‹ der Subjektfrage auffordert. Dieses Anliegen findet seinen Ausdruck in zahlreichen ambiguos und paradox strukturierten Denkfiguren, deren zuweilen umständlich anmutende Konstruktion den eigentümlichen ›Auch-‹, bzw. ›Und-Charakter‹[4] der menschlichen Existenzweise anzuzeigen beabsichtigt. Insofern zielt Plessners Konzeption nicht auf eine Integration des Differenten in vereinheitlichende Formeln, sondern sie vollzieht gerade eine konsequente Explikation der durch ein solches ›Zugleich der Gegensätze‹ generierten konflikthaften Spannung. »Zwischen [...] dem, was kein Selbst ist, und dem, was ganz Selbst ist, steht der Mensch, der sein Selbst sich präsentiert. Er besitzt weder die ungehemmte Präzision der Marionette bzw. die Instinktsicherheit des Tieres noch die vollkommene Ursprünglichkeit unfehlbarer Verwirklichung. Er ist gebrochene Ursprünglichkeit, die nicht über sich selbst verfügt. Er fällt nicht mit dem zusammen, was er ist: dieser Körper, dieses Temperament, diese Begabung, dieser Charakter, insofern als er sie, sich von ihnen distanzierend, als dieses ihm gegebene Sein erkennt. Sie sind ihm zugefallen und ihrer Zufälligkeit bleibt er sich bewußt, ob er nun ihrer Herr wird oder nicht. Das, was er hat, hat er zu sein – oder nicht zu sein.«[5]

Mit dem hier konturierten Anspruch, Plessners Ansatz nicht als eine sozusagen ›anthropologisch fundierte‹ Identitätstheorie, sondern als eine eigenständige, diesseits von Identitäts- und Nicht-Identitätsbehauptungen argumentierende Beschreibungsweise inter-subjektiver Verhältnisse vorzustellen und als solche für pädagogische Fragestellungen fruchtbar zu machen, dürfen allerdings nicht mögliche Einwände, die sich gegenüber einem solchen Vorhaben erheben, außer Acht gelassen werden. So scheint bereits ein Widerspruch zu dem hier verfolgten Anliegen darin zu liegen, dass Plessner selbst vereinzelt auf den Begriff der ›Identität‹ sowie auf eine Reihe weiterer unter ›Identitätsverdacht‹ stehender Vokabeln (›Wesen‹, ›Kern‹, ›Subjektpol‹) rekurriert. Diesem Umstand werden die nachfolgen-

3 Danner, 2000, S. 274. Vgl. Reiter, 1990, S. 226 sowie Niethammer, 2000, S. 35, für den ›Identität‹ einen »inhaltsarmen Reduktionsbegriff« darstellt.

4 Vgl. V, S. 225 ff. Kämpf charakterisiert Plessners Ansatz als »eine widerspenstige Denkform, die die Erfahrung der Zerrissenheit der Moderne in ihre Begriffsbildung aufnimmt« (Kämpf, 2001, S. 117). Vgl. hierzu auch die Bemerkung Belwes, der Plessners zentrales Anliegen als »theoretischen Erhalt der Vieldeutigkeit des Menschen« (Belwe, 2000, S. 265; vgl. VIII, S. 314) bezeichnet.

5 VII, S. 416 f.

den Ausführungen dadurch Rechnung tragen, dass sie die genannten Termini einer genaueren Betrachtung unterziehen. Dabei wird sich – das Ergebnis dieser Untersuchung vorwegnehmend – zeigen, dass Plessners Rede von ›Identität‹ vornehmlich auf die Möglichkeit einer dem Menschen aufgrund seiner exzentrischen Stellung zu sich gegebenen Selbstreferenz verweist. An keiner Stelle seines Werks schreibt Plessner diesem formalen Selbstbezug allerdings einen vergleichbaren Stellenwert zu, wie dies im Rahmen zahlreicher Identitätskonzepte der Fall ist.[6] Im Gegenteil lassen seine Ausführungen hinsichtlich des Menschen als eines exzentrisch positionierten Wesens erkennen, dass es nicht vorrangig das ›Selbstsein‹ des Subjekts, sondern die fundamentale Abhängigkeit des Selbst von Anderen/m und damit verbunden das Anderssein und -werden des Menschen ist, auf die sich Plessners Interesse richtet. »Exzentrisch positioniert sein heißt [...] auch, eine leere, offene Mitte zu haben, von Natur aus so sperrangelweitoffen, so ungeschützt zu sein, daß die Ausdrucksbewegung des Anderen, seine Verlautung in mir eine beispiellose Resonanz macht, mich in Mitschwingung versetzt; der Andere vermag sein Ex-Zentrum gleichsam in mich zu setzen, gleichsam in mir spazieren zu gehen – mich zu ›verandern‹.«[7]

Den Sachverhalt, dass die menschliche Selbsterfahrung und -gestaltung nie unmittelbar bzw. aus einer monologischen Stellung heraus erfolgt, sondern konstitutiv vermittelt ist, erfasst Plessner nirgendwo prägnanter als in der Formel »Nur an dem anderen seiner selbst hat er – sich«[8], der im Hinblick auf die anschließenden Ausführungen eine leitmo-

6 Nur am Rande sei vermerkt, dass Plessners sich über einen Publikationszeitraum von über sechzig Jahre erstreckendes Werk die Ausarbeitung einer Theorie personaler Identität schuldig blieb. Da Plessners Texte diesbezüglich keinerlei Auskunft geben, muss an dieser Stelle die Frage unerörtert bleiben, ob es sich bei dieser Absenz einer solchen Identitätstheorie lediglich um einen vernachlässigten Aspekt innerhalb eines thematisch außergewöhnlich breitgefächerten Œuvres handelt oder ob diese Zurückhaltung gegenüber der Identitätsfrage auch und vor allem in den sechziger und siebziger Jahren, in denen das Identitätskonzept in Deutschland eine seiner stärksten Konjunkturphasen erlebte, nicht in engem Zusammenhang mit der differenztheoretischen Ausrichtung seines Ansatzes steht.

7 Fischer, 2000b, S. 124.

8 VIII, S. 203. Vgl. X, S. 235; V, S. 83; Belwe, 2000, S. 153. Dass dieses ›sich‹ bei Plessner nicht gleichbedeutend mit ›Identität‹ ist, soll im weiteren Verlauf dieser Abhandlung deutlich gemacht werden. Vgl. zum ›sich‹ auch die Erläuterungen von Liebsch (2002, S. 133 Fn.).

tivische Funktion zukommt. Da der Mensch aufgrund seiner exzentrischen Position »keine eindeutige Fixierung der eigenen Stellung«[9] zu gewinnen vermag, sieht er sich immer aufs Neue dazu aufgefordert, das, »was er selbst ist, im Widerschein der Welt zu suchen.«[10]

Der in o.g. Formel zum Ausdruck kommenden Verwiesenheit der menschlichen Existenz auf Andere/s wohnt in Bezug auf Plessners Ansatz ein zugleich erkenntnistheoretischer und genetischer Gehalt inne. Denn nicht nur vollzieht sich die Selbsterfahrung des Menschen – obwohl er sie als eine unmittelbare und direkte erlebt – immer im Modus der Vermitteltheit, vielmehr erweist sich auch sein ›Selbstwerden‹ unlösbar mit Anderen/m verflochten. Wie anhand von Plessners Ausführungen dargelegt werden soll, gewinnt das exzentrische Subjekt ›sich‹ nicht schwerpunktmäßig aus den Akten reflexiver Selbstthematisierung, vielmehr sind es Andere und Anderes, die sein immer wieder neu zu gestaltendes ›Selbstsein‹ gewährleisten.

Es liegt der Verdacht nahe, Plessners Diktum, der Mensch habe ›sich‹ allein am Anderen seiner selbst, leiste einer instrumentalistischen Verkürzung der Vielgestaltigkeit inter-subjektiver Verhältnisse Vorschub. Dem gegenüber soll bereits an dieser Stelle festgehalten werden, dass die Fähigkeit zur Instrumentalisierung seiner selbst und Anderer zwar ein zentrales Potential des Menschen darstellt, dem jedoch eine *elementare* d.h. jeder instrumentell-strategischen Absicht vorgängige Verwiesenheit auf Andere/s zu Grunde liegt. Zwar vermag sich der Mensch von diesen/m Anderen abzugrenzen, doch bedeutet eine solche Distanznahme keine Entkoppelung, sondern lediglich einen subjektiven Spielraum innerhalb des Grundverhältnisses wechselseitiger Verbundenheit und Durchdringung. Wie weit das Spektrum dieser Abhängigkeit des Menschen vom Anderen seiner selbst aus Plessners Sicht reicht, wird daran ersichtlich, dass sich diese »Angewiesenheit des Menschen auf ein Gegenüber, mit dem [...] er sich gleichsetzen kann«, über ein *faktisches* Anderes hinausgehend bis hin zur Identifikation mit einer numinosen Instanz als einem »Gegenüber« erstreckt, das »keine personhaften Züge«[11] trägt.

9 IV, S. 419.

10 Ebd., S. 116. In erstaunlicher Affinität zu Plessners Position heißt es im Hinblick auf diesen Zusammenhang bereits in Rousseaus *Emil*: »Unser süßestes Dasein ist relativ und kollektiv, und unser wahres Ich ist nicht ganz in uns. Kurz, der Mensch in diesem Leben ist so eingerichtet, dass man nie zum rechten Genuss seiner selbst ohne Zutun anderer gelangen kann« (Rousseau; zit. nach Wulf, 2001, S. 150).

11 VIII, S. 234.

Den anschließenden Ausführungen soll ein kurzer Überblick über die inhaltliche Ausrichtung der folgenden Abschnitte vorangestellt werden. Zuerst wird der Stellenwert der vorwissenschaftlichen Erfahrung für Plessners Denken diskutiert (1). In ihr präsentiert sich der Mensch diesseits aller wissenschaftsmethodischen Vereinseitigungen in seiner spezifischen Doppelaspektivität als Natur- *und* Geistwesen, als körperliche *und* seelisch-geistige Existenz. Als Reaktion auf die cartesianische Behauptung einer radikalen Trennung zwischen den Sphären von res cogitans und res extensa entwickelt Plessner in den *Stufen* sein Prinzip der ›Doppelaspektivität‹ (2). Mittels desselben lässt sich eine Verhältnishaftigkeit von Innen und Außen, Geist und Körper denken, in der beide als nicht ineinander überführbare Bereiche erscheinen, ohne allerdings durch einen Hiatus voneinander getrennt zu sein. Im Gegensatz zu den durch die Vokabel ›Doppelaspektivität‹ zumindest partiell transportierten dualistischen Implikationen erlaubt das Motiv der ›Verschränkung‹ (3), das nach 1928 an die Stelle des Erstgenannten tritt, eine adäquate Explikation jener vielfältigen Verflechtungen, in die sich die menschliche Existenz eingebunden zeigt.

Im Rahmen der nachfolgenden Abschnitte wird dann das Motiv der ›Verschränkung‹ in verschiedenen Variationen durchgespielt. Dabei werden eine Reihe so genannter ›Grenzverhältnisse‹ im Mittelpunkt der Betrachtung stehen. Einen ersten Zugang hierzu liefern die anthropologischen Prämissen von Plessners Konzeption (A), deren Erörterung als Schlüssel zum weiteren Verständnis seines Ansatzes dienen soll. Denn neben zahlreichen dort entwickelten subjektivitätsrelevanten Aspekten geben Plessners Ausführungen ebenfalls Aufschluss darüber, dass auch die Quellen des inter-subjektiven Miteinander in den Grundstrukturen des Organischen gründen. Eine zweite Form von Grenzverhältnissen offenbart die im anschließenden Teil (B) vorgenommene Untersuchung von Plessners Ausführungen zur Struktur der menschlichen Innenwelt. Dabei soll vor allem deutlich gemacht werden, inwiefern die häufig anzutreffende Rede von einer ›Identität‹ des Ich als problematisch gelten kann. Als dritte Form von Grenzverhältnissen kann schließlich das Verhältnis von Ich und Anderem, d.h. die konkret inter-subjektive Dimension der menschlichen Existenz gelten (C). Eine zentrale Bedeutung kommt hierbei dem Begriff der ›Fernnähe‹ zu, mittels dessen Plessner zeigt, dass Ich und Anderer ebenso wenig durch eine radikale Kluft voneinander getrennt sind wie ihr Verhältnis ausschließlich harmonische Züge trägt.

Mit den drei genannten Abschnitten wird sich Plessner immer wieder aufs Neue als ein Denker erweisen, dessen Aufmerksamkeit sich auf den »Zwischenbereich zwischen Außen und Innen« richtet als jener »Grenzzone, in welcher der Mensch als Ganzer lebt.«[12] Dabei wird sich die ›Grenze‹ – dies sei vorgreifend angemerkt – nicht als ein »äußere[r] Schutzwall«[13], sondern als Ort des Übergangs und der wechselseitigen Durchdringung von Selbst und Anderem erweisen.[14]

## III.1 Vorwissenschaftliche Erfahrung als Leitfaden – Anmerkungen zur Methodik und Terminologie der Plessner'schen Anthropologie

Mit der folgenden Erörterung des Stellenwerts der vorwissenschaftlichen Erfahrung für Plessners anthropologisches Denken erschließt sich die genuin praktische Orientierung seiner Philosophie.[15] Plessners Rekurs auf die Ebene der lebensweltlichen Erfahrung[16] steht in enger Verbindung mit seinem Anliegen, einen hermeneutischen Standpunkt zu gewinnen, der die historisch-geistigen *und* natürlichen Ausdrucksformen des Lebens umfasst.[17] Ein solcher Anspruch erweist sich jedoch nur dann als realisierbar, wenn sich die Hermeneutik »diesseits jeder spezialistischen Bearbeitung des Ausdruckslebens hält und es in seiner Ursprünglichkeit, d.h. so wie es lebt und nicht so, wie es für die wissenschaftliche Beobachtung

12 Ebd., S. 124.

13 Assmann/Friese, 1997, S. 23.

14 »Die Grenze zwischen der inneren und der äußeren Welt stimmt nicht mit der Haut überein, sondern ist innerhalb des Individuums situiert. Überdies ist es keine feste Grenze. Individuelle Identität wird immer wieder neu geschaffen, für eine kurze Periode, in einer spezifischen Situation und vor einer spezifischen Öffentlichkeit. [...] Dieser Art von Theorie zufolge ist es nicht sinnvoll, eine separate Autorität neben oder über diesen Stimmen anzunehmen, die das Handeln von einer Art tiefsten persönlichen Ebene aus koordiniert. Koordination findet in – und in Relation zu – gegebenen sozialen Situationen statt. [...] Daher bestreitet eine solche Theorie nicht nur, daß so etwas wie ein ›authentisches‹ menschliches Subjekt existiert und nur entwickelt zu werden braucht, sondern sie bestreitet weiterhin, daß das *Individuum* die adäquate Einheit ist, von der aus menschliche Identität zu verstehen ist« (Miedema/Wardekker, 1999, S. 104 f.).

15 Vgl. VIII, S. 138; Limbach, 1992, S. 318.

16 Den Lebensweltbegriff selbst verwendet Plessner allerdings nur gelegentlich. Vgl. III, S. 328; VIII, S. 278, 283.

17 Vgl. VIII, S. 158; Kap. I 3.

da ist, studiert.«[18] Da sie jedoch selbst nicht in der Lage ist, einen Zugang zum »unmittelbaren Leben« (Plessner) zu gewinnen, zeigt sie sich auf ein methodisches Instrument angewiesen, das ihr den Weg zu diesem ebnet. »Deshalb greift an dieser Stelle die phänomenologische Deskription ein, die zur ursprünglichen Anschauung hinführt und in ihr verweilt (wobei sie sich allerdings von jeder Ontologisierung des Erschauten freizuhalten hat).«[19] Für Plessner bildet die phänomenologische Deskription zwar den Ausgangspunkt einer jeden Untersuchung, jedoch erweist sie sich für ihn nicht als eine »grundlagensichernde[] Forschungshaltung.«[20] Da, so Plessner, in ihrem Anspruch einer bloßen Beschreibung anschaulicher Sachverhalte zugleich die Grenze dieser Disziplin liegt, verlangen die phänomenologisch gewonnenen Befunde immer nach einer hermeneutischen Deutung. »[W]ir [beginnen] mit der Herausarbeitung des anschaulichen Tatbestandes [...], um mit dem Verstehen des Tatbestandes zu enden.«[21]

Plessners Bedauern über die »Verarmung der Philosophie an Inhalten des unmittelbaren Lebens«[22] liegt ein Standpunkt zugrunde, der kontrastiv zu der abstrahierenden und schematisierenden Methodik der Einzel- und Spezialwissenschaften auf die Wahrung einer »ursprünglichen Totalanschauung« (Plessner) insistiert.[23] Philosophie, so seine These, »kann zur Wirklichkeit Kontakt nur gewinnen, wenn sie zentral in das Fundament ihrer selbst die Wirklichkeit mit aufnimmt, so daß sie nicht erst im Ergebnis, sondern *im Ansatz* schon von der Wirklichkeit lernen wird. Philosophie darf nicht von oben zum Leben kommen wollen [...], sondern muß sich in den Blickbahnen dieses Lebens selbst zu ihm hin gestalten. Und das ist wieder nur möglich, wenn sie diesen Kontakt mit dem Leben

18 IV, S. 60. Vgl. VII, S. 224.

19 Ebd., S. 60 f.

20 Ebd., S. 11. Es muss an dieser Stelle gefragt werden, ob Plessners Verständnis der Phänomenologie als methodischem Instrument zur Gewinnung einer ›ursprünglichen‹ Anschauung der theoretischen Heterogenität und Variabilität dieser Bewegung wirklich gerecht wird.

21 VII, S. 76. Vgl. ebd., S. 66. Vgl. zum Einfluss von H. Lipps und J. König auf Plessners Verbindung des phänomenologischen und hermeneutischen Aspekts Pietrowicz, 1992, S. 312 sowie zur näheren Kennzeichnung der methodischen Ausrichtung von Plessners Anthropologie die detaillierten Darstellungen von Asemissen, 1991; Hammer, 1967; Pietrowicz, 1992 sowie Redeker, 1993. Eine kritische Betrachtung der von Plessner vor allem in den *Stufen* verwendeten Methodik unternimmt Beaufort, 1998.

22 III, S. 14. Vgl. V, S. 140.

23 Vgl. ebd.; VII, S. 215 f.; 224, Hammer, 1967, S. 65.

[...] als *für ihr eigenes Wesen notwendig* und nicht bloß als für den gewünschten Zweck eines Verständnisses des Lebens notwendig begreift.«[24]

Obwohl seine Rede von *der* vorwissenschaftlichen Erfahrung[25] zweifellos holistische Züge aufweist, bleibt festzuhalten, dass diese für ihn als Leitfaden und Prüfstein fungiert, an dem sich die anthropologisch-philosophische Theorie- und Begriffsbildung zu orientieren und zu bewähren hat. Eine solche Reminiszenz impliziert allerdings, dass eine der vorwissenschaftlichen Erfahrung verpflichtete Konzeption sich immer auch von einer gewissen ›Unschärfe‹ begleitet zeigt. »[W]er sich der alltäglichen Erfahrung anvertraut, muß Unsicherheit mit in Kauf nehmen. Die Nähe zur Anschauung bezahlt sich nur mit einer Elastizität des Wortgebrauchs. Definitionisten, die sich daran stoßen, sollten nie vergessen, welchen Preis terminologische Klarheit verlangt. Wir sind davon überzeugt, daß Schärfe der Definition – nicht Schärfe der Fragestellung – jedenfalls in menschlichen Dingen [...] die Gefahr des Anschauungsverlustes, der Einseitigkeit und der Verzerrung mit sich bringt.«[26]

Die Tatsache, dass sich Plessner nicht nur in methodischer, sondern auch in terminologischer Hinsicht am Bereich vorwissenschaftlicher Erfahrung orientiert, muss auf den ersten Blick vor allem deshalb überraschen, weil sich in seinen Schriften immer wieder Begriffe wie ›Bewusstsein‹, ›Geist‹, ›Ich‹ oder ›Vernunft‹, finden, die sämtlich die Last eines idealistischen Erbes tragen.[27] Scheint ihn diese terminologische Reminiszenz daher eher als einen jener Tradition verpflichteten Denker auszuweisen, so geht mit der Inanspruchnahme dieser Terminologie jedoch keineswegs eine vollständige Übernahme ihrer ›idealistischen‹ Gehalte einher. »Nicht das Auftreten der Wörter ist entscheidend, sondern ihr begriff-

24 V, S. 140. Nur am Rande sei auf die Relevanz der vorwissenschaftlichen Erfahrungsebene für Plessners Untersuchung der Phänomene des Lachens und Weinens hingewiesen. Danach gelte es, beide nicht mittels der isolierenden wissenschaftlichen Methoden der Psychologie, Physiologie oder einer Psychophysik zu untersuchen, vielmehr komme es darauf an, »sie in ihren ursprünglichen lebendigen Zusammenhang zurück[zu]versetzen« (VII, S. 216; vgl. ebd., S. 218), in dem Physisches und Psychisches, Subjekt und Objekt nicht getrennt, sondern als »ursprüngliche Einheiten« (IV, S. 119; vgl. VII, S. 216, 218) auftreten.

25 Vgl. zu Plessners Erfahrungsbegriff sowie dessen Verhältnis zur Wissenschaft IV, S. 121; VII, S. 87 f.; V, S. 140; VIII, S. 236.

26 VII, S. 219. Vgl. auch LuP, S. 300, wo Plessner von der »Zweideutigkeit des menschlichen Lebens« spricht.

27 Vgl. Limbach, 1992, S. 119, 271; Benk, 1987, S. 56 f.

licher Stellenwert in seinem System.«[28] Die Gefahr einer idealistischen bzw. bewusstseinsphilosophischen Kategorisierung seines Ansatzes scheint auch Plessner selbst vor Augen zu haben, wenn er einer solchen Einordnung vorgreifend in den *Stufen* bemerkt: »Ausdrücke wie Geist, Bewußtsein, Subjekt, Vernunft, denen vielleicht gar nicht das Gewicht der Hegelschen, Fichteschen, Kantschen Lehre gegeben ist, entfalten die ihnen aus der Geschichte zuströmende Kraft in irgendeinem nicht vorausgesehenen Sinne und rufen den Anschein idealistischer Position hervor, wo gar keine mehr ist.«[29] Nach seinen eigenen Angaben schöpfen die von ihm verwendeten Begriffe ihren Sinngehalt nicht vornehmlich aus den Vorgaben bestimmter Denkrichtungen, sondern orientieren sich am Leitfaden der natürlichen Anschauung. »Wendungen wie Geist, Ich, Seele sagen fürs erste [...] auch nichts weiter, als was die alltäglich-umgängliche Erfahrung in der Gegenstellung zum Körper und Inbegriffenheit durch den Körper zwingend zu erkennen gibt.«[30]

Ungeachtet seiner problematischen Züge erweist sich Plessners Rekurs auf ein idealistisch geprägtes Vokabular im Hinblick auf die Zielsetzung seines Ansatzes jedoch zumindest in gewisser Hinsicht als nicht ungerechtfertigt. Will eine Anthropologie den Menschen nicht seiner einzelwissenschaftlichen Segmentierung ausliefern, sondern ihn als ›ganzen‹[31] erfassen, so darf sie die Relevanz des Bewusstseins, der Ichhaftigkeit und Geistigkeit für seine Existenzweise nicht ignorieren, sondern sieht sich vor die Aufgabe gestellt, diesen Aspekten ihren Gültigkeitsbereich innerhalb der menschlichen Organisation zuzuweisen. Dabei fordert sie jedoch zwangsläufig Widersprüche heraus, denn einerseits ist sie auf eine Terminologie angewiesen, mit der sich die bewusstseinsrelevanten Aspekte des menschlichen Seins sprachlich explizieren lassen, andererseits provoziert sie damit zugleich den Verdacht ihrer Privilegierung.[32] Vor dem Hintergrund des Anliegens seiner Anthropologie, der natürlichen *und* geistigen

28 Limbach, 1992, S. 223. Vgl. hinsichtlich Plessners Neigung zu terminologischen ›Umdeutungen‹ Pietrowicz, 1992, S. 119; Völmicke, 1993, S. 18, 65. Wenn Fischer davon spricht, dass Plessner »Reflexionsfiguren des Deutschen Idealismus in den Leib versenkt« (Fischer, 1992, S. 37), so erweist sich dies in bestimmter Hinsicht zwar als zutreffend, bedarf allerdings des Zusatzes, dass sich die aus diesem Akt der ›Versenkung‹ hervorgehenden Befunde z.T. erheblich von denjenigen idealistischer Provenienz unterscheiden.

29 IV, S. 117. Vgl. VII, S. 243; VIII, S. 211 f.

30 VII, S. 239.

31 Vgl. VIII, S. 122 f.; Giammusso, 1990/91.

32 Vgl. Nauta, 1986, S. 58.

Seite der menschlichen Existenz Rechnung zu tragen, bleibt die Übernahme einer in Bezug auf die Ausrichtung seines Denkens nicht unproblematischen Terminologie trotz der Gefahr potentieller Missverständnisse somit für Plessner letztlich unverzichtbar.[33]

## III.2 Dualismus versus Doppelaspektivität – Plessners Kritik der Vorgelagertheit des Selbst innerhalb der cartesianischen ›divisio mundi‹

Eine Philosophie, die ihre Befunde am Leitfaden der »natürliche[n], vorproblematische[n] Anschauung«[34] gewinnt, bezieht ihre skeptische Haltung gegenüber der cartesianischen Alternative von res cogitans und res extensa vor allem daraus, dass sie bestimmte Probleme wie etwa die Frage nach dem Verhältnis von Leib und Seele, Physischem und Psychischem als Folgen dieser dualistischen Sichtweise identifiziert. Obwohl Plessner seine Kritik des cartesianischen Alternativprinzips systematisch erstmals in den *Stufen* expliziert, ist seine anticartesianische Haltung bereits in seinen vor 1928 veröffentlichten Schriften deutlich erkennbar.[35] Für die Fragestellung der vorliegenden Arbeit kommt seiner Auseinandersetzung mit dem Cartesianismus zunächst dahingehend eine zentrale Bedeutung zu, dass Plessners Ausführungen diesen als eine wesentliche historische Einflussquelle der auch in identitätstheoretischen Kontexten häufig begegnenden Tendenz zur Interiorisierung des Ich und damit einhergehend zur Desavouierung des Aspekts der Leiblichkeit ausweisen. Zudem fungiert

33 Vgl. Grene, 1966/67, S. 264.

34 IV, S. 40.

35 Bereits in den *Grenzen* wendet sich Plessner gegen die Weltanschauung eines »sozialen Radikalismus« und dessen »Glauben an die Heilskraft der Extreme« (V, S. 14): Dort formuliert er prägnant: »Radikalismus heißt Dualismus« (ebd., vgl. S. 94; Haucke, 2000, S. 239 f.). Und auch in der *DmA* verknüpft er seine dualismuskritische Haltung mit dem Hinweis auf die Notwendigkeit einer lebensweltlichen Ausrichtung der Philosophie. »Man ist [...] so um die saubere Trennung von Leib und Seele, Stoff und Geist, Objekt und Subjekt bemüht gewesen, daß es jetzt schwer fällt, sich der nicht minder verantwortungsvollen [...] Aufgabe ihrer vorsichtigen Vereinigung zu unterziehen und die notwendige Befreiung von diesen teils naiv-realistischen, teils kritisch-idealistischen Gegensätzen zu vollziehen. Diese Befreiung ist notwendig, um sowohl den schlichten Tatsachen des unmittelbaren Lebens gerecht zu werden, als auch zu ihrer exakten Erklärung zu gelangen« (VII, 87 f.).

das cartesianische Denken für ihn als kontrastiver Bezugspunkt für das in den *Stufen* entwickelte Prinzip der ›Doppelaspektivität‹.[36]

Die aus der cartesianischen ›divisio mundi‹ resultierende Gleichsetzung von Körperlichkeit und Ausdehnung[37] führt nach Plessner dazu, die Erfassung der quantitativen Erscheinungsweisen allein der messenden, d.h. der mathematisch-physikalischen Erkenntnis vorzubehalten, während alle nichtmessbaren Eigenschaften – »da zur einzigen Gegensphäre der Ausdehnung die res cogitans bestimmt ist«[38] – dem Bereich der Innerlichkeit zugewiesen werden. »Es gibt demnach nur die beiden Möglichkeiten, entweder die qualitativen Daseins- und Erscheinungsweisen der Körper mechanisch aufzufassen, sie also in Quantitäten aufzulösen, oder aber [...] sie für Inhalte von Cogitationen, für Inhalte und Produkte unserer Innerlichkeit zu erklären.«[39] Von dieser Alternative zeigt sich auch das Ich betroffen, das sich als nichtausgedehnte Qualität einer exakten Messung entzieht und damit entsprechend der cartesianischen Logik seinen Ort in der Sphäre der Innenwelt besitzt. Die weitreichenden Konsequenzen dieser Interiorisierung des Ich erläutert Plessner wie folgt: »Der Satz, daß ich als Ich in der ihm eigentümlichen Selbststellung zur Innerlichkeit gehöre, hat die Umkehrung erfahren, daß die Innerlichkeit nur zu mir selbst gehört.«[40] Dieser Identifikation von res cogitans und Ich korrespondiert der Umstand, dass die intensiven Qualitäten eine »Subjektivierung« (Plessner) erfahren, der sich die schließliche »Vorgelagertheit des Selbst«[41] gegenüber den körperlichen Erscheinungen verdankt. Diese Verortung des Ich innerhalb des von der Außenwelt getrennten Bereichs der Innerlichkeit führt dazu, dass im cartesianischen Denken die »Fensterlosigkeit des Subjekts oder die absolute Einsamkeit des Ichs [...] den Charakter einer unumstößlichen Ausgangsgewißheit«[42] annimmt.

36 Auf den Zusammenhang zwischen der Erörterung des Dualismusproblems in den *Stufen* und Plessners früher *Krisis* weist Völmicke hin, die betont, dass beide Schriften trotz ihrer unterschiedlichen inhaltlichen Ausrichtung (Leib-Seele- vs. Subjekt-Objekt-Problematik) darin übereinkommen, »die Gegensätzlichkeit der Erkenntnismomente so zu denken, daß die Glieder der Relation nicht zu Absolutismen materialistischer oder idealistischer Art fundamentalisiert werden« (Völmicke, 1994, S. 131 f.).

37 Vgl. IV, S. 79.

38 Ebd., S. 80.

39 Ebd.

40 Ebd., S. 81.

41 Ebd., S. 85.

42 Ebd., S. 98.

Zwar würdigt Plessner die durch die methodische Trennung von ›res cogitans‹ und ›res extensa‹ ermöglichte »Rücksicht auf zwei absolut verschiedene Gesetzlichkeiten«[43] einerseits ausdrücklich als Stärke des Modells, andererseits bleiben für ihn die auf diesem Prinzip basierenden Befunde letztlich fragmentarisch, da sie den Menschen nicht als Einheit beider Sphären betrachten. Als problematisch kann die cartesianische Annahme einer Vorgelagertheit des Selbst gegenüber der Außenwelt aus Plessners Sicht vor allem deshalb gelten, weil sie sich in Opposition zur Erfahrungsebene der vorwissenschaftlichen Anschauung befindet, in der sich Ich und Welt als wechselseitig aufeinander bezogene Bereiche präsentieren. »Hier gibt es ausgedehntes Sein und Bewußtsein unabhängig und unbeeinflußt von mir als ›Denkendem‹. Ich selbst bin eingebettet in das Gesamtsein. Jedes Ich kann mit jedem anderen in wechselseitigen Kontakt treten, so gut wie mit der physischen Welt. Die Welt ist offen gegen Auge und Hand, die sie fassen wollen, und das Ich ist offen gegen die Welt, die sich ihm gibt.«[44] Diese Diskrepanz zwischen der cartesianischen Zwei-Substanzen-Lehre und der lebensweltlichen Erfahrung begründet nach Plessner die Notwendigkeit einer »Revision des cartesianischen Alternativprinzips«[45], die jedoch nicht auf eine vollständige Widerlegung des Doppelaspekts von Innen und Außen zielt, sondern lediglich dessen Hypostasierung zu einem Fundamentalprinzip in Frage stellt. »Nicht auf die Überwindung des Doppelaspekts als eines (unwidersprechlichen) Phänomens, sondern auf die Beseitigung seiner Fundamentalisierung [...] ist es im folgenden abgesehen. Nur auf die Entkräftung dieses Doppelaspekts als eines die wissenschaftliche Arbeit in Naturwissenschaft, d.h. Messung, und Bewußtseinswissenschaft, d.h. Selbstanalyse, *zerreißenden Prinzips* kommt alles an.«[46] Gegenüber der cartesianischen Fassung von Innen und Außen als zwei gegeneinander abgeschlossenen Sphären vertritt Plessner die Auffassung, dass es »übergreifende Gesetze der Konstitution

43 VII, S. 232. Vgl. IV, S. 79.

44 IV, S. 93. Vgl. auch V, S. 164, wo Plessner den »Verzicht auf die Vormachtstellung der eigenen Erkenntnisbedingungen, der überhaupt eigenmöglichen Zugangsbedingungen zur Welt« proklamiert.

45 Ebd., S. 107 ff.

46 Ebd., S. 115. Wie zahlreiche seiner Ausführungen belegen, richtet sich Plessners Kritik nicht in erster Linie gegen Descartes' Ansatz selbst, sondern gegen die Radikalisierung seiner Lehre in Gestalt des Cartesianismus (vgl. ebd., S. 83, 87; V, S. 207).

[gibt], die im Außen das Innen erkennen lassen«[47] und sich damit als unvereinbar mit dem Fundamentalanspruch des Dualismus erweisen.

Plessners Überprüfung des Fundamentalcharakters der cartesianischen Alternative nimmt ihren Ausgang von der zunächst hypothetisch formulierten Frage, ob sich im Doppelaspekt von Innen und Außen beide Sphären disjunktiv gegenüberstehen, oder ob ihnen eine »Aspektdivergenz« (Plessner) eignet, in der die Kluft trotz der prinzipiellen Nichtüberführbarkeit des einen Bereiches in den anderen überwunden und damit die Bedingung der Möglichkeit einer Einheit des Gegenstandes erfüllt ist. »Hat für Gegenstände, welche im Doppelaspekt erscheinen, dieser Bruch die Bedeutung alternativer Blickstellung gegenüber den Gegenständen oder nicht? Und gegenständlich gefaßt, heißt es: Haben diejenigen Gegenstände, welche im Doppelaspekt erscheinen, nur alternative Bestimmtheiten [...] oder sind bestimmte Einheitscharaktere dem Doppelaspckt immanent bzw. vorgegeben? Ist der Doppelaspekt vielleicht sogar von solchen vorgegebenen Einheitscharakteren bedingt und in ihrem Wesen mit angelegt?«[48]

Plessners Orientierung »*an räumlichen Gegenständen in der Anschauung*«[49] liegt der Anspruch zugrunde, »die raumbedingten Außen-Innenbezüge klar von den nicht raumbedingten [abzuheben] und jene Einheitscharaktere isoliert hervortreten [zu lassen], die, in konvergenter Blickstellung (d.h. in den Bahnen der sinnlichen Wahrnehmung) erfaßt, zugleich den divergenten Aspekt des Gegenstandes tragen.«[50] Um dieses Ziel zu erreichen, differenziert er zwischen räumlichen Aspekten des Innen-Außen-Verhältnisses, bei denen beide Elemente ineinander überführbar sind (zur Veranschaulichung wählt er das Beispiel eines Handschuhs, bei dem mittels Umstülpen das Innere zum Äußeren wird und umgekehrt) sowie prinzipiell divergenten Innen-Außen-Aspekten, die trotz ihrer gegenseitigen Nichtüberführbarkeit die »Einheit einer gegenständlichen Struktur«[51] bilden. Diese letzte Möglichkeit markiert zugleich die Grenzen der cartesianischen Alternative, die es nicht gestattet, die Bereiche von ›res cogitans‹

47 Ebd., S. 217.

48 Ebd., S. 124 f. In Antizipation eines potentiellen Idealismusverdachts weist Plessner an anderer Stelle ausdrücklich darauf hin, dass der Begriff der ›Aspektivität‹ als das »Von einer Seite Sein« nicht mit »Subjektivität« gleichzusetzen sei, sondern »nur die von der Erscheinung her garantierte Möglichkeit der Gegenstellung zu einem Subjekt« (ebd., S. 131) bezeichnet.

49 Ebd., S. 128.

50 Ebd.

51 Ebd.

und ›res extensa‹ als anschauliche Einheit zu denken. Doch Plessners Untersuchung beschränkt sich nicht nur auf den Nachweis einer möglichen Einheit zweier nicht ineinander überführbarer Sphären; sie will darüber hinaus zeigen, dass dieses Phänomen an räumlichen Gegenständen überhaupt auftritt. Gelänge dieser Aufweis, dann wäre hiermit der Fundamentalanspruch des Cartesianischen Alternativprinzips widerlegt, da ein ›Zugleich‹ der beiden unvereinbaren Substanzen nach cartesianischer Auffassung zum Zerbrechen des Gegenstandes führen müsste.

Da sich der Doppelaspekt »als echte Bedingung [...] in dem von ihm Bedingten [verliert]«[52], gelte es, Gegenstände in der Erfahrung ausfindig zu machen, »die nicht nur kraft des Doppelaspekts, sondern *im* Doppelaspekt erscheinen.«[53] Solche Gegenstände zeichnen sich dadurch aus, dass an ihnen »die erscheinende Gesamtheit des Dingkörpers als Außenseite eines *un*aufweisbaren Innern sich darbietet, welches Innere – wohlgemerkt – nicht die Substanz des Dinges ist, sondern mit zu seinen (sonst aufweisbaren) Eigenschaften gehört.«[54] Eine solche Voraussetzung erfüllen, so Plessner, nicht die unbelebten, sondern allein lebendige Körper. »Körperliche Dinge der Anschauung, an denen eine prinzipiell divergente Außen-Innenbeziehung als zu ihrem Sein gehörig gegenständlich auftritt, heißen *lebendig*.«[55] Aufgrund dieser sich am Gegenstand selbst darbietenden divergenten Außen-Innenbeziehung stehen Lebewesen *im* Doppelaspekt ineinander nicht überführbarer Richtungsgegensätze[56], d.h. der lebendige Körper erscheint als Einheit von Innen und Außen.

Mit dem Nachweis einer für alle Formen des Lebendigen konstitutiven Doppelaspektivität kann Plessner zeigen, dass es sich bei den auf dem cartesianischen Alternativprinzip gründenden Dualismen von Natur und Geist, Innen und Außen, Subjekt und Objekt, Physischem und Psychischem nicht um Konglomerate oder durch ein Drittes miteinander verbundene Sphären, sondern um aspektdivergente »ursprüngliche Einheiten«[57] handelt. Obwohl sich die Sphären von res cogitans und res extensa durch eine gegenseitige Unüberführbarkeit auszeichnen, treten sie im Doppelaspekt des belebten Körpers als Einheit auf und erweisen sich somit – entgegen der Annahme des Cartesianismus – als nicht durch eine Kluft voneinander getrennt. Mit diesem Befund erfährt der Fundamentalanspruch des carte-

52 Ebd., S. 137.

53 Ebd.

54 Ebd., S. 150.

55 Ebd., S. 138.

56 Vgl. ebd., S. 183.

57 Ebd., S. 119.

sianischen Dualismus seine Widerlegung, da er die Doppelaspektivität von Innen und Außen als seine eigene Voraussetzung anerkennen muss.

An die Stelle der ›Doppelaspektivität‹ tritt nach 1928 ein Motiv, das stärker als jener Terminus das wechselseitige Ineinander der beiden divergierenden Sphären akzentuiert. »Der Dualismus wird vielmehr in eine für alles Lebendige konstitutive Zweideutigkeit überführt.«[58] Für diese aus dem permanenten Spannungsverhältnis beider Relata resultierende Zweideutigkeit reserviert Plessner den Begriff der ›Verschränkung‹.

## III.3 Das ›Zwischen‹ als ›Verschränkung‹ – Zu einem Grundmotiv von Plessners Denken

Während Plessner in den *Stufen* zur Charakterisierung des Verhältnisses von Innen und Außen, Körper und Leib vornehmlich den Terminus ›Doppelaspektivität‹ verwendet, verzichtet er bis auf wenige Ausnahmen[59] in seinen späteren Schriften auf diesen Ausdruck.[60] Wie Plessner rückblickend bemerkt, stellt die in seinem Hauptwerk als ›Doppelaspektivität‹ ausgewiesene Verhältnismäßigkeit von Körper-Haben und Leib-Sein eine »Vereinfachung«[61] dar, die durch die Erfahrung widerlegt werde. »Es handelt sich [...] nicht um Aspekte, als ob Leib die erlebte, Körper die objektivierte Seite wäre, die beide nur erkenntnismäßig einander ausschlössen. Auch alternativ oder ambivalent ist ihr Verhältnis nicht, geschweige denn zweideutig.«[62] Eine adäquate begriffliche Darstellungsform jener Re-

58 Haucke, 2000a, S. 252. Ungeachtet der im nachfolgenden Abschnitt erörterten problematischen Züge des Prinzips der ›Doppelaspektivität‹ teilt die vorliegende Arbeit nicht die Auffassung einer Reihe von Interpreten, nach deren Einschätzung Plessner mit diesem Modell konträr zu seiner eigenen Absicht schließlich doch wieder in ein dualistisches Denkschema verfällt (vgl. Grathoff, 1995, S. 75, Oudemans, 1986, S. 83, 89, 91, Kimmerle, 1986, S. 97, Wulf, 2000, S. 99). Wie im weiteren Verlauf gezeigt werden soll, redet Plessner nicht einem neuen Dualismus das Wort, vielmehr vollzieht sein Denken eine »Hinwendung zu einer dualen Sicht, die [...] zwischen den eigenständigen und nicht fixierten Polen den Raum für eine offene Suche freigibt nach einer wie immer auch fragilen Balance und ephemerem Maß« (Keul, 1989, S. 83).

59 Vgl. III, S. 386; VII, S. 244.

60 Vgl. Redeker, 1993, S. 151.

61 VIII, S. 291.

62 Ebd. Im Zuge dieser selbstkritischen Reflexion greift Plessner auch auf Einwände des Mediziners Plügge zurück, der darauf hinweist, dass die Tatsache

lation eines wechselseitigen Ineinander von Körper und Leib findet Plessner im Begriff der ›Verschränkung‹. Allerdings will er deren Relevanzradius nicht allein auf die Leib-Körper-Relation beschränkt wissen, sondern erklärt sie zu einem anthropologischen Grundphänomen. »Die Verschränkung ist [...] eine die ganze menschliche Daseinsweise durchwaltende Verfassung.«[63]

Wenngleich Plessner auf den Terminus ›Verschränkung‹ in den *Stufen* nur an einer Stelle rekurriert[64], so kann diese dennoch als aufschlussreich in Bezug auf seine Rezeption dieses Begriffs gelten, da er dort explizit auf den Einfluss seines Freundes Josef König verweist. Dieser hatte in seiner Schrift *Der Begriff der Intuition* die ›Verschränkung‹ als »das absolut Trennende und ebendeshalb absolut Verbindende«[65] charakterisiert, durch das sich eine Vermittlung der beiden erkenntnistheoretisch nicht ineinander überführbaren Gegensätze von ›Idee‹ und ›Existenz‹ vollzieht. Obwohl die Korrespondenz der beiden Freunde auch Königs Bedenken

des unlöslichen Ineinanderverwobenseins von Körper und Leib durch den Begriff des ›Doppelaspekts‹ gerade verstellt wird. »Es handelt sich eben nicht um eine Sache mit zwei Seiten, von denen jeweils nur eine zu erkennen ist« (Plügge, 1967, S. 66). Doch auch eine Charakterisierung des Leib-Körper-Verhältnisses als »Zweideutigkeit« hält Plügge für problematisch: »Das eigenartige Verhältnis der beiden Charaktere kommt nicht nur durch Deutung heraus, da der Vorgang des Deutens die Eigenart der [...] Struktur des ›*Einem im Andern*‹ nicht hinreichend zutage fördert« (ebd., S. 66 f.).

63 V, S. 196. Vgl. Pietrowicz, 1992, S. 423.

64 Vgl. IV, S. 211 Fn. An besagter Stelle erfährt der Terminus seine Einführung im Rahmen der Erörterung des Verhältnisses von Leben und Tod. Entgegen einem Verständnis, das Letzteren entweder als ein dem Leben vollständig entgegengesetztes oder aber mit diesem unmittelbar verbundenes Phänomen begreift, insistiert Plessner auf einer dritten Möglichkeit: »[D]er Tod ist dem Leben unmittelbar äußerlich und unwesentlich, wird jedoch durch die lebenswesentliche Form der Entwicklung mittelbar zum unbedingten Schicksal des Lebens« (ebd., S. 204 f.). Mit diesem als »Hiatusgesetzlichkeit« (Plessner) bezeichneten Sachverhalt eines unlöslichen Spannungsverhältnisses zweier unterschiedlicher Größen distanziert er sich sowohl von deren ›Entzweiung‹ in Gestalt eines radikalen Dualismus als auch von einem die Gegensätze in einer höheren Einheit aufhebenden dialektischen Monismus (vgl. ebd., S. 209). Gegenüber beiden bemerkt er, dass »[d]ie Fassung des Hiatus [...] ihn als das Verhältnis der ›*Verschränkung*‹ [entdeckt]« (ebd., S. 211 Fn.). Vgl. zur näheren Kennzeichnung des Hiatusgedankens in den *Stufen*, ebd., S. 206 ff., 298 f.

65 König, 1926, S. 416.

bezüglich der Abstraktheit dieser »›dritten Logik‹«[66] dokumentiert, kennzeichnet er die ›Verschränkung‹ dennoch als den zentralen Modus, »aus der und in der der *Einzelne* Mensch ist und lebt.«[67]

Zwar weisen bereits seine vor den *Stufen* veröffentlichten Schriften sachlich unüberhörbare Anklänge an das Motiv der ›Verschränkung‹ auf[68], doch erlangt dieses seine exponierte Stellung in Plessners Werk erst in den nach 1928 erschienenen Arbeiten. Dort etabliert sie sich als eine Differenz-Formel, die neben ihrer Absage an ein dualistisches Denken auch eine kritische Distanz gegenüber dem Gedanken einer Identitätsrelation wahrt. »Ein solches Verhältnis der Verschränkung hat mit der berühmt-berüchtigten These von der Subjekt-Objekt-Identität nichts zu tun, denn sie hat logisch-ontologischen Charakter. Uns geht es um Weisen und Möglichkeiten des Erlebens und Agierens.«[69] Schließlich handelt es sich bei der ›Verschränkung‹ ebenso wenig um ein die Gegensätze versöhnendes »Drittes«[70] wie sie eine ›Vermittlung‹ im Sinne einer »sekundäre[n] Verbindung von vorher schon fertigen und geschlossenen Identitäten«[71] repräsentiert. Zwar erweist es sich als zutreffend, dass die Vermittlungsproblematik »im Zentrum von Plessners philosophischer Anthropologie«[72] steht bzw. ihr »Leitmotiv«[73] darstellt, doch bedarf eine solche Feststellung

66 BW, S. 68. Vgl. ebd., S. 162; König, 1926, S. 416.

67 Ebd., S. 169.

68 Vgl. hierzu u.a. I, S. 163, 164, 176, 209; III, S. 221, 313. Explizit greift Plessner auf den Terminus bereits in der *DmA* zurück, wo er im Rahmen seiner Diskussion der Ausdruckslehre Klages' von einer »ursprüngliche[n] Verschränkung des Physischen und Psychischen in einem dritten Reich« sowie vom »Ineinander von Qualität, Intensität und Antriebsgestalt der Gefühle« (VII, S. 103) spricht.

69 III, S. 386. Hinsichtlich der ›Verschränkung‹ finden sich zudem einige Erläuterungen innerhalb des Briefwechsels zwischen Plessner und König. Dort beschreibt Plessner diese Struktur als ein »sich Fordern von Heterogenem *ohne* Schellings ausgeschlossenes Drittes« (BW, S. 131), während König sie als »an sich seiende Zweideutigkeit [...], die jeder sphärenhaften Eindeutigkeit *zugrundeliegt*« (ebd., S. 169) bezeichnet. Vgl. ferner ebd., S. 73, wo Plessner auf die Konkordanz zwischen Königs ›Verschränkung‹ und seinen Begriff des ›Lebens‹ hinweist.

70 Vgl. hinsichtlich Plessners Ablehnung eines solchen ›Dritten‹ IV, S. 207, 365; VII, S. 232.

71 Coenen, 1985b, S. 213.

72 Limbach, 1992, S. 94.

73 Arlt, 1996, S. 92.

des ergänzenden Hinweises, dass es sich hier um einen »Denktypus der Vermittlung [handelt], der [...] als offene Dialektik allen Formen der Versöhnung und Harmonisierung in einer identischen Mitte widerstreitet.«[74] Was in der und durch die ›Verschränkung‹ in den Blick tritt, ist die Relation einer »Undverbindung und Auchverbindung«[75], das »Paradox eines *asymmetrischen Ineinander*«[76], das sich jedem Versuch seiner Aufhebung in einer übergeordneten Einheit entzieht. »Wie dürfen wir hier, wo alles im Fluß ist, auf irgendeine bleibende Synthese hoffen?«[77]

Plessners immer wieder neu unternommene Beschreibungsversuche der Struktur der ›Verschränkung‹[78] offenbaren neben einer gewissen Af-

74 Ders., 1994, S. 159. Vgl. Keul, 1989, S. 79. Dass Plessner die Begriffe ›Verschränkung‹ und ›Vermittlung‹ z.T. synonym verwendet, zeigt sich nicht zuletzt daran, dass er die häufig von ihm vorgenommene Aufschlüsselung, nach der die ›Verschränkung‹ zur Kennzeichnung des Leib-Körper-Verhältnisses (vgl. u.a. III, S. 373; VII, S. 249; VIII, S. 291), die ›Vermittlung‹ dagegen zur Charakterisierung der Organismus-Umwelt-Relation dient (vgl. u.a. IV, S. 403 f.; VIII, S. 258), nicht konsequent durchhält. Denn es finden sich in seinem Werk ebenso Stellen, an denen die Körper-Leib-Relation durch den Vermittlungsbegriff kennzeichnet ist (vgl. ebd., S. 248, 296; III, S. 330), wie auch solche, an denen von der »Verschränkung des belebten Körpers in sein Feld« (V, S. 230; vgl. ebd., S. 193; VIII, S. 331) die Rede ist. Vgl. in diesem Zusammenhang auch BW, S. 73, wo Plessner die ›Verschränkung‹ als »Äther der Vermittlung« bezeichnet.

75 V, S. 225.

76 Waldenfels, 1995b, S. 362.

77 V, S. 147. Vgl. zur dialektischen Ausrichtung von Plessners Ansatz IV, S. 167, 372; V, S. 68; VIII, S. 260, 405; X, S. 330. Demgegenüber beinhalten seine Schriften allerdings auch eine Reihe dialektikkritischer Äußerungen (vgl. IV, S. 207; V, S. 223 ff.; BW, S. 179). Verfolgt man diese, so wird deutlich, dass sich diese Reserviertheit allein gegen solche Formen einer Dialektik wendet, in der die Gegensätze eine schließliche Synthetisierung erfahren (vgl. zu Plessners kritischer Distanz gegenüber dem Synthesis-Gedanken IV, S. 62, 207, 232, 380; V, S. 223, 224 f., 147; VIII, S. 140; BW, S. 177). Unerörtert muss an dieser Stelle die Frage bleiben, ob sich in Plessners dialektischer Verfahrensweise tatsächlich eine »formale Parallele zu den *Stufen* in Hegels ›Phänomenologie des Geistes‹ [...] – Bewußtsein, Selbstbewußtsein, Geist« (Holz, 1986, S. 46) entdeckt, oder ob sich Plessners Dialektikverständnis stärker an Fichte orientiert, der, wie Pietrowicz betont, die Genese des Selbstbewusstseins ebenfalls dialektisch entwickelt (vgl. Pietrowicz, 1992, S. 392 f.).

78 Vgl. hierzu u.a. Wendungen wie »Durchdringung« (VII, S. 186), »Durch-

finität zu N. Elias' Motiv des »Geflechts«[79] ebenfalls eine sachliche Nähe zu Merleau-Pontys Begriff des ›Chiasma‹/›Chiasmus‹.[80] Während die von Valéry übernommene Wendung ›Chiasma‹ ursprünglich die Sehnervkreuzung im Gehirn bezeichnet[81], stammt der Ausdruck ›Chiasmus‹ aus der Rhetorik, in der er zur Bezeichnung einer »kreuzartige[n] Stellung von Satzgliedern«[82] dient. In *SuU* charakterisiert Merleau-Ponty die Figur des Chiasma u.a., indem er in Bezug auf das Verhältnis von sehendem und sichtbarem Leib von einem »wechselseitige[n] Eingelassensein und Verflochtensein des einen ins andere«[83] spricht. Zugleich betont er, dass »jede Analyse, die *entmischt*, die Sache uneinsichtig macht«[84] Wie P. Herkert im Rahmen ihrer Untersuchung dieses Motivs bei Merleau-Ponty hervorhebt, zeichnen sich zwei chiasmatisch miteinander verflochtene Bereiche dadurch aus, dass »[d]ie Schnittmenge beide nicht nur [vereint], sondern jeden Bereich in seinem Inneren [zerteilt].«[85] »Die Struktur des Chiasma beinhaltet [...] Übergang und Hiatus, Reversibilität und ›éclipse‹ – auf immer verschobene Koinzidenz.«[86]

Trotz ihrer an unterschiedliche Denktraditionen gebundenen Ansätze dokumentiert sich die Nähe zwischen beiden Autoren u.a. darin, dass

drungensein« (VIII, S. 331), »Füreinander« (VIII, S. 178, 179), »Hineinverflochtensein« (I, S. 111), »Ineinander« (VII, S. 103; VIII, S. 291), »Ineinanderbindung« (III, S. 207), »Ineinandergreifen« (III, S. 371; VII, S. 197), »Ineinanderschachtelung« (VII, S. 213), »Konformität« (IV, S. 72, 123 f.), »Kreuzen« (IV, S. 71, 103; IX, S. 82), »Übergreifen« (BW, S. 166), »Überkreuzung« (VII, S. 364); »Verankerung« (BW, S. 294; III, S. 314), »Verflechtung« (X, S. 327), »Verklammerung« (VIII, S. 129), »Verknüpfung« (IV, S. 382), »Verschmelzung« (I, S. 164; III, S. 221; VII, S. 190), »Verwobenheit« (VII, S. 121), »Zirkelverhältnis« (SuV, S. 379), »Zugleich« (IV, 101; VII, S. 249, 304, 373), »Zusammenwirken« (VII, S. 199), »Zwischenreich« (V, S. 69, 79). Daneben bedient sich Plessner zur Kennzeichnung der Verschränkungs-Relation auch einer Vielzahl paradoxaler Formulierungen (»geworfener Wurf«, »gewordener Ursprung«, u.ä.) bzw. greift auf Satzkonstruktionen der Form »weder – noch« sowie auf die Kursivierung der kopolativen Konjunktion ›und‹ zurück.

79 Vgl. Elias, 1999, S. 43 ff.

80 Vgl. SuU, S. 172 ff.

81 Vgl. ebd., S. 274 Fn.

82 Waldenfels, 1995b, S. 359. Vgl. ders., 1987, S. 212.

83 SuU, S. 182.

84 Ebd., S. 336.

85 Herkert, 1987, S. 123.

86 Ebd., S. 126.

Plessner wie Merleau-Ponty in seinem Spätwerk das Ziel einer Abkehr von der traditionellen philosophischen Terminologie vor Augen hatte, diese im Gegensatz zu jenem jedoch nicht vollzog. Als Beleg für das hier angedeutete Vorhaben Plessners kann ein Brief an Buytendijk gelten, in dem er schreibt: »Ich plane [...], die Relativität des Lebenstyps ›Mensch‹ auf den Umwelttypus ›Welt‹ – und umgekehrt – so konkret und so total durchzuführen, daß die Notwendigkeit einer vollkommenen Befreiung der Philosophie von der bisherigen *Axiomatik* (›Bewußtsein‹, ›Leben‹, ›Existenz‹ – ›Dasein‹, Geist – Gott, Ich, Freiheit) unabweisbar wird.«[87]

Mit dem Prinzip der ›Verschränkung‹ richtet Plessners Denken seinen Fokus vor allem auf die Grenzen und Übergänge vermeintlich unvereinbarer Gegensätze. Mit diesem Forschungsinteresse setzt er sich jedoch auch dem Verdacht wissenschaftlicher Inpräzision oder gar einer irrationalistischen Tendenz aus. Gegenüber solchen Einwänden gilt es darauf hinzuweisen, dass sich die mit der ›Verschränkung‹ als einer »Dialektik ohne Synthese«[88] in den Blick tretenden Widersprüche und Paradoxien keineswegs »einer unvollkommenen Erscheinungs- und Darstellungsweise«, sondern einer »Unschärfe [...], die in der Sache selbst liegt«[89], verdanken. Diese impliziert allerdings keine radikale Absage an die Vernunft, sondern lediglich an den vielfach mit ihr verknüpften Anspruch vollständiger Letztaufklärung. »Eine Dialektik ohne Synthese versucht, der Tyrannei von Alternativen zu entkommen, ohne vernünftiges Denken überhaupt preiszugeben. Ihre Offenheit realisiert sich als positive Unbestimmtheit diesseits der Alternativen von empirisch und transzendental, von Klarheit und Dunkelheit, von Willkür und Berechnung.«[90]

Mit dem Strukturprinzip der ›Verschränkung‹ ist dasjenige Motiv markiert, an dessen Leitfaden sich die folgende Erörterung von Plessners Werks vollziehen wird. Als gleichzeitige Differenz- und Transzendenzmetapher indiziert die ›Verschränkung‹ im Hinblick auf die spezifische Verfasstheit des Menschen ein Doppeltes: Als »*innerleibliche* Verflechtung in sich selbst«[91] deutet sie auf eine unhintergehbare Nicht-Koinzidenz des Menschen mit sich hin, während sie als »*zwischenleibliche* Verflechtung«[92] die Bewegung eines gleichzeitigen Übergreifens auf Andere/s sowie Umgriffenseins von Anderen/m markiert. Wie sich zeigen wird, begegnet

87 Plessner: Brief an Buytendijk vom 19.2. 1933 (zit. nach Lessing, 1998, S. 309).

88 SuU, S. 129.

89 Waldenfels, 1999, S. 19.

90 Meyer-Drawe, 1990, S. 71.

91 Waldenfels, 1995b, S. 358.

92 Ebd.

dieser/s Andere dem Selbst jedoch nicht nur sozusagen von ›Außen‹, sondern er/es erweist sich als ein konstitutives ›Element‹ desselben. »Wenn die Transzendenz [...] in das Individuum hineinragt [...], dann wird verständlich, daß dieses Individuum nicht die alleinige Verfügungsgewalt über die Bedeutung der eigenen Handlung hat.«[93]

## III.A Grenzverhältnisse I: Nicht-Koinzidenz und Selbst-Transzendenz – Die leiblich-exzentrische Seinsweise des Menschen

Im Verlauf der nachfolgenden Erörterungen soll Plessners Anthropologie mit Blick auf ihre pädagogische Erschließung als eine Konzeption vorgestellt werden, die sich weder eindeutig der so genannten ›modernen‹, d.h. auf Kant verweisenden und durch die idealistische Tradition hypostasierten Auffassung des Subjekts als einer vollständig autonomen Instanz noch dem Tenor einer – oftmals als ›postmodern‹ etikettierten – radikalen Kritik des Subjektgedankens zuordnen lässt. Zwar liefert Plessners Konzeption Argumente für die Revisionsbedürftigkeit eines *bestimmten* Verständnisses von Subjektivität, doch votiert sie nicht für deren grundsätzliche Suspendierung. »Wenn das Subjekt in Frage steht, so als *subjectum*, als das, was allem zugrundeliegt und dabei nicht bloß auf *gewisse Weise* an allem teilhat [...], sondern auf *zentrale Weise* alles auf sich hin versammelt.«[94] Seine seins- und erkenntnistheoretische Vorrangstellung tauscht das Plessner'sche ›Subjekt‹ gegen eine permanente Unruhe, die sich aus dem in ihm waltenden Spannungsverhältnis von Autonomie und Heteronomie, Freiheit und Determination speist. Jene Eingebundenheit in das Zugleich einander widerstreitender Kräfte begründet den paradoxen Umstand, dass das Subjekt »sich weder haben, noch sich von sich lossagen [kann].«[95] Aus dieser Perspektive erscheint die Subjektfrage als eine solche, die sich jedem Versuch einer letztgültigen ›Klärung‹ entzieht. »Subjektivität ist ein Problem, das zugleich unabweisbar und nicht lösbar, allenfalls mehr oder minder adäquat formulierbar ist. ›Lösungen‹ erscheinen in der Regel reduktiv – als Versuche, das dynamische Spannungsverhältnis, in dem Sub-

93 Schäfer, 1999b, S. 10.

94 Waldenfels, 1990c, S. 57. Vgl. in diesem Zusammenhang auch die Anmerkung Arlts, der das Plessner'sche Anliegen als »Versuch, der Subjekt- und Reflexionsphilosophie [...] zu entgehen«, charakterisiert (Arlt, 1993, S. 118; vgl. Orth, 1995, S. 68).

95 Olejniczak, 1994, S. 400.

jektivität besteht, nach einer Seite hin aufzulösen, seine Komplexität zu verringern und seinen Interaktions- und Prozeßcharakter zum Stillstand zu bringen. Ein Grund für solche Unlösbarkeit liegt darin, daß das an diesem Problem arbeitende Subjekt ständig auf sein eigenes Involviertsein stößt und so wiederholt in aporetische Situationen gerät. Es ist sein eigenes Thema; das Auge, das sich selbst beim Sehen zu sehen versucht.«[96]

Vor dem Hintergrund des zuvor entwickelten Gedankengangs werden im Folgenden die Grundzüge von Plessners Konzept einer leiblich-exzentrischen Subjektivität (A. 1) herausgearbeitet. Im Gegensatz zur diagnostizierten Kognitionszentrierung zahlreicher Identitätskonzepte setzt Plessner in den *Stufen* nicht auf der Ebene der Reflexion, sondern fundamentaler auf derjenigen der Körper-Umfeld-Relation an. Einen ersten und entscheidenden Zugang zu seinem Subjektverständnis bietet dabei das Prinzip der ›Grenze‹ (A. 2). Eine Vertiefung und Erweiterung der anhand der ›Grenz‹-Thematik ermittelten Befunde vollzieht sich dann in Verbindung mit der Erörterung der Positionalitätskategorie (A. 3). Mit ihr expliziert Plessner neben der ursprünglichen Verbundenheit von Organismus und Umfeld auch die dauerhafte Prozessualität des Lebendigen. Dass sich die Ableitung inter-*subjektivitäts*relevanter Aspekte aus den Prinzipien der ›Grenze‹ und ›Positionalität‹ durchaus in Einklang mit Plessners Konzeption weiß, tritt darin zu Tage, dass es sich bei ihnen um für *alle* Stufen des Organischen gültige Merkmale handelt.

Die spezifische Form der menschlichen Organisation fasst Plessner unter der Formel der ›exzentrischen Positionalität‹ (A. 4). Als anthropologische Grundstruktur verdanken sich ihr nicht nur die Potentiale und Risiken der menschlichen Existenz, sondern ebenfalls ihre paradoxalen Gehalte. Wie Plessners Ausführungen verdeutlichen, stellen Paradoxien für ihn nicht theoretische ›Störquellen‹ dar, die es möglichst zu beseitigen gilt, sondern sie repräsentieren konstitutive Bestandteile der menschlichen Existenz.[97] »Es ist zwar möglich, Paradoxa aus einer bestimmten Sicht als

96 Ebd., S. 398. Vgl. ebd., S. 402.; Schulz, 1992, S. 14.

97 Zu den vor allem in mathematisch-logischen Kontexten angewandten Verfahren zur Auflösung von Paradoxien zählen u.a. das Verbot der Selbstreferenz von Aussagen, eine Veränderung der Raum- und Zeitprämissen oder der »Sprung in einen umfassenderen Metabereich« (Varela, 1998, S. 299). Darauf, dass diese Strategien jedoch weniger eine ›Lösung‹ von Paradoxien als vielmehr Beseitigungen bestimmter Aspekte darstellen, weist Huber hin, der in Bezug auf Tarskis Unterscheidung von Objekt- und Metasprache bemerkt: »Diese Trennung ›löst‹ das Paradox nicht – sie umgeht, vermeidet es« (Huber, 1992, S. 132).

Scheinprobleme zu entlarven; aber mit gleicher Berechtigung lassen sich Widersprüche, Konflikte und Dilemmen als Konsequenz einer genuin paradoxen Daseinsweise fassen, die in der existentiellen und historischen Situation des Menschen selbst verankert ist. Die Art des Gebrauchs – oder Nichtgebrauchs – von Paradoxa wie auch die Weise, sich diesen zu stellen, sagt Wesentliches über unser epistemologisches und ethisches Selbstverständnis aus. Mit andern Worten, die Entscheidung über Wert und Unwert des Paradoxons ist immer auch eine Entscheidung über die Natur des Menschen.«[98]

Diese Natur erweist sich für den exzentrisch positionierten Menschen als eine fundamental zweideutige und gebrochene. Aufgrund seiner »uneinholbaren Abständigkeit [...] zu sich«[99] kennzeichnet die Existenz des Menschen eine eigentümliche Nicht-Koinzidenz- und Transzendenz-Struktur[100], die ihm ein vollständiges Bei-sich-selbst-sein versagt. Von dieser Nicht-Koinzidenz zeigt sich auch und vor allem das Körper-Leib-Verhältnis des Menschen betroffen. Angesichts dessen entdecken Plessners Ausführungen den problematischen Gehalt einer Auffassung, die den Leib für ein Denken der Identität vereinnahmen zu können glaubt. Als eine dauerhaft mit sich identische, harmonische Einheit vermag dieser deshalb nicht zu fungieren, weil ihm die nie in ein dauerhaftes Gleichgewicht zu überführende Differenz von ›Haben‹ und ›Sein‹ unwiderruflich eingeschrieben ist. Zwar findet der Mensch im Rahmen seiner Vollzüge immer wieder eine Balance für dieses »Mißverhältnis« (Plessner), doch garantiert ihm seine Leiblichkeit keinen stabilen Halt, sondern sie stiftet lediglich das »Rätsel der momentanen Synthese, die an den Augenblick gebunden ist«[101] und unterwandert so die Vorstellung »eines angeblich fraglosen Eigenwesens des Menschen.«[102] Diesen Abschnitt beschließen wird dann eine Erörterung des Stellenwerts des Bewusstseins und der Reflexion in Plessners Anthropologie (A. 5). Dabei soll gezeigt werden, dass das Bewusstsein für ihn keine vom Körper isolierte oder entsprechend der Platonischen Kerker-

98 Hagenbüchle, 1992, S. 671. Vgl. in ähnlicher Hinsicht Weisenbacher, 1990, S. 30.

99 VII, S. 206. Vgl. VIII, S. 327.

100 Vgl. diesbezüglich die folgende Anmerkung J. Königs: »Das Subjekt *greift über*. Das tut ja auch *Ihr* Subjekt, *Ihr* Mensch. Mehr noch: Sie entwickeln ja soz. von unten her, wie das übergreifen (sic!) soz. zustandekommt« (BW, S. 166).

101 Lyotard; zit. nach Meyer-Drawe, 1990, S. 28.

102 VIII, S. 46.

theorie ›in‹ diesem steckende Sphäre, sondern ein in den Körper verschränktes darstellt.

## III.A.1 Exzentrisches Sein als ›Verschränkung‹ – Zur Genese und Charakteristik eines leiblich-exzentrischen Selbst

Eine ihrer prägnantesten Artikulationsformen findet Plessners bereits mehrfach angesprochene Distanz gegenüber jeder Form der »Eindeutigkeitsverehrung« (Plessner) in seinem Begriff der ›exzentrischen Positionalität‹.[103] Zwar weisen bereits seine früheren Schriften eine Reihe sachlicher Anklänge an den Exzentrizitätsgedanken auf, doch vollzieht sich dessen systematische Exposition erstmals in den *Stufen*. In deren Vorwort hebt Plessner es als das Verdienst Josef Königs hervor, in seiner Schrift *Der Begriff der Intuition* die »Situation der Exzentrizität (wiewohl nicht in dieser Formulierung und nicht als Lebensform) zum ersten Male bestimmt zu haben«[104], wobei er hierbei vor allem Königs Terminus der ›Verschränkung‹ vor Augen zu haben scheint. Der Nähe zwischen seinem Begriff und der anthropologischen Grundkategorie des Freundes ist sich auch König bewusst, der in einem Brief an Plessner bemerkt, dass »Verschränkung und Exzentrizität überein[kommen].«[105]

Der folgenden Rekonstruktion von Plessner anthropologischer Grundkategorie soll neben einigen Anmerkungen zum Exzentrizitätsbegriff selbst auch eine knappe Erläuterung zur konzeptionellen Anlage seines Hauptwerks vorangestellt werden, das nicht nur hinsichtlich des Terminus ›Stufen‹[106], sondern auch in Bezug auf seine Differenzierung der Organisationsformen von Pflanze, Tier und Mensch zu kritischen Fragen auffordert. Im Nachwort zu jener Schrift wendet sich Plessner ausdrück-

103 Neben der Kunsttheorie (vgl. Pietrowicz, 1992, S. 40) und Literatur (z.B. Hölderlin; vgl. Paczkowska-Lagowska, 1995, S. 67 Fn.) begegnet der Begriff der ›Exzentrizität‹ auch in einer Vielzahl unterschiedlicher philosophischer Kontexte, so etwa bei Scheler, der von einem »*weltexzentrisch* gewordenen Seinskern[] des Menschen« (Scheler, 1995, S. 69) spricht. Ferner findet sich die Bezeichnung ›exzentrisch‹ u.a. auch bei Denkern wie Nietzsche (Werke III, S. 882), Heidegger (vgl. Waldenfels, 1971, S. 203 Fn.), Horkheimer und Adorno (vgl. Meyer-Drawe, 1990a, S. 93), Merleau-Ponty (vgl. PhW, S. 332, 509; SuU, S. 296) und Lacan (vgl. Arlt, 1996, S. 115 Fn.).

104 IV, S. 12. Vgl. Rehberg, 1984, S. 807.

105 BW, S. 168. Vgl. zum weiteren Einfluss Königs auf Plessners Denkentwicklung Pietrowicz, 1992, S. 423 f.

106 Vgl. Giammusso, 1990/91, S. 130.

lich gegen eine evolutionistische Deutung seines Stufenbegriffs.[107] Für ihn repräsentieren Stufen »Niveauerhöhungen« (Plessner), die als apriorische Unterscheidungsmerkmale des Lebendigen am Leitfaden des Merkmals der ›Positionalität‹ gewonnen werden.[108] Entsprechend dieser Vorgabe erfolgt auch seine Unterscheidung der verschiedenen Organisationsformen des Organischen nicht nach empirischen Kriterien, sondern es geht ihm um die Entwicklung apriorischer Bestimmungsmerkmale des Lebendigen, die – analog zum Positionalitätsbegriff – zunächst von der Anschauung unabhängige »Idee[n]«[109] darstellen. Vor dem Hintergrund dessen, dass Plessner selbst auf die zwischen Pflanze und Tier bestehenden Übergangsformen hinweist[110], besitzen die auf neueren Forschungen basierenden Erkenntnisse hinsichtlich tierischer und pflanzlicher Lebensformen zwar eine empirische Relevanz, sie lassen seinen Ansatz in Bezug auf potentielle Korrekturen jedoch unberührt.

Mit der Entwicklung der Exzentrizitätsformel geht es Plessner u.a. um eine Überwindung jener »Einseitigkeiten und Schiefheiten«[111] einer Betrachtungsweise des Subjekts, die dieses unter Absehung von seiner Leiblichkeit auf ein bloßes ›cogito‹ reduziert. Allerdings »attackiert« er »Subjekt und Subjektsetzung nicht unmittelbar, sondern führt in guter dialektischer Tradition in den inneren Antagonismus dieses Aktes hinein.«[112] Neben der Vorstellung, Subjektivität stelle eine »fix und fertig vorhandene Größe«[113] dar, wendet sich Plessners anthropologische Grundformel auch gegen ein harmonisch-einheitliches Verständnis des Subjekts, dem er den Gedanken einer »labyrinthische[n] Verwickeltheit der Art und der Weise in sich, mit sich, für sich dazusein«[114] entgegenstellt.

Insofern ›Exzentrizität‹ ein aus der Positionalitätslogik gewonnenes und mittels einer dialektischen Verfahrensweise entwickeltes Merkmal darstellt, bleibt der Mensch ungeachtet aller bestehenden Unterschiede

107 Vgl. IV, S. 429.
108 Vgl. ebd., S. 431.
109 Ebd., S. 283, 301.
110 Vgl. ebd., S. 284, 301.
111 Ebd., S. 28.
112 Arlt, 1996, S. 110.
113 IV, S. 362. Vgl. hierzu auch VIII, S. 155, wo sich Plessner explizit gegen die Vorstellung wendet, »Subjekt und Mittel des Denkens« als »nichtentstandene, nichthistorische, vielmehr absolut vorgegebene Bezugsrahmen unserer menschlichen Stellung in der Welt« zu begreifen. Vgl. ferner Limbach, 1992, S. 295 ff.
114 VIII, S. 150.

physisch an die tierische Organisationsform gebunden. »Man begreift, warum die tierische Natur auf dieser höchsten Positionsstufe erhalten bleiben muß. Die geschlossene Form der Organisation wird nur bis zum Äußersten durchgeführt.«[115]

Bezeichnet Plessners Zentralkategorie damit »zunächst nichts weiter als eine besonders komplexe Form der Umweltbeziehung«[116], die ihre Herleitung nicht am Leitfaden eines sich zunehmend ausdifferenzierenden Bewusstseinsniveaus, sondern anhand der Organismus-Umfeld-Relation erfährt, so verweist dies auf die problematischen Züge einer Interpretation, die Plessners Grundformel auf ihre geistig-reflexiven Komponenten reduzieren zu können glaubt.[117] Eine solche Auffassung steht deshalb in Widerspruch zu Plessners Ausführungen, weil die exzentrische Positionalität des Menschen »den Doppelaspekt seines Daseins – nicht etwa aufhebt oder vermittelt, sondern aus *einer* Grundposition begreift.«[118] Als solche bezeugt sie die »Janushaftigkeit« (Plessner) seiner Seinsweise, die immerzu in das Spannungsverhältnis beider Aspekte, des natürlichen *und* geistigen, eingebunden bleibt. »Positional liegt ein Dreifaches vor: das Lebendige ist Körper, im Körper [...] und außer dem Körper als Blickpunkt, von dem aus es beides ist. Ein Individuum, welches positional derart dreifach charakterisiert ist, heißt *Person*.«[119] Indem Plessner das menschliche ›Selbst‹ aus den Organisationsformen des Organischen entwickelt, wird deutlich, dass er den Begriff nicht vorrangig als Synonym für einen Bewusstseinsvollzug verwendet. Als exzentrisches und damit »ichhaftes Selbst«[120] handelt es sich bei diesem – entsprechend der Systematik der *Stufen* – zugleich um ein genuin *leiblich* verfasstes.[121]

Obwohl Plessners Ausführungen diesen Eindruck oftmals nahe legen, darf der Umstand, dass in seiner Konzeption alle Attribute des Menschlichen auf dessen exzentrischer Positionalität basieren, nicht zu der Ansicht verleiten, es handele sich bei dieser Kategorie um ein dem klassischen

115 IV, S. 363. Vgl. hierzu auch ebd., S. 362, 365 f.; VII, S. 213, 249, 453; VIII, S. 396, 405.

116 Lindemann, 1999, S. 168. Vgl. IV, S. 364.

117 Vgl. Kap. III A. 5.

118 IV, S. 71. Vgl. Kap. III 1.

119 Ebd., S. 365.

120 VIII, S. 376. Vgl. in diesem Zusammenhang auch IX, S. 226, wo Plessner den präreflexiven Charakter des Selbst dadurch hervorhebt, dass er das Begriffspaar ›Ich‹ – ›Selbst‹ demjenigen des ›Bewusstseins‹ bzw. ›Unbewußten‹ zuordnet.

121 Vgl. zur Phänomenologie eines ›leiblichen Selbst‹ Waldenfels, 2000.

Emanationsgedanken nachempfundenes Prinzip. »Gleich ursprünglich sind in ihr körperliche und geistige ›Eigenschaften‹, in denen der Mensch sich als Mensch erweist, als Richtungen, Vermögen, Fähigkeiten oder wie immer man diese Weisen des sich Auslegens und Darbietens menschlicher Existenz nennen will, begründet. Dieses Begründetsein darf man sich allerdings nicht unter dem Bilde einfachen Hervorquellens denken, als kämen aus einer Grundverfassung alle möglichen Eigenschaften zum Vorschein. Denn diese spezifisch menschlichen Gaben hängen unter sich aufs innigste zusammen und brauchen einander oder jedenfalls: rufen einander hervor.«[122] Für Plessner repräsentiert die Exzentrizität einen »neutralen, von jeder Deutung menschlicher Wesentlichkeit und Eigentlichkeit sich zurückhaltenden Begriff[]«[123], der eine Offenheit gegenüber den unerschöpflichen Artikulationsformen des Menschseins wahrt. »Die eigentümliche Verbundenheit mit der praktischen Situation [...] verbietet der Philosophischen Anthropologie, den Menschen [...] auf das hin, was er ›eigentlich‹ sein kann und soll, zu formulieren oder definieren. Strukturformeln dürfen keinen abschließend-theoretischen, sondern nur einen aufschließend-exponierenden Wert beanspruchen.«[124]

## III.A.2 Der Körper als Übergang – Die offene Dialektik der ›Grenze‹

Mit dem Theorem zur ›Grenze‹ entwickelt Plessner einen Erklärungsansatz, durch den sich nicht nur veranschaulichen lässt, inwiefern der Körper als Ort eines wechselseitigen Übergangs zwischen Selbst und Anderen/m fungiert, sondern der darüber hinaus auch ein Modell zum Verständnis des unaufhörlichen Entwicklungsprozesses des Organischen bietet. Dabei können sich seine anthropologischen Reflexionen zur Grenz-Struktur des Körpers neben einer Reihe von Überlegungen in der *Krisis*[125] auch auf sei-

122 VII, S. 245. Den geschichtlichen Charakter der Exzentrizitätskategorie hebt auch Pietrowicz hervor, der darauf hinweist, dass sich ihre Entwicklung nur vor einem bestimmten historisch-kulturellen Hintergrund, nämlich der abendländischen Tradition im Allgemeinen und der »Entdeckung der Subjektivität« im Speziellen vollziehen konnte (vgl. Pietrowicz, 1994, S. 59 f.; Nauta, 1986, S. 64). Zur von Plessner proklamierten Rückbindung *jeder* anthropologischen Aussage an einen spezifischen historischen Ort vgl. IX, S. 298.

123 Ebd., S. 243.

124 VIII, S. 39. Vgl. zu Plessners Strukturbegriff u.a. I, S. 254; IV, S. 61, 135; VIII, S. 76, 123 f., 357; Benk, 1987, S. 230; Dux, 1970, S. 262 f.; Schiwy, 1972, S. 179.

125 Vgl. I, S. 290 f., 306.

ne Habilitationsschrift *Untersuchungen zu einer Kritik der philosophischen Urteilskraft* stützen. Dort spricht er u.a. vom Begriff des ›Differentials‹ als »Mittel zu Grenzübergängen [...], bei denen es darauf ankommt, die eine Seite in die andere hineinwachsen zu lassen, so daß die Kontinuität zwischen beiden durch den Begriff der Grenze nicht aufgehoben, sondern [...] gesichert ist.«[126]

In den *Stufen* führt Plessner das Konzept der ›Grenze‹ im Anschluss an seine Ausführungen zum Prinzip der ›Doppelaspektivität‹ ein.[127] Um eine Unterscheidung der am Körper aufgewiesenen, aufgrund des Doppelaspekts nicht fundamental voneinander getrennten, jedoch prinzipiell divergenten Bereiche von Innen und Außen vornehmen zu können, bedarf es einer Zone, die beide Bereiche vermittelt, sich aber selbst gegenüber diesem Richtungsgegensatz neutral verhält. Eine solches Gebiet, das jedoch selbst kein »real aufweisbares Zwischen«[128] darstellt, bezeichnet Plessner als ›Grenze‹. »In dieser neutralen Zone stoßen [...] beide Richtungen gegeneinander, von ihr gehen beide aus. Durch sie hindurch kommt man von dem einen Gebiet in das andere.«[129] Für Plessner erscheint das Verhältnis eines lebendigen Körpers zu seiner Grenze in zweifacher Weise denkbar. Im ersten Fall bildet die Grenze lediglich das »virtuelle Zwischen dem Körper und den anstoßenden Medien«[130], das entweder keiner oder aber beiden Seiten angehört. Als nur »wechselseitige

126 II, S. 86. Vgl. ebd., S. 87, 90 ff., 111 f., 135 ff., 148 ff. Nach Ansicht Pietrowicz' übernimmt Plessner den Grenzbegriff in seiner Habilitationsschrift – beeinflusst durch Cohens Leibniz-Interpretation – aus der Infinitesimalrechnung (vgl. Pietrowicz, 1992, S. 166 f., 344 ff.). Dagegen lassen seine Ausführungen zur ›Grenze‹ in den *Stufen* auch auf einen möglichen Einfluss Kants schließen (vgl. Hagenbüchle, 1992, S. 38).

127 Vgl. Kap. III 2.

128 IV, S. 151.

129 Ebd. Als aufschlussreich für das von Plessner Intendierte erweist sich auch seine Kontrastierung des Grenzbegriffs mit demjenigen der ›Schranke‹: »Grenze ist für das von ihr umgrenzte Gebiet auch dann Grenze, wenn sie allein in Richtung auf dieses Gebiet ihre Doppelfunktion ausübt. Schranke dagegen ist eine Hemmung, welche in Richtung auf das von ihr umschränkte Gebiet *nur* die abschließende Funktion ausübt« (ebd., S. 213). Im Vergleich zum Terminus »Ganzheit« sieht Grünewald den »Vorzug« des Grenzbegriffs darin, dass »in ihm schon ein Moment gedacht wird, das üblicher Weise im Begriff der Ganzheit *nicht* enthalten ist: die Beziehung zum anderen dieses Ganzen, zu seiner Umgebung« (Grünewald, 1993, S. 278).

130 Ebd., S. 154.

Begrenzung«[131] ist sie »reiner Übergang vom Einen zum Anderen, vom Anderen zum Einen.«[132] Anders im zweiten Fall: Hier gehört die Grenze dem Körper an, d.h. er selbst vollzieht den Übergang zum angrenzenden Medium. In diesem zweiten Fall sieht Plessner die Forderung des Doppelaspekts als einer am Körper aufweisbaren Eigenschaft erfüllt, da dieser aufgrund seiner Unabhängigkeit vom angrenzenden Medium die Umschlagstelle der Richtungsdivergenz von Innen und Außen darstellt, ohne seinen Einheitscharakter einzubüßen. »[W]enn ein Körper außer seiner Begrenzung den Grenz*übergang* selbst als Eigenschaft hat, dann ist die Begrenzung zugleich Raumgrenze und Aspektgrenze und gewinnt der Kontur unbeschadet seines Gestaltcharakters den Wert der Ganzheitsform.«[133] Aufgrund der aufschließend-transzendierenden Funktion der Grenze besitzt der Körper einerseits die Eigenschaft des »Über ihm hinaus« (Plessner). Da die Grenze ihn jedoch auch gegen das Medium abschließt, weist er ebenso die Bestimmung des »Ihm entgegen« (Plessner) auf. Da ein reines Übergehen des Körpers auf sein Umfeld das Verlassen seiner Begrenzung und damit unweigerlich dessen Zerstörung zur Folge hätte[134], bildet das ›Ihm entgegen‹ somit ein gegenüber dieser Transzendenzbewegung stabilisierendes Element und garantiert so die Einheit des Körpers. In diesem Zusammenhang gilt es die Gleichzeitigkeit der Momente des ›Über ihm hinaus‹ und ›Ihm entgegen‹ hervorzuheben, die den lebendigen Körper als eine in eins auf- *und* abschließende Größe ausweisen. »Zum Sinn der Grenze gehört außer dem Moment des Übergehens das Moment des Stehens, das unbedingte Halt. Beide Momente bestimmen erst das Wesen der Grenze als das, was in das Andere führt und zugleich gegen es abschließt. Deshalb bedingt die Grenze *Begrenzung, ohne damit das Begrenzte aus dem Zusammenhang mit anderem auszustoßen.*«[135]

131 Ebd., S. 155.

132 Ebd., S. 154.

133 Ebd. Für dieses Verhältnis des Körpers zu seiner Grenze gibt Plessner in seiner Schrift *Ein Newton des Grashalms?* ein Beispiel, indem er die dem Körper zugehörige Grenze mit einer semipermeablen Membran vergleicht: »[D]ie Membranbildung [...] markiert das Lebe›wesen‹ als einzelnes und wirkt doppelsinnig: einschließend-abschirmend gegen die Umgebung und aufschließend-vermittelnd zu ihr. [...] Membrane [...] sind vermittelnde Oberflächen« (VIII, S. 257; vgl. ebd., S. 265; IV, S. 437).

134 Vgl. ebd., S. 188.

135 Ebd. (Hervorh. T.K.). An anderer Stelle heißt es: »Grenze stiftet ein gegensinniges Verhältnis zwischen den durch sie getrennten und zugleich verbundenen Größen« (ebd., S. 212; vgl. ebd., S. 193).

Mit dem Aufweis der am Körper selbst auftretenden Richtungsgegensätze von Innen und Außen sowie jener durch die ›Grenze‹ gestifteten offenen Dialektik[136] von ›Über ihm hinaus‹ und ›Ihm entgegen‹ ist nach Plessner »die anschauliche Präzisierung der Doppelaspektivität«[137] erreicht. In diesem Zusammenhang wurde auch deutlich, dass ›Grenze‹ für ihn nicht als Definiens einer Andere/s ausgrenzenden Eigensphäre fungiert. Vielmehr etabliert die Grenzrealsierung eine »›polykontexturelle‹ Ordnungsstruktur [...], in der Eigenes und Fremdes sich wechselseitig relativieren und bestimmen«[138], ohne dass beide Bereiche jemals eine abschließende Bestimmung erfahren. Für diese nie zum Stillstand kommende Prozesshaftigkeit von ›Entgegen‹ und ›Hinaus‹ wählt Plessner in für ihn typischer Manier die folgende paradoxe Formel: »Grenze ist stehendes Übergehen, das Weiter als Halt, das Halt als Weiter.«[139]

Wie dargelegt, entwirft Plessner mit der differenztheoretischen Kategorie der ›Grenze‹ ein Beschreibungsmodell der Organismus-Umfeld-Relation, das einen starren Innen-Außen-Dualismus dadurch unterläuft, dass es beide Sphären als wechselseitig aufeinander übergreifend bestimmt.[140] Unterhalb der Ebene des Bewusstseins verlaufend[141] fungiert die ›Grenze‹ nicht allein als Ausschlussmechanismus des Anderen, sondern sie bezeichnet eine relativ ›durchlässige‹ Zone, einen Bereich, der Ordnung stiftet, diese allerdings auch immer wieder relativiert, »*denn Grenze bedeutet immer Abgrenzung und Kontakt zugleich.*«[142]

136 Vgl. VIII, S. 260.

137 IV, S. 183.

138 Schäffter, 1997, S. 104.

139 IV, S. 189. Vgl. zur Auffassung des Menschen als ›Grenze‹ und ›Übergang‹ auch Scheler, GW 3, S. 186.

140 Vgl. VII, S. 187.

141 Vgl. IV, S. 437.

142 Petzold/Mathias, 1982, S. 174. Vgl. Schäffter, 1997, S. 3. Nur am Rande sei erwähnt, dass Plessners These der offen-geschlossenen Struktur der Grenze gewisse Konvergenzen zu solchen Ansätzen aufweist, die sich mit dem Phänomen der Haut beschäftigen. So bemerkt etwa Anderson, dass die »Haut nicht die Grenze zwischen Innen und Außen ist, ebensowenig wie die Zellmembran. Wir sind alle, physisch betrachtet, in viel größerem Maße offene Systeme als wir einst vermutet hatten« (Anderson; zit. nach Keupp, 1999, S. 88 f.). Vgl. in diesem Zusammenhang auch Anzieus Begriff des ›Haut-Ich‹ (Anzieu, 1991).

## III.A.3 Das Merkmal der ›Positionalität‹ und der Entwicklungscharakter des Lebendigen

Aufgrund seiner spezifischen Form der Grenzrealisierung wird der belebte Körper »im Grenzdurchgang angehoben und dadurch setzbar.«[143] Für diesen das Angehobensein ausgleichenden Aspekt der »Gesetztheit« reserviert Plessner den Terminus ›Positionalität‹.[144] Aufgrund ihres gegensinnigen Verhältnisses[145] erweisen sich Organismus und Umfeld, wie dargelegt, nicht als zwei vollständig voneinander getrennte, sondern miteinander verflochtene Bereiche, von denen keiner einen »Vorrang vor dem andern«[146] besitzt. Für Plessner bezieht eine solche Bestimmung ihre Plausibilität daraus, dass aus seiner Sicht die Idee eines vollständig dem Organismus angehörigen Positionsfeldes lediglich einen heuristischen Wert besitzt. »Der Organismus bewegte sich dann in einem Positionsfeld wie die Monade in ihrer Welt, wie ein Solipsist; zwar in einem Umfeld, doch nicht in der von ihm unabhängigen wirklichen Welt: in absoluter Immanenz.«[147] Doch auch die umgekehrte Möglichkeit einer wechselseitigen Isoliertheit von Umfeld und Organismus schließt Plessner aus. »Der Organismus befände sich seinem Positionsfeld als einer Zone vollkommener Fremdheit, Unvorhersehbarkeit und Unabhängigkeit gegenüber: isoliert und zugleich preisgegeben an eine absolute Transzendenz.«[148] Da sich die Privilegierung einer der beiden Sphären immer zu Lasten der Eigenständigkeit der jeweils anderen vollzieht, darf sich, so Plessner, die Verhältnisbestimmung von Organismus und Umfeld nicht in kontradiktorischen Charakterisierungen erschöpfen. Vielmehr gestaltet sich deren Beziehung als »ein durchaus kreisender, in sich zurücklaufender Prozeß des Wech-

143 IV, S. 184. Vgl. ebd., S. 212 f.

144 Zur näheren Erörterung der Unterschiede zwischen der Positionalitätskategorie und dem Fichte'schen Begriff des ›Setzens‹ vgl. Kap. III B. 3.2.

145 Vgl. IV, S. 109, 182, 328.

146 Ebd., S. 109.

147 Ebd., S. 266.

148 Ebd. Vgl. hierzu auch Plessners folgende Ausführung: »Leben ist [...] auf sein Gegenteil und Widerspiel bezogenes Sein. Diese Beziehung ist nicht einfach die zwischen zwei gegeneinander abgeschlossenen autonomen Systemen, die sich nicht nötig haben, die miteinander nur unaufhebbar gesetzt sind [...], sondern eine Beziehung, in welcher jeweils das Gegenglied die Bedingung für die Autonomie des anderen Gliedes bedeutet. [...] So öffnen sich die Grenzen beider Seinszonen zu gegenseitiger Einflußnahme aufeinander, ohne damit die Grenzen zu vernichten« (ebd., S. 275).

selspiels zwischen den beiden zueinander gehörenden Gegenpolen«[149], die das »labile[] Gleichgewicht«[150] einer relativen Eigenständigkeit bzw. relativen Bedingtheit wahren. »Weder gehört das Feld als einfach erweiterte Zone und Spiegelbild seiner Organisation ganz zu ihm noch ist es völlig von ihm geschieden und ihm absolut entgegengesetzt. Der Hiatus zwischen dem Organismus und seiner Umgebung wird nicht zerstört, sondern überbrückt.«[151]

Für Plessner basiert jene ursprüngliche Verbundenheit von Organismus und Umwelt auf »übergreifende[n]«, beide »gleichmäßig beherrschende[n] Gesetzmäßigkeiten«[152], die er als »Vitalkategorien« (Plessner) bezeichnet. Scheint der Kategorienbegriff auf den ersten Blick Plessners Orientierung an der Philosophie Kants zu bezeugen, so unterscheidet sich sein Verständnis dieses Terminus darin, dass es sich bei den Vitalkategorien nicht um subjektive Verstandesprinzipien, sondern um »Verbindungsweisen« (Plessner) zwischen Subjekt und Objekt handelt, die »weder von der Gegenwelt hergenommene noch auf die Gegenwelt vom Lebenssubjekt übertragene Formen«[153] repräsentieren: »Ist der Gedanke [...] ganz von der Hand zu weisen, daß es vorbewußte, zu tieferen Existenzschichten der Lebensträger [...] gehörige Aprioriformen, Existenzkategorien, Vitalkategorien gibt, auf denen das Zueinander und Miteinander des Organismus und der Umwelt beruht?«[154]

Insofern seine Positionalität den lebendigen Körper zu seinem Umfeld in Beziehung setzt, bedeutet sie nicht nur »das erste Paradigma für das,

149 Ebd., S. 217 f.

150 Ebd., S. 268.

151 Ebd., S. 266. Der Gedanke einer »ursprüngliche[n] Verbundenheit des Lebewesens mit seiner Umgebung« (VII, S. 75) kehrt in Plessners Schriften in immer neuen Formulierungen wieder. So spricht er u.a. von einer »Eintracht zwischen Lebewesen und Umgebung« (ebd.; vgl. IV, S. 109), deren »ursprüngliche[m] Gleichgewicht« (VIII, S. 58), einem »Moment primärer Eingespieltheit von Welt und Leben« (IV, S. 264; vgl. ebd., S. 413) sowie einem »Wechselverband zwischen dem ganzen Organismus und seinem Milieu« (VII, S. 209).

152 Ebd, S. 109.

153 Ebd., S. 110.

154 Ebd. Vgl. ebd., S. 169. Vgl. zur weiteren Unterscheidung des Kategorienbegriffs bei Plessner und Kant Pietrowicz, 1992, S. 319, 321; Schürmann, 1997, S. 347. Zur möglicherweise größeren Nähe des Plessner'schen Kategorienbegriffs zu Diltheys ›realen‹ Kategorien vgl. Giammusso, 1990/91, S. 123.

was wir Sinn nennen«[155], sondern sie indiziert zugleich auch die Verwiesenheit des Organismus auf Anderes. Dabei betont Plessner, dass es gerade die Nicht-Koinzidenz des Organismus mit sich ist, welche als Möglichkeitsbedingung seines Kontakts mit dem Umfeld fungiert. Da er »[a]ls Ganzer [...] nur die Hälfte seines Lebens [ist]«[156], bedarf er, um als Einheit zu fungieren, notwendig des Anderen seiner selbst. »*Der Organismus ist Einheit nur als durch Anderes, als er selbst ist, in ihm vermittelter Körper, Glied eines Ganzen, das über ihm hinausliegt.* [...] Als Träger der Grenze zugleich Zwischen und Überbrückung des Zwischen trennt er [der Körper – T.K.] die Fremdzone von der Eigenzone, um darin beide Zonen miteinander zu verbinden. D.h. die Eigenzone, ungeachtet ihrer Entgegengestelltheit gegen die Fremdzone, *zerfällt in ihr selbst*, um dadurch die Verbindung mit der Fremdzone herzustellen.«[157]

Für die Problemstellung dieser Arbeit erweist sich vor allem Plessners Hinweis auf die zugleich dynamischen und statischen Implikationen der Positionalitätskategorie als bedeutsam. Zu den dynamischen Wesensmerkmalen des Lebendigen zählt für ihn u.a. dessen Prozessualität, durch die der Organismus als ein beständig ›Werdender‹ erscheint. »Ein Ding positionalen Charakters kann nur sein, indem es *wird*; der Prozeß ist die Weise seines Seins.«[158] Der Prozesscharakter des Lebendigen führt dazu, dass sich das aktuelle ›Jetzt‹ des Organismus jeder Fixierung entzieht, da es nicht als ein »leeres Zwischen den Modis des Nichtseins, des Noch nicht und des Nicht mehr [...], sondern als durchgehaltene Konstante des Übergehens«[159] fungiert. Aufgrund dieser Prozessualität bezeichnet auch Plessners zunächst irritierende Rede von einer ›Synthese‹ keinen Endpunkt, sondern ein unablässig zirkulierendes Geschehen. »Die Synthese findet als eine besonders gerichtete Form des modus procedendi statt: als *Entwicklung*.«[160] Da ein reines Übergehen des Organismus jedoch zur Zerstörung seiner Begrenzung und damit zu seinem »Verfließen« (Plessner) führen würde, »verlangt Positionalität im Unterschied zu den die Doppel-

155 Orth, 1987, S. 37. Vgl. VIII, S. 31.

156 IV, S. 255.

157 Ebd., S. 257 f. Vgl. auch ebd., S. 260: »Selbsterhaltung ist notwendig mit Selbstpreisgabe und -zerstörung gekoppelt, weil nur unter der Voraussetzung einer inneren Entgegensetzung und durchgehenden Zerspaltung die Zone des lebendigen Körpers mit der Fremdzone der umgebenden Natur in kontinuierlichen Kontakt kommt«. Vgl. ebd., S. 261 f. sowie Grene, 1967, S. 268.

158 Ebd., S. 187.

159 Ebd., S. 190.

160 Ebd., S. 196. Vgl. zu Plessners Entwicklungsbegriff Pietrowicz, 1992, S. 377 f.

sinnigkeit der Grenze dynamisch realisierenden Bestimmungen Übergehen – Werden – Prozeß – Entwicklung sinnentsprechend auch eine statische Realisierung.«[161] Diese vollzieht sich durch das Moment des ›Beharrens‹ bzw. ›Stehens‹ (Plessner), das jedoch nicht das bloße Pendant der dynamischen Charakteristika des Lebendigen darstellt, sondern sich mit diesen verflochten zeigt. »[D]ie Seite des Beharrens ist ebenso wie die Seite des Werdens jede für sich eine Synthesis aus Stehen und Übergehen, und nur beide zusammen bestimmen die Art, wie dem physischen Ding seine Grenze zu eigen ist.«[162]

Die Einschätzung, das Moment des ›Beharrens‹ repräsentiere einen Identitätsstandpunkt, basiert nach Plessner vor allem darauf, »dasjenige welches dasselbe bleibt, mit dem physischen Ding, [...] dasjenige aber, welches in Änderung aufgeht, mit dem Prozeß zu identifizieren. Dann hat man das Bild eines realen Körperdings, das gewissermaßen von einem Prozeß überrieselt wird, ohne an ihm selbst beteiligt zu sein. [...] Die Wahrheit ist, daß der Prozeß weder ein reines zum Sein Kommen noch eine dem Seienden gleichgültig anhängende und ihm äußerliche Bestimmtheit bedeutet, sondern daß er als echte Eigenschaft des Dinges auftritt.«[163] Insofern das Individuum innerhalb seiner Entwicklungsphasen »wirklich anders wird, von Grund aus, weil es nicht eine Eigenexistenz neben dem Prozeß führen darf, sondern real in dem Prozeß begriffen sein muß«[164], kommt diesem eine doppelte Aufgabe zu: »[E]r soll nicht nur immer weiter führen und damit den Ausgangspunkt des kommenden Werdens in seine jeweils zuletzt erreichte Phase bringen, so daß das im Prozeß begriffene Ding sein Gewesensein an ihm trägt und – obzwar werdend – nur als das Gewordene dasteht«[165], sondern darüber hinaus auch

161 Ebd., S. 213.

162 Ebd., S. 189. Dass auch das Moment des ›Beharrens‹ von der dem Organismus eigenen, unaufhörlich fortschreitenden Dialektik von ›Übergehen‹ und ›Stehen‹ nicht ausgenommen ist, belegen Plessners folgende Ausführungen: »Das Werden bestimmt sich als das Werden eines Etwas (des Beharrenden) in dem Modus, daß das Beharren das Werden ›trägt‹, oder das Beharren bestimmt sich als das Etwas eines Werdens, wobei das Werden das Beharren trägt. Jede Bestimmungsform ist ein Moment dessen, was Prozeß heißt« (ebd.).

163 Ebd., S. 191.

164 Ebd., S. 194.

165 Ebd., S. 195. Vgl. auch ebd., S. 194: »Die Phasen verschwinden nicht bloß ineinander, indem sie sich ablösen und das jeweils Gewordene dem Werden preisgeben. Ihr ineinander Verschwinden hat das Gewordene aus dem Wer-

»gegen ihn selber laufen.«[166] Da ein radikaler Vollzug dieser Bewegung jedoch zu einer kreishaften Geschlossenheit und damit zu einer dem Prozessgedanken widersinnigen ›Statik‹ führen würde, erweist sich dieses »Gegen ihn Laufen« (Plessner) als wiederum eingebunden in die Dynamik des ›Von ihm fort‹ und ›Gegen ihn‹. »Im Bilde gesehen ist diese Synthese nur möglich, wenn sich die Linie geraden Fortgangs mit der Linie des geschlossenen Kreises zur Linie zyklischen Fortschreitens, zur Schraubenlinie verbindet.«[167]

Dass Plessners Behauptung eines sich »durch alle Phasen der Konturierung reell durchgehaltene[n] Identischen«[168] – so paradox dies klingen mag – eben keinen Identitätsstandpunkt reflektiert[169], wird daran deutlich, dass die Charakterisierung dieses Identischen als ›*Typus*‹, ›*Gestaltidee*‹ oder ›*Form*‹[170] lediglich zur Markierung des Spielraums dient, innerhalb dessen sich das »Anderswerden« (Plessner) des Organismus vollzieht. Ebenso jedoch, wie die dem Lebendigen innewohnende Prozesshaftigkeit nicht auf ein finales Telos zustrebt, bezeichnet auch die Formidee lediglich das weder absolut unerreichbare noch vollständig erreichbare »Ideal« des Prozesses.[171] An sein Ende vermag dieser deshalb nicht zu gelangen, weil der konturierenden Formidee eine »Freiheit gegen die Form unter der Form«[172] korrespondiert, die dazu führt, dass das Ding »faktisch nie das [wird], was

den abzusetzen, damit der jeweilige Ausgangspunkt des Prozesses, im jeweils Gewordenen liegend – von dort geht es weiter –, selbst von der Stelle rückt. [...] Das Ding wird wirklich etwas, das es im Ausgang nicht war. [...] Das Bild des Prozesses als eines Fortgangs ist nicht der Kreis, welcher das Stehen ausdrückt, sondern die gerade Linie.«.

166 Ebd., S. 196.

167 Ebd.

168 Ebd., S. 192.

169 Damit soll der Ansicht Limbachs widersprochen werden, der Plessners Ausführungen derart interpretiert, dass »ein lebendiges Wesen auch im Durchgang durch eine Reihe verschiedener Lebensvollzüge seine ›Identität‹ bewahrt« (Limbach, 1992, S. 92; vgl. Redeker, 1993, S. 101). Dagegen versuchte die vorangegangene Darstellung deutlich zu machen, dass Plessners Rede von ›Identität‹ aufgrund der grenz- und positionalitätsbedingten Prozessualität des Organismus gerade nicht auf einen Zustand dauerhaften ›Gleichseins‹ zielt.

170 Vgl. IV, S. 192.

171 Vgl. ebd., S. 199.

172 Ebd., S. 180.

es sein ›soll‹.«[173] »Im Wesen des Lebendigen liegt jenes Moment der Beliebigkeit, dessen Auswirkung in der Formbildung, d.h. in der Planbildung eines Typus rationaler Einsicht an und für sich entzogen ist.«[174]

Wenn Plessner im Rahmen seiner Ausführungen dennoch darauf hinweist, dass der Prozesscharakter des Organismus »Dieselbigkeit dessen, was an dem physischen Ding wird [...] seine[] Struktur aus Kern und Mantel, nicht in Frage stellen [darf]«[175], so fungiert der Terminus »Dieselbigkeit« jedoch nicht als Repräsentant eines Identitätspols, sondern bezeichnet lediglich das formale Kriterium zur Gewährleistung der Einheit des Organismus. Gegen eine missverständliche Deutung seiner Rede von einem »substanzialen Kern[]«[176] des Körpers verweist Plessner auf dessen unräumlichen Charakter. Zwar bedarf der lebendige im Gegensatz zum unbelebten Körper eines »zweiten, ›noch tiefer innen‹ seienden Kern[s], um in ihm selbst gesetzt zu sein.«[177] Dieser Kern stellt allerdings nur eine »imaginäre« bzw. »irreale« Mitte[178] dar, deren Aufgabe darin besteht, als »Durchgangspunkt für alle die Einheit gegenüber ihren Elementen bildenden Beziehungen«[179] zu fungieren. »Soll die Mitte als Kern sein, d.h. eine Funktion in und an dem physischen Ding ausüben, so muß sich diese Funktion 1. als räumlich nicht festlegbar, obwohl nicht ohne Beziehung zum Raumding, also als ›in den Raum hinein‹, 2. als allen Elementen [...] des Raumdinges gleich gegenwärtige bzw. sie alle gleich bindende Einheitsfunktion, welche die Einheit als solche gewährleistet, manifestieren.«[180]

Plessners Feststellung, dass der substantielle Kern des Dings sich einer räumlichen Lokalisation entzieht, verdeutlicht, dass sein Verständnis von Substantialität nicht einer materialistischen Auffassung dieses Begriffs entspricht. »[D]ie Substanz des Dinges [ist] weder als Inbegriff ihrer Eigenschaften noch auch als Inbegriff dessen, worauf sie nach exakter Methode reduziert werden [kann], aufzufassen [...]. [...] Substanz des Dinges ist nicht das, woraus es besteht.«[181] Und an anderer Stelle schreibt Plessner: »Inso-

173 Ebd., S. 198.

174 Ebd., S. 273 f. Vgl. ebd., S. 302, 438. Das dialektische Verhältnis von Form und Inhalt betont in bemerkenswerter Konkordanz zu Plessner auch Merleau-Ponty (vgl. PhW, S. 154 f., 448 f.).

175 Ebd., S. 190 f.

176 Ebd., S. 218.

177 Ebd.

178 Vgl. ebd., S. 220.

179 Ebd.

180 Ebd.

181 Ebd., S. 134.

fern der naive Ansatz, durch Aufbrechen eines Dinges sein Inneres als sein Eigentliches, sein Wesen und seinen Kern zu bekommen, in der Richtung vorbildlich für die naturwissenschaftliche Elementaranalyse der Atomisierung ist, verfehlt der exakte Wissenschaftler notwendig die Substantialität.«[182] Im Gegensatz zur aristotelischen Kategorienlehre, in der die Substanz zur Bezeichnung des Wesens einer Sache dient, begreift Plessner die dem Ding zugesprochene unräumliche und nur abstraktiv zu ermittelnde substantielle Kernhaftigkeit in struktureller Hinsicht. »*Auf das Phänomen der Struktur kommt es hier aber allein an, nicht* auf ihre Genesis, *nicht* auf ihre Legitimation und *nicht* auf ihren Wahrheitswert. Substantielle Kernigkeit zeigt gerade auch der Gegenstand der Wahrnehmungstäuschung und der Halluzination. [...] Substantielle Kernigkeit, wesenskorrelativ mit Eigenschaftlichkeit der sinnlichen und formalen Dingbestimmtheiten, ist zunächst nur eine besondere Struktur der vollen Dingerscheinung. [...] Allein als Rückhalt und Hintergrund gibt sie den Richtpunkt für die Transgredienz der möglichen Erscheinungen zur [...] erscheinenden anschaulichen Einheit des Dinges.«[183]

## III.A.4 »›Ich bin, aber ich habe mich nicht‹« – Das Paradox der exzentrischen Seinsweise des Menschen

Mit seinen Ausführungen zur Grenz- und Positionalitätsproblematik erbringt Plessner den Nachweis einer bereits auf der gesamtorganismischen Ebene vorfindbaren Verschränkungs-Struktur. Entsprechend seinem Anliegen, den Menschen »aus seiner naturgewachsenen Stellung in der Welt als Organismus in der Reihe der Organismen«[184] zu betrachten, behalten die bisher aufgewiesenen Merkmale des Lebendigen damit auch für die

182 Ebd., S. 134.

183 Ebd., S. 135 f. Deutlich tritt an dieser Stelle ein zentrales Problem der Plessner'schen Terminologie in den Blick, das darin besteht, mittels einer Raummetaphorik die Explikation räumlich nichtlokalisierbarer Sachverhalte vorzunehmen (vgl. Baumeister, 1986, S. 79). Auf die Schwierigkeit einer »räumlichen Anschauungsbindung« der von ihm verwendeten Formulierungen weist Plessner wiederholt selbst hin (vgl. IV, S. 198, 216). Vgl. in diesem Zusammenhang auch seine Bestimmung des ›Kerns‹ als ein zwar raumeinnehmendes, jedoch nicht -erfüllendes Phänomen: »Die statische Wesenscharakteristik des Dingkerns macht der dynamischen Platz« (ebd., S. 133). Auf die grundsätzliche Unmöglichkeit einer positiven Bestimmbarkeit des ›Kerns‹ im Plessner'schen Sinne verweist Lindemann (vgl. Lindemann, 1999, S. 170).

184 IV, S. 70.

exzentrische Positionalitätsform des Menschen ihre Gültigkeit.[185] »Als Daseinsweise ist die exzentrische Position auf gewisse Strukturgesetzlichkeiten alles Lebendigen [...] zurückführbar [...]. Nur ist sie nicht etwa aus der Materie zu erklären. Gewisse elementare ursprüngliche Seinsweisen sind hinzunehmen, dazu gehören das Leben und seine Positionscharaktere, d.h. seine Verhältnisweisen zur Umwelt. Eine von ihnen ist die exzentrische des Menschen mit den spezifisch zu ihr gehörenden Aporien und Monopolen, Schwächen und Stärken.«[186]

Plessner zufolge zeichnet sich der lebendige Körper durch seine Bezogenheit auf einen unräumlichen »Zentralpunkt« aus, der »als Zentrum des umgrenzten Körpergebietes fungiert und damit das Körpergebiet zu einem *System* macht.«[187] Durch jenen Zentralpunkt weist der Körper einen »Überschuß an In ihm Sein«[188] auf, der jedoch zugleich in Beziehung zu diesem Körper steht. Während Plessner für dieses »in Beziehung Sein« (Plessner) den Begriff des ›Habens‹ verwendet, reserviert er für das »in der Einheit aller seiner Teile nicht allein aufgehende, sondern ebenso in den Einheitspunkt [...] als einen von der Einheit des Ganzen abgelösten Punkt gesetzte Sein«[189] den Terminus ›Selbst‹. Dabei stellt er jedoch heraus, dass die Bestimmungen ›Selbst‹ und ›Haben‹ »zunächst ohne jede Belastung mit psychologischen Bestimmungen, rein strukturell in dem Sinne ihrer gegebenen Herleitung aufzufassen [sind]. Ein Selbst ist noch kein Bewußtseinssubjekt, Haben ist noch kein Wissen oder Fühlen.«[190]

Obwohl das ›Selbst‹ in Plessners anthropologischer Konzeption somit keine ausschließlich menschliche, sondern für alle Stufen des Organischen konstitutive Größe darstellt, weist es jedoch der jeweiligen Positions-

185 Vgl. Eßbach, 1994, S. 34.

186 VII, S. 248.

187 IV, S. 216.

188 Ebd., S. 218.

189 Ebd., S. 217.

190 Ebd. Damit unterscheidet sich Plessners Selbst-Verständnis von solchen Positionen (wie etwa derjenigen Fichtes), bei denen der Begriff des ›Selbst‹ denjenigen des ›Ich‹ voraussetzt. Eher trifft sich Plessners Auffassung des ›Selbst‹ – ungeachtet aller sonst bestehenden Divergenzen – mit einem Denker wie Nietzsche, in dessen *Zarathustra* es heißt: »Werk- und Spielzeuge sind Sinn und Geist: hinter ihnen liegt noch das Selbst. [...] Hinter deinen Gedanken und Gefühlen, mein Bruder, steht ein mächtiger Gebieter, ein unbekannter Weiser – der heißt Selbst. In deinem Leibe wohnt er, dein Leib ist er« (Nietzsche, Werke II, S. 300).

form des Lebendigen entsprechende Differenzierungsgrade auf.[191] Während das Selbst der Pflanze »nur ein Charakter ihrer lebendigen Ganzheit, doch positional vom Körper nicht abhebbar«[192] ist, tritt eine solche Distanz zu ihm erst mit der Organisationsform des Tieres auf. Auf dieser Stufe findet sich das Vorhandensein eines einheitsstiftenden Zentralorgans (Gehirn), durch das sich der Körper, weil in diesem Organ noch einmal vertreten, physisch verdoppelt.[193] Da auf diese Weise »die Mitte, der Kern, das Selbst oder das Subjekt des Habens bei vollkommener Bindung an den lebendigen Körper Distanz zu ihm [bekommt]«[194], *ist* das Tier Körper und *hat* diesen Körper als seinen Leib[195] – es ist ›zentrisch‹ organisiert. Da es zwar ein Selbst ›ist‹, dieses jedoch als solches nicht ›hat‹[196], scheint nach Plessner eine Steigerung dieser positionalen Stufe denkbar. »Das Tier lebt aus seiner Mitte heraus, in seine Mitte hinein, aber es lebt nicht als Mitte. Es erlebt Inhalte im Umfeld, Fremdes und Eigenes, es vermag auch über den eigenen Leib Herrschaft zu gewinnen, es bildet ein auf es selber rückbezügliches System, ein Sich, aber es erlebt nicht – sich.«[197] Das Erfahren seiner selbst *als* Selbst, das Plessner – durchaus problematisch – als »totale Reflexivität«[198] bezeichnet, erfordert als weitere Voraussetzung die Distanz zum Zentrum der eigenen Positionalität. Diese Eigenschaft bleibt, so seine These, allein dem Menschen vorbehalten. »Er lebt und erlebt nicht nur, sondern er erlebt sein Erleben«[199] – er ist ›exzentrisch‹.

Mit der so bezeichneten Organisationsform erreicht das Lebendige sein positional höchstes Niveau, doch spricht sich in ihr keineswegs eine Hypostasierung der menschlichen Sphäre im Verhältnis zu den übrigen Stufen des Organischen aus. Zwar besitzt der Mensch die Fähigkeiten des Werkzeuggebrauchs, der Sprache und des Selbstbewusstseins, doch fun-

191 Es kann an dieser Stelle lediglich angemerkt werden, dass auch Hegel in seiner *Enzyklopädie* den Begriff des ›Selbst‹ zur Kennzeichnung des Wesens von Pflanze, Tier und Mensch verwendet (vgl. Art ›Selbst‹, S. 300).

192 IV, S. 298.

193 Vgl. ebd., S. 296.

194 Ebd., S. 297.

195 Vgl. ebd., S. 303.

196 Vgl. Pietrowicz, 1992, S. 404.

197 IV, S. 360. Vgl. zu Plessners Begriff des ›Selbst‹ auch Lindemann, 1999, S. 171 f. sowie die Bestimmung Löwiths, der – allerdings in einem anderen Zusammenhang – das Selbst als »das unausgesprochene Subjekt des Sichverhaltens-zu ...« (Löwith, 1981, S. 64) charakterisiert.

198 Ebd., S. 362.

199 Ebd., S. 364.

gieren diese für Plessner keineswegs als Exponenten einer gegenüber der tierischen Stufe vollständig erhabenen Existenzweise. »Besitz des Sprachvermögens, aufrechter Gang, Werkzeugformung und Werkzeuggebrauch, Selbstbewußtsein sind Privilegien, aber keine automatischen Sicherungen dagegen, nur tierischer als jedes Tier zu sein.«[200]

Vor dem Hintergrund dessen, dass Plessner sein anthropologisches Grundprinzip ausgehend von dem jeweiligen Selbstverhältnis des Organischen zu dessen eigener Körperlichkeit entwickelt, wird deutlich, inwiefern die Formel der exzentrischen Positionalität kein bloßes Geist-Prinzip darstellt, sondern vielmehr die »menschliche Weise *leibhaften* In-der-Welt-Seins«[201] bezeichnet. Für Plessner stellt der Leib eine »für Tier *und* Mensch konstitutive Größe«[202] dar. Anders jedoch als bei diesem, das Körper *ist* und diesen als seinen Leib *hat*, steht dieses Verhältnis beim Menschen unter wechselnden Vorzeichen. »Die körperliche Existenz zwingt dem Menschen eine Doppelrolle auf. Er ist *zugleich* Körper und *im* bzw. *mit* einem Körper. Für das In- und Mitsein sagt man auch: einen Körper (Leib) haben. Sein und Haben gehen im Vollzug der Existenz ständig ineinander über, wie sie ineinander verschränkt sind. Bald steht die menschliche Person ihrem Körper als Instrument gegenüber, bald fällt sie mit ihm zusammen und ist Körper. Wo immer es auf Beherrschung der körperlichen Mechanismen ankommt, beim Handeln und Sprechen, in der Zeichengebung, in Gesten und Gebärden, erfährt der Mensch die Doppeldeutigkeit physischen Daseins. [...] Zwischen beiden Daseinsweisen ›als Körperleib‹ – ›im Körperleib‹ eine Entscheidung treffen zu wollen, als handelte es sich um eine Alternative, hieße die Notwendigkeit ihrer gegenseitigen Verschränkung mißverstehen. [...] Eines läßt sich nicht vom anderen trennen, eines bedingt das andere, wie es von ihm bedingt wird.«[203]

200 VIII, S. 134. Darauf, dass die exzentrische Verfasstheit des Menschen im Verhältnis zur tierischen Organisationsform immer »Vorzug und Schwäche in einem« (VII, S. 417) bedeutet, verweisen zahlreiche Stellen in Plessners Werk (vgl. IV, S. 25; VII, S. 248; VIII, S. 212; X, S. 331).

201 VII, S. 244 (Hervorh. T.K.). Vgl. ebd., S. 243. Wie Fischer betont, markiert die von Plessner dargestellte Genese des Leibes aus der zunächst körperlichen Zuständlichkeit des Organischen eine zentrale Differenz zwischen dessen Anthropologie und existentialistischen Ansätzen. Während bei jenen der Leib als Ausgangspunkt fungiert, gegenüber dem der Körper dann als ein »sekundäres Distanzphänomen« auftritt, kehrt sich in Plessners Ansatz dieses Verhältnis um: »erst Körper, dann Leib« (Fischer, 2000, S. 286).

202 VIII, S. 355.

203 VII, S. 373. Vgl. ebd., S. 238, III, S. 370 sowie zum Verhältnis von körper-

Wenn Plessner die »menschliche Situation in ihrem leibhaften Dasein« in Anlehnung an eine Formulierung Ernst Blochs mittels der Formel »›[i]ch bin, aber ich habe mich nicht‹«[204] charakterisiert, so verdeutlicht dies, dass sein ›Körper-Haben‹ für den Menschen zwar die Möglichkeit einer instrumentellen Inanspruchnahme seines Leibes birgt, dieses ›Haben‹ jedoch nicht im Sinne einer vollständigen Verfügungsgewalt über sich missverstanden werden darf. Vielmehr besitzt die durch den Menschen hindurch verlaufende Differenz von Leib und Körper, Haben und Sein für ihn einen genuin doppeldeutigen Charakter, indem sie in eins die »Basis seines Daseins, die Quelle, aber auch die Grenze seiner Macht«[205] darstellt. Vermag der Mensch die auf dem Verhältnis zu seiner eigenen Körperlichkeit beruhende Nicht-Koinzidenz mit sich niemals vollständig zu überwinden, so ist er doch dazu gezwungen, immer wieder einen Ausgleich für dieses »Mißverhältnis«[206] zu finden. »Denn er geht in keiner von beiden Ordnungen auf. Er ist weder allein Leib noch hat er allein Leib (Körper). Jede Beanspruchung der physischen Existenz verlangt einen Ausgleich zwischen Sein und Haben, Draußen und Drinnen.«[207] Erweist sich das Finden dieses Ausgleichs in den routinierten Abläufen des alltäglichen Lebens als relativ unproblematisch[208], so zeigt sich die Fragiltität jener Ba-

leiblichem ›Sein‹ und ›Haben‹ bei Mensch und Tier Asemissen, 1991, S. 160 f. Darauf, dass Plessners Schriften zuweilen eine uneinheitliche Verwendung der Termini ›Körper‹ und ›Leib‹ aufweisen, machen Barkhaus u.a. aufmerksam, die zudem hervorheben, dass »die entscheidende Differenz in den Perspektiven nicht durch die Begriffe ›Leib‹ und ›Körper‹, sondern durch die unterschiedlichen Verhältnisse von ›haben‹ und ›sein‹ zum Ausdruck gebracht wird« (Barkhaus u.a., 1996, S. 122).

204 VIII, S. 190. Vgl. VII, S. 416. Damit unterscheidet sich sein Verständnis von ›Haben‹ zugleich von demjenigen Hans Lipps' (›Haben‹ als Ausdruck eines ›Besitzes‹), auf das u.a. auch Husserl in den *Ideen II* zustimmend rekurriert (vgl. Hua IV, S. 258 Fn.). Vgl. zum Verhältnis von ›Sein‹ und ›Haben‹ bei G. Marcel und Merleau-Ponty ferner PhW, S. 207.

205 VII, S. 236. Vgl. III, S. 368 f., 385 f.

206 III, S. 382. Vgl. ebd., S. 375.

207 VII, S. 241. Vgl. IV, S. 385. Als ein zentraler Einfluss auf Plessners Unterscheidung der Termini ›Körper‹ und ›Leib‹ kann zweifellos Max Scheler gelten (vgl. Scheler, GW 2, S. 397 f.). Plessners Orientierung an Scheler offenbart sich bereits in der *EdS*, in der er unter explizitem Verweis auf diesen von einem »*Zwischenreich der psychophysischen Indifferenz*« (III, S. 20) spricht.

208 Plessner verweist in diesem Zusammenhang auf eine Äußerung Plügges, nach dem »›im Vollzug der leiblichen Existenz etwas Paradoxes, jedenfalls

lance nicht nur in den Phänomenen des Lachen und Weinens[209], sondern auch darin, dass man »seinem Körper nur irgendeine ungewohnte Tätigkeit zuzumuten [braucht], um wieder vor Aufgaben zu stehen wie das Kind, das das Gehen lernt.«[210]

Die aus der Verschränkung von Leib-Sein und Körper-Haben resultierende »wesenhafte Unvereinbarkeit in der Einheit der Person«[211] begründet zugleich »das ursprüngliche Paradoxon in der Lebenssituation des Menschen.«[212] Denn obwohl ein exzentrisches Subjekt in der Lage ist, die Widersprüchlichkeiten seiner Existenzform zu durchschauen, vermag es doch nie zu einer vollständigen und dauerhaften Überwindung dieser Widersprüche zu gelangen. »Die Exzentrizität bedeutet für den so Gestellten einen in sich unlösbaren Widerspruch. [...] Exzentrisch steht er da, wo er steht, und zugleich nicht da, wo er steht. Das Hier, in dem er lebt und auf das die gesamte Umwelt in Totalkonvergenz bezogen ist, das absolute, das nicht relativierbare Hier-Jetzt seiner Position, nimmt er zugleich ein und nicht ein. [...] Exzentrische Mitte bleibt ein Widersinn, auch wenn sie verwirklicht ist.«[213] Dieser Sachverhalt eines Zugleich widersprechender Mo-

Widersprüchliches geradezu als *Strukturprinzip* verborgen sei, von dem wir im Alltag nicht allzuviel merken‹« (VIII, S. 290).

209 Vgl. Kap. III C. 4.

210 VII, S. 242. Neben den Problemen der Balance und Gewichtsverteilung (vgl. ebd.) zeigt sich die Schwierigkeit einer körper-leiblichen Ausgleichsfindung auch bei »Fragen der räumlichen Orientierung«, der »Abschätzung von Größen und Distanzen im Wahrnehmungsfeld« sowie der »Koordination von Bewegungen zu Außendingen und zum eigenen Körper« (ebd., S. 241).

211 V, S. 75. An anderer Stelle spricht Plessner vom Menschen als einer »Zwei-Einheit« (VIII, S. 311).

212 IV, S. 379. Vgl. in diesem Zusammenhang auch ebd., S. 424, wo Plessner in Anlehnung an Kierkegaard von einem »existentielle[n] Paradoxon« spricht.

213 Ebd., S. 420. Vgl. zu Plessners Affinität gegenüber Paradoxien bereits I, S. 209, 234, 306 f. Ohne auf die lange Tradition derjenigen Denker eingehen zu wollen, bei denen sich ebenfalls eine Würdigung des Paradoxons findet, sei hier lediglich auf Pascal (vgl. IV, S. 16; LuP, S. 31) verwiesen. Obwohl der Begriff selbst von ihm kaum benutzt wird, macht er immer wieder auf das Paradox der menschlichen Seinsweise aufmerksam, die für ihn durch eine eigentümliche ›Gleichzeitigkeit des Gegensätzlichen‹ gekennzeichnet ist. In der bekannten Diktion der *Pensées* heißt es: »Was für eine Chimäre ist doch der Mensch! Welch Unerhörtes, welches Monstrum, welches Chaos, welcher Gegenstand des Widerspruchs, welches Wunder und Unding! Richter aller Dinge, hilfloser Erdenwurm; Hüter der Wahrheit, Kloake der Unwissenheit

mente dokumentiert sich bereits in der Begriffskonstruktion von Plessners Zentralkategorie. Während die Silbe ›ex‹ die Möglichkeit des Heraustretens aus bestehenden Verhältnissen bezeichnet, bleibt diese ›Ek-stase‹ gleichzeitig an ein positionales Zentrum gebunden, das jedoch, wie bereits erörtert, keinen fixen ›Kern‹, sondern ein bloßes ›Hindurch der Vermittlung‹[214] darstellt: »Die psycho-physische Verbindung verwirklicht sich nur im Vollzug der Existenz. Im Vollzug wird unser Körper leibhafte Mitte unseres Verhaltens.«[215]

Indem sich dem Menschen seine exzentrische Existenzweise als ein »durchsichtiges Paradoxon«, eine »verstandene Unverständlichkeit«[216] offenbart, trägt sein Dasein immerzu die Signatur einer »absoluten Antinomie«: Als körperlich-leiblich gebrochenes *und* sich zu dieser Gebrochenheit noch einmal verhalten könnendes Wesen stellt sich ihm die Aufgabe, »[s]ich zu dem erst machen zu müssen, was er schon ist, das Leben zu führen, welches er lebt.«[217] Dieser durch seine exzentrische Positionalität begründeten Notwendigkeit einer Gestaltung seiner Existenz wohnt jedoch ein unhintergehbar konflikthaftes Moment inne, so dass sich seine Le-

und des Irrtums: Glanz und Abschaum des Weltalls. Wer wird diesen Knäuel entwirren? [...] Erkenne also, du Stolzer, welch ein Paradoxon du dir selber bist« (Pascal, 1997, S. 169).

214 Ebd., S. 362.

215 VIII, S. 170. Vgl. IV, S. 362; VII, S. 246; III, S. 382 f. Wie Arlt betont, entspricht Plessners Begriff des ›Zentrums‹ nicht dem Zentralnervensystem oder einem Ichpol. »Wir haben es hier mit Vollzugsmodalitäten, Strukturmerkmalen und Relationsmustern zu tun und nicht mit psychischen oder physischen Prozessen« (Arlt, 1996, S. 65). Damit wird die Verfehltheit eines Verständnisses deutlich, das in Plessners Rede von einem ›Zentrum‹ einen Anhaltspunkt für die solipsistische Ausrichtung seines Ansatzes zu erkennen glaubt (vgl. Rehberg, 1985, S. 72): »Zwar erfahre ich mich ständig als Zentrum von Aktionen, [...], aber nur innerhalb eines Feldes koexistenzieller Vollzüge« (Meyer-Drawe, 1984, S. 16; vgl. ebd., S. 14).

216 IV, S. 421.

217 VII, S. 384. Vgl. VIII, S. 192, 357. Möglicherweise zeigt sich Plessner hier durch Überlegungen Hegels beeinflusst, der in seinem *System der Philosophie* schreibt: »Daß der Mensch sich zu dem machen muß, was er ist, daß er [...] hervorbringen muß, was er ist, das gehört zum Wesentlichen, zum Ausgezeichneten des Menschen« (Hegel; zit. nach Asemissen, 1958/59, S. 265). Analoge Formulierungen finden sich jedoch auch bei Fichte (vgl. Heitger, 1991, S. 402) und Nietzsche, der seinem *Zarathustra* das Diktum Pindars »Werde, der du bist« (Nietzsche, Werke II, S. 479) rezitiert.

bensführung mit dem permanenten Risiko des Scheiterns belastet zeigt. »Der Mensch lebt also nur, wenn er ein Leben führt. So bricht ihm immer wieder unter den Händen das Leben seiner eigenen Existenz in Natur und Geist, in Gebundenheit und Freiheit, in *Sein* und *Sollen* auseinander. Dieser Gegensatz besteht. Naturgesetz tritt gegen Sittengesetz, Pflicht kämpft mit Neigung, der Konflikt ist die Mitte seiner Existenz, wie sie sich stellt. Er muß tun, um zu sein.«[218]

Obwohl einige von Plessners Formulierungen den Eindruck erwecken, als beinhalteten seine Ausführungen zur menschlichen Lebensführung eine Übergewichtung des *aktivischen* Moments, so erweist sich ein solcher Verdacht dennoch als unbegründet. Zwar ist der Mensch ein grundsätzlich »auf Aktion gestelltes Lebewesen«[219], doch vollzieht sich diese Aktivität immer vor dem Hintergrund einer elementaren Bedürftigkeit. »Exzentrische Lebensform und Ergänzungsbedürftigkeit bilden ein und denselben Tatbestand. Bedürftigkeit [...] ist allen Bedürfnissen, jedem Drang, jedem Trieb, jeder Tendenz, jedem Willen des Menschen vorgegeben.«[220]

Analog zu seiner Aktivität findet auch diese Bedürftigkeit ihre Quelle im Leib-Körper-Verhältnis, aus dem ihre Möglichkeitsspielräume hervorgehen, das der menschlichen Existenz jedoch gleichursprünglich ein Moment der Passivität einschreibt. »In seiner Macht scheint der Mensch also auf seine Ohnmacht oder seine Dinglichkeit durch. Er ist eigentlich auch Körper. Von diesem Körper läßt sich der Mensch bis in's Letzte bestimmen, auch wenn er dagegen den Kampf aufnehmen kann, mit seinen Begierden, Krankheiten in Konflikt gerät. [...] Ding und Macht kollidieren, indem sie in der Undverbindung das Kompositum Mensch bilden.«[221]

Vor dem Hintergrund dieser Ausführungen wird deutlich, dass sich in Plessners Diktum, der Mensch müsse sich ›zu dem, was er schon ist, erst machen‹, keineswegs eine Reminiszenz an ein subjektzentriertes Denken artikuliert, das unter Absehung seiner Verwiesenheit auf Andere und Anderes mit der Möglichkeit einer von diesen/m vollständig losgelösten

218 IV, S. 391 f. An anderer Stelle spricht Plessner von einem »Existenzkonflikt, ohne den der Mensch eben nicht Mensch ist« (ebd., S. 71; vgl. ebd., S. 399). Mit dieser Pointierung des konflikthaften Charakters der menschlichen Seinsweise soll im Hinblick auf die pädagogische Fruchtbarmachung seines Ansatzes die Problematik einer Einschätzung aufgezeigt werden, nach der Plessners Anthropologie eine »vom Harmoniegedanken inspirierte Forschung« (Günzler, 1976, S. 20) repräsentiere.

219 V, S. 65.

220 IV, S. 385.

221 V, S. 226 f.

Selbstbildung des Menschen rechnet. »Nimmt man den [...] Satz für sich allein ohne den Kontext, könnte man tatsächlich an einen Selbstvollzug des Menschen denken. Doch wenn wir den Sinn des Begriffes Positionalität [...] richtig verstehen, kann es sich nur darum handeln, daß der Mensch über sich selbst hinausweist und dieser transzendente Bezug macht es aus, daß er nicht untätig verharren kann, sondern sich in irgendeiner Weise vollziehen muß, wenn er das werden will, was er schon ist, nämlich ein Mensch.«[222]

Das Problem einer durch die Exzentrizitätsthese möglicherweise nahegelegten Aktivitätszentrierung greift Plessner auch in seiner späten Schrift *Der kategorische Konjunktiv* auf, in der er ausführt: »Der Fähigkeit der Vergegenständlichung (und Versachlichung) entspricht – was oft übersehen wird – eine Fähigkeit zum Entgegengesetzten, der Verunsachlichung und der Ergriffenheit, die mit dem Aktiv-Charakter der Objektivierung korrespondiert. Wie die erstgenannte Kapazität des Menschen seiner exzentrischen Position vorbehalten ist, so auch die zweite der Ergriffenheit, der Fähigkeit des Erleidens, der Passion, der Leidenschaft bis zum Selbstverlust.«[223] Gerade Plessners von seinen Rezipienten bisher eher marginal gewürdigten Überlegungen zur Leidenschaft verdeutlichen, inwiefern eine die Exzentrizität nur auf ihre rationalen und aktivischen Momente reduzierende Lesart den inhaltlichen Reichtum dieses Prinzips verfehlt. Analog zu allen anderen Merkmalen des Menschen bedeutet auch seine Leidenschaft für ihn immer beides, Gewinn und Risiko. »Die Leidenschaft, eine ihn bindende *und* entbindende, fesselnde *und* entfesselnde, beglückende *und* gefährdende Möglichkeit [...] macht [...] unsere exzentrische Position in und zu der Welt manifest.«[224]

## III.A.5 Leibgebundene Reflexion – Zur Stellung des Bewusstseins in Plessners Anthropologie

Wenn Plessner erklärt, dass ein exzentrisches Wesen nicht nur lebt und erlebt, sondern darüber hinaus noch einmal in Distanz zu seinem eigenen

222 Braun, 1989, S. 70.

223 VIII, S. 345. Anklänge an diesen passivischen Zug der menschlichen Existenz finden sich in einer Reihe von Plessners Formulierungen. So spricht er etwa von einem »Umgriffensein *und* Umgreifen der eigenen Lebensexistenz nach dem Modus der Exzentrizität« (IV, S. 377), von der »Durchgegebenheit« des Menschen (V, S. 230 ff.), seiner Verfassung als »geworfener Wurf« (III, S. 373) bzw. »gewordene[r] Ursprung« (V, S. 163). Vgl. ferner IV, S. 369; VII, S. 188, 373, 380.

224 Ebd., S. 371. Vgl. zum Aspekt der Leidenschaft ferner ebd., S. 66 ff., 367 ff.

Erleben treten kann, so verweist diese Umschreibung unmissverständlich auf den Sachverhalt menschlichen Selbstbewusstseins.[225] Das Erreichen dieser Entwicklungsstufe markiert zugleich den Endpol eines sich ausdifferenzierenden Reflexionsniveaus des Organischen, über das hinaus eine Steigerung nicht möglich scheint.[226] Die Rückwendung des Menschen auf sich findet ihre Grenze erst an jenem Punkt, an dem er sich »als Etwas erlebt, das *nicht* mehr erlebt werden kann.«[227]

Plessners Charakterisierung des Selbstbewusstseins als ein den Menschen bei aller fortbestehenden Gebundenheit an die tierische Organisationsform von ihr unterscheidendes Merkmal führte im Rahmen der Rezeption seiner Arbeiten nicht selten dazu, die Formel der exzentrischen Positionalität auf die Fähigkeit des Menschen zur Distanznahme und damit auf den Aspekt des Selbstbewusstseins zu reduzieren.[228] Nicht zuletzt diesem Umstand verdankt sich eine im Rahmen der Rezeption seines Werkes immer wieder anzutreffende Auffassung, der zu Folge Plessner das Bewusstsein »als tragendes Prinzip des menschlichen Verhaltens

225 Deutlich tritt in Plessners Charakterisierung eines sich in einer doppelten Distanz zu sich befindlichen exzentrischen Selbst eine sachliche Nähe zu der bekannten Bestimmung Kierkegaards zu Tage. Diesem zu Folge ist das Selbst »ein Verhältnis, das sich zu sich selbst verhält, oder ist das an dem Verhältnisse, daß das Verhältnis sich zu sich selbst verhält; das Selbst ist nicht das Verhältnis, sondern daß das Verhältnis sich zu sich selbst verhält« (Kierkegaard; zit. nach Ricken, 1999, S. 265).

226 Vgl. IV, S. 363.

227 Ebd., S. 364.

228 Exemplarisch sei hierzu auf Baumeister, 1986, S. 75, 77 ff.; Böhme, 1997, S. 112; Pleger, 1988, S. 118; Rothacker, 1964, S. 112, 115 und Herzog, 1997, S. 66 verwiesen. Kritische Einwände gegenüber einer solchen Interpretation erheben u.a. Junge, 1995, S. 140 und Völmicke, die bemerkt, dass es »einer Fehleinschätzung der ›exzentrischen Positionalität‹ gleich[käme], wollte man die Bedeutung dieser Strukturformel lediglich in dem schon vor Plessner oft behaupteten und kaum bestrittenen Umstand sehen, daß der Mensch über Distanz zu sich verfüge« (Völmicke, 1994, S. 146; vgl. ebd., S. 109). Einen ähnlichen Standpunkt vertritt auch Fischer (1995a, S. 255; ders., 1995b, S. 525), der jedoch zugleich auf die in Plessners anthropologischer Zentralkategorie angelegte »Verklammerung von Aspekten« verweist: »Exzentrische Positionalität ist nicht allein Fähigkeit der Selbstreflexion [...], aber auch. Wer mit diesem Begriff anthropologisch nur den Standpunkt der Vernunftphilosophie: Selbstbewußtsein und Selbstbestimmung umformulieren will, verkennt den kategorialen Reichtum des Begriffs« (ders., 1995a, S. 279).

an[sieht]«[229] und es damit »im Gesamtzusammenhang der menschlichen Handlungs- und Erkenntnisprozesse überbewertet.«[230] Neben einem solchen Standpunkt beabsichtigt die im Folgenden erörterte Frage nach der Stellung des Selbstbewusstseins (der Begriff als solcher findet sich in den *Stufen* übrigens nicht) in Plessners Anthropologie auch der von identitätstheoretischer Seite propagierten Ansicht entgegenzutreten, nach der das Moment der reflexiven Selbstvergewisserung als maßgebliche Movens menschlicher Lebensführung und -gestaltung fungiert. Demgegenüber soll mit Hilfe von Plessners Ausführungen verdeutlicht werden, inwiefern dem Selbstbewusstsein im Hinblick auf menschliche Handlungsvollzüge eine in der Tat zwar bedeutsame, jedoch im Verhältnis zu den übrigen Potentialen des Menschen keineswegs dominierende Stellung zukommt.

Wie dem Argumentationsgang der *Stufen* zu entnehmen ist, stellt ›Bewusstsein‹ für Plessner kein Privileg des Menschen dar, sondern erweist sich auch für die tierische Stufe, auf der »das Sein ins Bewußtsein sozusagen umschlägt«[231], als verbindlich. Vom Bewusstsein des Tieres unterscheidet sich dasjenige des Menschen dadurch, dass es nicht nur eine Merk- und Wirkungssphäre darstellt[232], sondern er zu seinem Merken und Wirken noch einmal in Distanz zu treten vermag. »Das alte Schema, welches die Bewußtheit dem Menschen vorbehalten wollte und den Tieren nur die Bewußtlosigkeit [...] zugestand, ist falsch und hatte in einer zu engen Fassung der Bewußtheit seinen Ursprung. Bewußtes Verhalten im Sinne eines motivierten, durch Stellungnahme hindurchgegangenen Handelns zeigt freilich nur der Mensch.«[233]

Neben einer Auffassung des menschlichen Bewusstseins, die dieses

229 Herzog, 1997, S. 67. Vgl. Mühl, 1997, S. 119.

230 Oesterreicher-Mollwo, 1972, S. 67. Vgl. v. Loon, 1995, S. 59. Angesichts des gegen seine Anthropologie wiederholt erhobenen Solipsismusverdachts (vgl. Kap. I 1.) sollen die folgenden Ausführungen auch deutlich machen, dass das Bewusstsein als »sphärische Einheit von Subjekt und Gegenwelt« (IV, S. 112) für Plessner kein weltkonstituierendes, sondern ein in dieser situiertes und in den Körper verschränktes darstellt.

231 IV, S. 310.

232 Vgl. ebd., S. 320.

233 VII, S. 350. An anderer Stelle schreibt Plessner: »Bewußtsein ist eben nicht notwendig die in der Identifikation des Ichs mit sich selbst gestiftete Bezugsform des Subjekts zur Gegenwelt, wie sie dem Menschen wesentlich ist. Bewußtsein braucht nicht Selbstbewußtsein zu sein« (IV, S. 112; vgl. ebd., S. 407).

als »eine unsichtbare Kammer oder Sphäre, ein unräumliches Pendant zum räumlichen Gehirn«[234] begreift, oder aber es zu einer »bloße[n] Zone der Imagination und der Irrealität«[235] verklärt, distanziert sich Plessner auch von der Vorstellung einer ›im‹ Menschen situierten, jedoch von seiner leiblichen Verfasstheit des Menschen vollständig entkoppelten Bewusstseinsinstanz. »In Wirklichkeit ist die Sache gerade umgekehrt: nicht ist das Bewußtsein in uns, sondern wir sind ›im‹ Bewußtsein, d.h. wir verhalten uns als eigenbewegliche Leiber zur Umgebung. Das Bewußtsein kann getrübt, eingeengt, *ausgeschaltet* sein, seine Inhalte wechseln, *seine Struktur hängt ab von der Organisation des Leibes,* aber seine Aktualisierung ist immer da gewährleistet, wo die einheitliche Beziehung zwischen Lebenssubjekt und Umwelt [...] durch den Leib besteht. Bewußtsein ist nur diese Grundform und Grundbedingung des Verhaltens eines Lebewesens in Selbststellung zur Umgebung.«[236]

Die in diesem Passus zum Ausdruck kommende Verbundenheit von Bewusstsein und Leib – Plessner spricht in Anlehnung an Denker wie Husserl und Scheler auch von einem »Leibesbewußtsein«[237] – bietet sich dem Menschen jedoch nicht im Sinne einer Alternative dar, vielmehr handelt es sich bei ihr um eine unlösliche wechselseitige Verschränkung. »Ich gehe *mit* meinem Bewußtsein spazieren, der Leib ist sein Träger, von dessen jeweiligem Standort der Ausschnitt und die Perspektive des Bewußtseins abhängen; und ich gehe *in* meinem Bewußtsein spazieren, und der eigene Leib mit seinen Standortveränderungen erscheint als Inhalt seiner Sphäre. Zwischen beiden Ordnungen eine Entscheidung treffen zu wollen, hieße die Notwendigkeit ihrer gegenseitigen Verschränkung mißverstehen.«[238] Aufgrund dieser eigentümlichen Konstellation, zu der der Mensch immer nur ein Verhältnis, niemals jedoch einen dauerhaft gelingenden Ausgleich zu finden vermag, muss er »an zwei sich ausschließenden Ordnungen festhalten: an der absoluten Mittelpunktsbezogenheit aller Dinge

234 IV, S. 111. Vgl. zu Plessners Kritik an einem kammerförmig gedachten Bewusstsein auch ebd., S. 410; VII, S. 116; IX, S. 60 f.

235 Ebd., 112.

236 Ebd., S. 111 f. (Hervorh. T.K.).

237 Vgl. III, S. 303; VII, S. 115, 240; BW, S. 304, 310.

238 VII, S. 240. Vgl. SuV, S. 16. Plessners Überzeugung einer Verschränkung von Bewusstsein und Leib spiegelt sich neben seiner Rede von einem »Durchdrungensein« von Trieb und Verstand (VIII, S. 331) auch in seiner Kritik einer Trennung der vitalen und rationalen Sphäre (vgl. III, S. 371; IV, S. 119, VIII, S. 33, 376; IX, S. 60). Vgl. zum Aspekt einer leibgebundenen Vernunft bei Plessner auch v. Loon, 1986, S. 10; Fischer, 1995a, S. 267.

der Umwelt auf meinen Leib bzw. [...] ›das Ich‹ in mir *und* sie zugunsten der relativen Gegenseitigkeitsbeziehung aller Dinge einschließlich meines Leibes (mitsamt meinem Bewußtsein) preisgeben.«[239]

Im Gegensatz zur Privilegierung des Bewusstseins im Kontext rationalistischer Konzeptionen erfährt dieses in Plessners Anthropologie wohl eine Autoritätsbeschränkung, nicht jedoch eine vollständige Suspendierung. Neben seiner Gebundenheit an die Natur[240] kommt dem Bewusstsein auch deshalb keine dominierende Stellung im Repertoire der menschlichen Verhaltensmöglichkeiten zu, weil diesen immer auch emotionale[241], unbewusste[242] sowie irrationale[243] Anteile innewohnen. »Der Mensch hat ein Recht dazu, den Instinkt, die irrationalen Erkenntnisquellen und alle Imponderabilien in seinem Verhalten eine Rolle spielen zu lassen, er hat geradezu die Pflicht, dem Reichtum auch *der* Kräfte seiner Natur Raum zu geben, die nicht von der Vernunft, von Geist und Werten und Sittengesetzen und Prinzipien gezügelt werden können.«[244]

Wie, so bleibt allerdings zu fragen, verhält sich Plessners Standpunkt, dass die »Bewußtseins- und Vorstellungsperspektive nur eine unter vielen Weisen des Menschen ist, sich in und mit der wirklichen Welt zu bewegen«[245], zu solchen Aussagen, in denen er die zentrale Bedeutung der Dis-

239 Ebd. Keller spricht in diesem Zusammenhang von einer »charakteristischen Doppelrolle« des Bewusstseinsbegriffes bei Plessner: »Einerseits wird ihm die Monopolstellung, die er im Rahmen des cartesianischen Erbes und des transzendentalen Idealismus hatte unmißverständlich abgesprochen. [...] Andererseits aber erhält dann doch beim Menschen das Bewußtsein, ineins mit seiner da nun besonderen Form, wieder eine ganz prinzipielle Bedeutung zurück« (Keller, 1974, S. 23 f.).

240 Vgl. IX, S. 67.

241 Vgl. VII, S. 350 f.

242 Vgl. V, S. 65 f.

243 Vgl. ebd., S. 15, 17, 55.

244 Ebd., S. 111. Und an einer anderen Stelle der *Grenzen* heißt es: »Je mehr der Mensch von sich fortlebt, desto ursprünglicher weiß er sein Leben zu gestalten. [...] Die Tatbereitschaft wächst mit der Unbewußtheit« (ebd., S. 66). Dass Plessner Bewusstheit und Unbewusstheit allerdings nicht gegeneinander auszuspielt, wird u.a. dort deutlich, wo er die »Weisheit des Intellekts« – »›[d]er kommt am weitesten, der weiß, wohin er geht‹« – mit dem »Grundsatz des Lebens« – »›[d]er kommt am weitesten, der nicht weiß, wohin er geht‹« – kontrastiert, ohne allerdings für einen der beiden Standpunkte Partei zu ergreifen (vgl. ebd., S. 16).

245 VII, S. 212. Vgl. III, S. 115; IV, S. 408; V, S. 164; VIII, S. 44.

tanznahme etwa für eine instrumentelle Handhabung des Körpers betont?[246] Hierzu bleibt anzumerken, dass diesen zugegebenermaßen leicht missverständlichen Formulierungen eine Reihe von Äußerungen gegenüberstehen, aus denen hervorgeht, dass es sich beim Umschlag von Leib-Sein in Körper-Haben nicht notwendig um einen bewusst vollzogenen Perspektivenwechsel handeln muss: »Es wäre [...] ein grobes Mißverständnis, den ›Doppelsinn‹ der physischen Existenz auf eine doppelte Auffassung, auf das Bewußtsein also, zurückzuführen.«[247] Dass der Mensch für ihn zwar ein grundsätzlich zur Reflexion fähiges, jedoch in konkreten Situationen nicht permanent über sich reflektierendes Wesen darstellt, belegt auch Plessners folgende Äußerung: »In der normalen Hingegebenheit an irgendeine Beschäftigung kann der Mensch, ja muß er sich vergessen. Nur das Stück seiner selbst, das für die Durchführung seiner Absichten als Mittel besonderer Beherrschung und Pflege bedarf, macht er sich bewußt, spaltet er von sich ab.«[248] Berücksichtigt man zudem, dass es für ihn vornehmlich »die mißlingenden Handlungen sind, die zur Nachdenklichkeit und damit zur Distanzierung veranlassen«[249], so wird deutlich, dass die Selbstreflexion keineswegs immerfort alle Vollzüge des Menschen begleitet. Insofern er »auch ohne den Blick auf sich [erlebt]«[250], stellt das Moment der Reflexivität für ihn lediglich eine »latente Möglichkeit in seinem ganzen Verhalten«[251] dar. »Das Interessante am bewußten Erleben von Menschen besteht [...] darin, daß die zur spontanen Funktionsmitte des Organismus umgekehrte Zentrierungsrichtung schon immer mitläuft, wenngleich wie abgeschattet, oder wie ein sich aufhebendes Grundrauschen, oder wie in Wartestellung. In problematischen Fällen kann so auf die nur latente oder eben sekundäre Selbstorientierung durch Reflexion, Vermittlung und Indirektheit des bewußten Verhaltens umgeschaltet werden.«[252]

In Bezug auf diese Charakteristik menschlicher Selbstverhältnisse

246 Vgl. III, S. 385; VII, S. 248; VIII, S. 176, 297, 318, 321, 374.

247 VII, S. 235 f.

248 Ebd., S. 407. Nach Ansicht des Verf. liegt einer der Gründe für die Einschätzung, in Plessners Konzeption erfahre das reflexiv-distanzierende Moment eine Überbewertung, darin, dass er nicht hinreichend zwischen dem *Vollzug* der instrumentalen Inanspruchnahme des Leibes und der *Reflexion* auf diesen Vollzug differenziert.

249 Limbach, 1992, S. 176.

250 IV, S. 363.

251 VII, S. 463.

252 Krüger, 1999, S. 98. Vgl. ebd., S. 37, 87.

spricht Krüger von einem Wechselspiel von ›Exzentrierung‹ und ›Rezentrierung‹[253], wobei beide Richtungen einen lediglich »*konjunktivistischen* Status«[254] besitzen. Letzterer findet seine Bestätigung in einer Reihe von Plessners Ausführungen: Danach bedeute, »[s]ich seiner selbst bewußt zu sein, [...] sich selbst in die Verbindung zwischen sich und sein ›Gegenüber‹ einschalten zu *können*.«[255] Und in seiner Schrift *Der Mensch als Lebewesen* versieht Plessner seine Aussage, dass »bei jedem selbstbewegten Organismus ein instrumentales Verhältnis zu seinem Körper vorausgesetzt« ist, mit der Anmerkung: »Vielleicht hat der Leser sich schon gewundert, daß bisher das Wort Bewußtsein noch nicht gefallen ist und daß von den sprachlichen und motorischen Fähigkeiten des Menschen ohne Berücksichtigung seines Selbstbewußtseins die Rede war. In der Tat kann der Mensch zu sich ›Ich‹ sagen [...], aber welchen Effekt diese *Möglichkeit* einer Binnenpunktualität für ihn als Lebewesen hat, wird mit den Begriffen Bewußtsein-Selbstbewußtsein eher verdeckt als sichtbar gemacht.«[256]

## III.B Grenzverhältnisse II: Archäologie der Innenwelt – Zur Problematik einer Identität des Ich

Wenn in pädagogischen Diskursen die Ausbildung einer Ich-Identität des Kindes oder Jugendlichen immer wieder zum Leitziel erzieherischer Bemühungen erklärt wird[257], so liegt einem solchen Anspruch nicht selten ein Verständnis zugrunde, das von der Voraussetzung ausgeht, es handele sich beim Ich um eine »einheitliche Verarbeitungsinstanz.«[258] In einem solchen Verständnis erscheinen »Selbstreflexivität und Selbstbezug ausschließlich (verdinglichend) als Selbstkontrolle oder Selbstregulation [...]. Das Selbst ist der Monitor oder Überwachungsapparat, der seine Gesten, Handlungen oder mentale Repräsentationen metakognitiv überblickt und steuert.«[259]

253 Vgl. ebd., S. 65 f.

254 Ebd., S. 96.

255 VII, S. 383. Und an gleicher Stelle fährt er fort: »So *kann* zum mindesten der Mensch [...] über sich und seine Objekte verfügen« (Hervorh.en T.K.). Vgl. ferner III, S. 353, wo Plessner das »Ansichtigsein seiner selbst als latente Möglichkeit« bezeichnet (vgl. in ähnlicher Weise auch ebd., S. 327).

256 VIII, S. 318 (Hervorh. T.K). Vgl. III, S. 346.

257 Vgl. Hoffmann, 1997, S. 30.

258 Macha, 1989, S. 235.

259 Gamm, 1992, S. 23. Auf den dieser Vorstellung zugrunde liegenden argu-

Neben dem Umstand, dass ein solcher Standpunkt das Erreichen von Ich-Identität als ein grundsätzlich einlösbares Postulat erachtet, verbindet er mit deren Ausbildung oftmals den Gewinn einer ›Ichstärke‹, die das Subjekt zu kritischer Selbstbestimmung und mündig-verantwortlichem Handeln befähigen soll. Der mit der Ausbildung einer Ich-Identität bzw. Ichstärke verknüpfte Anspruch auf subjektive Autonomie[260] resultiert nicht zuletzt aus einer historisch gewachsenen Selbstverständigung des neuzeitlichen Denkens, dem zu Folge der Ort dieser Identität in der Innerlichkeit des Subjekts liegt. »Unser moderner Begriff des Selbst steht in Zusammenhang mit einem gewissen Gefühl [...] der Innerlichkeit, ja man könnte wohl sagen, ein solches Gefühl sei konstitutiv für diesen Begriff des Selbst. [...] Unsere Gedanken, Vorstellungen oder Gefühle sind nach unserer Auffassung ›in‹ uns, während die Gegenstände in der Welt, auf die sich diese geistigen Zustände beziehen, ›draußen‹ sind.«[261] Durch ihre Verortung in der Immanenz wird Identität zwar als in ihrer Genese durch Andere/s bedingt aufgefasst, zugleich gilt sie jedoch als ein vorrangig dem Subjekt zugänglicher Bereich. »›Ich bin hier, ich ganz allein; alle anderen sind dort draußen, außerhalb von mir, und jeder von ihnen geht ebenso für sich seinen Weg mit einem Innern, das er allein, das sein eigentliches Selbst,

mentativen Zirkel macht Breinbauer durch ihre »Frage nach der Instanz«, die da in der Lage sein soll zu dieser Leistung des Synthetisierens oder auch Distanzierens aufmerksam – einer Instanz, »die also desto bewundernswerter gewürdigt werden muß, als der Status persönlicher Identität für das Erbringen dieser Leistung noch gar nicht vorausgesetzt werden kann, da sie ihn doch erst herbeiführt« (Breinbauer, 1987, S. 227 f.).

260 So begreift etwa Habermas eine »gelungene Ich-Identität« als »jene eigentümliche Fähigkeit sprach- und handlungsfähiger Subjekte, auch noch in tiefgreifenden Veränderungen der Persönlichkeitsstruktur, mit denen sie auf widersprüchliche Situationen antwortet, mit sich identisch zu bleiben« (Habermas, 1976b, S. 93). Für Habermas erweist sich das Postulat der Ausbildung einer ›Ich-Identität‹ deshalb als unverzichtbar, weil für ihn nur durch sie die Möglichkeit individueller Freiheit und potentieller Opposition gegenüber gesellschaftlichen Ansprüchen gewährleistet bleibt. Zugleich weist Habermas in Anlehnung an Mead darauf hin, dass die ›Ich-Identität‹ durch »*Vergesellschaftung*« (ders., 1976a, S. 68) gebildet wird und als solche einer intersubjektiven Anerkennung bedarf (vgl. ders., 1976b, S. 93, 96). Vgl. in ähnlicher Hinsicht auch Nunner-Winkler, 1990, S. 671; Neubert, 1978, S. 96.

261 Taylor, 1996, S. 207. Vgl. zu den metaphysischen Implikationen einer Auffassung der Innerlichkeit als privilegierter Sphäre von Subjektivität Schulz, 1992, S. 238 f.

sein reines Ich ist, und mit einem äußeren Kostüm, seinen Beziehungen zu anderen Menschen.‹ Diese Haltung zu sich selbst und zu anderen erscheint ihren Trägern als natürlich und selbstverständlich. Sie ist weder das eine noch das andere. Sie ist der Ausdruck für eine eigentümliche historische Modellierung des Individuums durch ein Beziehungsgeflecht, eine Form des Zusammenlebens mit anderen von ganz spezifischer Struktur.«[262]

Wie sich herausstellen wird, nimmt Plessner – obwohl im Hinblick auf sein Subjektverständnis selbst zahlreichen Annahmen der Moderne verpflichtet – eine Reihe zentraler Korrekturen an der skizzierten Selbstauffassung moderner Subjektivität vor. Dies verdeutlicht bereits seine Formel der exzentrischen Positionalität, aufgrund derer der Mensch seinen Ort nicht bei sich selbst, sondern »*zwischen* sich, dem Subjekt des Verhaltens, und seinen Objekten«[263] findet. Doch auch bezüglich des Status der menschlichen ›Innerlichkeit‹ weicht Plessners Standpunkt von bestimmten traditionellen Vorgaben ab. Auf der Grundlage seiner Exzentrizitätsthese entwirft er ein Szenario der ›Innenwelt‹, das nicht nur in Frage stellt, inwiefern diese als ein Ort unversehrter Privatheit gelten kann, sondern das ebenfalls Zweifel daran aufkommen weckt, dass das Ich den in es gesetzten Erwartungen als identitätsverbürgende Instanz wirklich gerecht zu werden vermag. In den »Hohlräume[n] der Innerlichkeit«[264] trifft der Mensch, so Plessner, auf keine unberührte Provinz der Eigentlichkeit, sondern auf eine gleichursprüngliche Präsenz des Anderen, der sich als ein permanenter Bewohner dieser Region und nicht nur als außerhalb ihrer situiert erweist. Indem der Andere somit als ein konstitutiver Bestandteil des Selbst(seins) fungiert, verliert auch die Innenwelt ihren vermeintlich privatimen Charakter, sondern wird – wie es bei Merleau-Ponty heißt – zum »Instrument, auf dem ein anderer spielt.«[265] Entgegen der Einschätzung einiger Vertreter des Identitätskonzepts stellt die dem Selbst inhärente Andersheit aus Plessners Sicht jedoch nicht einen pathologischen Zustand (in den sie allerdings unter bestimmten Umständen umschlagen kann), sondern ein wesentliches Merkmal der ›conditio humana‹ dar.

Erweist sich die Innerlichkeit des Menschen somit keineswegs als eine ›sichere‹ Bastion gegenüber den Ansprüchen der Außenwelt, so gilt dies in bestimmter Hinsicht auch für das Ich. Zwar unternimmt Plessner – anders als er dies in einem Brief an Josef König aus dem Jahre 1924 ankün-

262 Elias, 1999, S. 48 f.

263 VII, S. 379.

264 VIII, S. 237.

265 SuU, S. 27.

digt – zu keiner Phase seines Schaffens eine »Zerstörung des Ichbegriffs«[266], dennoch führt sein Ichkonzept konsequent die Aporien der Selbstbezüglichkeit vor: »Selbstbewußtsein qua Selbstreflexion [...] gestattet keine Selbsterkenntnis, weil das Subjekt bei diesem Versuch, auf sich zurückzukommen, sich jedesmal erneut entzieht oder in ein Objekt verwandelt. Es kommt nicht bei sich selber an.«[267] Für Plessner zeichnet sich das Ich nicht durch einen »Selbstbezug vor dem Fremdbezug«[268] aus, der immer die Privilegierung eines Gliedes der Relation zur Folge hätte. Vielmehr verweist sein Ichbegriff auf eine »*Prä/Interferenz*« im Sinne der »Möglichkeit eines Selbstbezugs nicht vor, sondern im Fremdbezug.«[269] Da das Ich sich selbst niemals originär in den Blick bekommt, vermag es ›sich‹ nur aus der Perspektive eines Anderen zu erfahren. »Vom Ich gilt jenes tiefsinnige Wort des Evangeliums in beschreibendem Sinne: nur wer sich verliert, wird sich gewinnen.«[270]

Als Einführung in die Problemstellung dieses Abschnitts werden zunächst Plessners Überlegungen zum Verhältnis von Eigenem und Fremdem im Mittelpunkt stehen (1). Dabei soll deutlich gemacht werden, dass es sich bei dieser Relation nicht um ein fixes Verhältnis, sondern um variable Kategorien handelt, d.h. das Fremde markiert nicht allein das ›Außen‹ des Eigenen, vielmehr wohnt diesem selbst ein Moment der Fremdheit konstitutiv inne. Nach einer allgemeinen Charakterisierung der Sphäre der ›Innenwelt‹ sowie Plessners Verständnis des Psychischen (2) erfolgt dann eine nähere Betrachtung seines Ichbegriffs (3). Im Durchgang durch die verschiedenen Stationen seines Werks soll in Abgrenzung von einer in der Plessner-Rezeption nicht selten anzutreffenden Auffassung gezeigt werden, dass sein Ichkonzept trotz aller bestehenden Nähen zur Philosophie Fichtes letztlich eine engere Verbundenheit zum Denken Kants aufweist. Um die Veränderungen *und* die Kontinuitäten in Plessners Auffassung des Ich im Verlaufe seiner Denkentwicklung möglichst anschaulich zu konturieren, werden seine Arbeiten heuristisch in drei ›Phasen‹ unter-

266 BW, S. 73.

267 Gamm, 1992, S. 19. Für Gamm ist, wie er unter Berufung auf die Schriften von Proust, Joyce, Kafka, Musil und Thomas Bernhard ausführt, »die Idee, durch Selbsterkenntnis zur Selbstverwirklichung zu gelangen, letzten Endes nicht mehr als leeres Gerede, auch wenn die Vervielfältigung jener Maxime heute Auflagen in Millionenhöhe erreicht« (ebd., S. 20).

268 Waldenfels, 1994, S. 209.

269 Ebd., S. 210.

270 IV, S. 90. Vgl. V, S. 69, 76, 91. Auf diese Formel rekurriert in leicht abgewandelter Form auch Scheler (vgl. Scheler, GW 2, S. 493).

teilt. Im Anschluss an die Betrachtung seiner vor den *Stufen* erschienenen Arbeiten (3.1), soll anhand seines anthropologischen Hauptwerks (3.2) gezeigt werden, inwiefern in diesem eine zumindest partielle Emanzipation von den idealistischen Prämissen des Frühwerks erkennbar wird. Eine entscheidende Ablösung von den noch in den *Stufen* vorfindbaren idealistischen Motiven gelingt Plessner erst in seinen nach 1928 erschienenen Arbeiten (3.3), ohne dass dies zu einer vollständigen Preisgabe der zuvor erarbeiteten Grundzüge seines Ichkonzepts führt.

## III.B.1 Fremdheit des Eigenen und Vertrautheit im Fremden

Für Plessner stellen die Begriffe der ›Vertrautheit‹ und ›Fremdheit‹ insofern anthropologische Grundkategorien dar, als sie zur Strukturierung des menschlichen Selbst- und Welt-Verhältnisses beitragen. Da der Mensch als exzentrisches Wesen jedoch »sich und seine Welt, in der er zu Hause ist und auf die er sich versteht, als begrenzt und offen zugleich [...], vertraut und fremd, sinnvoll und widersinnig«[271] zu erleben vermag, bietet ihm die Unterscheidung von Vertrautheit und Fremdheit keineswegs eine sichere Orientierung, sondern sie erweist sich als eine variable Relation. »Welt als das, worin Dasein spielt, ist von einer verschwimmenden Grenze durchzogen, die den Bereich der Vertrautheit von dem der Fremdheit scheidet. Es braucht in den beiden Bereichen nicht immer ›mit rechten Dingen‹ zuzugehen, auch kann das Vertraute zum Fremden werden und umgekehrt. Aber zwischen beiden Bereichen sollen Beziehungen spielen können.«[272] Indem die Entscheidung darüber, was dem Menschen als vertraut bzw. fremd gilt, nicht einer ›natürlichen‹ Ordnung, sondern der Festlegung durch ihn selbst unterliegt, offenbaren ›Vertrautheit‹ und ›Fremdheit‹ ihren historisch kontingenten Charakter.[273] Diese Veränderlichkeit erfordert,

271 VII, S. 304. Die Bedeutung, die Plessner dem Begriffspaar ›vertraut‹ – ›fremd‹ zuerkennt, spiegelt sich auch darin, dass er dieses seinen Erläuterungen zur Differenz des geisteswissenschaftlichen ›Verstehens‹ gegenüber dem ›Erklären‹ zugrunde legt (vgl. VIII, S. 92 f.). Danach bedarf es der »Schreck- und Schmerzbedingtheit des entfremdenden Blicks« (ebd., S. 97), um das vormals Vertraute »mit anderen Augen« (Plessner) sehen zu können. Vgl. in diesem Zusammenhang auch Plessners Überlegungen zur Hermeneutik überlieferter Gegenstände: »In ihnen steht uns Fremdes gegenüber, das wir gleichwohl als Fremdes empfinden und beurteilen können, weil es in seiner Grundart mit uns verwandt und vertraut ist. Subjekt und Objekt sprechen die gleiche Sprache menschlichen Lebens« (ebd., S. 156).

272 Ebd., S. 360. Vgl. Schäffter, 1997, S. 106.

273 Vgl. V, S. 192.

so Plessner, zugleich die Revision eines Verständnisses, dem das Vertraute ausschließlich als Signifikant des Eigenen gilt, während sich das Unvertraute allein im Fremden manifestiert. »Die Sphäre der Vertrautheit ist also nicht von ›Natur‹ begrenzt und erstreckt sich (gleichsam außergeschichtlich) bis zu einer gewissen Grenze, sondern sie ist offen und erschließt ihm [dem Menschen – T.K.] dadurch die Unheimlichkeit des Anderen in der unbegreiflichen Verschränkung des Eigenen mit dem Anderen.«[274]

Wie lässt sich nun jenes Fremde, das sich Plessner zufolge mit dem Eigenen verschränkt zeigt (und dabei mehr als ein bloß Anderes ist), näher charakterisieren? Von Letzterem unterscheidet sich das Fremde nach Plessner vor allem dadurch, dass es nicht nur in der »nüchternen und indifferenten Bedeutung der bloßen Verschiedenheit«[275] auftritt, sondern sich durch eine Beziehung zum Eigenen auszeichnet. »Fremd kann mir daher nur etwas sein, was mir der Möglichkeit nach vertraut ist.«[276] Seine ›Unheimlichkeit‹ gewinnt das Fremde somit nicht dadurch, dass es in antagonistischer Stellung gegenüber dem Vertrauten verharrt, sondern als Un-Heimliches seine unlösliche Verbundenheit mit diesem bekundet. »Denn das Fremde ist das Eigene, Vertraute und Heimliche im Anderen und als das Andere und darum – wir erinnern hier an eine Erkenntnis Freuds – das Unheimliche.«[277] Plessners offensichtliche Annäherung an

274 Ebd., S. 193.

275 Ebd.

276 Arlt, 1996, S. 120. Ähnlich argumentiert auch Waldenfels: »Der Entzug der Anderen setzt ein Geflecht von Bezügen voraus. Nur was uns nah ist, kann uns fernrücken« (Waldenfels, 1994, S. 434). Allerdings unterscheidet sich Waldenfels' Position gegenüber derjenigen Plessners hinsichtlich ihrer Auffassung der Begriffe ›Andersheit‹ und ›Fremdheit‹: »Alles Fremde, so läßt sich sagen, ist ein Anderes, doch nicht jedes Andere ist schon ein Fremdes. [...] Selbes und Anderes lassen sich in einem Gemeinsamen verknüpfen. Eigenes kann an Fremdes nur anknüpfen. Die Unterscheidung zwischen Selbem und Anderem entsteht durch Abgrenzung, die zwischen Eigenem und Fremdem durch *Ein- und Ausgrenzung* [...]. [...] Fremdes, an das wir anknüpfen, entzieht sich unserem Zugriff« (Waldenfels, 1994, S. 235; vgl. ders., 1990c, S. 59 ff.).

277 V, S. 193. Wie Arlt zu Recht moniert, verweist Plessner zwar auf die Arbeit Freuds, unterlässt aber eine Bezugnahme auf die von diesem zur Erläuterung des Unheimlichen herangezogenen Mechanismen der Verdrängung bzw. Projektion, ohne deren Inanspruchnahme seine These, nach der das Unheimliche als das Eigene im Fremden zu fungieren vermag, letztlich ohne zurei-

die Psychoanalyse spiegelt sich auch in seiner Diagnose einer der menschlichen Wesensverfassung inhärenten »Angst oder Bedrängtheit«[278], als deren Ursache ihm die »Unheimlichkeit des Fremden und nicht [...] dessen möglicherweise abträgliche[] Wirkungen auf die eigene Sphäre der Vertrautheit«[279] gilt und in der er das entscheidende Movens zur Schaffung einer Sphäre des Vertrauten sieht.

Dadurch, dass es dem Menschen aufgegeben ist, die Regionen des Vertrauten und Fremden immer wieder neu abzustecken, ohne dabei diese Relation selbst außer Kraft setzen zu können, zeigt sich seine Situation durch die Unterscheidung zwischen einer als vertraut erfahrenen ›Umwelt‹ und einer sich als offen und damit unvertraut darstellenden ›Welt‹ gekennzeichnet. Anders als Heidegger, in dessen Stufung »einer primären im werktätigen Umgang erschlossenen Umwelt von Bedeutungszusammenhängen und einer erst in ihren Störungen sekundär – verabschiedend-durchbrechend – sich meldenden Welt«[280] eine implizite Hierarchisierung des Welt-Umwelt-Verhältnisses zum Ausdruck kommt, vermag für Plessner keines der Relationsglieder eine Vorrangstellung zu beanspruchen. »Keine von beiden ist primär. Sondern sie sind ineinander verschränkt, das Heimische und Vertraute und das Unvertraut-Unheimliche, Drohende und Abgründige. [...] In beständigen Umbrüchen erobert so der Mensch *zwischen* Umwelt und Welt, *zwischen* der heimischen Zone vertrauter Verweisungen und Bedeutungsbezüge, die ›immer schon‹ verstanden worden sind, und der unheimlichen Wirklichkeit der bodenlosen Welt seine Umwelt aus der Welt.«[281] In dieser produktiven Unentschiedenheit artikuliert sich wiederum Plessners Überzeugung jener dem Menschen eigentümlichen ›Zwischenstellung‹, die ihn nicht nur hinsichtlich sich selbst der Möglichkeit einer eindeutigen Festlegung entbindet, sondern ihre Gültigkeit auch in Bezug auf sein Verhältnis zur Welt behauptet. Mit der Verortung des Menschen in diesem nie dauerhaft in ein Gleichgewicht zu bringenden ›Zwischen‹ büßt die Sphäre des Eigenen zwar nicht grundsätzlich ihre Bedeutung ein, doch gibt sich ihre aus der immer wieder neu vollzogenen Sicherung gegenüber dem Fremden erwachsende stabilisie-

chende Begründung – Plessners Anspielung auf die Spiegelbildlichkeit (vgl. V, S. 193) scheint als eine solche nur bedingt tauglich – bleibt (vgl. Arlt, 1996, S. 120).

278 Ebd., S. 192.

279 Ebd.

280 Ebd., S. 197.

281 Ebd., S. 197 f.

rende Kraft als eine letztlich nur relative zu erkennen. »Jede Sicherheit ist einer Unsicherheit abgekämpft und schafft neue Unsicherheit.«[282]

Plessners These einer ursprünglichen Verschränkung der Sphären des ›Vertrauten‹ und ›Fremden‹ vermag jedoch nicht über die »innere Unstimmigkeit« seiner Argumentation hinwegtäuschen, »die darin besteht, daß der Kerngedanke, nämlich die fundamentale Struktur der Verschränkung von Eigensphäre und Fremdsphäre des Menschen [...] zum anthropologisch-politischen Urphänomen hochstilisiert wurde.«[283] Die beunruhigende und politisch brisante Gleichsetzung des Verhältnisses von Vertrautheit und Fremdheit unter Rückgriff auf Carl Schmitts Formel der ›Freund-Feind-Relation‹ nimmt bei Plessner insofern eigentümlich disproportionale Züge an, als er an anderer Stelle explizit darauf hinweist, dass das Unheimliche und Fremde nicht ohne weiteres dem Feindlichen gleichzusetzen ist, sondern lediglich als dessen möglichkeitsbedingendes Kriterium fungiert.[284] Seine z.T. widersprüchlichen Darlegungen werden auch daran sichtbar, dass Plessner dort, wo er Vertrautes und Fremdes mit den Aspekten von Freund und Feind identifiziert, die vormals als miteinander verschränkt ausgewiesenen Relata des ersten Begriffspaars explizit in die Form eines »*Gegensatz[es]*« bringt.[285] Dass diesem jedoch die Relation der ›Verschränkung‹ als eine »die ganze menschliche Daseinslage durchwaltende Verfassung«[286] zugrunde liegt, wird daran deutlich, dass für Plessner nicht nur das Unheimliche dem Menschen als feindlich zu gelten vermag. »Feind wird dem Menschen, was seinen Interessen abträglich ist. Das hat in den seltensten Fällen den Charakter der Unheimlichkeit. Im Gegenteil, es ist das Natürlichste und Vertrauteste von der Welt. Aber noch

282 Ebd., S. 198.

283 Rodi, 1986, S. 223.

284 Vgl. V, S. 195.

285 Ebd., S. 191. Wie Rodi vermutet, basiert diese Widersprüchlichkeit auf »eher äußerlichen Gründen« (Rodi, 1986, S. 223; vgl. Endreß, 1997, S. 41), die nach seiner Ansicht in Zusammenhang mit der Tatsache stehen, dass *Macht* »in der Reihe ›Fachschriften zur Politik und staatsbürgerlichen Erziehung‹ [erschien], was eine Bezugnahme auf das Phänomen des Politischen unerläßlich machte, obgleich es Plessner ja um eine ›Anthropologie der geschichtlichen Weltansicht‹ ging!« (ebd., S. 230, Fn. 17). Vgl. hierzu auch Bielefeldts Ausführungen, der zeigt, dass die Freund-Feind-Relation bei Plessner im Gegensatz zu Schmitt nicht als »Letztkriterium des Politischen« (Bielefeldt, 1994, S. 92 f.) fungiert. Vgl. zum Verhältnis Plessner – Schmitt auch Kap. I 4.

286 Ebd., S. 196.

in dieser Vertrautheit und Selbstverständlichkeit der Interessensgegensätze, die den alltäglichen Zank und Streit um die kleinsten und größten Dinge hervorrufen, dokumentiert sich die für die Streitenden selber ganz gleichgültige, aber den Zwang zum Streit hinter ihrem Rücken sozusagen hervorrufende Verschränkung des Einen in den Anderen, in der jeder ›sich‹ nicht nur in seinem Hier, sondern ebenso im Dort des Anderen als seinem Dort fremd gegenübersteht.«[287]

## III.B.2 Die »ontologische Zweideutigkeit« des Psychischen – Zur Struktur der Innenwelt

Gemäß seiner triadischen Positionalitätsstruktur *als* Körper, *im* Körper und *außerhalb* desselben[288] erweist sich der Mensch als ein Wesen, dessen ›Welt‹ sich in die Bereiche der Außen-, Innen- und Mitwelt gliedert. Im Gegensatz zur Außenwelt, die das Gebiet des »vom Leib abgchobenen Umfeldes«[289] darstellt, bezeichnet die Innenwelt die »Welt ›im‹ Leib, das, was das Lebewesen selbst ist.«[290] Dass es sich bei beiden zwar um phänomenal verschiedene, jedoch keineswegs gegeneinander abgeschlossene Bereiche handelt, dokumentiert Plessners Hinweis auf ihre »gegensinnige[] Zuordnung.«[291] Wie alle Formen menschlichen Selbst- und Weltbezugs unterliegt auch die Innenwelt dem Gesetz der vermittelten Unmittelbarkeit, d.h. obwohl ihre Gegebenheit sich nur mittels der Reflexion vollzieht, stellt sie dennoch eine von ihr unabhängige Sphäre dar. Als das, was »man in sich spürt, erleidet, durchmacht, bemerkt *und* welches man ist«[292], steht die Innenwelt im Doppelaspekt von Seele und Erlebnis, die, obwohl material untrennbar, dennoch nicht zusammenfallen.[293] Während das Erlebnis »die durchzumachende Wirklichkeit des eigenen Selbst im Hier-Jetzt [bezeichnet], worin mich keiner ersetzen kann«, so umfasst die Seele die »vorgegebene Wirklichkeit der Anlagen«[294], zeigt sich allerdings selbst in den Prozess einer permanenten Veränderung eingebunden. »[A]lle seelischen Dispositionen und Leistungen sind zugleich erlebnisbedingend und erlebnisbedingt. Erlebnisse prägen den Menschen, erschüttern ihn, schaf-

287 Ebd., S. 195.
288 Vgl. IV, S. 365.
289 Ebd., S. 368.
290 Ebd.
291 Ebd.
292 Ebd., S. 372.
293 Vgl. ebd., S. 369.
294 Ebd.

fen neue Möglichkeiten künftigen Erlebens wie sie ihrerseits ermöglicht sind durch vorgegebene Eigenschaften der Psyche.«[295]

Auf diesen Sachverhalt einer grundsätzlichen Zweideutigkeit und Gespaltenheit des Psychischen hatte Plessner bereits in seiner 1922 veröffentlichten Schrift *Über den Realismus in der Psychologie* aufmerksam gemacht. Dort führt er aus, dass das Psychische »eine eigene Seinszone bildet, die zwar eigener Wahrnehmungsweise bedarf, um bewußt zu werden, aber doch keineswegs damit sich schon in bloßes Bewußtsein auflösen läßt.«[296] Jedoch warnt er gegenüber einer sich auf die Ansätze Lipps' und Diltheys berufenden gängigen Tendenz seiner Zeit davor, das Psychische als eine vom Bewusstsein vollständig unabhängige »Wirklichkeit sui generis«[297] zu begreifen. Zwar erweise sich dieses als »aufmerksamkeitsüberlegen« (Plessner); gegenüber der Annahme seiner *grundsätzlichen* und nicht nur relativen »Bewußtseinsüberlegenheit« (Plessner) erheben sich aus Plessners Sicht jedoch Bedenken. Für ihn übersieht ein »psychischer Realismus«, der davon ausgeht, dass »das Psychische als etwas von seinem Bewußtsein Unabhängiges zu denken ist«[298], dessen spezifisch zweideutige Verfasstheit: »Weder ist es ganz, ja auch nur zu einem bedeutenden Teil der Allgemeinheit zugänglich, noch haben wird *objektive* Kriterien seiner Wirklichkeit an allgemein (intersubjektiv) erwirkbaren Erfolgen.«[299] Als genuin leibgebundenes[300] stellt sich das Psychische als eine Sphäre dar, die »weder purer Strom und ewiger Wechsel, noch feste Dinglichkeit sein kann.«[301] Durch »das Gleitende, auf keinen bestimmten uns bekannten Seinstypus Festlegbare seiner Natur«[302] erschließt sich das Psychische, so Plessner, vornehmlich im Rahmen seiner Vollzüge.[303]

Hatte Plessner in seinem *Realismus*-Aufsatz noch explizit die »tiefe[n]

295 Ebd.

296 IX, S. 28.

297 Ebd., S. 42.

298 Ebd., S. 29.

299 Ebd., S. 39. Vgl. auch V, S. 68, wo Plessner ausführt: »Antithetik [...] gehört zur Natur des Psychischen«.

300 Vgl. ebd., S. 38; III, S. 271, 324.

301 Ebd., S. 44.

302 Ebd., S. 40.

303 Vgl. ebd., S. 37 f. Auf den im *Realismus* vertretenen Gedanken der Unergründlichkeit und Zweideutigkeit des Psychischen greift Plessner zwei Jahre später in den *Grenzen* im Rahmen seiner Erörterung der spezifisch doppeldeutigen Verfasstheit der menschlichen Seele zurück (vgl. Kap. IV A. 2.1).

Einsichten«[304] Freuds hinsichtlich der Konstitution des Psychischen gewürdigt, so vollzieht er in den *Stufen* eine lediglich stillschweigende Reminiszenz an den Begründer der Psychoanalyse, indem er darauf hinweist, dass sich das menschliche ›Selbstsein‹ nicht auf bewusste Prozesse beschränken lässt, sondern »eine Skala des Seins von reiner Hingenommenheit und Selbstvergessenheit bis zum versteckt vorhandenen verdrängten Erlebnis«[305] umfasst. Aufgrund seiner ihm unzugänglichen Anteile zeichnet sich das Selbst durch eine nicht in den Modus distinkter Erkenntnis zu überführende Opazität aus, die keine Fixierung seiner ›eigentlichen‹ Qualitäten zulässt. Dieser partiellen Intransparenz entkommt der Mensch auch nicht durch einen reflexiven Zugang zu psychischen Phänomenen, da diese durch ihn immer eine Transformation erfahren. »[G]anz von der Hand zu weisen ist eine Beeinflussung der innerlichen Dinge und Vorgänge durch die auf sie gerichtete Aufmerksamkeit nicht. [...] Unter den Blicken des Erlebnissubjekts kann sich das Innenleben stark verändern wie die empfindliche Schicht der photographischen Platte im Licht.«[306] Wenngleich sich die Innenwelt dem Subjekt allein in der Reflexion erschließt, so erreicht diese dennoch nicht das »An sich« (Plessner) dieser Sphäre, die sich nur indirekt, d.h. im Modus der »Erscheinung« (Plessner) zu erkennen gibt. Die Einsicht in die Unerreichbarkeit eines originär-unmittelbaren Selbstverhältnisses hat jedoch zur Folge, dass auch der Aspekt der Selbststellung seine Autorität als privilegierter Zugangsmodus zur eigenen innerlichen Zuständlichkeit einbüßt – der Mensch bleibt sich bis zu einem gewissen Grad immer undurchsichtig.[307] »Mit einem [...] Vorzug der Selbststellung hätte es [...] nur dann seine Richtigkeit, wenn der Mensch ein ausschließlich zentrisch gestelltes und nicht, wie es der Fall ist, ein exzentrisches Lebewesen wäre. Für das Tier ist der Satz richtig, daß es in Selbststellung ganz es selber ist. [...] Für den Menschen dagegen gilt das Gesetz der Exzentrizität, wonach sein Hier-Jetzt Sein, d.h. sein Aufgehen im Erleben nicht mehr in den Punkt seiner Existenz fällt. Sogar im Vollzug des Gedankens, des Gefühls, des Willens steht der Mensch außerhalb seiner selbst.«[308]

304 Ebd., S. 42.

305 IV, S. 369. Vgl. ebd., S. 373.

306 Ebd., S. 370.

307 Vgl. an dieser Stelle auch Russells Hinweis, nach dem das Selbstbewusstsein kein Bewusstsein unseres gesamten Selbst, sondern lediglich ein »Bewusstsein besonderer Gedanken und Gefühle« darstellt (Russell, 1950, S. 51).

308 IV, S. 371. Vgl. in diesem Zusammenhang Plessners Ausführungen in der *DmA*, in der er feststellt: »[D]as Psychische darf keine Lokalisation erfahren.

In der menschlichen Nicht-Koinzidenz mit sich, die das gesamte Spektrum seiner Möglichkeiten und Fähigkeiten umfasst, offenbart sich eine fundamentale »Durchgegebenheit in das Andere seiner Selbst im Kern des Selbst.«[309] Weder solipsistisch strukturiertes Zentrum noch ungebrochene Sphäre der Eigentlichkeit, entdeckt sich in der Innenwelt eine ihr von vornherein innewohnende Andersheit, die ihr als solche ihre spezifischen Konturen verleiht. »Den Zweifel an der Wahrhaftigkeit des eigenen Seins beseitigt nicht das Zeugnis der inneren Evidenz. Es hilft nicht über die keimhafte Spaltung hinweg, die das Selbstsein des Menschen, weil es exzentrisch ist, durchzieht, so daß niemand von sich selber weiß, ob er es noch ist, der weint und lacht, denkt und Entschlüsse faßt, oder dieses von ihm schon abgespaltene Selbst, der Andere in ihm, sein Gegenbild und vielleicht sein Gegenpol.«[310]

Mit seinen Ausführungen zur Innenwelt und zur Struktur des Selbstseins zeigt Plessner, dass beide für ihn nicht als kohärenz- und kontinuitätsstiftende Sphären zu fungieren vermögen. Stattdessen entwickelt er seine Betrachtungen zur Innenwelt ohne »die Tiefe und den geistig moralischen Ton, der üblicherweise dem Wort gehört.«[311] Für Plessner zeichnet sich die Innenwelt durch eine fundamentale Gespaltenheit aus, deren aus dem Spannungsverhältnis von Seele und Erlebnis resultierende asymmetrische Konfiguration sich niemals vollständig zur Deckung bringen lässt. »Wirkliche Innenwelt: das ist die Zerfallenheit mit sich selbst, aus der es keinen Ausweg, für die es keinen Ausgleich gibt.«[312] Doch nicht nur offenbart sich die innere Struktur des Subjekts als fundamental gespalten, vielmehr erweist sich diese Gespaltenheit selbst noch einmal für den Men-

Die Annahme, dass die Reflexion auf Erlebnisse, die sogenannte Selbstbeobachtung, nach innen führt, begeht den Irrtum, die Binnenordnung des eigenen Körpers zu dem Ort zu machen, in welchem das *Ineinander* der Erlebnisse ihr Entstehen und Vergehen hat« (VII, S. 121). Vgl. zum Kantischen Einfluss auf Plessners Unterscheidung von »An sich« und »Erscheinung« Pietrowicz, 1992, S. 431. Vgl. zu Plessners Differenzierung zwischen den Bereichen des ›Psychischen‹ und des ›Bewusstseins‹ ( III, S. 209, 216 f.).

309 V, S. 231. Vgl. Schäfer, 1999a, S. 209.

310 IV, S. 372. Vgl. zu Plessners Verständnis der Innenwelt auch Hammer, 1967, S. 172, 204.

311 III, S. 390.

312 IV, S. 372. Vgl. in diesem Zusammenhang auch V, S. 69, wo Plessner von einem »Zwielicht im eigenen Innern« spricht. Vgl. zu Plessners Kritik einer Privilegierung der Innerlichkeit gegenüber der körperlichen Sphäre in den Ansätzen Schelers und Jaspers' VIII, S. 39 f.

schen als ambivalent, da er aus dem »indifferenten Gleichgewicht[]« der Innenwelt nicht nur die »größten Möglichkeiten herausholt«, sondern an ihm »ebenso erkranken und zugrunde gehen kann.«[313]

Fragt man angesichts der vorangegangenen Darlegungen nach historischen Positionen, die als Kontrastfolie für Plessners vehemente Absage an den Gedanken einer homogen strukturierten Innerlichkeit gelten können, so tritt neben cartesianischen und idealistischen Ansätzen auch das Lutherische Denken in den Blick. Wie die beiden Erstgenannten, so leistet auch diese aus »augustinisch-mönchische[r] Herkunft«[314] entstandene Bewegung aus Plessners Sicht einen entscheidenden Beitrag zur »Entgegensetzung und Verfeindung von Innerlichkeit und Wirklichkeit, [...] von Seele und Körper.«[315] Ihrer Dichotomisierung korrespondiert im Rahmen des lutherisch geprägten Denkens darüber hinaus auch eine Hierarchisierung dieser Sphären: Während die Innerlichkeit die Signatur der Eigentlichkeit zugewiesen bekommt, wird die Exteriorität dagegen mit dem Status des Uneigentlichen versehen.[316] Die aus dieser Gewichtung resultierende Privilegierung der Eigensphäre bedingt für Plessner eine Reihe erkenntnistheoretischer, politischer und moralischer Konsequenzen. Während der lutherische Dualismus in epistemologischer Hinsicht einer erkenntnismäßigen Vorrangstellung des Selbst Vorschub leistet, führt er »in der Ethik stets zur Machtverneinung und damit zur Degradierung der Politik, zur Verdrängung des Zivilisationstriebes, der Werte der Künstlichkeit.«[317]

Plessners These einer fundamentalen Gespaltenheit des Selbst büßt auch dann nicht ihre Gültigkeit ein, wenn er an anderer Stelle von der »Identität desjenigen, der im Zentrum der Vermittlung *steht*«, spricht.[318] Denn wie die weitere Analyse seines Ichbegriffs deutlich machen wird, bezeichnet die in diesem Zusammenhang zugegebenermaßen missverständliche Rede von ›Identität‹ kein Residuum subjektiver Koinzidenz bzw. zeitüberdauernder Kontinuität, sondern lediglich die Möglichkeit einer selbstbezüglichen Zuschreibung kraft der doppelten Distanz des Menschen zu sich. »Infolgedessen ist der Mensch ›sich selber‹ nicht mehr ver-

313 Ebd.

314 VI, S. 76.

315 V, S. 23. Vgl. ebd., S. 24. Vgl. zu Plessners Distanz gegenüber dem lutherischen Dualismus auch Kap. IV A. 2.2.

316 Vgl. VIII, S. 204.

317 V, S. 130.

318 IV, S. 401. Nach Ansicht Limbachs sind es maßgeblich solche Formulierungen, denen sich die häufig solipsistische bzw. idealistische Lesart von Plessners Ansatz verdankt (vgl. Limbach, 1992, S. 309).

borgen, er weiß von ihm, daß er mit ihm, welcher weiß, identisch ist.«[319] Erweist sich diese Selbstbezüglichkeit als conditio sine qua non einer Identifikation des Menschen mit sich selbst, so erzielt er durch sie dennoch keinen originären Zugang zu sich, weil dieser Selbstbezug, wie es bei Merleau-Ponty heißt, »schon Generalität ist.«[320]

### III.B.3 Zur Funktion und Genese des Ich in Plessners Philosophie

Der Umstand, dass der Mensch zu sich in einem Verhältnis doppelter Distanz steht, d.h. zu seinem Erleben noch einmal in Beziehung zu treten vermag, begründet seine Existenz als ichhaftes Wesen. Entsprechend seiner Auffassung, nach der »Mensch-Sein« konstitutiv »das Andere seiner selbst Sein«[321] bedeutet, stellt für Plessner auch das Ich in erkenntnistheoretischer Perspektive keine bruchlose Einheit dar, sondern es spaltet sich in ein ›reines Ich‹, das sich jeder Vergegenständlichung entzieht, und ein erlebbares ›Individual-Ich‹ oder ›Mich‹.[322] Mit dieser Differenzierung reiht sich Plessner in den Kanon solcher Autoren wie Husserl, James, Mead, Sartre oder Lacan ein, die ebenfalls mit der Unterscheidung von ›Ich‹ und ›Mich‹, ›I‹ und ›Me‹, ›je‹ und ›moi‹ operieren.[323] Dass er mit dieser ›Teilung‹ des Ich allerdings auch eine Grundproblematik idealistischer Ansätze aufgreift[324], scheint – ungeachtet der sich in seinem Werk vielfach bekundenden idealismuskritischen Haltung[325] – eine immer wieder geäußerte Einschätzung zu bestätigen, nach der es sich bei ihm um einen schwerpunktmäßig dieser Tradition verpflichteten Autoren handele. Eine solche Position vertritt u.a. Pietrowicz, aus dessen Sicht Plessners Anthropologie außer durch den Kritizismus Kants, die Phänomenologie Husserls sowie die Lebensphilosophie Diltheys/Mischs auch maßgeblich von der Ichphilosophie Fichtes beeinflusst wurde.[326] Pietrowicz zufolge kann Fichtes Ich-

319 Ebd.

320 Merleau-Ponty, 1993, S. 153.

321 V, S. 225. Vgl. IV, S. 403.

322 Vgl. Kap. III B. 3.2.

323 Vgl. Waldenfels, 1990b, S. 54, 67.

324 Vgl. Schulz, 1972, S. 435.

325 Exemplarisch sei in diesem Zusammenhang auf die folgenden Stellen verwiesen: IV, S. 48, 59, 407, 409; V, S. 13, 23 f., 130, 163 f.; VII, S. 87, 111, 247; VIII, S. 38, 46, 155, 389; IX, S. 259, 295, 304; X, S. 292. Plessners Vorbehalten gegenüber idealistischen Ansätzen korrespondiert allerdings eine nicht weniger distanzierte Einstellung gegenüber realistischen Positionen.

326 Nach Plessners eigenen Worten fällt seine erste intensive Berührung mit der Theorie Fichtes in seine Heidelberger Studienzeit, d.h. zwischen 1911 und

begriff nicht nur im Hinblick auf die Exzentrizitätskategorie und das Grundgesetz der vermittelten Unmittelbarkeit, sondern ebenfalls in Bezug auf Plessners Rollenkonzeption als »grundgebende Denkfigur«[327] gelten, wobei für ihn die Tatsache, dass Plessner Fichtes »metaphysisch-idealistische Position [...] naturphilosophisch aus- und umdeutet, [...] letztlich keine Rolle [spielt].«[328] Obwohl Pietrowicz selbst wiederholt auf einige grundsätzliche Differenzen zwischen beiden Autoren hinweist[329], hält er dennoch durchgängig an seiner These fest, dass Plessner »bei aller Frontstellung gegen den Idealismus [...] letztendlich doch in dessen Tradition steht und denkt.«[330]

Dieser Einschätzung stehen jedoch eine Reihe von Stimmen gegenüber, die auf die Revisionsbedürftigkeit der These verweisen, Plessner vertrete einen ›idealistischen‹ oder gar solipsistischen Standpunkt.[331] Diese eigentümliche Unentschiedenheit hinsichtlich der Idealismusverbundenheit Plessners nehmen die folgenden Ausführungen zum Anlass, um vor dem Hintergrund der vor allem von Pietrowicz behaupteten fundamentalen Abhängigkeit seiner Anthropologie von der Ichphilosophie Fichtes die sachliche Reichweite einer solchen These zu überprüfen. Dass Fichte in der Tat einen zentralen Einfluss auf Plessners Denkentwicklung ausübt, sei unbestritten. Betrachtet man jedoch beide Positionen im Hinblick auf die jeweils theorieimmanente Stellung des Ich, so wird deutlich, dass es in dieser Hinsicht weniger die Philosophie Fichtes, als in stärkerem Maße diejenige Kants ist, von der Plessners Ichverständnis seine maßgeblichen Impulse empfängt. Um diese These zu veranschaulichen, soll im Folgenden zunächst der Frage nach dem Status des Ich in den Konzeptionen Kants und Fichtes nachgegangen werden, ohne damit allerdings auf einen systematischen Vergleich beider Konzeptionen abzuzielen.

Im Paralogismus-Kapitel der *KrV* behauptet Kant gegen die rationale Psychologie den a-substantialistischen, logisch-einfachen Charakter des Ich, das für ihn die begriffs- und anschauungslose »bloße Form des Bewußt-

1914, wo er durch ein von Ehrenberg abgehaltenes Seminar Fichtes Wissenschaftslehre von 1804 kennen lernte (vgl. X, 308; Pietrowicz, 1992, S. 94 f.).

327 Pietrowicz, 1992, S. 392. Vgl. ebd., S. S. 60 ff., 105, 392 f., 422, 454.

328 Ebd., S. 394.

329 Vgl. ebd., S. 60, 128 f., 369 f., 475 f.

330 Ebd., S. 422.

331 Vgl. hierzu u.a. Arlt, 1994, S. 163; Giammusso, 1995, S. 190 f.; Limbach, 1992, S. 10 ff., 97, 102, 211; Orth, 1995, S. 70.

seins«[332] darstellt. Zugleich offenbart die von ihm diagnostizierte Gespaltenheit des Ich in ein empirisches und transzendentales die Problematik einer auf vollständige Selbsttransparenz zielenden Vernunfterkenntnis. »Ich bin mir meiner selbst bewußt, ist ein Gedanke, der schon ein zweifaches Ich enthält, das Ich als Subjekt, und das Ich als Objekt. Wie es möglich sei, daß ich, der ich denke, mir selbst Gegenstand (der Anschauung) sei, und so mich von mir selbst unterscheiden könne, ist schlechterdings unmöglich zu erklären, obwohl es ein unbezweifelbares Faktum ist.«[333] Als Reflex dieser Einsicht entwickelt Kant ein funktionales Konzept, in dem das Ich der reinen Apperzeption, das alle meine Vorstellungen muß begleiten können[334], als ein bloßes Geltungsprinzip fungiert. »[D]as ›*Ich denke*‹ Kants [...] bezeichnet das erste Prinzip sowohl der Vergewisserung als auch der formalen Bestimmung der Erkenntnis. In Verbindung mit seiner Kritik [...] der rationalen Psychologie besagt es nicht anderes, als daß eine Identität des Wissens festgehalten werden muß, ohne daß dieser Identität des Wissens mehr zugesprochen werden kann, als ein Verweis auf Existenz: eine Existenz ohne Substanz.«[335] Nach Kant liegt einer Wissenschaft der reinen Vernunft allein zugrunde die »einfache und für sich selbst an Inhalt gänzlich leere Vorstellung: *Ich*; von der man nicht einmal sagen kann, daß sie ein Begriff sei, sondern ein bloßes Bewußtsein, das alle Begriffe begleitet. Durch dieses Ich [...], welches denkt, wird nun nichts weiter als ein transzendentales Subjekt der Gedanken vorgestellt = X, welches nur durch die Gedanken, die seine Prädikate sind, erkannt wird, und wovon wir, abgesondert, niemals den mindesten Begriff haben können.«[336] Da »ich [...] also demnach keine *Erkenntnis* von mir wie *ich bin* [habe], sondern bloß wie ich mir selbst erscheine«[337], zeigt sich für Kant alle Selbsterfahrung auf ein Medium der Anschauung angewiesen. Kants Hinweis darauf, dass es sich bei der »Identität des Bewußtseins Meiner selbst in verschiedenen Zeiten nur [um] eine formale Bedingung meiner Gedanken und ihres Zusammenhanges«[338] handelt, verdeutlicht, dass das Ich der reinen Apperzeption lediglich als *logisches* Subjekt des Denkens[339] fungiert, von dem aus es sich verbietet, auf die numerische Identität der

332 KrV, A 382.

333 Kant; zit. nach Meyer-Drawe, 1991, S. 395.

334 Vgl. KrV, B 131 f.

335 Baumgartner, 1994, S. 22 f. Vgl. Hübener, 1988, S. 120.

336 KrV, B 404. Vgl. A 355, 382.

337 Ebd., B 158. Vgl. 156, 277, A 402.

338 Ebd., A 363.

339 Vgl. ebd., A 350, 398, B 407.

Person zu schließen.[340] Im Gegensatz dazu kann es in der empirischen Apperzeption (›innerer Sinn‹) kein »stehendes oder bleibendes Selbst in diesem Flusse innerer Erscheinungen geben«[341], da das Moment der Beharrlichkeit nur in der äußeren Anschauung Gültigkeit zu beanspruchen vermag, »die Zeit aber, mithin alles, was im inneren Sinn ist, beständig fließt.«[342] Damit läuft Kants »›Widerlegung des Idealismus‹ [...] auf gar nichts anderes hinaus, als daß wegen des Fehlens eines Beharrlichen in uns selbst wir bei der inneren Erfahrung von beharrenden äußeren Gegenständen abhängig sind.«[343]

Aus Fichtes Sicht reiht sich die Philosophie Kants in diejenigen reflexionstheoretischen Zugangsversuche zum Ich ein, deren Grundproblem er in der Zirkelhaftigkeit ihrer Argumentation zu erkennen glaubt. Um das, was sie zu zeigen beabsichtigen (nämlich den Ursprung des Selbstbewusstseins) müssen solche Positionen nach Fichte das zu Hinterfragende bereits immer schon stillschweigend voraussetzen. Wie Henrich betont, hat Fichte gegenüber derartigen reflexionstheoretischen Ansätzen »die Theorie des Selbstbewußtseins in eine ganz andere Stellung gebracht. Zwischen dem, was ›Ich‹ ist, und dem, woraus es verständlich gemacht werden kann, öffnet sich eine Differenz, vielleicht sogar ein Abgrund. [...] Die Reflexionstheorie, die dem Phänomen des Ich seine eigene Explikation zumutet, bringt es gar nicht vollständig in den Blick. Sie bringt es vielmehr zum Verschwinden.«[344] Der Tatsache, dass »das Nächste, wir selbst, das Ich-Wissen, [...] das Dunkelste für unsere diskursive Erkenntnis [ist]«[345], trägt Fichte durch den Begriff des ›Setzens‹ Rechnung. Die als erster Grundsatz der *Wissenschaftslehre* von 1794 ausgewiesene Formel, nach der

340 Vgl. ebd., A 362 f., 365, B 408.

341 Ebd., A 107.

342 Ebd., B 291.

343 Hoppe, 1983, S. 212. Dem sich in Anschluss an diese Ausführungen möglicherweise erhebenden Vorwurf einer einseitigen Lesart Kants soll an dieser Stelle mit Rogozinskis Hinweis auf die seinen Ausführungen unterliegende »ontologische Ambivalenz« hinsichtlich des transzendentalen Ich begegnet werden: »Seit der ersten Auflage der *Kritik* scheint Kant in der Tat zwischen zwei sehr verschiedenen, sogar sich widersprechenden Konzeptionen des transzendentalen Subjekts geschwankt zu haben. Während die *Analytik* den Akzent auf dessen Spontaneität, seine dynamische Synthesis-Aktivität legt, scheint die *Dialektik* ihm sein Konstitutionsvermögen wieder zu nehmen: es ist ›die bloße Form des Bewußtseins‹« (Rogozinski, 1988, S. 198).

344 Henrich, 1967, S. 16.

345 Ebd., S. 35.

das Ich sich selbst schlechthin setzt, »ist das Resultat der Überlegung, daß kein anderer Weg bleibt als der, einen Grund anzunehmen, der sich unseren Blicken entzieht, wenn wir begreifen wollen, was wir alle erblicken, sofern wir von uns selbst wissen und uns durch das Wörtlein ›Ich‹ zu erkennen geben.«[346]

Am Leitfaden des logischen Satzes der Identität (A = A) unternimmt Fichte den Nachweis eines dieser Identitätssetzung ermöglichend vorausgehenden ursprünglichen Setzens.[347] Dieses nicht mehr hintergehbare, frei von jeder Vermischung mit Fremdem und Verschiedenem gedachte Prinzip bezeichnet Fichte als ›absolutes‹ bzw. ›reines Ich‹. Gegenüber dem sich ein Nicht-Ich entgegensetzenden und deshalb teilbaren Ich zeichnet sich das ›reine Ich‹ wesentlich durch das Attribut der Unteilbarkeit aus.[348] Zugleich ist dieses sich in intellektueller Anschauung selbst hervorbringende Prinzip als Grund aller möglichen Erfahrung einer näheren Bestimmungsmöglichkeit entzogen. »Es kommt nie in dem empirischen Wollen vor, deswegen ist es unbegreiflich und kann nicht gedacht werden. Wir haben keine Vorstellung davon und keine Ausdrücke dafür, weil wir selbst sinnlich sind. Man nenne es absolute Selbstheit, Autonomie oder Freiheit.«[349] Als Subjekt und Objekt in sich vereinigend avanciert die ›absolute Identität‹ des Ich bei Fichte zum Kulminationspunkt jeder Letztbegründung. »Daraus, *daß das Ich Subjekt und Objekt zugleich ist*, aus diesem ersten höchsten Satze geht alles übrige hervor.«[350]

Zwar weiß sich Fichte mit Kant hinsichtlich der grundsätzlichen Unbestimmtheit des reinen Ich, der beide wiederholt durch das Unbestimmtheitssymbol ›X‹ Rechnung tragen, einig, doch offenbaren sich die zwischen ihnen bestehenden Divergenzen u.a. in Bezug auf das diesem Ich zugeschriebene Leistungsvermögen: »Mit Kant macht Fichte die transzendentale Subjektivität zum Angelpunkt seines Begründungsprogramms,

346 Ebd., S. 17.

347 Vgl. Tietjen, 1980, S. 195; v. Herrmann, 1976, S. 234.

348 Vgl. Fichte, W I, S. 110.

349 Fichte; zit. nach Edelmann, 1971, S. 57.

350 Ders.; zit. nach ebd., S. 51. Fasst man die dem Ich von ihm zugesprochenen Charakteristika zusammen, »[s]o sind die deskriptive Leere, die Selbstbezüglichkeit und die Spontaneität diejenigen logischen Charaktere, die im fichteschen Begriff des Ich verbunden sind, das aufgrund der deskriptiven Leere das reine und aufgrund der Unbedingtheit und Spontaneität seines Zustandekommens das absolute Ich zu nennen ist« (Stolzenberg, 1995, S. 75). Vgl. zur Problematik von Fichtes Bestimmung des reinen Ich als ›absolute Identität‹ Edelmann, 1971, S. 59 ff.

gegen Kant glaubt Fichte in dieser Subjektivität mehr als nur ein Begründungsprinzip, nämlich den ›absoluten‹ Grund allen Wissens und der Welt erfaßt zu haben. Aus einer methodisch eingesetzten transzendentalen Subjektivität wird ein ›absoluter Grund‹, nämlich das ›absolute Ich‹ bzw. das absolute Selbstbewußtsein. Das Selbstbewußtsein *gründet* sich im Absoluten und *ist* das Absolute, während es für Kant nur jenes ›ich denke‹ war, das alle (meine) Vorstellungen begleiten können muß.«[351] Die bei Fichte zutage tretende »Erweiterung der Bedingungsfunktion des Selbstbewußtseins zu einer absoluten Begründungsfunktion«[352] offenbart sich auch darin, dass er »nicht mehr nach den notwendigen Bedingungen von Erfahrungserkenntnis [fragt]. Er fragt, zwar legitimiert durch die aus Kants Ichbegriff gezogenen Konsequenzen, aber ungehemmt durch Kants erkenntnistheoretische Skrupel, sogleich und in vergleichsweise metaphysisch-dogmatischer Unmittelbarkeit nach dem ›Grund der Erfahrung‹.«[353] Damit verändert sich auch der jeweils theorieimmanente Status des Ich. Während dieses bei Kant die erkenntnisbedingende formale Einheit des Bewusstseins darstellt, von der »*wir, außer dieser logischen Bedeutung des Ich, keine Kenntnis von dem Subjekte an sich selbst haben*«[354], erhebt Fichte das Ich in den Rang eines absoluten Prinzips. »Die entscheidende Differenz zu Kants Fassung der transzendentalen Apperzeption ist offensichtlich: das Ich wird nicht mehr als ein die Vorstellungen bedingendes Prinzip verstanden, sondern wesentlich als etwas Eigenständiges, als selbständiger Sachverhalt: es soll sich als reines Selbstbewußtsein selber zum Gegenstand nehmen können. Im Modus solcher Selbstbezüglichkeit wird das Selbstbewußtsein notwendig absolut: es unterliegt ja keiner seiner Selbstbeziehung äußerlichen Bedingung.«[355]

Die folgenden Erörterungen beabsichtigen zu zeigen, dass Plessner

351 Mittelstraß, 1995, S. 147 f.

352 Becker, 1971, S. 15.

353 Ebd., S.13.

354 KrV, A 350.

355 Becker, 1971, S. 12. Vgl. zur Verabsolutierung des Ich bei den Nachfolgern Kants Mittelstraß, 1995, S. 144. Zugleich dürfen in diesem Zusammenhang allerdings die in Fichtes Spätwerk vollzogenen Modifikationen seines Ich-Denkens nicht außer Acht gelassen werden: »Das Ich soll sich selbst ›setzen‹. aber dieses Setzen läßt sich nicht [...] adäquat begreifen. Diese Ichproblematik ist es, die Fichte bis zur Idee der *Selbstauflösung des Ich* treibt. Der Ansatz des späten Fichte zeigt, wie auf dem Höhepunkt der Philosophie der absoluten Subjektivität sich bereits der Umschwung zur Destruktion des Ich andeutet« (Schulz, 1992, S. 260).

sich sowohl in Bezug auf die ›Identität‹ des Ich als auch hinsichtlich des ihm zuerkannten Rangs innerhalb seiner Philosophie zwar *auch* an Fichte, in weitaus stärkerem Maße jedoch an sein für ihn zeitlebens verbindliches Leitbild Kant gebunden zeigt. In unterschiedlichen Formulierungsweisen findet Plessner bei beiden Autoren Anhaltspunkte dafür, dass das auf sich reflektierende Ich an den Grund seiner selbst nicht heranzureichen vermag, doch wird sich zeigen, dass er auf die Philosophie Fichtes vor allem dahingehend rekurriert, dass er eine Reihe begrifflicher Vorgaben von diesem entlehnt[356], sie jedoch in für ihn typischer Manier aus- und umdeutet. Zu keiner Phase seines Schaffens besitzt Plessners ›Ich‹ allerdings einen demjenigen Fichtes vergleichbaren Autoritätsstatus, da sich dieser unvereinbar mit der kritischen, jede verabsolutierende Tendenz zurückweisenden Haltung seiner Philosophie erweisen würde. »Denn Kritik duldet kein Definitivum.«[357]

### *III.B.3.1 Die synthetische Einheit des Ich – Das Identitätsverständnis der Frühschriften*

In seiner Arbeit *Die wissenschaftliche Idee*, mit der Plessner – einundzwanzigjährig – im Jahre 1913 erstmals in die akademische Öffentlichkeit tritt, charakterisiert er das »reine Ich« als das »nie setzbare, alles setzende Ich, welches den wahren und einzig lebenden Boden des subjektiven Ich (des ›Ich‹ im täglichen Sinne) [...] darstellt.«[358] In dieser frühen Schrift tritt eines der charakteristischen Motive des Plessner'schen Ichverständnisses bereits insofern zu Tage, als sich das reine Ich im Gegensatz zum empirischen durch seine »einzigartige prinzipielle Verborgenheit«[359] auszeichnet. »Das reine Ich, welches niemals in dem ›Mich‹ erfaßt werden kann, da es sich ja überhaupt allein bestimmt als das, welches alles Daseiende, Darstellende trägt, (obwohl es, um überhaupt zum Ausdruck zu gelangen, stets als solches gesetzt werden muß); das Einzige nicht Objektivierbare an mir,

356 Vgl. Beaufort, 2000. Im Vergleich zu Pietrowicz vertritt Beaufort insofern eine differenziertere Position, als er einerseits nachweist, dass Plessner Begriffe wie ›reines Ich‹, ›Setzen‹, ›Sphäre‹ oder auch ›Aspektgrenze‹ z.T. unausgewiesen von Fichte übernimmt, andererseits jedoch deutlich die zwischen beiden Autoren bestehenden Differenzen herausarbeitet (vgl. Beaufort, 2000, S. 225, 227). Unmissverständlich lautet sein Resümee: »Plessner ist [...] kein Idealist und die *Stufen des Organischen* ist kein idealistisches Buch« (Beaufort, 2000, S. 225).

357 II, S. 454.

358 I, S. 130.

359 Ebd.

der Bestandteil an mir, den ich mit dem Worte ›ich‹ meine, der sich mir aber niemals enthüllen kann, da ich es immer bin, der sich auf mich richtet; jenes im Verborgenen bleibende allein Tätige meiner Subjektivität, die Selbstbeobachtung, Erfahrung und Handlung möglich macht. [...] Wir wissen vom Ich nichts, denn wir können von ihm nie etwas wissen – außer, daß es eben besteht –, ohne es selbst zu zerstören.«[360]

Die partiell metaphysische Ausrichtung von Plessners Erstschrift äußert sich darin, dass er dem »*rein subjekttragenden Ich, das im ›Mich‹ sein Spiegelbild nie erhalten kann*«, ein im Subjekt ideierendes göttliches ›Es‹ gegenüberstellt, um beide in der Idee eines »Ich-Es« (Plessner), dem »*lebendigen, spontan tätigen Gott*« als dem »*absolute[n] Boden des tätigen Subjektes*«[361] miteinander zu verbinden. Trotz seiner funktionalen Auffassung des ›reinen Ich‹ weiß Plessner um die Gefahr einer Substantialisierung desselben, der er dadurch zu begegnen sucht, dass er diesem – um »jede mögliche anschauliche Fundierung [zu] vermeiden«[362] – weder Sukzessivität noch Dauer, sondern allein das Attribut der »spontane[n] Tätigkeit«[363] zuspricht. Plessners Hinweis, dass sich das Ich allein durch die Attribute des Schöpferischen und Spontanen bestimmt zeigt, weist dahingehend eine gewisse Nähe zum Ichbegriff Fichtes auf, als auch dieser in der *Wissenschaftslehre* von 1794 dem Ich keine andere Eigenschaft als diejenige der ursprünglichen Tathandlung zuspricht. »Das Ich ist schlechthin tätig und bloß tätig – das ist die absolute Voraussetzung.«[364]

Im Vergleich zur *Wissenschaftlichen Idee* lässt Plessners 1918 erschienene *Krisis der transzendentalen Wahrheit im Anfang* eine Abkehr von den metaphysischen Implikationen der Erstschrift erkennen. »War dort [...] der Mensch nur ›Mittel‹ zur Darstellung der göttlichen Idee, so wird jetzt die Autonomie, die gesetzgebende Vernunft des Subjekts zu demjenigen Prinzip, welches das System der Philosophie erzeugt.«[365] Eingebettet in die durch das Studium der Kantischen Philosophie motivierte Fragestellung der Hervorbringung eines transzendentalphilosophischen Systems und seines Anfangs, kehrt das Motiv des ›reinen Ich‹ in dieser Schrift nun in der Gestalt des »identischen Ich« wieder. »Nur das mit sich identisch blei-

360 Ebd.

361 Ebd., S. 131.

362 Ebd.

363 Ebd.

364 Fichte, W I, S. 250. Zu weiteren, wesentlich aus der metaphysischen Ausrichtung der *Wissenschaftlichen Idee* resultierenden Nähen zwischen Fichte und Plessner vgl. Pietrowicz, 1992, S. 105 ff.

365 Pietrowicz, 1992, S. 136 f.

bende Ich ist in strengstem Sinne nie erlebbar, weil es allein die Bedingung wirklichen Erlebens ausdrückt.«[366] In der *Krisis* betont Plessner in Bezug auf die Frage des Verhältnisses von Erkenntnissubjekt und -gegenstand, dass »der Selbständigkeit des Gegenstandes Unabhängigkeit, der Notwendigkeit aber Abhängigkeit vom Subjekt zugeordnet sein müssen. Das Objekt des Erkennens [...] muß daher den Bedingungen beider Momente genügen, indem es sie beide gleichermaßen in sich vereinigt und kurzerhand die Einheit Widersprechender ausmacht.«[367] Aus transzendentalkritischer Sicht erfordert diese Synthesis jedoch den Rückgang auf das ihr zugrundeliegende möglichkeitsbedingende Kriterium. »Die innere Vereinigung der Gegensätze muß vielmehr das Auseinandertreten in den Widerspruch selbst begreiflich machen, wodurch allein sie sich als Einheit legitimiert.«[368]

Im Hinblick auf diesen identitätsstiftenden Gesichtspunkt kontrastiert Plessner mit dem subjektiv-analytischen und dem transzendentalkritisch-synthetischen Standpunkt zwei Verfahren, die seiner Ansicht nach die methodische Orientierung der Phänomenologie und der Transzendentalphilosophie widerspiegeln. Ungeachtet des problematischen Gehalts einer solch idealtypischen Unterscheidung liegt für ihn die Grenze der reduktiv-analytischen Methode darin, dass diese zwar den Nachweis zweier kontradiktorischer Momente, nicht jedoch deren synthetische Einheit aufzuklären vermag, »weil die analytische Identität kein Prinzip des Erkennens von Verhältnissen ist.«[369] Im Gegensatz dazu zeichnet sich das synthetische Verfahren durch den Aspekt der »Verknüpfung« (Plessner) aus, durch die »die beiden Momente der erkennenden und zu erkennenden Vernunft, des Subjekts und Objekts, getrennt und unterschieden und doch dieselben«[370] sind. Plessners Auffassung von »echter Synthesis, in welcher die widersprechenden Momente Einheit, und Einheit die widersprechenden Momente möglich machen«[371], erweist ihre Relevanz auch in Bezug auf die erkenntnistheoretische Problematik des Subjekt-Objekt-Verhältnisses. »Die synthetische Verbindung von Subjekt und Objekt zur Einheit des erkannten Gegenstandes ist die Norm für eine kritische Beurteilung begrifflicher Objektivität. Offenbar soll die wahrhaft gedankliche Leistung in einer paradoxen Synthese bestehen, wenn die Geltung der Identität im

366 I, S. 180.
367 Ebd., S. 151. Vgl. ebd., S. 234.
368 Ebd., S. 152.
369 Ebd., S. 168.
370 Ebd., S. 176.
371 Ebd., S. 164.

Widerspruch der in sich ruhenden Einselbigkeit vermöge der Anderheit zum Element des Notwendigen proklamiert wird. [...] Die innere Verschmelzung widersprechender Verhältnisarten: des totalen Nichtverbundenseins zweier Glieder (die Relation der Transzendenz) und totalen Insichgebundenseins eines Elements (die Relation der Immanenz) zum totalen Aneinandergebundensein in der korrelativen Notwendigkeit erzeugt das Schema des Begreifens von Tatsachen und die Bedingung der Möglichkeit jeder Ordnung.«[372]

Das Ungenügen des analytischen Standpunktes offenbart sich für Plessner auch in Bezug auf das Phänomen des Ich, das sich deshalb jedem reflexiven Zugriffsversuch entzieht, weil sich »auf Grund rückblickender Anschauung [...] immer nur wieder tatsächliche Akte, in welchen man gelebt hat, zur Vorstellung bringen [lassen].«[373] In seiner Funktion als »reeller Grund für die Zusammenfassung aller nur möglichen Akte zu einer Einheit«[374] stellt das Ich für Plessner jene die Bewusstseinseinheit gewährleistende Identitätsform[375] dar, die jedoch einer vom Erlebnisfluss isolierten Anschauung unzugänglich bleibt. »[S]o ist ein Erleben des Erlebniszentrums, in welchem die Akte ihren Ursprung haben, wesentlich ausgeschlossen; entweder müßte sich das Ich verdoppeln, um (dem Ich) erscheinen zu können – dann wäre seine Identität preisgegeben –, oder es müßte sich auf sich selbst richten, ohne den Akt gleichsam ausgeschickt zu haben, – dann wäre es überhaupt zu keinem Erleben gekommen. [...] Man denkt sich nur zu leicht das Ich als substantielles Organ oder eine irgendwie vorgehende Tätigkeit, welche während des Gebrauchs zwar sich nicht gegenständlich werden könnte, im Selbstbewußtsein aber auf sich blickte. Man denkt sich das Ich wie das Auge oder die Netzhaut und das Selbstbewußtsein ähnlich der Konstellation, wie man sie beim Gebrauch

372 Ebd., S. 209. Vgl. auch ebd., S. 164, wo es heißt: »Weder bildet der Ichpol der reinen Vorstellung das Erzeugungsgesetz für den Gegenstandspol und dadurch für sich selbst, noch gilt auch das gleiche von dem Gegenstandspol. Denn Ich und Gegenstand sind nur die (asymptotisch zu setzenden) Grenzen jenes ungetrennten aktuellen Beziehens, das [...] die gegebene Tatsache des Erlebens ausmacht.« Vgl. in ähnlicher Weise ebd., S. 163, 234. Das sich in dieser wie auch den o.g. Passagen aussprechende, als solches jedoch nicht begrifflich markierte Motiv der ›Verschränkung‹ findet sich in der *Krisis* auch an folgenden Stellen angedeutet: I, S. 163, 176, 215, 234.

373 Ebd., S. 188.

374 Ebd.

375 Vgl. ebd.

eines Augenspiegels findet. Nur vergißt man dabei, daß in diesem Falle nicht etwa das *Sehen* gesehen wird, oder die [...] Netzhaut *sich* sieht.«[376]

Neben seinem expliziten Verweis auf Kants Paralogismus-Kapitel[377] bezeugt vor allem die ›conclusio‹ der *Krisis,* in der Plessner das Problem der Ursprungseinheit durch den Aspekt der transzendentalen Einheit der Apperzeption gelöst sieht[378], seine offensichtliche Anlehnung an Kant. Mit diesem bestimmt er das Ich der transzendentalen Apperzeption als ein lediglich theoretisches Subjekt. »Dieses Subjekt hat mit empirischem oder reinem Bewußtsein oder Bewußtheit nichts mehr zu tun, weil diese Ordnungen für die Erkenntnis bereits objektive Bedeutung haben.«[379] Die Nähe zu Kant darf jedoch nicht darüber hinwegtäuschen, daß Plessner dessen Vorgaben keineswegs widerspruchslos übernimmt. Analog zu Kant, für den die transzendentale Einheit der Apperzeption »*de[n] höchste[n] Punkt [darstellt], an dem man allen Verstandesgebrauch, selbst die ganze Logik, und, nach ihr, die Transzendental-Philosophie heften muß*«[380], erkennt auch Plessner diesem Prinzip eine exponierte Stellung zu, da es für ihn die Möglichkeitsbedingung synthetischer Einheit und damit »das oberste formale Kriterium der Rechtmäßigkeit«[381] bezeichnet. Ferner weiß sich Plessner mit Kant darin einig, dass »das Subjekt eben weiter nichts als die innerliche Einheit der Auffassung«[382] repräsentiert. Zugleich offenbart jedoch die von ihm in der *Krisis* entwickelte »Transzendentaltheorie ohne Subjekt«[383] die entscheidende Differenz gegenüber der Kantischen Position. Seiner Skepsis gegenüber einer einseitig vom Subjekt vollzogenen Erkenntnisleistung verleiht Plessner dadurch Ausdruck, dass er die transzendentale Einheit der Apperzeption als »die reine Mitte zwischen theoretischem Subjekt und theoretischem Objekt«[384] bestimmt.

376 Ebd. Vgl. ebd., S. 184.

377 Vgl. ebd., S. 191.

378 Vgl. ebd., S. 229.

379 Ebd., S. 214.

380 KrV, B 134.

381 I, S. 259.

382 Ebd., S. 189. Vgl. ebd., S. 161.

383 Völmicke, 1994, S. 63. Vgl. Pape, 1986, S. 39.

384 I, S. 215. Vgl. ebd., S. 234. An die Stelle des Subjektbegriffs tritt bei Plessner das Prinzip des ›reinen Denkens‹. Dass diese Ablösung »mehr als einen schlichten Tauschhandel mit Wörtern bedeutet« (Völmicke, 1994, S. 64; vgl. ebd., S. 97), wird daran ersichtlich, daß er dieses als »›objektkonstitutiv‹ *und* ›subjektkonstitutiv‹« begreift, da es »die Begriffe von Subjekt und Objekt er-

Dass Plessner trotz der aufgezeigten engen Anbindung an Kant in Bezug auf das Ich auch auf eine Reihe Fichte'scher Denkmotive zurückgreift, wird u.a. daran deutlich, dass für ihn jede Einheitsbestimmung »der ursprünglichen anlaßlosen Konstruktion des Subjekts [bedarf]; die ursprüngliche Setzung macht allererst eine Rede von Bewußtsein, Vorstellung, Akt möglich und verleiht dem bloßen Tun des Reflektierens die eigentümliche Bauform, welche den Charakter des Bewußtseins schafft.«[385] Wenn er andererseits jedoch die »synthetische Einheit des Ichs in der Mannigfaltigkeit seiner momentanen Zustände«[386] in Kantischen Termini nicht als »konstitutive«, sondern »regulative Idee« beschreibt[387], so offenbart sich für ihn in der Nichtbeachtung dieser Differenz zugleich eine zentrale Problematik des Fichte'schen Idealismus: »Fichte erzeugt die willkürliche Einheit eines grundsätzlichen Ichs; die Subjektivität, die Ichheit verschmilzt das synthetische Moment einer Setzung aus reinem Denken und die regulative Bedeutung für das endliche Individualbewußtsein einerseits mit dem Postulat absoluter Reflektiertheit des philosophischen Begriffs andererseits zum Ich als Prinzip der Philosophie.«[388]

Plessners Darstellung gibt Auskunft darüber, dass sein den Frühschriften zugrundeliegendes Identitätsverständnis nicht eine substantielle, sondern vielmehr die reflexive Identität eines intelligiblen Ich meint. Gegenüber dem Identitätsideal der von ihm als analytische Bewusstseinsphilosophie bezeichneten Position spiegelt sich in Plessners Ausführungen der Gedanke einer selbst nicht mehr begründungsfähigen und daher an eine Setzung bzw. Konstruktion gebundenen ›synthetischen Identität‹. »Als Standpunkt ist [...] subjektive Immanenz unmöglich; als Standpunkt hängt die Reflexion in ihrem analytischen Verfahren von einem Prinzip

zeugt, ohne die es nicht erkennen könnte« (ebd., S. 73). In Bezug auf diese Modifikation bemerkt Völmicke treffend: »Am Beispiel der Plessnerschen Idee einer revidierten Transzendentalphilosophie zeigt sich [...], inwieweit ein Festhalten an der Idee der Vernunft und dem Gedanken der Einheit nicht notwendigerweise ein Anzeichen monistischer oder fundamentalistischer Absichten darstellen muß« (ebd., S. 41).

385 Ebd., S. 191. Vgl. ebd., S. 210.

386 Ebd., S. 195.

387 Vgl. ebd., S. 194, 199.

388 Ebd., S. 195. In Bezug auf den Begriff der ›Ichheit‹ bemerkt Plessner, das diese kein »reines Ich oder Ich schlechtweg (überhaupt)« (ebd., S. 180), sondern »das Prinzip des reflektierenden Wissens« (ebd., S. 197), bzw. das »regulative[] Prinzip intuitiven Verfahrens der Reflexion« (ebd., S. 199) bezeichnet.

der Synthesis ab. [...] D[em] analytische[n] Denken [...] liegt ein Apriori, Identität in der Reflexion [...] voraus.«[389]

Obwohl er das ›reine‹ bzw. ›identische‹ Ich nicht als das »absolute Prinzip philosophischer Problemstellung«[390] begreift, bleibt dennoch zu fragen, ob sich die in seinen Frühschriften begegnende Rede von ›Identität‹ nicht dahingehend als kontraproduktiv erweist, als sie das von Plessner aufzuzeigen beabsichtigte Phänomen einer »Einheit Widersprechender« (Plessner) gerade verstellt. Zugleich gilt es jedoch festzuhalten, dass ›Identität‹ bereits in dieser Phase des Plessner'schen Denkens nicht einen substantiellen Kern, sondern einen reflexiven Selbstbezug bezeichnet.[391] Auch in diesem Punkt trifft sich Plessner mit Kants Auffassung der denknotwendigen Hypothese einer logischen Identität des Subjekts, die jedoch, wie dargelegt, nicht diejenige einer Person bezeichnet. Für beide stellt sich Identität immer als das Resultat einer Vermittlungsleistung dar, d.h. das Ich erfasst sich nur in der Differenz, niemals in seinem ›Ansich‹.

### *III.B.3.2 Selbst-Beziehung als Selbstentzug – Die Thematisierung des Ich in den ›Stufen‹*

In Bezug auf Plessners Ichverständnis nehmen die *Stufen* insofern eine Vermittlungsposition zwischen dem Frühwerk und seinen späteren Arbeiten ein, als sie zwar weiterhin eine Reihe idealistischer Denkgewohnheiten transportieren, jedoch auch Plessners zunehmende Loslösung von diesen erkennen lassen. Konzentrierte sich das Interesse der frühen Arbeiten vornehmlich auf das Prinzip des ›*reinen* Ich‹, so erfährt nun auch sein empirisches Pendant in gleicher Weise eine Berücksichtigung. Die in Plessners Hauptwerk vollzogene perspektivische Erweiterung wird nicht zuletzt daran sichtbar, dass das Ich nicht mehr wie vormals ein durch Setzung hervorgebrachtes Prinzip darstellt, sondern eine naturphilosophisch-biologische Herleitung erfährt. Diese veränderte Ausgangslage von einem intelligibel konzipierten zu einem aus der Stufenfolge des Lebendigen hervorgehenden, leiblich verfassten Ich wird neben der den *Stufen* zugrunde

389 Ebd., S. 148. Vgl. hierzu auch Giammusso, 1995, S. 191: »Das idealistische Prinzip, wonach die Identität des Ich Anfang und Resultat des Wissens, Versöhnung von Prinzip und Materie, von synthetischer und analytischer Methode ist, hat für Plessner nur vom Gesichtspunkt eines intellectus archetypus ausgehend Sinn und erweist sich damit als völlig unangemessen für das Verständnis der Bedingungen, aufgrund derer Erkenntnis als logischer und zugleich synthetischer Prozeß stattfindet.«

390 Ebd., S. 164.

391 Vgl. ebd., S. 175 ff., 195.

liegenden programmatischen Zielsetzung einer »Kosmologie des Leibes« (so einer der zahlreichen Arbeitstitel des Werks[392]) vor allem durch die dort vorgenommene konsequente Deduktion der verschiedenen Organisationsformen des Lebendigen ausgehend vom jeweiligen Verhältnis des Körpers zu seinem Umfeld (›Positionalität‹) bzw. des Lebewesens zu sich (Leib-Körper-Relation) bezeugt.[393]

Eine Schlüsselstellung im Hinblick auf Plessners zunehmende Würdigung der Leibgebundenheit des Ich nimmt zweifellos die drei Jahre vor seinem Hauptwerk veröffentlichte *DmA* ein. In ihr betont er, dass es die Verbundenheit von Ich und Körper nicht im Sinne »einer *Hintereinanderschaltung und Ineinanderschachtelung* von Körperleib und Ich« aufzufassen gelte, durch die dem »Körperleib die Funktion eines Verbindungskabels zwischen Objekt und Subjekt aufgebürdet«[394] werde. Eine solche Verhältnisbestimmung von Ich und Körper erweise sich deshalb als unzutreffend, weil es sich bei ihnen um »zwei verschiedene Seinsarten, genauer gesagt, Seiendes und Nichtseiendes (denn das Ich ›ist‹ nur im Vollzug seiner selbst, d.h. es lebt, ist aber nicht)«[395] handele. Aus diesem Grund »erscheint es völlig willkürlich, das Ich im Leib derart zu lokalisieren, dass der Körper als seine Rüstung, sein Kleid, seine Außenseite und damit als seine Vermittlungsschicht angesehen werden muß.«[396] »[A]nstelle einer Hintereinanderschaltung des Ichs hinter den Körperleib muß eine Zwischenschaltung des Ichs zwischen das Objekt und den Körperleib treten. Dann ist das Ich nicht Endpol einer aus Reiz und Erregung gekoppelten Kette, das imaginäre Schlußglied einer realen Reihe, sondern die räumlich nicht lokalisierbare, darum mit dem Charakter des reinen ›Hier‹ ausgezeichnete

392 Vgl. BW, S. 129.

393 Dass das Anliegen der *Stufen* nicht vorrangig auf eine bloße Begründung der Ichhaftigkeit des Menschen, sondern auf dessen Ausweisung als körperlich-leibliche Doppelexistenz zielt, hebt Plessner, auf sein Hauptwerk zurückblickend, in *LuW* hervor. »Will man gegen die letzten Betrachtungen [zum Leib-Körper-Verhältnis – T.K.] einwenden, sie brächten nichts, was sich nicht aus der personalen, durch Ichhaftigkeit und Geistigkeit ausgezeichneten Natur des Menschen verstehen ließe, so mißversteht man ihr Bemühen. Sie suchen von vornherein sich der Bestimmung seiner körperlichen Existenz zu versichern und in ihrem Gesichtskreis die Eigenart menschlichen Da-Seins zu umreißen« (VII, S. 243; vgl. Keller, 1974, S. 27).

394 VII, S. 113.

395 Ebd.

396 Ebd., S. 112.

Sphäre der gegenseitigen, weil gegensinnigen Gegebenheit des Körperleibes und der anderen Objekte außerhalb des Leibes.«[397]

Vor dem Hintergrund dieser Verschränkung von Ich und Körper weisen sowohl Plessners zeitweilige Überpointierung der leiblichen Instrumentalisierungsfähigkeit als auch seine Rede von der »Futteralsituation« des Menschen[398] insofern problematische Züge auf, als durch beide die in der *DmA* zurückgewiesene »Kostümthese des menschlichen Leibes«[399] eine scheinbare Rehabilitierung erfährt. Dass es sich bei der Fassung des Ich als eines leiblichen jedoch nicht um ein bloßes Additivum zu einer ›eigentlich‹ intelligiblen Instanz handelt, sondern sich Ich und Körper in der Tat als ineinander verschränkt erweisen, begründet Plessner in den *Stufen* zunächst anhand der Aporien eines bloßen »Vorstellungsidealismus« (Plessner) sowie eines reinen »Sensualismus«. Offenbart sich das Erklärungsdefizit des Ersten in dem Moment, wo man ihn mit der »Tatsache heterogener sinnlicher Materialien an den Vorstellungen mit Außencharakter und [der] Tatsache der Abhängigkeit des Auftretens dieser Vorstellungen von den körperlichen Sinnesorganen«[400] konfrontiert, so fallen bei Letzterem »[n]icht bloß die unanschaulichen Komponenten, auf denen gerade die Einheit des Vorhandenen, seine geistige Physiognomie, Wertcharakter und kategoriale Prägung beruhen [...], [sondern] auch die anschaulichen, [...] nichtsensuellen Komponenten wie der Gestaltcharakter, die Rhythmik, die Situation [...] aus dem ›eigentlich‹ Vorhandenen heraus.«[401]

Im letzten Kapitel der *Stufen* wendet sich Plessner explizit dem Phänomen der Ichhaftigkeit des Menschen zu. Dabei gilt es zu beachten, dass er hierbei keineswegs von der in der *DmA* und den vorangegangenen Kapiteln der *Stufen* hervorgehobenen Leibgebundenheit des Ich absieht, sondern diese Auffassung (wenngleich nicht immer explizit sichtbar) seiner Darstellung der Sphäre des Menschen zugrunde liegt.

Gegenüber dem Tier, das vollständig in seinen Vollzügen aufgeht, weil ihm die Distanz zum Zentrum der eigenen Positionalität fehlt, zeichnet sich die Organisationsform des Menschen durch eben jene doppelte Abgehobenheit von sich aus. »[D]as Lebewesen [...] hat sich selbst, es weiß um sich, es ist sich selber bemerkbar und darin ist es *Ich*, der ›hinter sich‹ liegende Fluchtpunkt der eigenen Innerlichkeit, der jedem möglichen Vollzug des Lebens aus der eigenen Mitte entzogen den Zuschauer gegen-

397 Ebd., S. 113.

398 Vgl. III, S. 368; VIII, 178, 297, 310, 319, 321, 356.

399 VIII, S. 155.

400 IV, S. 100.

401 Ebd., S. 103 f.

über dem Szenarium dieses Innenfeldes bildet, der nicht mehr objektivierbare, nicht mehr in Gegenstandsstellung zu rückende Subjektpol.«[402] Dieser Subjektpol repräsentiert, wie Plessner hervorhebt, allerdings keinen invarianten Kern, sondern muss als ein »reines Vollziehen, reines Hindurch«[403] gedacht werden, das sich damit als gegenüber dem Vorwurf seiner solipsistischen Strukturiertheit immun zeigt.[404]

Wie bereits in der *Wissenschaftlichen Idee,* so greift Plessner auch in den *Stufen* auf den Gedanken einer dem Ich konstitutiv innewohnenden Differenz zurück. Dabei rekurriert er zur Kennzeichnung desjenigen Teils, der sich jeder Vergegenständlichung entzieht, wiederum auf den Terminus »reines Ich«, das er vom erlebbaren psychophysischen »Individual-Ich« oder »Mich« unterscheidet.[405] Zudem hält er analog zum Frühwerk an der Auffassung fest, dass dieses ›reine Ich‹ keine subjekt- und weltstiftende Autorität besitzt.[406] In der Mitwelt situiert[407], genießt es allein dadurch einen epistemischen Vorrang vor dem empirischen Ich, dass es die Bedingungsmöglichkeit eines reflexiven Selbstbezugs darstellt. Denn erst durch diese selbst eigenschaftslose »Rückwand« bzw. »Projektionsfläche« (Plessner)[408] gewinnt das Ich die notwendige Distanz für seine Selbsterfassung, die sich damit niemals als eine originäre erfährt, sondern sich immer als Resultat einer Verfehlung präsentiert.

Nur kurz soll an dieser Stelle auf die hier anklingende Nähe zwischen

402 Ebd., S. 363.

403 Ebd., S. 404 f. Vgl. zu Plessners Rede von einem »Subjektkern« bzw. »-pol« auch ebd., S. 362 f., 369, 406.

404 Vgl. Lindemann, 1999, S. 175.

405 Vgl. IV, S. 364.

406 Vgl. ebd., S. 208; Baumeister, 1986, S. 79.

407 Vgl. ebd., S. 421.

408 An dieser Stelle soll ebenfalls auf eine zentrale Differenz zwischen dem ›reinen Ich‹ Plessners und demjenigen Husserls aufmerksam gemacht werden, in dessen Phänomenologie dieses als transzendentale, mittels einer Epoché gewonnene Instanz erscheint. Dass Husserls Argumentation dabei eine gewisse Widersprüchlichkeit zu eigen ist, wird daran offenbar, dass er das reine Ich einerseits als eigenschaftslos, als »an und für sich unbeschreiblich, reines Ich und nichts weiter« (Ideen II, S. 325; vgl. ebd., S. 195) konzipiert, es andererseits jedoch als »vollziehendes, tätiges, leidendes« (ebd., S. 98) bzw. »beziehendes, verknüpfendes, subjizierendes und prädizierendes« (ebd., S. 99) bestimmt. Zeichnet sich das ›reine Ich‹ bei Plessner durch seine prinzipielle Unobjektivierbarkeit aus, so erkennt Husserl diesem außerdem eine »originäre[] Selbsterfassung« (ebd., S. 101) zu.

Plessners Ichkonzept und demjenigen Meads hingewiesen werden.[409] Offensichtlich bekundet sich diese zunächst vor allem hinsichtlich einer in beiden Ansätzen diagnostizierten Differenz im Ich (›I‹/›Me‹). Wenn Mead darüber hinaus die Unerkennbarkeit des ›I‹ proklamiert[410], so findet dies seine Entsprechung in Plessners Rede von einer »unobjektivierten Ichnatur.«[411] Ohne an dieser Stelle näher auf die zwischen Denkern bestehenden Konvergenzen eingehen zu können, sei abschließend festgestellt, dass die Einheit des Subjekts für beide als eine aus zwei differenten Phasen zusammengesetzte besteht, wobei diese Differenz in der Einheit nicht nivelliert wird, sondern immerzu sichtbar bleibt. Zu unterscheiden gilt es im Hinblick auf die Ich- bzw. Selbstkonzepte Plessners und Meads allerdings nicht nur, dass dieser dem Gedanken der leiblichen Verfasstheit des Selbst nicht mit der gleichen Konsequenz wie jener folgt, sondern auch, dass er dem ›I‹ in einigen seiner Formulierungen durchaus ein Spontaneitäts- und Kreativitätspotential attestiert[412], das Plessner dem ›reinen Ich‹, wie ausgeführt, nicht zuzuerkennen bereit ist.

Vor dem Hintergrund seiner – ebenfalls mit Mead geteilten – Einschätzung einer Wir-Form des eigenen Ichs[413] wird deutlich, inwiefern Plessners gleichzeitige Rede von dessen ›Identität‹ nicht ein invariantes Personenzentrum, sondern lediglich den Aspekt einer formalen Selbstbezüglichkeit und daraus resultierend einer Identifizierungsfähigkeit des Menschen im Blick hat. »Zum Wesen der Selbststellung gehört die Spaltung in das Ich, auf das Bezug genommen wird, und in das Ich, welches Bezug nimmt. [...] Die Identität des Ichs wird dadurch nicht etwa zerrissen, sondern allererst ermöglicht. Identität als Dieselbigkeit *besteht* geradezu in dem Fortgehen ›von‹ dem Etwas, was identisch (mit ›sich‹) sein soll, als Rückgang ›zu‹ ihm. [...] Das Selbst steht im Doppelaspekt des Fortgangs ›von‹ ihm [...] als des Rückgangs ›zu‹ ihm [...]. Man darf die Schärfe dieser Bestimmung nicht dadurch verwischen, daß man die Spaltung in die Sub-

409 In einem Brief an Plessner bezeichnet Habermas Mead als dessen »Geistesverwandten, der in seinen Chicagoer Vorlesungen ungefähr zur gleichen Zeit wie Sie eine Anthropologie entwickelt hat« (Habermas, 1973, S. 234). Hinweise auf die Nähen beider Denker finden sich zudem bei Asemissen, 1991, S. 175; Bahrdt, 1982, S. 537; Dreitzel, 1968, S. 122; Dux, 1970, S. 307; Limbach, 1992, S. 56 ff.; Nauta, 1986, S. 60.

410 Vgl. MSS, S. 372.

411 IV, S. 365.

412 Vgl. Wittpoth, 1994, S. 67.

413 IV, S. 377.

jekt-Objektivität nur als Betrachtungsweise des Ichs auffaßt. Es ist lebendige Einheit durch Entgegensetzung von Ausgangsselbst (Akt) und Rückgangsselbst (Aktzentrum) und zwar Vollzug dieser Spaltung als ihrer Aufhebung. Unmittelbarkeit der Ich*erfassung* ist ebenso nur als vermittelte wie Einunddieselbigkeit des Ich*seins* nur kraft seiner Spaltung möglich und wirklich.«[414] Diese Passage – die einzige, in der Plessner in den *Stufen* eine nähere Charakterisierung seines Identitätsverständnisses vornimmt – verdeutlicht, dass die ›Einunddieselbigkeit‹ des Ich gerade keine dauerhafte, sondern immer wieder neu zu vollziehende ›Zuständlichkeit‹ meint. Die das Ich kennzeichnende ›Zwischenstellung‹ unterstreicht Plessner dadurch, dass er dieses als den »seltsame[n] Koinzidenzpunkt von absoluter Ferne (im selber Sein) und absoluter Nähe (zum selber Sein)«[415] kennzeichnet. In der exzentrischen Positionalität des Ich, das »nicht in den Umkreis gehört, dessen Mitte es trotzdem bildet«[416], spiegelt sich das Paradox eines »Selbstsein[s] ohne Selbstbesitz, einer Subjektivität, die sich als Selbstbeziehung erlebt, ohne in der Reflexion Verfügung über sich zu gewinnen.«[417]

Neben einem Denker wie Mead lassen die *Stufen* jedoch auch eine Reihe von Berührungspunkten zwischen Plessners Ichverständnis und demjenigen Fichtes erkennen. Dabei tritt Fichtes Einfluss auf Plessners anthropologisches Hauptwerk zunächst in Form einer Reihe aus dessen Philosophie entlehnter Termini zu Tage. Überdeutlich scheint sich jene terminologische Reminiszenz im Begriff der ›Positionalität‹ auszudrücken. Wenn Plessner diese als ein »Sich-selber-Setzen« des lebendigen Körpers bezeichnet[418], so weist jene Bestimmung unübersehbare Parallelen zum Ichbegriff Fichtes auf, nach dem »[d]as Ich [...] *sich selbst [setzt],* und es *ist,* vermöge dieses bloßen Setzens durch sich selbst.«[419] Analog hierzu heißt es bei Plessner: »Dieses sich selber Setzen allein konstituiert das Lebenssubjekt als Ich oder die exzentrische Positionalität.«[420]

414 Ebd., S. 89. Auf die relative Nähe dieser Sentenz zu Hegels Konzeption des Selbstbewusstseins kann an dieser Stelle nicht näher eingegangen werden. Vgl. zum Verhältnis der Plessner'schen Anthropologie zum Hegelschen Denksystem Krüger, 2001, S. 293 ff.

415 Ebd., S. 305.

416 Ebd., S. 374.

417 Olejniczak, 1994, S. 235.

418 Vgl. Kap. III A. 3.

419 Fichte, W I, S. 96.

420 IV, S. 401.

Diese Anlehnung Plessners an Fichte überdeckt jedoch leicht die in Bezug auf den Aspekt des ›Setzens‹ bestehenden Divergenzen zwischen beiden Positionen. Denn während Fichte diesen Terminus vor dem Hintergrund seiner Einsicht in den aporetischen Charakter reflexionstheoretischer Erklärungsversuche des Selbstbewusstseins entwickelt, leitet er sich bei Plessner aus der spezifischen Grenzstruktur des lebendigen Körpers her. »Durch das Ihm (sic!) zu eigen Sein der Grenze wird das Seiende [...] zu einem in doppelter Richtung Übergehenden. Insofern wird es ›angehoben‹ [...]. Bloß ›angehoben‹ kann es nicht bleiben, dann wäre die Bestimmung verletzt, daß es trotz des ›Übergehens‹ seiendes Körperding bleibt. Nur dem Ausgleich mit dieser Bestimmung entspricht der Ausdruck des Setzens, welcher das Moment des Angehobenseins, In-Schwebe-Seins anklingen läßt, ohne darum das andere Moment des Aufruhens und Festseins zu verlieren.«[421] Indem Plessner dem ›Setzen‹ bereits auf der gesamtorganischen Ebene Gültigkeit zuspricht, wird deutlich, dass dieser Vorgang für ihn keinen »vom Subjekt vollzogene[n] Denkakt«[422] darstellt. Nicht erst konstituiert das Setzen das Ding, vielmehr gilt, dass dieses in seiner Eigenschaft »als physischer Körper [...] schon von sich aus [›ist‹].«[423] Die lediglich partielle Konkordanz beider Positionen offenbart sich auch hinsichtlich des dem ›Setzen‹ inhärenten Vollzug-Gedankens. Zwar bestimmen sowohl Fichte als auch Plessner das Vollzugsmoment als konstitutives Charakteristikum des Ich. Während dieses in Form des Begriffs der ›Tätigkeit‹ bei Fichte jedoch nur diejenigen Bestimmungsmomente einschließt, die unmittelbar aus dem ›Ich bin‹ abgeleitet sind, die Tathandlung des Ich sich somit nicht auf ein Objekt, sondern ausschließlich auf dieses selbst bezieht[424], beschränkt sich diese ursprüngliche Spontaneität und Produktivität des Ich bei Plessner nicht auf dieses, sondern realisiert sich in Form eines praktischen Tuns.[425] Plessners Hinweis, nach dem sich jeder Akt des Setzens auf der Grundlage eines ihm vorgängigen »Angehobenseins« (Plessner) vollzieht, verdeutlicht, dass sein Verständnis von ›Setzen‹ im Vergleich zu demjenigen Fichtes (und auch zu seinem eige-

421 Ebd., S. 184. Vgl. Pietrowicz, 1992, S. 369 f. Zu einer Reihe weiterer, hier nicht näher verfolgter Differenzen zwischen den Ansätzen Plessners und Fichtes vgl. Oesterreicher-Mollwo, 1972, S. 46 f. sowie Völmicke, 1993, S. 77.

422 Ebd., S. 183.

423 Ebd., S. 184.

424 Vgl. Fichte, W I, S. 134.

425 Vgl. IV, S. 395. Vgl. zu Plessners früher Kritik an Fichtes ›Tathandlung‹, die für ihn die Gefahr einer Substantialisierung des Ich birgt, I, S. 242.

nen Frühwerk) eine stärker »passivisch getönte Struktur«[426] – Plessner spricht anstelle von ›Setzen‹ häufig auch von ›Gesetztsein‹ – aufweist.[427]

Ungeachtet der hier diagnostizierten Divergenzen[428] zwischen Plessner und Fichte muss gegen dessen Argumentation in den *Stufen* kritisch eingewandt werden, dass diese zwar eine eindeutig antiidealistische Stoßrichtung verfolgt, sich dabei jedoch oftmals implizit von bestimmten Prämissen dieser Denktradition leiten lässt. Hierzu zählt zunächst Plessners Rede von der Mitte als »X der Prädikate« bzw. »Träger der Eigenschaften.«[429] Darauf, dass die Zuschreibung von Prädikaten nicht notwendig ein ›X‹ als deren Träger voraussetzt, macht u.a. Sartre aufmerksam. Nach seiner Ansicht hat »eine unauflösliche synthetische Totalität, die sich selber tragen würde, kein Träger-X nötig [...], natürlich unter der Bedingung, daß sie realiter und konkret unanalysierbar wäre. Es ist zum Beispiel nutzlos, bei einer Melodie ein X anzunehmen, das den verschiedenen Noten als Träger dienen würde. Die Einheit kommt hier von der absoluten Unauflösbarkeit der Elemente, die, außer durch Abstraktion, nicht als getrennte betrachtet werden können. Das Subjekt des Prädikats wird hier die konkrete Totalität

426 Fischer, 2000, S. 274.

427 Wie Fischer betont, verleiht Plessner durch diese passivische Konnotation »dem subjektphilosophischen Begriff der Setzung eine naturphilosophische Wendung« (Fischer, 2000, S. 274). »Mit ›Positionalität‹ führt Plessner vor dem setzenden ›Ich‹ des Idealismus ein eigendynamisches ›Es‹ ein, das sich grenzrealisierend im Bezug auf Anderes hält, ohne ontotheologisch auf einen setzenden ›Er‹ als vorgängigen Schöpfer zu rekurrieren« (ebd.). Inwiefern eine vollständig an Fichte orientierte Lesart den Blick für andere Einflussquellen Plessners trübt, zeigt Beaufort, der in Bezug auf die Begriffe ›Positionalität‹ und ›Sphäre‹ darauf hinweist, dass auch Husserl in den *Ideen I*, mit denen Plessner erwiesenermaßen vertraut war, auf diese Termini zurückgreift (vgl. Beaufort, 2000, S. 228 Fn.).

428 Diese werden bereits durch den grundsätzlich unterschiedlichen Anspruch beider Konzeptionen bezeugt. Denn während der *Wissenschaftslehre* von 1794 die Frage nach dem »absolut-ersten, schlechthin unbedingten Grundsatz menschlichen Wissens« (Fichte, W I, S. 91) zugrunde liegt, verfolgen die *Stufen* das Anliegen einer apriorischen Theorie der Organisationsweisen des Lebendigen. Ferner ist darauf hinzuweisen, dass Fichte »den einzige[n] feste[n] Standpunkt für alle Philosophie« (Fichte, W I, S. 466) in der intellektuellen Anschauung zu erkennen glaubt, demgegenüber Plessners Ansatz seine Orientierung schwerpunktmäßig am Bereich der vorwissenschaftlichen Erfahrung gewinnt. (vgl. Kap. III 2.).

429 IV, S. 368.

sein, und das Prädikat wird eine von der Totalität abstrakt getrennte Qualität sein, die ihren ganzen Sinn nur dann erhält, wenn man sie mit der Totalität verbindet.«[430] Doch auch in Plessners Festhalten an einer sich in der Reflexion durchhaltenden Selbigkeit des Ich als »Identität desjenigen, der in diesem Zentrum der Vermittlung *steht*«[431], bekundet sich seine stille Reminiszenz an die idealistische Tradition.[432] Problematische Züge weist die so verstandene Rede von ›Identität‹ ungeachtet der differenztheoretischen Ausdeutung des Begriffs in den *Stufen* insofern auf, als der durch o.g. Formulierung suggerierte Sachverhalt einer Beharrlichkeit des Ich einer substantialistischen (Fehl-) Deutung von Plessners Thesen Vorschub leistet. Daneben bleibt zu fragen, ob die hier deklarierte Identität als ›Sich-selbig-Wissen‹ des Subjekts nicht in Widerspruch zu der in den *Stufen* immer wieder proklamierten inneren Zerrissenheit und Gespaltenheit des exzentrischen Subjekts sowie der differenztheoretischen Ausdeutung als Innenwelt als ›Seele‹ und ›Erlebnis‹ steht.[433] Wie sich vor allem im Rahmen der Behandlung seines rollentheoretischen Konzepts zeigen wird, hält der späte Plessner zwar am Gedanken einer im Wandel vielfältiger Zustände gewahrten Möglichkeit der Selbstzuschreibung fest, doch erfährt in jenen Arbeiten das auf der Verschränkung von Körper und Leib basierende Anderssein und -werden des Menschen eine ungleich stärkere Akzentuierung.

430 Sartre, 1997, S. 68 f.

431 IV, S. 401.

432 Analog dazu heißt es bei Fichte: »Der Unterschied der Vorstellungen kann [...] nur gedacht werden, insofern die Identität derselben gedacht wird; wird dieses nicht, so bin ich, das unterscheidende, nicht da« (Fichte; zit. nach Edelmann, 1971, S. 23).

433 Angesichts der in den *Stufen* vertretenen Auffassung ließe sich gegen Plessner ein ähnlicher Einwand wie derjenige formulieren, den Landgrebe gegenüber Husserls Ich-Konzeption erhebt: »Die Husserlsche Lehre von der Identität des absoluten Ich kann [...] nicht verständlich machen, wie diese immer im Rückblick auf die schon vollzogene konstitutive Leistung bewußtwerdende Identität des Ich eine solche ist, in der es identisch ist mit dem gegenwärtig vollziehenden und das heißt, in das ›künftig‹ sich voraus erstreckende« (Landgrebe, 1969, S. 200 f.). Dass sich auch die Ich-Philosophie Fichtes von diesem Vorwurf getroffen zeigt, stellt Tietjen heraus (vgl. Tietjen, 1980, S. 181 ff.).

### *III.B.3.3 Die »antinomische Struktur der Ichhaftigkeit« – Das Ich im Kontext der mittleren und späten Arbeiten*

Die Tatsache, dass Plessners anthropologisches Denken keine spektakulären ›Kehren‹, sondern lediglich nuancierte Veränderungen bzw. Akzentverschiebungen vollzieht, bestätigt sich auch im Hinblick auf die Ichproblematik. So trägt er etwa der bereits im Frühwerk behaupteten originären Unzugänglichkeit des Ich auch in seinen späteren Arbeiten durch den Hinweis auf dessen ›Ortlosigkeit‹ Rechnung. Dabei gesteht er selbstkritisch zu, dass die von ihm zuweilen gewählten Formulierungen wie »›[i]m Inneren‹ [...] und ›in der Mitte‹ des eigenen Körpers‹ [...] dem unräumlichen Wesen des Ichs widersprechende«[434] Bezeichnungen darstellen, deren Geltung vornehmlich darauf beruht, dass sie »nur an die Selbsterfahrung eines jeden appellieren.«[435] Insofern das Ich keine Substanz, sondern eine »imaginative Öffnung zu einem ortlosen Binnenaspekt«[436] darstellt, zeichnet es sich durch eine Opazität aus, die für Plessner »die Besinnung auf das Ichhafte am Ich« als »eine philosophische Zumutung«[437] erscheinen lässt.

Als eine zentrale ›Reform‹ gegenüber seinem Früh- und Hauptwerk kann hingegen der Umstand gelten, dass Plessner in seinen nach 1928 veröffentlichten Arbeiten weder auf den Terminus ›reines Ich‹ noch auf die in den *Stufen* begegnende Rede von einer ›Identität‹ des Ich zurückgreift. Da er selbst keinerlei Begründung für diesen Verzicht anführt, kann lediglich vermutet werden, dass diese Entscheidung möglicherweise auf Plessners Einsicht in die idealistischen Implikationen dieser Begriffe basiert. Eine weitere entscheidende Veränderung gegenüber seinen vorangegangenen Schriften lässt sich dahingehend konstatieren, dass der bis zu den *Stufen* schwerpunktmäßig unter epistemologischen Gesichtspunkten erörterten Ichproblematik nun eine genetische Perspektive zur Seite tritt, die das Ich als das Produkt eines Entwicklungsprozesses ausweist. »Wie man weiß, entdeckt sich der Sinn der Vokabel dem Kinde erst nach einigen Jahren unter Führung des Sprachgebrauchs, weil es sich zunächst in seiner Umwelt zurechtfinden muß, die es mit seinem Namen anspricht.«[438]

434 VII, S. 239.

435 Ebd.

436 VIII, S. 319.

437 Ebd., S. 296.

438 Ebd., S. 295. Vgl. auch ebd., S. 288, wo Plessner die Ichhaftigkeit als ein »Entwicklungsprodukt der ersten Lebensjahre« bezeichnet. An anderer Stelle

Obwohl das Ich für den Menschen einen »Quellpunkt seiner eigenen Aktionen, eine Rückzugsmöglichkeit in ›sich‹ und insofern eine Zurechnungsmöglichkeit«[439] darstelle, dürfe die Ichhaftigkeit, so Plessner, nicht mit Egozentriertheit gleichgesetzt werden. Denn im Gegensatz zur infantilen Egozentrik, welche andere Personen und Dinge als von sich ungeschieden und auf sich bezogen erlebt, resultiere die Ichhaftigkeit gerade aus der Wahrnehmung einer Differenz zwischen sich und der Umgebung. »Seine Ichhaftigkeit entdeckt das Kind verhältnismäßig spät, es nennt sich bei seinem Namen und hebt sich erst allmählich von seiner menschlichen und dinglichen Umgebung ab, vermag auch nur langsam zwischen Personen und Leblosem zu unterscheiden, so daß man überhaupt den Eindruck gewinnt, als verberge sich die Ich-Perspektive gerade dem kleinen Egoisten, der wie selbstverständlich seine Umwelt seine Umwelt um sich zentriert erlebt. [...] Eher könnte man sagen, daß die *Entdeckung der Ichhaftigkeit die Egozentrik um ihre Unschuld bringt.* Die Kompaktheit des Alles-auf-Sich-Beziehens wird im eigentlichen Sinn des Wortes durchlöchert. ›Ich‹ ist eine Öffnung nach ›innen‹.«[440]

Die unauflösbar »antinomische Struktur der Ichhaftigkeit«[441] gründet nach Plessner darin, dass mit ›Ich‹ »ein ausgezeichneter Bereich gemeint [ist], den ich mit meinem Körper einnehme, von dem aus ich sehe und agiere.«[442] Dieser ichbedingten Mittelpunktsbezogenheit korrespondiert allerdings gleichursprünglich ein Bewusstsein um die grundsätzliche Ersetzbarkeit durch Andere. »Unvertretbarkeit dank der eigenen Binnendimension enthüllt sich dem Individuum nur nach Maßgabe seiner Einsicht in seine Vertretbarkeit. Einzigartigkeit artikuliert sich nur vor einem Hin-

weist Plessner darauf hin, dass dem Menschen »[e]rst spät und im Verkehr mit den anderen [...] das Zentrum seiner Initiative zu dem [...], was Ich heißt« (III, S. 385 f.), wird.

439 Ebd. Vgl. ebd., S. 341.

440 Ebd., S. 319. Weiter führt Plessner aus: »Jedes Ich hat einen anderen zur Seite oder sich gegenüber. Der primitive Egozentrismus wird auch von dorther durchlöchert« (ebd., S. 319 f.). Die ursprüngliche Situiertheit des Ich in intersubjektiven Kontexten konstatiert Plessner auch an anderer Stelle, wo es heißt: »Die Binnenlage meiner selbst in meinem Körper ist auf selbstverständlichste Weise in ein unmittelbares Eingebettetsein meiner selbst in den Raum der Dinge verschränkt« (VII, 239 f.).

441 Ebd., S. 339. An anderer Stelle spricht Plessner von der »Paradoxie der Ich-Position« (ebd., S. 341; vgl. VII, S. 239).

442 Ebd., S. 319.

tergrund, der sie nicht kennt. Individuelle und generelle Subjektivität, d.h. Intersubjektivität, implizieren einander.«[443]

Eng verknüpft mit der hier erörterten ›antinomischen Struktur‹ des Ich zeigen sich auch Plessners Begriffe der ›Personalität‹ und ›Individualität‹.[444] Gegenüber ihrer metaphysischen Deutung betont er, dass beide nichts anderes als »Positionscharaktere im Verhältnis zum eigenen Körper und damit zur Umgebung«[445] bezeichnen. Zugleich weist er jedoch die Personalität als ein genuin menschliches Merkmal aus, an dem es den Tieren deshalb mangelt, da diese nicht über jene nur einem exzentrischen Wesen gegebene »Öffnung nach innen«[446] verfügen. Stellen Tiere aus Plessners Sicht wohl Individuen, aber keine Personen dar[447], so befindet sich die menschliche Seinsweise in einer antagonistischen »Spannung zwischen Person und Individuum.«[448] »Der Prozeß der Personifikation, den das Kind mit seiner Geburt beginnt, macht das Individuum für sich selber wie für die anderen zu einem Individuum, indem er ihm Ansprechbarkeit durch den Namen erwirbt.«[449] Aus Plessners Ausführungen geht hervor, dass ›Personalität‹ für ihn als Synonym für Ichhaftigkeit und damit für die exzentrische Positionalität des Menschen fungiert[450], demgegenüber der Begriff ›Individualität‹ für ihn das Merkmal der »Unersetz-

443 Ebd., S. 339 f. Diesen Gedanken ausführend schreibt Plessner: »Ichauffassung erschließt *in einem* den Sinne für die Vertretbarkeit durch einen anderen (welcher über die gleiche Kapazität verfügt), und zwar nicht nur im Sinne einer logisch verständlichen Relation bzw. Korrelation, sondern aufgrund der Ichhaftigkeit selbst. Nicht im psychogenetischen Sinn, als ginge das Verständnis für die eigene Ichhaftigkeit dem Verständnis der übrigen personalen Abwandlung (Du, Er, Wir) vorauf und begründete sie« (ebd., S. 339; Hervorh. T.K.; vgl. ebd., S. 346). Den Aspekt einer sich nur in Abhebung von Allgemeinem konstituierenden Individualität hebt Plessner bereits in den *Stufen* hervor (vgl. IV, S. 422).

444 Vgl. in diesem Zusammenhang VIII, S. 301 f., wo Plessner auf den historischen Charakter beider als »Begriffe unseres Kulturkreises« hinweist.

445 VIII, S. 302 f. Vgl. IV, S. 378.

446 Ebd., S. 299. Vgl. ebd., S. 311.

447 Vgl. ebd., S. 298, 302.

448 Ebd., S. 305. Vgl. ebd., S. 303.

449 Ebd., S. 196. Eine Differenzierung der Ich-Identität in einen individuellen und personalen Anteil findet sich auch bei Assmann (vgl. Assmann, 1992, S. 131).

450 Vgl. ebd., S. 301, 341; VII, S. 243.

barkeit«[451] bezeichnet. Wie bereits in Zusammenhang mit der Erörterung seiner anthropologischen Grundformel betont, stellt die Personalität für den Menschen jedoch nicht nur einen Gewinn, sondern immer auch einen Verlust dar. Denn unter vitalen Gesichtspunkten besitzt die tierische Individualität insofern einen Vorzug gegenüber der Personalität, als ihr die »Grenzenlosigkeit eines Ich« erspart geblieben ist, die sich in der menschlichen Maßlosigkeit und Leidenschaft, dem »im Genuß Verschmachten nach Begierde«[452] äußert. »Sein Prae vor aller Kreatur, seine Personalität, ist sein Verhängnis.«[453]

Ihre inter-subjektivitätstheoretische Relevanz gewinnt die ›durch‹ den Menschen verlaufende Verschränkung von »Personalität« und »Individualität« für Plessner daraus, dass ›Personalität‹ für ihn – im Unterschied etwa zu Scheler – einen »formale[n] Grundzug unserer leibhaften Existenz«[454] darstellt. Aufgrund ihres »Verschränktsein[s] in ein körperliches Ding« zeichnet sich die ›Person‹ auch durch die Eingebundenheit in einen »sozialen Sachzusammenhang«[455] aus. Im Gegensatz zum tierischen Zusammenleben, das durch ein instinkthaftes Verhalten geregelt ist, behält das personhafte Miteinander einen immerzu vermittelten Charakter. »Personen im Zusammenleben finden sich dem Zwiespalt zwischen Personalität und Individualität ausgeliefert. Da haben es die Tiere einfacher. Ihr Miteinander ist unmittelbar. Sie können voreinander nichts verbergen. Menschen dagegen treten sich mittelbar, durch ihr Äußeres vermittelt, gegenüber. Sie wissen voneinander nicht, es sei denn in Grenzfällen, was sie denken, was hinter ihren Stirnen, in ihrem Herzen vorgeht.«[456] Durch seine Personalität erfährt sich der Mensch als ein »jedermann, als ein jeder und als kein anderer«[457], wobei Plessner betont, dass die Formulierung »›Als ein jeder‹« zwar eine »Nivellierung, aber nicht sozialer Art [bedeutet]. [...] Vielmehr nimmt sie eine Reduzierung an den Individuen mit Hilfe der Personalitätsstruktur als Reduktionsmittel vor. Durch diese Reduzierung gewinnt der einzelne Mensch seine Würde, weil die Unersetzlichkeit seiner individuellen Person (wie kein anderer) nur im Durchblick auf seine prinzipielle Ersetzbarkeit sichtbar wird.«[458]

451 Vgl. ebd., S. 300; VII, S. 13.
452 Ebd., S. 333.
453 Ebd.
454 Ebd., S. 196.
455 Ebd.
456 Ebd., S. 299. Vgl. ebd., S. 305.
457 Ebd., S. 299 f.
458 Ebd., S. 300.

Die in den vorangegangenen Abschnitten unternommene Rekonstruktion seins Ichbegriffs beabsichtigte aufzuzeigen, dass das Ich für Plessner deshalb nicht als Ort einer gesicherten Identität des Menschen zu fungieren vermag, da es lediglich die Rückbezüglichkeit des Menschen gewährleistet, durch die er sich allerdings nie originär, sondern nur indirekt, d.h. im Objekt-Modus (›Mich‹) erfährt. Diese ichhafte Gespaltenheit situiert den Menschen in einem permanenten Spannungsverhältnis von Zentrierung und Dezentrierung, für das er zwar einen partiellen Ausgleich, jedoch keine definitive Entscheidung zu finden vermag. Entgegen der Annahme einer Reihe identitätstheoretischer Positionen, die das Ich als eine lediglich reflexive Instanz begreifen, stellt dies für Plessner genaugenommen gar keine ›Instanz‹ dar, sondern eher eine – im Mead'schen Sinne – ›Phase‹ der Handlung, die je nach Situation mehr oder weniger in den Vordergrund tritt. Durch seine Verschränkung in den Leib partizipiert das Ich nicht aus der Defensive der Innerlichkeit an seinen welthaften Vollzügen, sondern es steht in einem vermittelt-unmittelbaren Kontakt zur Außenwelt.

Ferner versuchten die vorangegangenen Abschnitte auszuführen, inwiefern eine Interpretation, die Plessners Ansatz vollständig von der Ichphilosophie Fichtes her begreift[459], ihm eben so wenig gerecht wird wie eine Auslegung, die diesen Einfluss konsequent leugnet. Zwar rekurriert Plessner in seinem Werk in der Tat auf eine Reihe Fichte'scher Denkmoti-

459 Vgl. hierzu auch den folgenden Kommentar Arlts: »Wenn man die exzentrische Lebensform gänzlich vom Fichteschen Ich-Begriff abhängig macht […], dann verfehlt man letztlich die Pointe der Exzentrizität: man sieht den Menschen noch zu sehr vom Identitätsstandpunkt her, eine wirkliche Dezentrierung hat nicht stattgefunden« (Arlt, 1994, S. 163). Im Rahmen seiner Besprechung der Arbeit von Pietrowicz kritisiert Arlt zudem dessen idealistische Auslegung der drei anthropologischen Grundgesetze: »Obwohl der Autor Exteriorität und Expressivität […] als Merkmale der exzentrischen Position würdigt und auch des dialektischen Grundzugs der Plessnerschen Anthropologie inne wird, widerfährt ihm der Lapsus, die sogenannten ›anthropologischen Grundgesetze‹ idealistisch rückzuübersetzen. ›Vermittelte Unmittelbarkeit‹ meint sicherlich etwas anderes als eine bewußtseinstheoretische Verhältnisbestimmung« (ebd.). Vgl. zu weiteren Einwänden gegenüber einer idealistischen bzw. solipsistischen Lesart Plessners Beaufort, 2000, S. 223, 225; Fischer, 2000, S. 272; Mühl, 1997, S. 147. Dass nicht nur Plessners anthropologische Arbeiten, sondern bereits auch seine Frühschriften dem Vorwurf des Idealismus nur bedingt gerecht werden, zeigt Giammusso (vgl. Giammusso, 1995, S. 190 f.).

ve, allerdings folgt er diesen nicht dahingehend, das Ich in den Rang einer überindividuellen und als unendlich deklarierten Instanz[460] zu erheben. »[Z]u keiner Zeit (auch bei Fichte nicht) [kann] das Prinzip der schöpferischen Innerlichkeit die Macht haben [...], das Ganze der erscheinenden Welt aus dem gewissermaßen punktmäßigen Aktionszentrum zu entwickeln.«[461] Mit diesem Befund erweist sich die vor allem von Pietrowicz proklamierte Abhängigkeit der Plessner'schen Anthropologie von Fichtes Ichbegriff zwar nicht als unzutreffend, so doch zumindest in ihrer Radikalität als revisionsbedürftig. Plessner geht es nicht darum, »das deutsche Märchen vom Ich neu zu erzählen«[462], sondern die Ichhaftigkeit als eine der menschliche Organisationsform innewohnende »reflexive Funktion«[463] auszuweisen, die mit ihrem Vollzug immer auch eine Relativierung jener Selbst-Zentrierung vornimmt, indem sie den Menschen mit der »peinlichen Erfahrung des Widerspruchs zwischen der eigenen Individualität und ihrer grundsätzlichen Ersetzbarkeit«[464] konfrontiert.

Zugleich wurde deutlich, dass mit Plessners partieller Verabschiedung idealistischer Denkmotive die mundane, an lebensweltliche und intersubjektive Kontexte gebundene Situation des Ich ebenso in den Vordergrund tritt wie dessen leibliche Verfasstheit. Bezeugt vor allem das Ichverständnis seiner nach den *Stufen* veröffentlichten Arbeiten Plessners zunehmende Emanzipation von den Vorgaben der Fichte'schen Philosophie, so ließ vor

460 Vgl. v. Herrmann, 1976, S. 254; Mittelstraß, 1995, S. 149.

461 VII, S. 31. Vgl. V, S. 164: »Die Verabsolutierung der eigenen Sphäre zu einem bevorrechtigten Sein (unter den Titeln Bewußtsein, Ich, Seele, Geist, Vernunft usw.) [...] hat nur da einen Sinn, wo ein Absolutes, *da es noch gilt*, zu behaupten oder zu widerlegen ist. [...] Die Geschichte des Idealismus ist nicht anderes als die Geschichte der allmählichen Entdeckung menschlicher Selbstmacht unter der noch nachwirkenden und maßgebenden Vorstellung eines Absoluten bzw. einer absoluten Ordnung und Garantie der Wirklichkeit.« Zur Differenz zwischen Plessner und Fichte hinsichtlich des Absoluten bemerkt Oesterreicher-Mollwo: »[D]ie Stelle des Absoluten, an dem sich die Reflexion bei Fichte orientiert, nehmen bei Plessner die stets neuen Möglichkeiten ein, die der Mensch auf Grund des Distanz-nehmenden Verhältnisses zu sich selbst und der Welt immer wieder konzipieren muß. Das ›Ungenügen‹ am jeweils Erreichten resultiert nicht aus dem Blick auf ein vollkommenes Absolutes, sondern aus dem schöpferischen Drang, bei nichts stehen bleiben zu können« (Oesterreicher-Mollwo, 1971, S. 47).

462 BW, S. 180

463 Giammusso, 1990/91, S. 131.

464 VIII, S. 339.

allem das Ichverständnis der *Stufen* erkennen, dass Plessners Ichkonzept trotz aller bestehenden Nähen zu Fichte letztlich eine engere Bindung an den Ichbegriff Kants aufweist. In den Stand eines Absoluten wird das Ich bei Kant insofern nicht erhoben, als es alle Vorstellungen lediglich muss begleiten *können*. Obwohl Plessner den Kantischen Vorgaben nicht unbesehen folgt, sondern etwa kritisiert, dass es auch bei diesem letztlich die Subjektivität ist, welche die Erkenntnisbindung stiftet[465], lässt sich zumindest bis zum Zeitpunkt der *Stufen* eine Affinität seines Ichbegriffs zu Kants transzendentaler Einheit der Apperzeption erkennen. Diese tritt allerdings in den nach seinem Hauptwerk erschienenen Schriften mehr und mehr in den Hintergrund, da Plessner dort, wie dargelegt, die Unterscheidung zwischen einem transzendentalen und empirischen Ich zugunsten der Rede von dessen ›antinomischer Struktur‹ aufgibt.[466]

## III.C Grenzverhältnisse III: Zwischen Nähe und Ferne – Spuren des Anderen in Plessners Anthropologie

Plessners Erläuterungen zu einem dem Ich ursprünglich innewohnenden Anderen führen die Untersuchung von einer bislang schwerpunktmäßig auf die Verfasstheit des Subjekts konzentrierten Betrachtungsweise hin zu den inter-subjektivitätstheoretischen Implikationen seines Ansatzes. Obwohl sein Denken »keine ausgeführte Theorie der Intersubjektivität«[467] hervorgebracht hat, kann diese Thematik dennoch als ein genuiner Bestandteil der Plessner'schen Philosophischen Anthropologie gelten. Dies dokumentiert bereits ihre programmatische Ausrichtung, zu der u.a. »Fragen der Wesensformen der Koexistenz von Personen in sozialen Bindungen und der Koexistenz von Person und ›Welt‹«[468] zählen. Ausgehend von

465 Vgl. VII, S. 88.

466 Den eigentümlich ambiguosen Charakter des Plessner'schen ›Ich‹ pointiert in treffender Weise Keul, der dieses zwischen den Ansätzen Kants und Freuds positioniert. Treffen sich Plessners und Freuds Überlegungen darin, daß das Ich »als Gewißheit eines ›höchsten Punkts‹ aller Erfahrungserkenntnis oder des freien Willens der autonomen Gesetzgebung [...] anthropologisch abgedankt [hat]« (Keul, 1989, S. 81), so ist es – und hier kündigt sich die gleichzeitige Nähe zu Kant an – jedoch auch nicht nur bloßer Untertan des Es, sondern ihm eignet zugleich ein für seine Vollzüge unentbehrliches Maß an Spontaneität.

467 Dux, 1970, S. 270.

468 IV, S. 61. Vgl. VIII, S. 35; Redeker, 1993, S. 152.

der Einschätzung, dass »die Durchführung dessen, was Plessner mit dem Organisationsprinzip der ›exzentrischen Positionalität‹ zu beschreiben suchte, konsequent zu einer Philosophie der Sozialität [...] hindrängt«[469], soll im Rahmen der weiteren Erörterung gezeigt werden, dass sich der inter-subjektivitätstheoretische Gehalt seiner Anthropologie nicht auf partielle Elemente dieses Ansatzes beschränkt. »Es ist der Andere, der bei Plessner überall gegenwärtig ist, auch wenn sich die anthropologische Arbeit wesentlich auf das Individuum, sein Verhältnis zu sich selbst und zur Welt im Ganzen bezieht.«[470]

Einige jener Spuren, die der Andere in Plessners Konzeption hinterlässt, traten bereits in Zusammenhang mit der Erörterung der anthropologischen Prämissen seines Ansatzes in den Blick. Dort wurde anhand der Grenz- und Positionalitäts-Problematik aufgezeigt, dass die Offenheit für Andere/s zu den Grundstrukturen des Lebendigen zählt. Allerdings nimmt diese, wie sich zeigen wird, auf der menschlichen Ebene noch einmal eine besondere Konfiguration an: Die Tatsache, dass eine exzentrische Subjektivität in Distanz zu ihrer Umweltbezogenheit zu treten vermag, situiert das zwischenmenschliche Verhältnis in einer Sphäre, die *zwischen* den Polen des vollständigen Füreinander-Geöffnet- und Voneinander-Getrenntseins verläuft, ohne dass sich diese Ambiguität in ein eindeutiges Verhältnis auflösen ließe. »In der Natur ist alles einander fern oder nah, das Zwischenreich der zur Nähe lockenden Ferne, der in die Ferne treibenden Nähe, einer unaufgelösten Fernnähe, kennt erst die psychische Welt.«[471]

469 Dux, 1970, S. 270.

470 Thomas, 1995, S. 130. Analog hierzu bemerkt auch Haucke: »Plessner ist alles andere als ein Intersubjektivitätstheoretiker. Und er ist zugleich als Denker der Ambivalenz weit davon entfernt, die intersubjektive Dimension menschlichen Daseins ausklammern zu wollen« (Haucke, 2000b, S. 163). Gelegentliche Hinweise auf die ›inter-subjektive‹ Ausrichtung von Plessners Anthropologie finden sich auch bei einer Reihe anderer Interpreten, allerdings ohne sie einer näheren Analyse zu unterziehen (vgl. u.a. Baumeister, 1986, S. 76; Fischer, 1995a, S. 256 ff., 279; ders., 2000, S. 282; Hammer, 1967, S. 67, 91, 153; Lindemann, 1995, S. 137; Orth, 1987, S. 41; Redeker, 1993, S. 153, 163.

471 V, S. 69. Auf den Aspekt der ›Fernnähe‹ rekurriert Plessner in seinen Schriften wiederholt. So schreibt er in den *Stufen*, dass »sich der Mensch in seinem Sein vor allem anderen Sein dadurch auszeichnet, *sich weder der Nächste noch der Fernste zu sein*« (IV, S. 12). Und in *Macht* heißt es: »Als exzentrische Position des In-sich – Über sich ist er das Andere seiner selbst: Mensch, sich we-

Zur Veranschaulichung jener ›Fernnähe‹ rekurriert Plessner zur »Charakterisierung der sozialen Grundsituation des Menschen«[472] u.a. auf die Kantische Formel der ›ungeselligen Geselligkeit‹. In seiner *Idee zu einer allgemeinen Geschichte in weltbürgerlicher Absicht* beschreibt Kant die zwischen dem Wunsch nach Nähe und dem Verlangen nach Distanz in keiner der beiden Bedürfnislagen dauerhaft zur Ruhe kommende Doppeldeutigkeit des inter-subjektiven Miteinander wie folgt: »Der Mensch hat eine Neigung, sich zu *vergesellschaften.* [...] Er hat aber auch einen großen Hang, sich zu *vereinzelnen.*«[473] Analog zum Begriff der ›Fernnähe‹ findet Plessner auch in der Formel der ›ungeselligen Geselligkeit‹ eine Beschreibungsform, die dem sich ›im‹ Menschen abspielenden Widerstreit zwischen Vereinzelung und Vergesellschaftung Rechnung trägt. »Diese Zweideutigkeit ist eines der Grundmotive sozialer Organisation. Denn von Natur [...] kann der Mensch kein klares Verhältnis zu seinem Mitmenschen finden. Er muß klare Verhältnisse schaffen.«[474] Wie zu einem späteren Zeitpunkt gezeigt werden soll, ist es u.a. das Rollenspiel als »Gelenk de[s] zwischenmenschlichen Kontakt[s]«[475], das einen maßgeblichen Beitrag zur Schaffung solcher Verhältnisse leistet.

Mit seinem Vorhaben einer Erschließung des inter-subjektivitätstheoretischen Gehalts von Plessners Ansatz knüpft das vorliegende Projekt an die Arbeiten Limbachs und Mühls[476] an. Neben einer Reihe zwangsläufig auf-

der der Nächste noch der Fernste – und auch der Nächste mit seinen ihm einheimischen Weisen, auch der Fernste, das letzte Rätsel der Welt« (V, S. 230). Daneben greift Plessner auf das Motiv der ›Fernnähe‹ auch in seiner *Anthropologie der Musik* zurück (vgl. VII, S. 188). In diesem Zusammenhang sei darauf hingewiesen, dass der Gedanke einer ›Fernnähe‹ sachlich u.a. bereits bei Simmel anklingt (vgl. Simmel, 1999, S. 765).

472 VIII, S. 330.

473 Kant, 1985, S. 44. Plessner greift auf dieses Prinzip erstmals in seiner Arbeit *Zur Frage der Vergleichbarkeit tierischen und menschlichen Verhaltens* aus dem Jahre 1965 zurück (vgl. VIII, S. 289), bevor er ihm ein Jahr später eine eigene Abhandlung widmet (vgl. ebd., S. 294 ff.). Vgl. zu diesem Begriff auch Belwe, 2000. Auf einen ähnlichen Aspekt wie die Formel der ›ungeselligen Geselligkeit‹ zielt auch Schopenhauers Bild der Stachelschweine, die frierend aneinanderrücken, sich bei zu großer Nähe jedoch gegenseitig verletzen (vgl. Schopenhauer, 1988, S. 559 f.).

474 IV, S. 422.

475 X, S. 224.

476 Vgl. Limbach, 1992, S. 9 ff.; Mühl, 1997, S. 134 ff. Anknüpfend an Plessners

tretender Überschneidungen unterscheidet sich das Anliegen dieser Arbeit von den Genannten allerdings in verschiedener Hinsicht. Über den Nachweis der grundsätzlichen inter-subjektivitätstheoretischen Ausrichtung von Plessners Anthropologie hinaus soll im Folgenden die ›Verschränkung‹ als spezifische Signatur von Inter-Subjektivität sensu Plessner herausgearbeitet werden. Ein weiterer Unterschied zu den angesprochenen Arbeiten liegt darin, dass in der anschließenden Erörterung der in Plessners Ausführungen immer wieder zu Tage tretende Zusammenhang zwischen der Nicht-Koinzidenz des Subjekts mit sich und der aus ihr resultierenden Abhängigkeit vom Anderen seiner selbst stärker herausgearbeitet werden soll.

Aus den vorangegangenen Ausführungen wird bereits deutlich, inwiefern mit der Rede von ›Inter-Subjektivität‹ im Folgenden weniger der Aspekt der ›Allgemeingültigkeit‹, d.h. Objektivität, bezeichnet werden soll. Vielmehr wird der Terminus schwerpunktmäßig und in Übereinstimmung mit einem auch bei Plessner zu entdeckenden Gebrauch[477] im Sinne von ›Koexistenz‹ bzw. ›Sozialität‹ gebraucht. Nicht markieren Subjektivität und Inter-Subjektivität voneinander isolierte Problembereiche, sondern sie zeichnen sich durch ein wechselseitiges Bedingungsverhältnis aus: Die innere Gebrochenheit des exzentrischen Subjekts ist es, die dessen Offenheit auf Andere/s begründet. »Gerade in der versagten Erfahrung von Authentizität gründen die Möglichkeit und die Wirklichkeit von Intersubjektivität.«[478] Dieser Sachverhalt darf allerdings nicht dazu verleiten, Subjektivität einfach durch Inter-Subjektivität ersetzen zu wollen. Wie

Formel der ›exzentrischen Positionalität‹ entwickelt hingegen J. Fischer eine Reihe von Überlegungen zur Figur des ›Dritten‹. Erst durch ihn werde, so Fischer, »die volle basale Beziehungskomplexität« inter-subjektiver Verhältnisse »erreicht« (Fischer, 2000, S. 104; vgl. ebd., S. 122 ff.).

477 Vgl. VII, S. 123, 127 f. Angesichts des skizzierten Inter-Subjektivitätsverständnisses soll an dieser Stelle nur kurz auf das von Plessner in der *EdS* entwickelte Begriffspaar ›intersubjektiv‹ und ›interindividuell‹ (vgl. III, S. 80 ff.; Lessing, 1998, S. 194 ff.; Nauta, 1986, S. 63; Redeker, 1993, S. 188) Bezug genommen werden. Auf die Problematik dieser Unterscheidung wurde Plessner von J. König aufmerksam gemacht (vgl. BW, S. 162 ff.). Dessen Vermutung, dass beide Termini »nicht nur verschieden schlechthin [...], sondern auch von verschiedenem philosophischen Wert oder Rang [zu sein scheinen]« (ebd., S. 163), mag ebenso wie die Tatsache, dass Plessner der Bitte des Freundes nach ihrer näheren Bestimmung offensichtlich nicht nachkam, dafür verantwortlich zeichnen, dass er in der Folgezeit von einem Rückgriff auf diese begriffliche Differenzierung absah.

478 Meyer-Drawe, 1990, S. 46 f. Vgl. ebd., S. 22 sowie PhW, S. 404.

sich zeigen wird, meint Inter-Subjektivität bei Plessner insofern immer Inter-*Subjektivität*[479], als sich dem Einzelnen Möglichkeiten der kritischen Distanznahme von kollektiven Vorgaben und damit Areale einer – allerdings begrenzten – Autonomie bieten.

Um die Konturen von Plessners Inter-Subjektivitätsverständnis manifest werden zu lassen, soll mit dem Prinzip der ›vermittelten Unmittelbarkeit‹ zunächst die spezifische Form menschlicher Selbst- und Weltverhältnisse in den Blick gerückt werden (1). Insofern »das Lebenssubjekt mit Allem in indirekt-direkter Beziehung steht«[480] verweist das Gesetz der ›vermittelten Unmittelbarkeit‹ bereits auf die im weiteren Verlauf näher gekennzeichnete Form des inter-subjektiven Verhältnisses als spannungsreiche Verschränkung von Ich und Anderem. Im Anschluss hieran erfolgt dann eine Erörterung von Plessner Konzept der ›Mitwelt‹, aus dem sich wesentliche Einsichten hinsichtlich seiner Auffassung von ›Sozialität‹ gewinnen lassen (2). In einem nächsten Schritt werden dann eine Reihe konkreter Vollzugsmodi leiblicher Inter-Subjektivität im Vordergrund stehen (3). Für Plessner vollzieht sich das inter-subjektive Miteinander im Rahmen einer psychophysisch indifferenten ›Schicht des Verhaltens‹ (3.1). In ihr begegnen sich Ich und Anderer nicht über die Sphäre des Bewusstseins, sondern den ursprünglich verständlichen leiblichen Ausdruck vermittelt (3.2). Seine Relevanz offenbart ein solches Ausdrucksverständnis vor allem in Bezug auf die Frage nach den Zugangsmöglichkeiten zum Fremdpsychischen (3.3). Zur Beschreibung inter-subjektiver Vollzüge greift Plessner auch auf die Formel der ›Reziprozität der Perspektiven‹ (3.4) zurück. In diesem Zusammenhang wird nicht nur danach zu fragen sein, was Plessner genau unter dem Begriff der ›Reziprozität‹ versteht, sondern auch,

479 Vgl. hierzu auch die Anmerkung Meyer-Drawes, dass »Inter-Subjektivität nicht mit Objektivität zusammenfällt, sondern Objektivität eine bestimmte Form von Inter-Subjektivität ist« (Meyer-Drawe, 1984, S. 11 Fn.). Zugleich impliziere Inter-Subjektivität jedoch auch »keine kollektivistische Tilgung von Subjektivität« (ebd.). Insofern bei der Erörterung der inter-subjektivitätstheoretischen Ausrichtung von Plessners Anthropologie das Moment der Subjektivität weder nivelliert noch der Inter-Subjektivität nachgeordnet wird, sondern beide als gleichursprüngliche, einander wechselseitig hervorbringende aufgefasst werden, zeigt sich sein Ansatz von M. Franks Einwänden »[w]ider den apriorischen Intersubjektivismus« (Frank, 1993) nicht betroffen. Eine Entgegnung auf Franks Kritik einer apriorischen Intersubjektivität findet sich bei Wingert (vgl. Wingert, 1993).

480 IV, S. 399 f. Vgl. VII, S. 383.

welche Bedeutung er dem Moment der Andersheit des Anderen angesichts seiner Rede von einer reziprok strukturierten Inter-Subjektivität zuerkennt.

Anschließend soll mit Waldenfels' Theorie der ›Responsivität‹ (4) ein Ansatz vorgestellt werden, aus dessen Sicht das inter-subjektive Verhältnis wesentlich dadurch gekennzeichnet ist, dass das Selbst als ein auf den Anspruch des Anderen und Fremden antwortendes fungiert. Ausgehend von Waldenfels' Konzeption wird dann mit Blick auf Plessners Anthropologie gefragt, ob sich zumindest Spuren dieser ›Responsivität‹ auch in dessen Ansatz finden lassen. Hinweise hierauf scheinen vor allem seine Ausführungen zum Phänomen von Lachen und Weinen zu bieten. Auf der Grundlage von Plessners Überlegungen zur Sprache werden schließlich die Möglichkeiten und Grenzen eines auf kommunikative Akte beschränkten Inter-Subjektivitätsverständnisses erörtert (5).

### III.C.1 Die vermittelte Unmittelbarkeit des menschlichen Selbst- und Weltverhältnisses

Mit dem aus der exzentrischen Positionalität abgeleiteten anthropologischen Grundgesetz der ›vermittelten Unmittelbarkeit‹ markiert Plessner die zentrale Modalität menschlicher Selbst- und Weltverhältnisse.[481] Insofern sich dieses Prinzip aus dem für das gesamte Reich des Organischen verbindlichen »Wesen der real gesetzten Grenze [ergibt]«[482], partizipieren an ihr im Gegensatz zu den Gesetzen der ›natürlichen Künstlichkeit‹ und des ›utopischen Standorts‹ alle Erscheinungsweisen des Lebendigen. Dennoch gelte es, so Plessner, zwischen der »abstrakten Teilnahme« (Plessner) an diesem Prinzip und der jeweils spezifischen Bedeutung, die dieses für jede Organisationsstufe besitzt, zu unterscheiden.[483]

In den *Stufen* differenziert Plessner drei Formen der Beziehung zwischen zwei Relata. Während ein *direktes* Verhältnis dadurch gekennzeichnet ist, dass die Verbindung der beiden Pole zueinander ohne ein Zwi-

481 Dass das Prinzip der ›vermittelten Unmittelbarkeit‹ für Plessner durchaus einen ontologischen Status besitzt, wird durch eine Reihe seiner Ausführungen belegt. Vgl. u.a. VII, S. 383; VIII, S. 398. Der universelle Geltungshorizont, den Plessner der vermittelten Unmittelbarkeit zuerkennt, kommt auch darin zum Ausdruck, dass sich die Relevanz dieses Prinzips für ihn auf solch unterschiedliche Phänomene wie Sprache (vgl. VIII, S. 176 f., 405, 406), Musik (vgl. VII, S. 64) oder auch, wie sich später zeigen wird, inter-subjektive Verhältnisse erstreckt.

482 IV, S. 400.

483 Vgl. ebd.

schenglied auskommt, verlangt eine *indirekte* Beziehung nach einem solchen. Demgegenüber erweist sich in einer *indirekt-direkten* Relation das vermittelnde Bindeglied als notwendig, um den Anschein der Unmittelbarkeit des Bezugs zu gewährleisten.[484] Den paradoxen Gehalt dieser Bestimmung[485] unterstreicht Plessner durch seinen Hinweis, dass es sich bei ihr um »einen Widerspruch [handelt], der sich selbst auflöst, ohne dabei Null zu werden, einen Widerspruch, der sinnvoll bleibt, auch wenn ihm die analytische Logik nicht folgen kann.«[486] Obwohl die Beziehung des Menschen zur Welt eine durch ihn selbst vermittelte darstellt, vermag er zu ihr aufgrund seiner exzentrischen Verfasstheit in Distanz zu treten. Durch dieses Bewusstwerden nimmt das als unmittelbar erlebte Verhältnis zur Welt für den Menschen einen fundamental zweideutigen Charakter an: »Er bildet den Punkt der Vermittlung zwischen ihm und dem Umfeld *und* er ist in diesem Punkt gesetzt, er steht in ihm. D.h. einmal: Seine Beziehung zu anderen Dingen ist zwar eine indirekte, er lebt sie aber als direkte, unmittelbare Beziehung [...]. Und es heißt zum anderen: Er weiß von der Indirektheit seiner Beziehung, sie ist ihm als mittelbare gegeben.«[487] Erweckt diese Formulierung den Eindruck, als handele es sich bei den Aspekten der Vermittlung und Unmittelbarkeit um miteinander konkurrierende Zugangsweisen zur Welt, so wird die Unhaltbarkeit einer solchen Annahme durch Plessners doppelte Frontstellung gegen einen Idealismus dokumentiert, für den ›Welt‹ als eine ausschließlich durch das Bewusstsein vermittelte Gegebenheit erscheint, sowie einen Realismus, der auf der Unmittelbarkeit des Verhältnisses zur Außenwelt insistiert.[488] Gegenüber beiden Positionen hebt er das *Zugleich* von Indirektheit und Direktheit, Vermitteltheit und Unmittelbarkeit hervor: »Der Mensch steht in *Einer Beziehung* zu fremden Dingen, die den Charakter der vermittelten Unmittelbarkeit, der indirekten Direktheit hat, und nicht in zwei fein säuberlich nebeneinander laufenden, voneinander getrennten Beziehungen.«[489]

Gegenüber der idealistischen bzw. realistischen Deutung der menschlichen Zugangsweise zur Wirklichkeit, jedoch auch in Distanz zu solchen sich aus beiden Richtungen zusammensetzenden »Mischformen«[490] legt

484 Vgl. ebd.
485 Vgl. ebd., S. 409.
486 Ebd. S. 400.
487 Ebd., S. 401.
488 Vgl. ebd., S. 406 f., 409.
489 Ebd., S. 401 f. Hervorh. T.K. Vgl. zur Gleich-Gültigkeit der beiden Erkenntnismodi auch ebd., S. 407.
490 Vgl. ebd., S. 409.

Plessner in den *Stufen* einen »neuen Realitätsbeweis[]« vor, dessen »Stärke« für ihn darauf gründet, dass »er die *Immanenzsituation des Subjekts als die unerläßliche Bedingung für seinen Kontakt mit der Wirklichkeit* begreift.«[491] Plessner erläutert: »Gerade weil das Subjekt in sich selber steckt und in seinem Bewußtsein gefangen ist, also in doppelter Abhebung von seinen leiblichen Sinnesflächen steht, hält es die von der Realität als Realität, die sich offenbaren soll, geforderte Distanz inne, [...] den Spielraum, in welchem allein Wirklichkeit zur Erscheinung kommen kann. Gerade weil es in indirekter Beziehung zum An-sich-Seienden lebt, ist ihm sein Wissen von dem An-sich-Seienden unmittelbar und direkt.«[492] Droht der Mensch an der Einsicht »irre« (Plessner) zu werden, dass »er faktisch nur Bewußtseinsinhalte hat und daß, wo er geht und steht, sein Wissen von den Dingen sich als Etwas zwischen ihn und die Dinge schiebt«[493], so wird diese Bürde nach Plessner dadurch gemildert, dass der Schein der Unmittelbarkeit über das Wissen um die Vermitteltheit seiner Bezüge dominiert. »So tilgt die Vermittlung im Vollzug ihn, den Menschen, als das hinter sich stehende vermittelnde Subjekt, es vergißt sich [...] – und die naive Direktheit mit der ganzen Evidenz, die Sache an sich gepackt zu haben, kommt zustande.«[494]

Obwohl die erkenntnistheoretische Argumentation der *Stufen* bisweilen diesen Eindruck erweckt, gilt es zu berücksichtigen, dass es sich beim Paradox der ›vermittelten Unmittelbarkeit‹[495] nicht um eine ausschließlich

491 Ebd., S. 407.

492 Ebd. Vgl. ebd., S. 404. Darauf, dass für ihn die ›Bewusstseinsimmanenz‹ gerade keine monadologische Geschlossenheit impliziert, weist Plessner an anderer Stelle hin. »Es hat keinen Zweck, sich gegen die Tatsache der vermittelnden Unmittelbarkeit zu sträuben und immer wieder zu versuchen, einfachere Modelle entweder zugunsten der Immanenz oder der Transzendenz, der Abgesperrtheit oder der Offenheit gegen das Seiende an ihre Stelle zu setzen. [...] Nur in der Verschränkung von Abgehobenheit und Dabeisein, Ferne und Nähe erfüllt die Bewußtseinsimmanenz ihren wirklichkeitsaufschließenden Sinn« (VII, S. 247).

493 Ebd., S. 405.

494 Ebd., S. 404. Vgl. in ähnlicher Weise ebd., S. 403, VII, S. 247; Hammer, 1967, S. 169 f.

495 Vgl. hierzu ebd., S. 410: »Adäquatheit der Äußerung als einer das Innere wirklich nach außen bringenden Lebensregung *und* ihre wesenhafte Inadäquatheit und Gebrochenheit als Umsetzung und Formung einer nie selbst herauskommenden Lebenstiefe –, diese scheinbare Paradoxie läßt sich nach dem Gesetz der vermittelten Unmittelbarkeit ebenso verstehen und als bin-

bewusstseinstheoretische, sondern die körperlich-leibliche Sphäre umfassende Verhältnisbestimmung handelt. Deutlich tritt die Relevanz der Leiblichkeit für den vermittelt-unmittelbaren Wirklichkeitskontakt des Menschen etwa in *LuW* hervor, wo Plessner erklärt, dass der Mensch durch seinen Körper »in einem unmittelbaren und als unmittelbar erlebten Kontakt«[496] zu seiner Welt steht, durch seine exzentrisch bedingte Distanz zu sich allerdings um die Vermitteltheit dieses Verhältnisses weiß. »Nur in der Vermittlung durch meinen Körper, der ich selbst leibhaft bin (obwohl ich – ihn habe), ist das Ich bei den Dingen, schauend und handelnd.«[497]

Neben dem Merkmal der ›Bewusstseinsimmanenz‹ begründet das Prinzip der ›vermittelten Unmittelbarkeit‹ gleichursprünglich auch die ›Expressivität‹ des Menschen. Denn nach Plessner fungiert der nicht auf Mimik und Gestik begrenzte ›Ausdruckszwang‹[498] des Menschen zugleich als Quelle seiner schöpferischen Leistungen. Da diese Hervorbringungen jedoch immer von einer »faktische[n] Inadäquatheit von Intention und wirklicher Erfüllung«[499] begleitet sind, »[kommt] der Mensch [...] in einem gewissen Sinne nie dahin, wohin er will, [...] aber diese Ablenkung macht darum sein Bestreben nicht illusorisch und verweigert ihm nicht die Erfüllung.«[500] Ungeachtet der dem Menschen versagten Koinzidenz zwischen ursprünglichem Anspruch und schließlicher Realisierung treibt ihn die »indefinite Endlosigkeit des Immer-Weiter-Müssens«[501] fortwährend voran und begründet so den historischen Charakter seiner Existenz. »Ihn stößt das Gesetz der vermittelten Unmittelbarkeit ewig aus der Ruhelage, in die er wieder zurückkehren will. Aus dieser Grundbewegung ergibt sich die Geschichte.«[502]

dende für das menschliche Dasein erweisen wie die scheinbare Paradoxie des Realitätsbewußtseins auf Grund der Immanenz.«

496 VII, S. 246.

497 Ebd., S. 247. Vgl. ebd., S. 379.

498 Vgl. zu Plessners Theorie des Ausdrucks Kap. III C. 3.2.

499 IV, S. 411.

500 Ebd., S. 414.

501 V, S. 198.

502 IV, S. 417. Der Umstand, dass das Merkmal der ›Expressivität‹ nach Plessner einen gegenüber demjenigen der ›Bewusstseinsimmanenz‹ gleichursprünglichen Grundzug vermittelter Unmittelbarkeit darstellt, bezeugt die Problematik einer Interpretation, die allein in Fichtes Ichbegriff die »grundgebende Denkfigur« (Pietrowicz, 1992, S. 392) für Plessners zweites anthropologisches Grundgesetz zu erkennen glaubt.

## III.C.2 Generalität und Anonymität des Sozialen – Die Sphäre der Mitwelt

Vor dem Hintergrund der Frage nach dem inter-subjektivitätstheoretischen Gehalt seiner Anthropologie kommt Plessners Erläuterungen zur ›Mitwelt‹ insofern eine zentrale Bedeutung zu, als das Problem der menschlichen Sozialität in den *Stufen* unter diesem Begriff seine explizite Behandlung erfährt. Verspricht die Erörterung der Mitwelt-Thematik somit einerseits weitere Aufschlüsse hinsichtlich der ›inter-subjektiven‹ Ausrichtung seiner Anthropologie, so erweisen sich einige von Plessners Ausführungen in diesem Zusammenhang jedoch als interpretationsbedürftig. Denn neben ihrer Ableitung aus der exzentrischen Positionalität scheint es auch die Charakterisierung der Mitwelt als »Sphäre des Geistes«[503] nahe zu legen, dass ›Sozialität‹ bei Plessner auf einen subjektiven Konstitutionsprozess reduziert wird. Als folgenreich für eine Theorie der Inter-Subjektivität kann ein solcher Standpunkt deshalb gelten, weil sich in ihm eine Prävalenz des Ego bekundet, aus der heraus sich eine Gleichursprünglichkeit von Ich und Anderem nicht mehr erklären lässt.[504] Angesichts dieser Problemlage gilt es neben der Erörterung der inter-subjektivitätsrelevanten Aspekte der Mitweltkonzeption auch zu überprüfen, ob Plessners Deutung des Sozialen tatsächlich einer individualistischen bzw. kollektivistischen Vereinseitigung unterliegt.

Einen ersten Hinweis auf die Mitweltthematik bietet neben einer kurzen Bemerkung im *Realismus*[505] die *DmA*. Dort spricht Plessner davon, »die ›Ich-bin-Form‹ des ›bewußten‹ Psychischen mit seiner Überindividualität

503 IV, S. 378 f.

504 Die Problematik einer Theorie des Sozialen, die ihren Ausgang von der Prävalenz des Ego nimmt, erörtert Coenen anhand der Schützschen Theorie der Intersubjektivität. Dabei zeigt er, dass Schütz durch seinen egologischen Ausgangspunkt, der sich stark an den Vorgaben der transzendentalen Phänomenologie Husserls orientiert, auf der mundanen Ebene in die gleichen Aporien gerät wie Letzterer auf der transzendentalen (vgl. Coenen, 1985a, S. 44). Doch auch der Versuch einer Auflösung dieses subjektzentrierten Verständnisses von Sozialität durch das Gegenextrem eines kollektivistischen Standpunktes endet nach Coenen aporetisch: »Einerseits ist der Kollektivbegriff selbst nach dem Modell des Ich gebildet, andererseits ist er durch seinen spezifischen Inhalt auf den Gegenbegriff eines Ich als geschlossener, selbständiger Individualität angewiesen« (ebd., S. 137).

505 Vgl. IX, S. 35.

und Intersubjektivität zu vereinen«[506], um so zu einem Verständnis des Psychischen ohne die Annahme eines inneren Sinnes bzw. einer inneren Wahrnehmung, wie sie etwa von Scheler in seiner Theorie der Fremderfahrung vertreten wird, zu gelangen. Den in der *DmA* lediglich angedeuteten Sachverhalt, dass die »Überindividualität und Intersubjektivität (des Psychischen) in den großen Fragenkomplex der *Mitwelt* einmünden«[507], greift Plessner in den wieder *Stufen* auf. Deren Argumentation zu Folge zeichnen sich alle Formen des Lebendigen aufgrund ihrer Positionalität durch eine ursprüngliche Situiertheit in der Welt aus, jedoch gestaltet sich die menschliche Sozialität im Verhältnis zum Tier in einer besonderen Weise. Während dieses in Mitverhältnissen lebt, ohne sich ihrer als solcher bewusst zu werden[508], vermag der Mensch seine Eingliederung in ein soziales Gefüge zu objektivieren. Für diese spezifisch menschliche Form der Sozialität reserviert Plessner den Terminus ›Mitwelt‹. »Mitverhältnisse tragen alles, was lebt. *In* Mitverhältnissen leben und sich, durch Instinkte gesteuert, in ihnen einrichten, vermögen auch Tiere. Nur dem Menschen ist es [...] vorbehalten, Mitverhältnisse zu gestalten und sie als immer anders strukturierte, nie ganz stabilisierte, nie allen Wechselfällen, die sie selbst heraufbeschwört, gewachsene Mitwelt zu behandeln.«[509] Im Verhältnis zur Außen- und Innenwelt des Menschen unterscheidet sich die Mitwelt zunächst dadurch, dass »ihre Elemente, die Personen, kein spezifisches Substrat liefern, welches stofflich über das von Außenwelt und Innenwelt an sich schon Dargebotene hinausginge.«[510] Die Mitwelt »umgibt den Einzelnen nicht nur wie die Umwelt, sie erfüllt ihn nicht nur wie die Innenwelt, sondern sie steht durch ihn hindurch, er ist sie. Er ist die Menschheit, d.h. er als Einzelner ist absolut vertretbar und ersetzbar.«[511]

Wenn Plessner ausführt, dass die Mitwelt durch »die exzentrische Positionsform [...] gebildet und zugleich ihre Realität gewährleistet wird«[512], so scheint dies ebenso auf einen prinzipiellen Vorrang der Subjektivität vor der Inter-Subjektivität zu verweisen wie seine Anmerkung, dass, »[w]enn

506 VII, S. 128.

507 Ebd.

508 Vgl. IV, S. 381.

509 VIII, S. 194.

510 IV, S. 375.

511 Ebd., S. 421. Vgl. hierzu die folgende Anmerkung Asemissens: »In materialer Hinsicht sind also Außenwelt und Innenwelt Voraussetzungen für die Mitwelt als Sphäre des Geistes. In positionaler Hinsicht aber ist das Verhältnis umgekehrt« (Asemissen, 1991, S. 169).

512 Ebd., S. 375.

es den Anderen als Glied einer sozialen Umgebung, als Mitmenschen gibt, dies [seinen Grund] [...] nur in der besonderen Struktur der personalen Sphäre [...]«[513] habe. Einer solchen subjektivistischen Deutung widerspricht allerdings Plessner Hinweis, dass die Mitwelt umgekehrt wiederum »die *Voraussetzung* für das Erfassen der eigenen Position überhaupt und für das Erfassen gerade dieser Positionsform als einer Sphäre bildet. Die Existenz der Mitwelt ist die Bedingung der Möglichkeit, daß ein Lebewesen sich in seiner Stellung erfassen kann, nämlich als ein Glied dieser Mitwelt.«[514]

Bereits an dieser Stelle wird deutlich, dass sich die ›Mitwelt‹ eben so wenig auf eine subjektzentrische Perspektive reduzieren lässt, wie sie eine ausschließlich überindividuelle Struktur repräsentiert. »Die Mitwelt *umgibt* nicht die Person [...]. Aber die Mitwelt *erfüllt* auch nicht die Person [...]. Die Mitwelt *trägt* die Person, indem sie zugleich von ihr getragen und gebildet *wird.* Zwischen mir und mir, mir und ihm liegt die Sphäre dieser Welt des Geistes.«[515] Indem Plessner den Terminus ›Geist‹ nicht im Sinne einer in der Immanenz situierten Instanz, sondern als Synonym für eine ursprüngliche Sozialität verwendet, löst er den Begriff aus seinen metaphysischen Zusammenhängen und verleiht ihm stattdessen einen inter-subjektivitätstheoretisch relevanten Sinn. »Geist ist nicht als Subjektivität oder Bewußtsein oder Intellekt, sondern als Wirsphäre die Voraussetzung der Konstitution einer Wirklichkeit, die wiederum nur dann Wirklichkeit darstellt und ausmacht, wenn sie auch unabhängig von den Prinzipien ihrer Konstitution in einem Bewußtseinsaspekt für sich konstituiert bleibt. Gerade in dieser Abgekehrtheit vom Bewußtsein erfüllt sie das Gesetz der exzentrischen Sphäre.«[516]

513 Ebd., S. 380. Vgl. ebd., S. 399; VII, S. 244.

514 Ebd., S. 376. Vgl. in diesem Zusammenhang auch den Kommentar Asemissens, der in Bezug auf Plessners Ableitung der Mitwelt aus der exzentrischen Positionalität ausführt: »Dies darf freilich nicht als Bewußtseinsimmanenz der Mitwelt mißverstanden werden. Daß Innenwelt immer auch schon Mitwelt ist, bedeutet nicht etwa, daß Mitwelt nichts anderes als ein Modus der Innenwelt sei. Es bedeutet im Gegenteil: durch die Struktur seiner eigenen Daseinsweise ist dem Menschen die Sphäre der Mitwelt vor aller Konkretisierung durch andere Menschen prinzipiell vorgegeben und erschlossen, so daß sein Zugang zu ihr gar keiner Erklärung durch besondere theoretische Konstruktionen bedarf« (Asemissen, 1991, S. 168).

515 Ebd.

516 Ebd., S. 378. Vgl. ebd., S. 379. Dass Plessner allerdings ›Mitwelt‹ und ›Geist‹ nicht immer terminologisch konsequent verwendet, wird daran ersichtlich,

Plessners Charakterisierung der Mitwelt als »Existenzsphäre«[517] verdeutlicht, dass Sozialität für ihn diesseits der Ebene des Bewusstseins verankert ist, ohne sich allerdings einer reflexiven Thematisierung zu verweigern. In der Mitwelt finden sich Menschen zu einer »Ursprungsgemeinschaft vom Charakter des Wir zusammengeschlossen«[518], dies allerdings nicht im Sinne einer »ausgesonderte[n] Gruppe oder Gemeinschaft, die zu sich Wir sagen kann«[519], sondern einer »übergreifenden Sphäre [...], die zwar nicht die Individuen, wohl aber ihre Positionen insoweit annulliert, als sie ihre gegenseitige Austauschbarkeit zum Ausdruck bringt.«[520]

dass er letztgenannten Begriff gelegentlich auch als ein dem Körper entgegengesetztes Prinzip (vgl. IV, S. 425) oder im Sinne von ›Vernunft‹ (vgl. VII, S. 228) gebraucht. Vgl. hinsichtlich Plessners kritischer Reflexion des Geistbegriffs auch VIII, S. 181.

517 IV, S. 379.

518 Ebd., S. 422. Vgl. ebd., S. 382.

519 Ebd., S. 377.

520 VII, S. 454. An anderer Stelle schreibt Plessner: »Als Glied der Mitwelt steht jeder Mensch da, wo der andere steht. In der Mitwelt gibt es nur einen Menschen, genauer ausgedrückt, die Mitwelt gibt es nur als Einen Menschen« (IV, S. 378; vgl. ebd., S. 422). Gegen eine Fehldeutung dieser Aussage weist Limbach auf die Großschreibung des Artikels ›Einen‹ hin, durch die angedeutet werden soll, daß nicht ein einzelnes Individuum das intersubjektive Verhältnis vollzieht, sondern es vielmehr »als eine überindividuelle Person auftritt« (Limbach, 1992, S. 31). Vgl. hinsichtlich dieser Textstelle auch den Kommentar Lindemanns: »Die Schwierigkeit, die Theorie der Mitwelt zu begreifen, liegt darin, daß hier sowohl von einer Vielheit als auch von der Aufhebung der Vielheit gehandelt wird. [...]. Wenn von der Mitwelt als ›Einem Menschen‹ die Rede ist, meint das die Differenz, von der her die Relativierung des leiblichen Selbst stattfindet, wodurch die Absolutheit der je unterschiedlichen Perspektiven entwertet wird. Der ›Eine Mensch‹ meint gerade nicht ein solipsistisches Ich, sondern die Möglichkeit einer gemeinsamen Welt, obwohl es nur eine Vielzahl organismischer Individuen mit je unterschiedlichen Perspektiven gibt« (Lindemann, 1999, S. 174 f.). Zugleich sei an dieser Stelle auf eine bemerkenswerte Parallele zwischen den Darlegungen Plessners und Heideggers verwiesen, bei dem es heißt: »Das Mitsein bestimmt existenzial das Dasein auch dann, wenn ein Anderer faktisch nicht vorhanden und wahrgenommen ist. Auch das Alleinsein des Daseins ist Mitsein in der Welt« (SuZ, S. 120). Diese sachliche Konvergenz muss vor allem deshalb überraschen, weil Plessner im Vorwort der *Stufen* behauptet, »erst während der Druckle-

Indem die Mitwelt »weder in einer privilegierten Eigenheitssphäre fundiert ist, noch aus den koordinierenden Regeln einer Sozialsphäre erwächst«[521], sondern als selbst anonyme ›Zwischensphäre‹ die Verbundenheit von Individuum und Sozialem stiftet, verweist sie auf das Phänomen einer »präpersonale[n] Inter-Subjektivität, die jedem ausdrücklichen Verstehen von Ich und Du bereits vorausliegt.«[522] Somit stellt sich die Fähigkeit zur reflexiven Vergegenwärtigung der eigenen sozialen Situiertheit dem Menschen als eine permanente *Möglichkeit* dar, ohne dass er sich vollständig aus sozialen Kontexten zu lösen vermag. »Isoliert kann der Mensch nur im Ausnahmefall existieren. Durch seine Natur sieht er sich auf soziales Dasein angewiesen. [...] Diese Atmosphäre umfängt jeden mit dem Augenblick seiner Geburt und entläßt ihn erst im Tode.«[523]

Wenn Plessner die Mitwelt als subjektiv-objektiv indifferent bestimmt, so will er sie dennoch nicht im Sinne von Hegels absolutem Geist[524] verstanden wissen, sondern betont ausdrücklich, dass der Gegensatz von Subjekt und Objekt für den Menschen seine Geltung nicht vollständig verliere.[525] »Sie [die Mitwelt – T.K.] ist absolute Punktualität, in der alles, was

gung« seines eigenen Werkes mit demjenigen Heideggers in Berührung gekommen zu sein (vgl. IV, S. 12).

521 Waldenfels, 1994, S. 422.

522 Meyer-Drawe, 1984, S. 179. Vgl. auch Waldenfels, 1971, S. 164: »Das Wir ist weder eine substanzielle Ganzheit noch eine Kollektion von Individuen, sondern die *interpersonale Verbindung* in wechselseitiger Übernahme und Übergabe bei gleichzeitiger Hinnahme einer *präpersonalen Verbundenheit.*«

523 V, S. 113. Vgl. Fischer, 1995a, S. 259. Auf den ›atmosphärischen‹ Charakter des Sozialen macht auch Merleau-Ponty aufmerksam. Vgl. neben PhW, S. 414, 511 auch ebd., S. 417, wo es heißt: »[M]ein Leben hat seine soziale Atmosphäre, wie es seinen Todesgeschmack hat.« Vgl. hierzu auch Coenen, 1985a, S. 178.

524 Vgl. IV, S. 378 f. Trotz dieses Hinweises unterliegt Kimmerles Interpretation des Plessner'schen Wirbegriffs genau diesem Missverständnis. Auf der Grundlage der von ihm behaupteten Verbindung zwischen Plessners Geistbegriff und dem subjektiven bzw. objektiven Geist Hegels deutet Kimmerle Plessners Rede von der »Wirform des eigenen Ichs« (IV, S. 377) als einen Rückfall »in die Ichheit der Bewußtseinsphilosophie« (Kimmerle, 1986, S. 101). Eine ähnliche idealistische Deutung wie Kimmerle verfolgt auch Pietrowicz, der in Plessners Mitweltkonzeption allerdings eine »sozialanthropologische Ausdeutung des Fichteschen Ich-Begriffs« (Pietrowicz, 1992, S. 467; vgl. ebd., S. 434) zu erkennen glaubt.

525 Vgl. ebd., S. 379.

Menschenantlitz trägt, *ursprünglich verknüpft* bleibt, *wenn auch die vitale Basis in Einzelwesen auseinandertritt.* Sie ist die Sphäre des Einander und der völligen Enthülltheit, in der alle menschlichen Dinge sich begegnen. Und so ist sie die wahre Gleichgültigkeit gegen Einzahl und Mehrzahl, unendlich klein und unendlich groß, das Subjekt-Objekt, die Garantie der wirklichen (nicht nur der möglichen) Selbsterkenntnis des Menschen in der Weise ihres einander Seins.«[526]

Plessners Ausführungen zur Mitwelt geben Aufschluss darüber, dass sich sein Verständnis von Sozialität weder von der Vorstellung geleitet zeigt, dass sich das Subjekt aus dem Zustand seiner vollständigen Autonomie heraus auf sein soziales Umfeld bezieht, noch das Soziale als etwas vollständig Über-Individuelles fungiert. Damit entdeckt sich das Verhältnis von Individualität und Kollektivität in Plessners Denken als das einer wechselseitigen Verschränkung. »Weder das Individuum noch die soziale Beziehung ist das erste. Beide leben gleichursprünglich voneinander und konstituieren sich aneinander und durcheinander.«[527] Da das Soziale der Subjektivität von vornherein inhärent ist, eignet ihm eine »*Generalität,* die in der lateralen Form von Verflechtungen, Vernetzungen und offenen Verweisungen über alles Individuelle hinausgeht, ohne sich den vertikalen Formen einer alles unter oder in sich fassenden Universalität zu unterwerfen.«[528]

## III.C.3 Zugänge zum Anderen – Leibliche Inter-Subjektivität im Vollzug

Für Plessner vollzieht sich die Begegnung von Ich und Anderem immer in einem lebensweltlichen Kontext[529] sowie durch die Vermittlung des Leibes, »der den Kontakt zu den Mitmenschen und zur Welt gewährleistet.«[530] Mit dieser ›leiblichen Inter-Subjektivität‹ bekundet sich zugleich die Zweideutigkeit des menschlichen Weltverhältnisses, die darin zum Ausdruck kommt, dass »die eigentümliche Mittlerrolle des Leibes [...] das Subjekt mit den Objekten auf eine synthetische Art zugleich trennt und verbindet.«[531] Anhand der ›Schicht des Verhaltens‹, des Ausdrucksverstehens, der Fremdwahrnehmung sowie der Reziprozitäts-Problematik wird im weiteren Verlauf versucht, den bereits in Zusammenhang mit der Sphäre der

526 Ebd., S. 378 (Hervorh. T.K.).

527 X, S. 106.

528 Waldenfels, 1994, S. 430.

529 Vgl. V, S. 174 f.; VII, S. 219 f.; VIII, S. 123; Hammer, 1967, S. 67.

530 VIII, S. 296. Vgl. Fischer, 1995a, S. 252; ders., 2000, S. 287.

531 IV, S. 112. Vgl. ebd., S. 297; V, S. 61, 74.

›Mitwelt‹ erörterten Gedanken eines »vorsprachliche[n] Fundament[s] in der Gegebenheitsweise der Menschen für einander«[532], das nicht auf »innere[n] Vorgänge[n] des Wiedererkennens, des Bewußtseins und Selbstbewußtseins«[533] basiert, näher zu veranschaulichen. Obwohl für Plessner jene ursprüngliche Verschränkung, wie sich zeigen wird, besonders deutlich anhand kindlicher Verhaltensweisen zum Ausdruck kommt, bleibt diese »primordiale Inter-Subjektivität« (Meyer-Drawe) jedoch keineswegs auf die kindliche Erfahrungsebene begrenzt, sondern stellt ebenfalls ein fungierendes Element der Erwachsenenwelt dar.

#### *III.C.3.1 Die Schicht des leiblichen Verhaltens*

Eine Befragung von Plessners anthropologischer Konzeption auf ihre intersubjektiven Gehalte verlangt zunächst eine Rückbesinnung auf die von ihm erarbeiteten Strukturgesetzlichkeiten des Lebendigen. Zu diesen zählt u.a. jene ursprüngliche Verbundenheit von Organismus und Umwelt, die, so Plessner, auf »vorbewußte, zu tieferen Existenzschichten [...] der Organismen [...] gehörige [...] Aprioriformen, Existenzkategorien, Vitalkategorien«[534] zurückzuführen ist. Wenn er in den *Stufen* vom »Lebensplan« als einer »weder dem Körper des Organismus noch der ihn umgebenden Welt allein an[gehörigen]« Sphäre spricht, »die den vorgegebenen Rahmen für Reize *und* Reaktionen bedeutet«[535], so rekurriert Plessner hier offensichtlich auf seine bereits in der *DmA* entwickelten Überlegungen. Dort hatte er die Verbundenheit zwischen Körper und Organismus am Leitfaden der ›Umweltintentionalität‹ des Leibes erörtert, die neben der Theorie J. v. Uexkülls auch Anklänge an die Intentionalitätslehre Husserls aufweist. Als bedeutsam für Plessners Anliegen kann dabei vor allem Uexkülls Hinweis darauf gelten, dass Organismus und Umwelt keine voneinander getrennten Bereiche darstellen, sondern einen »Funktionskreis« (Uexküll) bilden. Entstammt der Begriff der ›Intentionalität‹ dagegen offensichtlich der Phänomenologie Husserls, so weicht Plessners Verständnis dieses Terminus allerdings in einem entscheidenden Punkt von dessen Vorgaben ab. Denn während ›Intentionalität‹ für Husserl die bedeutungshafte Gerichtetheit des Bewusstseins auf Gegenständliches bezeichnet, geht es Plessner in der *DmA* gerade um den Aufweis einer »vom Bewußtsein loslösbare[n]«[536] leiblichen Intentionalität. »Der Leib ist nicht darum Leib, weil

532 VIII, S. 288.
533 Ebd., S. 289.
534 IV, S. 110.
535 Ebd., S. 108.
536 VII, S. 87.

er von innen her durchfühlbar und impulsiv beherrschbar ist, sondern weil er eine Umwelt hat, auf welche er, die auf ihn einspielt.«[537]

Ihren ›sphärenhaften‹ Charakter gewinnt die Leib-Umwelt-Relation dadurch, dass sie – obwohl der Anschauung zugänglich – weder auf der physischen noch auf der psychischen Ebene ›lokalisierbar‹ ist, sondern dieser Scheidung vorausliegt. »Der Leib und seine Bewegungsformen [...] bilden eine Einheit, von der man weder sagen kann, sie sei physisch, noch sie sei psychisch. Sie liegt in keiner der beiden Seinsebenen, ist aber darum nicht weniger reell.«[538] Diese so charakterisierte »Zwischensphäre« (Plessner) bezeichnet Plessner als ›Schicht des Verhaltens‹. »Was sich in der Schicht des Verhaltens abspielt, ist gegen die sphärentheoretischen Begriffspaare Sinnlichkeit und Geistigkeit, Physis und Psyche, Objektivität und Subjektivität indifferent. Nur das, was ein ›Seiendes‹ ist, gehört irgendeiner dieser Sphären an. In der Schicht des Verhaltens jedoch erfassen wir den Inbegriff der Konstitutionsformen und -weisen alles Seienden: das Leben.«[539] Zu den konstitutiven Bestandteilen dieser für Mensch und Tier gleich-gültigen Schicht[540] zählt auch das Dasein von Mitsubjekten. »Die Realität anderer Subjekte ist [...] eine in der Struktur der menschlichen Sphäre, der Schicht des Verhaltens gegründete anschauliche Notwendigkeit und Gewißheit.«[541]

Plessners Ausführungen zur ›Schicht des Verhaltens‹ unterstreichen, dass sein Verhaltensbegriff nicht subjektzentrisch konzipiert ist.[542] Der Deutung des *ursprünglich* verständlichen Verhaltens[543] liegt nicht die jeweils eigene Intention zugrunde, sondern es vollzieht sich innerhalb einer subjekt-objektiv neutralen Zwischen-Schicht, die keinen Originator des Sinns kennt. Eine Bestätigung erfährt diese Einschätzung durch einen Blick auf Plessners Kritik an der Verhaltenslehre Pawlows. Zehn Jahre nach der *DmA* veröffentlicht er (wiederum in Zusammenarbeit mit Buy-

537 Ebd., S. 121 f. An anderer Stelle kleidet Plessner diese elementare Leib-Umwelt-Beziehung in die Formel »[w]o ein Körper ist, muß Umwelt sein« (VIII, S. 277; vgl. ebd., S. 356). Auf einen analogen Sachverhalt zielt auch Merleau-Pontys Differenzierung zwischen einer »Intentionalität der Akte« und einer »*fungierenden Intentionalität*, in der die natürliche vorprädikative Einheit der Welt und unseres Lebens gründet« (PhW, S. 15).

538 Ebd., S. 83.

539 Ebd., S. 89.

540 Vgl. ebd., S. 81.

541 Ebd., S. 117.

542 Eine solche Einschätzung vertritt etwa Mühl (vgl. Mühl, 1997, S. 164 f.)

543 Vgl. VIII, S. 31.

tendijk) die Schrift *Die physiologische Erklärung des Verhaltens,* in der er sich mit der Bedeutung der Reflexlehre für das Verständnis tierischer Verhaltensweisen auseinander setzt. Aus Sicht der Physiologie liegt die Leistungskraft des Reflexes in seinem Kausalverhältnis zur Reizursache (»Gleiche Ursachen haben gleiche Wirkungen zur Folge«[544]) begründet. Als solcher erfüllt er, wie Plessner mit kritischem Unterton bemerkt, »weitgehend die Anforderungen exakten Denkens, dessen Ideal die Anwendung mechanischer Vorstellungen auf das Lebensgeschehen ist.«[545] Die Leitung des Reizes erfolgt durch die Nervenbahnen, wobei das Bewusstsein als physiologisch nicht eindeutig bestimmbares Moment bei diesem Prozess ausgeklammert ist. Im Rahmen des behavioristischen Denkens, so Plessner, entstehe das menschliche Verhalten aus einer »Reflexkette« (Plessner) und erweise sich damit als durchgängig determiniert: jede Möglichkeit seiner variablen Gestaltung werde bereits durch die Prämissen des Modells ausgeschlossen. Plessner entlarvt diese »Maschinenvorstellung« (Plessner) als »rein hypothetische Konstruktion«[546], die es versäumt, jene Aspekte des Verhaltens zu reflektieren, die sich dem Auge des Betrachters nicht in Vollständigkeit erschließen, sondern nur Ausschnitte aus einer Gesamtsituation darstellen. Aus seiner Sicht besteht die zentrale Problematik einer physiologischen Verhaltenslehre darin, »einen Kausalprozeß aus unbestimmten, und nicht streng bestimmbaren, d.h. übersehbaren Anfangsbedingungen herzuleiten.«[547] Weitere Einwände erheben sich nach Plessner gegen eine solche Methode auch aufgrund ihrer Verbindung der beiden Variablen von Reflex und Verhalten, da Ersterer »eine angeborene spezifische Reaktionsweise von nichtmodifizierbarer Art« darstellt, demgegenüber sich Letzteres »entsprechend den immer neuen Anforderungen der Umwelt *[ändert]*.«[548] Durch die Einführung eines bedingten, künstlich erworbenen Reflexes, komme es zu einer Teilung des ursprünglich »einheitlichen« Reflexbegriffes, wobei dieser das Merkmal der Angeborenheit verliere, das nun ausschließlich dem unbedingten Reflex zugeschrieben werde. »Der Reflexbegriff als solcher erweitert sich damit, d.h. er verarmt an Inhalt.«[549] Schließlich zielt Plessners Kritik auch

544 Ebd., S. 10.

545 Ebd., S. 10 f.

546 Ebd., S. 10.

547 Ebd., S. 12.

548 Ebd., S. 13.

549 Ebd., S. S.21. An anderer Stelle macht Plessner darauf aufmerksam, dass der Begriff des Verhaltens nicht nur dessen aktive Momente einschließt: »Auch Passivität ist ein Verhalten« (VII, S. 380). Die entscheidende Differenz zwi-

auf die methodologischen Schwierigkeiten des Laborexperiments, anhand dessen die Gültigkeit des Kausalschemas von Reiz und Reaktion demonstriert werden soll. Im Rahmen eines solchen Szenarios bleibt, so seine Einschätzung, zumeist unberücksichtigt, dass »die Forschungsergebnisse der analytischen Physiologie [...] situationsbedingt, ja ganz eigentlich fragebedingt sind«[550], weil sowohl die experimentelle Anordnung als auch das Tier selbst die Situation maßgeblich mitbestimmen.

Für Plessner zeigt sich die physiologische Erklärung des Verhaltens einem »künstliche[n], szientifische[n] Verstehen«[551] verpflichtet, dem er den Gedanken eines in der Schicht des Verhaltens gründenden »natürlichen«[552] Verstehens entgegenstellt. Diese Einbettung des Verhaltens in einen vorwissenschaftlichen, durch die Merkmale der Gegensinnigkeit und psychophysischen Indifferenz gekennzeichneten Kontext unterstreicht noch einmal die inter-subjektive Dimension seines Verhaltensbegriffs. »Verhalten überhaupt spielt zwischen einem lebendigen Wesen und seinem Gegenüber dergestalt, daß beide, Subjekt und Objekt, eine Verbindung eingehen. Was auch das Ziel des Verhaltens ist, ob es sich erfüllt oder nicht, in jedem Falle vollzieht es Verbindung zwischen dem Lebewesen und seinem Gegenüber.«[553]

Insofern es nach Plessner zu den apriorischen Merkmalen des Organischen gehört, in einer ursprünglich aufeinander abgestimmten »Relation des Miteinander«[554] zu stehen, zeigt sich auch die exzentrische Organisationsform des Menschen von dieser Eingebundenheit in eine »vital-relative Zone der Umgänglichkeit und Vertraulichkeit«[555] nicht ausgenommen. Plessners Hinweis auf ein »vorsprachliches Fundament in der Gegebenheitsweise der Menschen für einander«[556] kann als Beleg dafür gelten,

schen Plessners Begriff des ›Verhaltens‹ und demjenigen Pawlows fasst Krüger zusammen: »Es geht ihm nicht um Behaviorismus, sondern um die Verhältnismäßigkeit zwischen Leib und Körper« (Krüger, 2000, S. 295).

550 Ebd., S. 28 f. Vgl. IV, S. 333.

551 VII, S. 124.

552 Ebd.

553 Ebd., S. 382. Vgl. auch ebd., S. 223, wo es heißt: »Als Ganzer ist uns der Mensch, und sind wir uns selber zugänglich im Konnex des Verhaltens, des Umgangs mit unseresgleichen und der Umwelt.« An anderer Stelle fasst Plessner die inter-subjektive Ausrichtung seines Verhaltensbegriffs prägnant in der Formel »Verhalten heißt antworten« (VIII, S. 31) zusammen.

554 Eßbach, 1994, S. 29. Vgl. Fischer, 1995a, S. 279.

555 IV, S. 382.

556 VIII, S. 288.

dass die primordiale Verbundenheit des Lebendigen auch auf der menschlichen Stufe ihre Geltung behält. »Daß der einzelne Mensch sozusagen auf die Idee verfällt, ja daß er *von allem Anfang an davon durchdrungen* ist, nicht allein zu sein und nicht nur Dinge, sondern fühlende Wesen wie er als Genossen zu haben, beruht nicht auf einem besonderen Akt, die eigene Lebensform nach außen zu projizieren, sondern gehört zu den *Vorbedingungen* der Sphäre menschlicher Existenz.«[557]

Allerdings birgt die Beziehung zum Anderen für ein exzentrisches Wesen, das noch einmal in ein Verhältnis zu seiner Verhältnishaftigkeit zu treten vermag, eine fundamentale Zweideutigkeit. Zwar gilt, dass »[j]eder [...] bei aller Getrenntheit ein Stück vom anderen«[558] bleibt, doch ist es gerade jene partielle Getrenntheit und Vermitteltheit, der sich der als ›unmittelbar‹ erlebte zwischenmenschliche Kontakt verdankt. »Nur die Indirektheit schafft die Direktheit, nur die Trennung bringt die Berührung.«[559]

### *III.C.3.2 Die ursprüngliche Sinnhaftigkeit des mimischen Ausdrucks*

Die zentrale Bedeutung, die Plessner der Expressivität in Bezug auf die menschliche Sphäre zuerkennt, dokumentiert sich darin, dass ihr aus seiner Sicht nicht nur ein »Ausdrucks*bedürfnis*«, sondern geradezu ein »Zwang«[560] zum Ausdruck innewohnt. Als »Grundzug menschlichen Lebens«[561] erweist sich der Ausdruck dabei deshalb, weil er sich nicht auf voluntative Akte des Subjekts beschränkt. Zwar vermag der Mensch seine Ausdrucksbewegungen zu instrumentalisieren, doch entziehen sich diese seiner vollständigen Kontrolle. »Jede Lebensregung der Person, die in Tat, Sage oder Mimus faßlich wird, ist daher ausdruckshaft, bringt das Was ei-

557 IV, S. 375 (Hervorh. T.K.). Vgl. ebd., S. 382.

558 Ebd., S. 25. In *Macht* spricht Plessner von der Verschränkung, »durch die jeder seinen Mitmenschen als den, der man selber (aber doch als ein Anderer) ist, weiß und in der er mit ihm umgeht« (V, S. 196). Vgl. in dieser Hinsicht auch die folgenden Ausführungen von Elias: »Man stellt sich die Beziehungen zwischen Menschen heute oft genug ähnlich vor wie eine Beziehung zwischen Billardkugeln: Sie stoßen zusammen und rollen wieder voneinander fort. Sie üben, so sagt man, eine ›Wechselwirkung‹ aufeinander aus. Aber die Figur, die bei der Begegnung von Menschen entsteht, die ›Verflechtungserscheinungen‹, sie sind etwas anderes als eine solche ›Wechselwirkung‹ von Substanzen, als ein rein additives Zu- und Auseinander« (Elias, 1999, S. 44).

559 Ebd., S. 408. Vgl. V, S. 106; VIII, S. 351; X, S. 323.

560 IV, S. 399.

561 Ebd. Vgl. VII, S. 248.

nes Bestrebens irgendwie, d.h. zum *Ausdruck*, ob sie den Ausdruck will oder nicht.«[562]

Seine These einer ursprünglichen, d.h. diesseits der Ebene des Bewusstseins verlaufenden Verständlichkeit des mimischen Ausdrucks erläutert Plessner in der *DmA* anhand seiner Schilderung eines Experiments: Bei diesem wird eine Kröte in einem Versuchsfeld ausgesetzt, das sowohl lebendige Nahrung als auch unbelebte Gegenstände enthält. Dabei lässt sich beobachten, dass für die Kröte die ›toten‹ Gegenstände nach dem Verzehr der lebendigen Beute insofern einen Bedeutungswandel durchmachen, als sie nun auch diese zu verspeisen versucht. Ausgehend hiervon formuliert Plessner die These, dass die gestalthafte Ähnlichkeit bestimmter Gegenstände und Tiere (Streichholz – Regenwurm, Moosfasern – Spinne) zwar *eine* Ursache für das Verhalten der Kröte darstelle, eine weitere jedoch im inneren Zustand des Tieres selbst liege. Aufgrund dieser »variable[n] Abhängigkeit zwischen innerem Zustand des Lebewesens und gleichbleibendem Objekt«[563] fragt er, inwiefern sich eine solche auch in Bezug auf die Sphäre des Menschen nachweisen lässt. »Gibt es nun beim Menschen ein Benehmen, das bei völliger Ausschließung seiner rationalen Sphäre an *rein sinnlichen* Daten sich entfaltet und an welchem die eigenartige Veränderung des ›Reizwertes‹ der Daten nicht von ihrer quantitativen Veränderung abhängig erscheint, auch nicht restlos durch ihre gestaltmäßige Ordnung determiniert ist, sondern wobei die Antwortreaktion auf das Wahrnehmungsbild [...] sich erfüllt in dem Zusammenhang der wechselnden inneren Zustände und der Feldstruktur der Umgebung?«[564]

Eine solche, sich allein auf der sinnlichen Ebene vollziehende Form der zwischenmenschlichen Verbundenheit entdeckt sich für Plessner in der Wahrnehmung des mimischen Ausdrucks. »Ausdrucksformen sind [...] Formen des Verhaltens zu anderen, zu sich, zu Dingen und Ereignissen, zu allem, was Menschen begegnen kann. Sie liegen nicht in dem Sperrgebiet eines gegen die äußere Wirklichkeit isolierenden Bewußtseins, nicht im Inneren oder im Äußeren menschlicher Existenz, vielmehr quer

562 Ebd., S. 415. Dem Phänomen des Ausdrucks hatte sich Plessner bereits in der *EdS* zugewandt. Neben einer Kritik der Ausdruckstheorien von Bergson, Natorp, Köhler und Scheler (vgl. III, S. 104) weist er in dieser Schrift darauf hin, dass dem Ausdruck nicht die Funktion einer »Zweckhandlung« zukomme (vgl. ebd. sowie S. 215), sondern ihm ein ›unmittelbarer‹ Sinngehalt innewohne (vgl. ebd., S. 90 f., 192).

563 VII, S. 73.

564 Ebd., S. 74.

zu allen diesen Gegensätzen.«[565] Besonders anschaulich tritt diese sich im Verstehen des mimischen Ausdrucks bekundende »primodiale[] Inter-Subjektivität«[566] für ihn im Verhalten von Kleinkindern zu Tage. »Sehen wir den Säugling bei Annäherung irgendwelcher Personen lächeln oder die Stirn runzeln, eine freundliche Geste freundlich, eine unfreundliche unfreundlich erwidern, so spielt sich vor unseren Augen derselbe unmittelbar verständliche und doch so schwer begreifliche Zusammenhang zwischen Organismus und Umwelt ab, [...] weil er die ursprüngliche Verbundenheit des Lebewesens mit seiner Umgebung [...] offenbart.«[567] Durch jenes »ursprüngliche Gebaren des Kindes [...] vermeint man fast eine unsichtbare Welt mit Händen zu greifen, in der die Eintracht zwischen Lebewesen und Umgebung liegt und welche die apriorische Bereitschaft zu einer bestimmten sinnvollen Betätigungsform mitenthält.«[568]

Im Anschluss an das beim Kleinkind beobachtbare Verhalten entwickelt Plessner eine Theorie des Ausdrucksverstehens, die sich zunächst von zwei geläufigen Positionen abgrenzt. Während die mechanistische Ausdruckstheorie Darwinscher bzw. Wundtscher Prägung den Ausdruck als eine mechanisierte Bewegung begreift, die trotz des Verlustes ihrer früheren Zweckmäßigkeit durch Gewohnheit beibehalten wurde[569], deutet die symbolische Ausdruckstheorie Ludwig Klages' die Ausdruckshaftigkeit als ein selbständiges, sich symbolhaft in Bildgestalten repräsentierendes Geschehen.[570] Obwohl Plessner Klages' Einwänden gegenüber dem mechanistischen Ausdrucksverständnis zustimmt, wendet er gegenüber diesem ein, dass er zwar nach dem seelischen Gehalt der Ausdrucksbewegung, nicht aber nach deren Ursache frage. Dadurch verfalle er in einen Dualismus des Physischen und Psychischen, aufgrund dessen er sich nun

565 Ebd., S. 224.

566 Meyer-Drawe, 1984, S. 269.

567 VII, S. 75. Vgl. VIII, S. 175. Ein ähnliches Beispiel findet sich auch bei Merleau-Ponty: »Nehme ich im Spiel die Finger eines fünfzehnmonatigen Kindes zwischen die Zähne und beiße ein wenig, so öffnet es den Mund. Und doch hat es schwerlich je sein Gesicht im Spiegel gesehen und ähneln seine Zähne nicht den meinen. Aber sein eigener Mund und seine Zähne sind für das Kind, so wie es sie von innen fühlt, unmittelbar Beißwerkzeuge, und mein Kiefer, so wie es ihn von außen sieht, unmittelbar mit der gleichen Intention begabt. ›Beißen‹ hat für das Kind unmittelbar eine intersubjektive Bedeutung« (PhW, S. 403).

568 Ebd.

569 Vgl. ebd., S. 98.

570 Vgl. ebd., S. 100 ff.

mit der Schwierigkeit konfrontiert sehe, von der physischen Erscheinung auf deren seelischen Gehalt schließen zu müssen.[571]

Im Gegensatz zu der von Darwin und Klages vertretenen »Bildtheorie des Ausdrucksverstehens«[572] wählt Plessner als Ausgangspunkt seiner eigenen Überlegungen eine »einfachere Anschauung«, die »die Erscheinung des Ausdrucksverständnisses auf Elemente zurückbringt, deren Vorkommen und Verwendung auch im sonstigen natürlichen Leben nachweisbar sind.«[573] Klages' Position einer sich im Ausdruck offenbarenden »bildhaft-sinnhafte[n] Identität«[574], d.h. der Annahme fester Sinnbilder oder -bedeutungen, stellt Plessner die These einer »bildhaft-sinnhafte[n] Neutralität« des Ausdrucks entgegen, wie sie sich für ihn in der »Einheitsschicht des leiblichen Verhaltens«[575] zeigt. In der Verwechslung von ausdruckshafter Neutralität und Identität liege, so Plessner, die Ursache dafür, dass der Ausdruck bei Klages als ein »Gleichnis der Handlung«[576] erscheine. Zwar vertritt auch Plessner den Standpunkt, dass der dem leiblichen Verhalten innewohnende Sinn sich nur dann offenbart, wenn er als Ausdruck oder in Gestalt einer Handlung auftritt, doch distanziert er sich von einer Gleichsetzung beider Aspekte. Denn während sich eine Handlung immer zielgerichtet vollziehe, zeichne sich der Ausdruck durch seine ›Selbstgenügsamkeit‹ und Unzweckmäßigkeit aus.[577]

Für Plessner basiert die Möglichkeit eines originären Ausdrucksverstehens auf den psychophysisch neutralen Bewegungsformen des Leibes innerhalb der Schicht des Verhaltens. Die dieser Sphäre innewohnende »ursprüngliche Identität von Anschaulichkeit und Verständlichkeit auf Grund des Formcharakters der Bewegungsgestalten«[578] führe dazu, dass jeder Wahrnehmung eines Verhaltens unweigerlich dessen unmittelbare

571 Vgl. ebd., S. 103.

572 Ebd., S. 109.

573 Ebd.

574 Vgl. ebd., S. 105.

575 Ebd.

576 Ebd. Vgl. ebd., S. 265.

577 Vgl. ebd., S. 90 f. Trotz dieser Gegenüberstellung insistiert Plessner nicht auf einem hiatischen Verhältnis von Ausdruck und Handlung, sondern räumt der Sprache eine »Mittelstellung« (Plessner) zwischen beiden ein, da sich in ihr der »Seinswert« des Ausdrucks und der »Funktionswert« der Handlung miteinander vereinigen (vgl. ebd., S. 93). Vgl. zur weiteren Unterscheidung von Ausdruck und Handlung ebd., S. 265 ff. sowie zur Differenz von Ausdruck und Gestik ebd., S. 259.

578 Ebd., S. 83.

Deutung korrespondiere.[579] Besteht zwischen erscheinender Leibgestalt und dem mit ihr gegebenen Sinngehalt eine sich im Ausdruck manifestierende »untrennbare Einheit«[580], so wird der Sinn in und mit der leiblichen Ausdrucksbewegung bildhaft-ganzheitlich erfasst. »Im Ausdrucksbild erscheint der Sinn, und das Phänomen, die Gestalt wird selbst transparent, indem wir ihn verstehen.«[581] Der durch die psychophysisch indifferente Struktur des Leibes vermittelte Sinn verleiht der ganzheitlichen Erscheinung etwas Über-Gestalthaftes, Nicht-Gegenständliches, das sich als konstitutiv für die Auffassung einer Ganzheit erweist.[582]

Wenn Plessner ausführt, dass im Sinn als »nichtgegenständliche[r] Mitgegebenheit des Unanschaulichen«[583] das »Motiv in der Gestalt«[584] erfasst wird, so meint dieses Erfassen allerdings keinen Urteilsakt, sondern eine originäre Art und Weise des Verstehens. Als ›unmittelbar‹ verständlich erweist sich der Ausdruck deshalb, weil sich in ihm ein an der (vermittelnden) Leiberscheinung sichtbarer »Übergang vom Inneren zum Äußeren«[585] vollzieht. »Aus Haltungen, Verhaltungen besteht das intersubjektive Miteinander, und dem Verständnisdrang ist Genüge geschehen, wenn in diese sich abwechselnden Haltungen Zusammenhang kommt und die Einheit der Situation zwischen dem betrachteten Leib und seiner Umgebung (zu der eventuell ich mitgehöre) im Fortgang des Ganzen gewahrt bleibt.«[586] Obwohl der Andere im leiblichen Ausdruck als eine »Ganzheit« (Plessner) erscheint, verlangt die unmittelbare Verständlichkeit seiner Ausdrucksbewegungen allerdings eine Berücksichtigung des jeweiligen situativen Kontextes, um die Vielschichtigkeit des Ausdrucksinhaltes einzuschränken.[587] Doch selbst in diesem Fall birgt das Ausdrucksbild ver-

579 Vgl. ebd., S. 84.

580 Ebd., S. 93. Vgl. ebd., S. 260 f.; III, S. 240; IV, S. 64; PhW, S. 233.

581 Ebd., S. 91. Vgl. ebd., S. 78, 93. Ungeachtet der sich ihm mit jeder neuen Situation eröffnenden neuen Sinnhorizonte ist es dem Menschen nach Plessner ebenfalls aufgegeben, in zunächst scheinbar ›sinnlosen‹ Eindrücken nach einem potentiellen Sinn zu suchen. »Denn der Mensch beruhigt sich nicht bei dem puren Faktum seiner sinnlichen Organisation, er sieht etwas darin, einen Sinn – und wenn er ihn nicht findet, *gibt* er ihm einen und macht etwas daraus« (III, S. 332; vgl. VII, S. 54, 361).

582 Vgl. ebd., S. 77, 86.

583 Ebd., S. 86.

584 Ebd., S. 85.

585 Ebd., S. 217. Vgl. ebd., S. 218, 261.

586 Ebd., S. 123. Vgl. ferner III, S. 152; SuV, S. 32.

587 Vgl. ebd., S. 126, 260, 264.

schiedene Deutungsmöglichkeiten, die sich im Verhältnis zur Situation als potentiell unzutreffend erweisen können.[588]

### *III.C.3.3 Das Problem der Erfahrung des Fremdseelischen*

Zu Beginn des 20. Jahrhunderts zeigt sich die Diskussion um das Problem einer Erfahrung des Fremdseelischen maßgeblich von zwei Positionen dominiert. Während die Vertreter der Analogieschlussbildung mittels eines projizierenden Verfahrens Zugang zum ›Inneren‹ des anderen Menschen gewinnen zu können glauben, versuchen die Befürworter so genannter ›Einfühlungstheorien‹ (vor allem T. Lipps) dieses Ziel durch einen gefühlsmäßigen Mitvollzug der fremdseelischen Befindlichkeit zu erreichen. Eine einflussreiche Kritik dieser bis dahin vorherrschenden Theorien der Wahrnehmung des Fremdseelischen formuliert im Jahre 1913 Scheler, der in seiner Abhandlung *Vom fremden Ich* neben dem Aufweis der Aporien der Analogieschluss- und Einfühlungstheorie auch einen eigenen Lösungsversuch des Problems der Fremderfahrung vorlegt. Während die Analogieschlusslehre aus seiner Sicht die Existenz beseelter Wesen deshalb nie zu erklären vermag, weil sie diese bereits immer schon voraussetzt[589], handelt es sich für ihn bei der Einfühlungstheorie um einen »blinden Glauben« (Scheler), der nicht zwischen einer fälschlichen (z.B. im Falle eines Toten) und einer faktischen Beseelung (im Falle eines Mitmenschen) zu differenzieren vermag.[590] Als subjektzentrisch strukturiert geben sich, so Scheler, beide Verfahren dabei insofern zu erkennen, als ihnen aufgrund ihrer Trennung der Bereiche von Innen und Außen, Leib und Seele nichts anderes übrig bleibe, als den Weg zum vermeintlich ›hinter‹ seiner körperlichen Erscheinungsweise situierten Ich des Anderen ausgehend vom eigenen Ich zu suchen. Demgegenüber argumentiert Scheler, dass dem Ich in dieser Frage nicht notwendig eine Vorrangstellung zukommt, da vor der Spaltung in Eigenes und Fremdes »ein *in Hinsicht auf Ich-Du indifferenter* Strom der Erlebnisse [...] zunächst dahin[fließt], der faktisch Eigenes und Fremdes ungeschieden und ineinandergemischt enthält.«[591] Diese vorgängige ›Einheit‹ ermögliche eine direkte Erfassung

588 Dass dem Verstehen für Plessner immer auch die Möglichkeit eines Nicht- bzw. Falschverstehens innewohnt, belegt eine Stelle in *SuV*, an der er darauf hinweist, dass »Verstand und Eindeutigkeit sich nicht decken, sondern das Verstehen reicher an Möglichkeiten und die Exaktheit nur eine unter diesen Möglichkeiten ist« (SuV, S. 13; vgl. ebd., S. 27).

589 Vgl. Scheler, 1973, S. 234.

590 Vgl. ebd., S. 235.

591 Ebd., S. 240.

sowohl des eigenen als auch des fremden Psychischen mittels des Aktes einer »inneren Wahrnehmung.«[592]

Für Plessner beruht die maßgebliche Leistung Schelers darauf, auf »die Möglichkeit einer direkten Wahrnehmbarkeit des Psychischen in (und nicht ›hinter‹) den Bildern«[593] aufmerksam gemacht und damit »das eigene und das fremde Seelische in prinzipiell gleicher Weise für zugänglich erklärt«[594] zu haben. Als problematisch erscheint ihm dagegen dessen Unterscheidung zwischen einer ›inneren Wahrnehmung‹, durch die sich die Erfahrung des Eigen- und Fremdpsychischen vollzieht, und einer ›äußeren Wahrnehmung‹, anhand derer die Erfassung des eigenen und fremden Körperleibes erfolgt.[595] Nach Plessners Ansicht hat »die innere Wahrnehmung mit Psychischem selbst gar nichts zu tun [...] und [muß] von der Reflexion wie von der Erinnerung sorgfältig getrennt werden.«[596] Da sich das Psychische gerade durch seine »Nichtlokalisierbarkeit«[597] auszeichne, entziehe es sich einer eindeutigen Verortung im Inneren des Subjekts. »Dem faktischen Erlebnistatbestand, daß jeder den Anderen in seinen Ausdrucksbildern zugleich physisch und psychisch [...] *gewahrt*, [...] ohne Schlüsse zu ziehen, sich in ihn einzufühlen oder sympathetische Akte zu vollziehen, wird sie [Schelers Theorie – T.K.] deskriptiv gerecht. Es fragt sich jedoch, ob dies in den Bahnen äußerer Wahrnehmung laufende Innewerden des Anderen selbst als ein Wahrnehmen angesprochen werden darf.«[598]

Wenn Plessner die Gegebenheit des Anderen mittels der Wahrnehmung zum Ausgangspunkt seiner eigenen Überlegungen hinsichtlich des Problems des Fremdseelischen erklärt[599], so darf dieser Umstand nicht darüber hinwegtäuschen, dass er sich trotz der Anerkennung jener sensualis-

592 Vgl. ebd., S. 238 Fn.

593 VII, S. 118.

594 Ebd. S. 119.

595 Vgl. Scheler, 1973, S. 243.

596 VII, S. 128.

597 Vgl. ebd., S. 124 f.

598 VII, S. 119. Hammer macht darauf aufmerksam, dass, obwohl Scheler die Begriffe ›innen‹ und ›außen‹ als unabhängig von ihren räumlichen Implikationen verstanden wissen will, in seiner Unterteilung des Wahrnehmungsgeschehens in einen inneren und einen äußeren Bereich doch »ein Rest von unüberwundenem Cartesianismus« zum Ausdruck kommt (vgl. Hammer, 1967, S. 90).

599 Vgl. VII, S. 120, 391.

tischen »Spielregel« (Plessner) explizit von dieser erkenntnistheoretischen Position distanziert.[600] Nicht sei an dem Umstand einer sinnlichen Wahrnehmung des Anderen zu zweifeln, eine kritische Überprüfung verlange hingegen die Frage, »wie man sich [...] selbst gegeben sei.«[601]

Nach Plessners Ansicht basieren die Mängel der Analogieschluss- und Einfühlungslehre auf dem Vorurteil, dass ich mir als Leib, der Andere mir hingegen nur als Körper gegeben sei.[602] Zwar treffe es zu, dass ich mich selbst in der Tat immerzu leiblich erfahre, doch gelte dies nicht weniger für die Gegebenheit des fremden Leibes. Der psychophysisch indifferente Leib des Anderen werde immerzu in einer bildhaften Einheit erfasst, durch die die Notwendigkeit einer nachträglichen ›Beseelung‹ des anderen Körpers entfalle. »Bei der Annahme der Existenz anderer Iche handelt es sich nicht um Übertragung der eigenen Daseinsweise, in der ein Mensch für sich lebt, auf andere ihm nur körperhaft gegenwärtige Dinge, also um eine Ausdehnung des personalen Seinskreises, sondern um eine Einengung und Beschränkung dieses ursprünglich eben gerade nicht lokalisierten und seiner Lokalisierung Widerstände entgegensetzenden Seinskreises auf die ›Menschen‹. [...] Jeder Realsetzung eines Ichs [...] ist die Sphäre des Du, Er, Wir vorgegeben.«[603] Stehen sich Ich und Anderer somit nicht in Form zweier bloßer Bewusstseine gegenüber, deren wechselseitige Zugänglichkeit durch ein Schluss- oder Einfühlungsverfahren erfolgt, so erweist sich die Gegebenheit des anderen Ich letztlich nicht problematischer als die des eigenen. »So gewiß jeder sich selbst als Körperleib die Weise des Verhaltens zur Umwelt beimißt [...], so gewiß muß er anderen Körpern diese Existenzweise ebenfalls, und zwar nicht bloß in seinen Gedanken, sondern anschauungsfähig zubilligen. Keine Seite hat vor der anderen in dieser Hinsicht den Vorzug.«[604] Unter diesem Gesichtspunkt verliert auch das Problem des Zugangs zur Innerlichkeit des Anderen seine epistemologische Brisanz, denn »[v]om anderen Menschen *braucht* gar nicht mehr als Bilder gegeben zu sein, um ihn sinnvoll, verstehend, ausdrucksvoll zu erfassen. Liegen doch diese Bilder in der Schicht des Verhaltens,

600 Vgl. ebd., S. 127.

601 Ebd., S. 120.

602 Vgl. ebd., S. 125.

603 IV, S. 374 f. Vgl. auch IX, S. 37, wo Plessner darauf hinweist, dass die Fremdwahrnehmung des Psychischen dessen Eigenwahrnehmung vorausgeht.

604 VII, S. 121. In wiederum bemerkenswerter Analogie heißt es bei Merleau-Ponty: »Es gibt mithin kein Privileg der Selbsterkenntnis, der Andere ist mir nicht undurchdringlicher, als ich selbst es bin« (PhW, S. 389).

weshalb ihre *Einheits*form, das also, was ihre gestaltmäßige Einheit ausmacht, zugleich *Bezugs*form zwischen den Bildern und der Umwelt ist.«[605]

Auf der Grundlage der bisher ermittelten Befunde gilt es festzuhalten, dass sich sowohl Plessners ausdruckstheoretische Überlegungen als auch seine Reflexionen zum Problem der Fremdwahrnehmung vom Vorwurf eines »leibbedingten Egoismus«[606] nicht getroffen zeigen. Als unzutreffend kann dieser vor allem deshalb gelten, weil sich Plessners gesamte Überlegungen in der *DmA* gerade gegen ein solches Verständnis wenden: »[D]ie Gewißheit der Du-Form und der Du-Realität ist gleichursprünglich mit, weil gegensinnig zu der Gewißheit der Ich-Form, der Ichheit und der Ich-Realität.«[607] Würde der genannte Vorwurf zutreffen, reduzierte sich das inter-subjektive Verhältnis bei Plessner auf eine bloße Bewusstseinsrelation mitsamt der anhand der Analogieschluss- und Einfühlungsproblematik aufgewiesenen Schwierigkeiten des Zugangs zur ›Innenwelt‹ des anderen Ich. Dagegen bemühte sich die vorangegangene Darstellung darum zu zeigen, dass das Verstehen des Anderen für Plessner vor jedem bewusstseinsmäßigen Konstitutionsakt liegt, ein Verstehen, dessen vorrangiges Ziel jedoch nicht in der – ohnehin unmöglichen – vollständigen Transparentmachung der Intentionen des Anderen gründet.

#### *III.C.3.4 Der Andere als Spiegel des Selbst? – Zur Problematik einer ›Reziprozität der Perspektiven‹*

Gegenüber einer Auffassung, für die das inter-subjektive Verhältnis wesentlich durch eine ›Reziprozität der Perspektiven‹[608] von Ich und Anderem gekennzeichnet ist, lassen sich eine Reihe von Einwänden erheben. Nicht nur leistet die behauptete konsensuelle Gemeinsamkeit einer Nivellierung der zwischen Ich und Anderem bestehenden Unterschiede Vorschub, auch steht die Reziprozitätsannahme im Verdacht einer Privilegie-

605 Ebd., S. 122.

606 Honneth/Joas; 1980, S. 82 f.

607 VII, S. 125; vgl. ebd., S. 454. Gegenüber potentiellen Missverständnissen insistiert Plessner darauf, »die Realitätsfrage fremder Subjekte scharf von der Frage nach der Sinndeutung des Gebarens dieser fremden Subjekte« (ebd., S. 124) zu trennen. »Eine Untersuchung der Wahrnehmungsmöglichkeiten des fremden Psychischen [...] darf also nie glauben, verpflichtet zu sein, die Annahme fremder Iche zu erklären. Die Realität anderer Subjekte ist niemals Gegenstand ihres Suchens, sondern ihre Voraussetzung« (ebd., S. 117).

608 Vgl. zur soziologischen und kulturanthropologischen Rezeptionsgeschichte dieses Begriffs de Folter (1983)

rung der Eigensphäre, der die Gleichursprünglichkeit von Ich und Anderem zum Opfer fällt.[609] Vor dem Hintergrund dieser Problemlage verfolgt die Erörterung von Plessners Reziprozitätsverständnis folgende Zielsetzung: Nicht nur sollen durch sie weitere Hinweise auf den inter-subjektivitätstheoretischen Gehalt seiner Anthropologie gewonnen werden, sondern es geht auch um eine Überprüfung des Sachverhalts, ob Plessners Annahme einer Reziprozität der Perspektiven tatsächlich eine Vorrangstellung des Selbst gegenüber dem Anderen zugrunde liegt. Ferner wird in diesem Zusammenhang zu fragen sein, ob und inwiefern Plessners Überlegungen dem Moment der Andersheit des Anderen hinreichend Rechnung tragen.

Obwohl sachlich bereits in einigen seiner früheren Schriften anklingend, zählt der Begriff der ›Reziprozität‹ zum Vokabular des späten Plessner. Als eine wesentliche Einflussquelle für dessen Rekurs auf dieses Theorem kann Theodor Litts Schrift *Individuum und Gemeinschaft* gelten, in der dieser den Gedanken einer ›Reziprozität der Perspektiven‹ als Alternative zu verschiedenen reflexionstheoretischen Lösungsversuchen des Problems einer Gegebenheit des anderen Ich vorstellt. Während jene Ansätze zumeist von einer grundsätzlichen Nichtumkehrbarkeit der Bereiche von Subjekt und Objekt ausgehen, impliziert die Formel der ›Reziprozität der Perspektiven‹ für Litt die Option einer Vertauschbarkeit der Standpunkte von Ich und Du. »Es sind nicht gleichartige, nicht vergleichbare, es sind zusammengehörige, sich wechselseitig bestimmende, miteinander verschränkte Perspektiven, die in mir und in dir leben; und mein, dein unmittelbares Wissen um sie ist zugleich ein Wissen um dieses ihr Ineinandergreifen.«[610] Gegenüber einem Reziprozitätsverhältnis im Sinne einer differenznivellierenden »völligen Identität«[611] von Ich und Du kennzeichnet Litt dieses als ein »Wesensgefüge, das wechselseitige Verbundenheit und wechselseitige Abhebung *in einem* ist.«[612] »[D]ie Grenze, die sich zwischen mich und mein Gegenüber legte, wird zwar nicht ausgelöscht, wohl

609 Nach Waldenfels suggeriert die Reziprozitätsformel, dass »Eigenes und Fremdes säuberlich zu trennen sind und daß eine symmetrische Verteilung der eigenen und fremden Beiträge ein Höchstmaß gleichzeitiger Rationalität und Sozialität verkörpert« (Waldenfels, 1990b, S. 52). Vgl. zur pädagogisch-philosophischen Kritik des Reziprozitätsgedankens ferner ders., 1994, S. 137, 578; Masschelein, 1996, S. 165 f., 169, 176; Meyer-Drawe, 1984, S. 60.

610 Litt, 1926, S. 109 f.

611 Ebd., S. 112.

612 Ebd., S. 107.

aber ständig aufgehoben in dem Spiel einer lebendigen Bewegung, die sich in der Wechselrede mit dem Du zu ihrer Vollendung emporhebt.«[613]

Trotz seiner expliziten Berufung auf Litt[614], spricht Plessner zugunsten einer deutlicheren Unterscheidung der menschlichen gegenüber tierischen Sozialbeziehungen statt von einer ›Reziprozität der Perspektiven‹ von einer »Reziprozität *der Blickpunkte* der Perspektive«. »Dank ihrer leben wir nicht nur in einem Mit-, Gegen- und Für-einander. Vielmehr hat unsere Kommunikation mit dem Anderen die Möglichkeit, sich über die Unmittelbarkeit vitalter (sic!) Verständigung, in der die Tiere einander locken, warnen bedrohen und bekämpfen, zu erheben und wiederum mit ihr, auf ihr zu spielen.«[615]

Für Plessner basiert die Reziprozität der Blickpunkte der Perspektiven auf zwei Voraussetzungen: Der doppelten Abgehobenheit des Subjekts von sich, durch die sich ihm die Bedeutung des Angeblicktwerdens erschließt, sowie dem Moment einer partiellen Selbst-Intransparenz. Unter Bezugnahme auf Sartres Phänomenologie des Blicks führt Plessner aus, dass es nicht nur ein bestimmter Teil des Körpers, sondern die ganze Person ist, die sich als durch den Blick getroffen erfährt. »Sobald mein Blick das fremde Auge trifft, sehe ich mich erblickt, angeblickt – und nicht nur (etwa in der Art des Augenarztes) das Auge. Der Andere sieht nicht nur aus, sondern – mich an und steht damit in der Position des Vis-á-vis als derjenige, mit dem ich den Platz tauschen kann. In dieser Vertauschbarkeit des Blickpunkts, die mir sein Blick bezeugt, ist er ein Anderer, bin ich für ihn ein Anderer.«[616] Durch die wechselseitige Fixierung der sich begegnenden Blicke werde, so Plessner, eine »Symmetrieebene« (Plessner) geschaffen, der sich die Möglichkeit der Spiegelung des eigenen Leibes in dem des Anderen verdankt.[617]

613 Ebd., S. 106. Vgl. auch ebd., S. 112, wo es in Bezug auf das Verhältnis von Ich und Du heißt, dass, »sie mögen einander in aller inbrünstigen Sehnsucht suchen, sie mögen sich mit allen Fasern zueinander drängen, sie niemals *eins* werden können in dem Sinne, daß das Erleben des einen dem Blick und der Teilnahme des anderen hüllenlos offenläge.«

614 Vgl. VIII, S. 288; 319.

615 Ebd., S. 288.

616 VII, S. 394.

617 Mit der Hervorhebung des Blicks als Medium gleichzeitigen Sehens und Gesehenwerdens eröffnet sich neben der Nähe zu Sartre und Litt auch eine Parallele zwischen den Ansätzen Plessners und Simmels. In dessen *Exkurs über die Soziologie der Sinne* heißt es: »In dem Blick, der den Andern in sich aufnimmt, offenbart man sich selbst; mit demselben Akt, in dem das Subjekt

Neben Sartres Blickanalysen rekurriert Plessner zur Veranschaulichung seiner Überlegungen auch auf Merleau-Pontys Konzept der ›Zwischenleiblichkeit‹. An diesem hebt er vor allem dessen Einsicht einer »Verbindung der Evidenz des Anderen mit dem merkwürdigen Faktum, daß ich für mich selbst nicht durchsichtig bin«[618], hervor. Zustimmend referiert Plessner den folgenden Abschnitt aus der *PhW*: »Zwischen meinem Bewußtsein und meinem Leib, so wie ich ihn erlebe, zwischen diesem meinem phänomenalen Leib und dem des Anderen, so wie ich ihn von außen sehe, herrscht ein inneres Verhältnis, welches den Anderen als die Vollendung des Systems erscheinen läßt. Möglich ist die Evidenz des Anderen dadurch, daß ich mir selbst nicht transparent bin und auch meine Subjektivität stets ihren Leib nach sich zieht.«[619]

Im Hinblick auf das Phänomen der ›Reziprozität der Blickpunkte der Perspektiven‹ verknüpft Plessner nun seine eigene Position mit den Ansätzen Sartres und Merleau-Pontys wie folgt: »Als exzentrisches Wesen sich selbst gegenwärtig (Sartre) und ineins damit undurchsichtig (Merleau-Ponty) verfügt der Mensch über die einander begegnenden Blicke als Leitfaden zwischen sich und dem Anderen, an dessen Stelle er stehen könnte.«[620]

Dass Plessners Rede von einer ›Reziprozität der Blickpunkte der Perspektiven‹ nicht die Vorstellung einer privilegierten Stellung des Subjekts innerhalb der inter-subjektiven Relation zugrunde liegt, verdeutlichen seine Ausführungen hinsichtlich des Zusammenhangs zwischen der blickgestifteten Reziprozitätsrelation und der Ausbildung des Körperschemas. Im Hinblick auf dessen Genese erweist sich das bloße Blickverhältnis, so Plessner, als nicht hinreichend. Vielmehr muss sich dem Blickenden die

sein Objekt zu erkennen sucht, gibt es sich hier dem Objekt preis. [...] Der Blick in das Auge des Andern dient nicht nur mir, um jenen zu erkennen, sondern auch ihm, um mich zu erkennen« (Simmel, 1999, S. 724). Vgl. zum Verhältnis Plessner – Simmel Thomas, 1995.

618 VII, S. 393.

619 PhW, S. 403 f. Vgl. zum vollständigen und von Plessner im französischen Original zitierten Passus VIII, S. 392 f. Über die sachliche Relevanz des Dargestellten hinaus gibt Plessners Bezugnahme auf diese Textstelle auch Aufschlüsse über seine Merleau-Ponty-Rezeption. Wie das seiner 1948 veröffentlichten Schrift *Zur Anthropologie der Nachahmung* entnommene Zitat belegt, war Plessner mit Merleau-Pontys Arbeit bereits drei Jahre nach deren Erscheinen in Frankreich und knapp zwei Jahrzehnte vor Veröffentlichung der deutschsprachigen Ausgabe im Jahre 1966 vertraut.

620 VII, S. 396. Vgl. ebd., S. 398.

Bedeutung der Funktion des Blicks selbst offenbaren; eine Voraussetzung, die allein die exzentrische Positionalität gewährleistet. »Am ›Leitfaden‹ des begegnenden Blicks kann daher die Entdeckung der Reziprozität des Körperschemas erfolgen [...]. Gerade weil meine Augen, ›mit‹ denen ich blicke, mir selbst unsichtbar bleiben, treten seine Augen als Blicksender und Blickfänger zu ihnen ins Wechselverhältnis. Damit ist die Abbildung seines Gesichts und schließlich seiner ganzen Gestalt auf mein Bewegungsschema möglich geworden. Sein Aussehen erhält in der Blickbegegnung die Reproduzierbarkeit von mir aus und zugleich die für die entsprechende Wiederholung seiner Bewegungen in meinem Bewegungssystem nötige Fixiertheit. [...] Sein Gesicht ist das meine in Umkehrung, sein Leib: Kopf, Schultern, Arme, Beine Gegenbild meiner Bewegungsfelder.«[621]

Eine vorrangige Stellung im Rahmen des wechselseitigen Spiegelungsprozesses nimmt nach Plessner das Gesicht ein. »Zone einer Spiegelung der ganzen persönlichen Existenz«[622], erweist es sich deshalb als eine »für den Sozialkontakt des Menschen geradezu entscheidende Region«[623], weil es als »diejenige Partie des Körpers, die der Selbstwahrnehmung natürlicherweise entzogen ist«[624], den inter-subjektiven Kontakt vermittelt. »Wie die Haltung des ganzen Körpers an sich schon die seelische Verfassung widerspiegelt, so wird das Gesicht – und in abermals verdichtender Weise der Blick – zum Spiegel, ja ›Fenster‹ der Seele. Als Feld des Sehens und der stimmlichen Äußerung ist dem Menschen sein Gesicht zugleich unsichtbar und offen. Aus ihm schaut und tönt er heraus, in ihm fängt er die Blicke der anderen, die Bilder der Welt auf. Verdecktheit und Offenheit machen das Gesicht zur Grenz- und Vermittlungsfläche des eigenen gegen das Andere, des Inneren gegen das Äußere. [...] Es drückt nicht nur aus und lebt von der ›Reziprozität der Perspektiven‹, es *bringt sie zum* Ausdruck.«[625]

Über den hier explizierten inter-subjektivitätstheoretischen Gehalt seines Ansatzes hinaus darf an dieser Stelle jedoch nicht der problematische Gehalt von Plessners Überlegungen zur ›Reziprozität der Blickpunkte der Perspektiven‹ übersehen werden. Wenn er die Möglichkeit einer Vertauschbarkeit der Standpunkte auf die exzentrische Verfasstheit des Subjekts und dem aus ihr resultierenden Moment der Ichhaftigkeit zurück-

621 Ebd., S. 395. In ähnlicher Weise spricht auch Merleau-Ponty vom Körperschema als »Scharnier zwischen Für-sich und Für-Andere« (SuU, S. 244).

622 VIII, S. 180.

623 Ebd., S. 292.

624 Ebd., S. 250.

625 Ebd., S. 251.

führt[626], so bleibt zu fragen, ob hier – entgegen der bisher ermittelten Befunde – nicht doch ein subjektzentrierter Standpunkt vorliegt. Dieser Eindruck wird nicht zuletzt dadurch genährt, dass Plessner sich ausdrücklich von dem Gedanken distanziert, »die Entdeckung der exzentrischen Stellung zu mir und dem Anderen, meinem und seinem Leib der Begegnung des Blicks allein anzuvertrauen oder gar auf sie zurückzuführen. Die Sache liegt umgekehrt. Aufgrund der Exzentrizität vermag der Mensch den Blick als Leitfaden, als Führungslinie zu sehen, die ihm [...] das Verständnis für die Reziprozität des Körperschemas, d.h. die Abbildbarkeit des fremden Leibes auf seinen Leib eröffnet und ineins damit auch wirklich sichert.«[627]

Als ein durch die exzentrische Positionalität des Menschen bedingtes kann Plessner das reziproke Verhältnis von Ich und Anderem deshalb bezeichnen, weil das mit seiner Ichhaftigkeit gegebene »vermitteltdistanzierende Element der Rückbezüglichkeit«[628] den notwendigen Abstand schafft, der ein wechselseitiges Sich-im-Anderen-spiegeln-Können erst ermöglicht. Damit wird deutlich, dass sich die Ichhaftigkeit gegenüber der ›Reziprozität der Perspektiven‹ zwar dahingehend als vorgängig erweist, dass sie als Voraussetzung für das »*Verständnis*«[629] der Letzteren fungiert, doch stellt sich das Verhältnis beider in genetischer Hinsicht umgekehrt dar.[630] Gegen eine Vorzugsstellung des Ich innerhalb der Reziprozitäts-Relation und für eine Gleichursprünglichkeit von Ich und Anderem spricht zudem der Umstand, dass Plessners Argumentation zwar ihren Ausgang von einem als ›Hier‹ ausgewiesenen Standpunkt des Ich nimmt, diese ›egologische‹ Perspektive jedoch dadurch ›aufgebrochen‹ wird, dass das durch die wechselseitige Perspektivenübernahme gestiftete »Füreinandersein« dem Ich gerade »keine ausgezeichnete Position im Hier erlaubt, sondern diese Hier-Position wiederum relativiert, in seinen wie in den Augen der anderen.«[631]

Gegenüber der von ihr vertretenen Auffassung einer gleichursprünglichen inter-subjektiven Beziehung wendet sich Plessners Anthropologie nicht explizit dem Problem der Andersheit des Anderen zu. Dennoch lassen sich in seinen Schriften Hinweise darauf finden, dass Plessners Denken dieser Andersheit zumindest ansatzweise Rechnung trägt. So heißt es etwa in den *Stufen*: »Der ›Andere‹ ist unbeschadet struktureller Wesens-

626 Vgl. ebd., S. 339, 371.

627 VII, S. 396.

628 VIII, S. 320.

629 VII, S. 397 (Hervorh. T.K.).

630 Vgl. Limbach, 1992, S. 44.

631 VIII, S. 311.

gleichheit mit mir als Person schlechthin eine individuelle Realität (wie ich), deren Innenwelt mir primär so gut wie ganz verborgen ist und durch sehr verschiedene Arten der Deutung erst aufgeschlossen werden muß.«[632] Und in *Macht* schreibt Plessner, dass »sich die eigene Position [ihrer Relativität] bewußt zu bleiben [hat], wenn sie in der Gleichförmigkeit des Verstehens und Ausdeutens anderer Positionen die Gefahr der Uniformierung des Fremden nach eigenem Wesensschnitt vermeiden will.«[633] Schließlich sei an dieser Stelle auf die durch das Sehen gestiftete ›Fernnähe‹ hingewiesen, aufgrund derer das Gesehene für Plessner nicht enteignet wird, sondern in seiner Eigenständigkeit gewahrt bleibt. »Sehen entspricht dem Gesehenen als solches, läßt es, wie es ›ist‹ und stiftet den Kontakt mit ihm über einen Abstand hinweg.«[634]

Wie die vorangegangene Erörterung zu zeigen beabsichtigte, lassen sich Plessners Ausführungen ungeachtet seiner gelegentlichen Rede von einer »Visavis-Situation«[635] nicht in die Reihe solcher Ansätze eingliedern, die von einer schwerpunktmäßig symmetrischen Beziehung zwischen Ich und Anderem ausgehen.[636] Die Reziprozität der einander begegnenden Blicke impliziert insofern eine nur relative Symmetrie, da ›Reziprozität‹ für Plessner keine Spiegelung »im strengen Sinne«[637] bedeutet. In jeder wechselseitigen Bezogenheit bleibt ein unüberwindlicher »Widerspruch zwischen Struktur und Faktizität«[638] erhalten, durch den die Subjekte als in eins ›gleich‹ und verschieden erscheinen. »Im Miteinander sind die Subjekte, sofern sie sich [...] als Blickpunkte von Perspektiven verstehen, einander gleich. [...] Welche strukturelle Gleichartigkeit noch keine Gleich-

632 IV, S. 375. Vor dem Hintergrund seiner Ausführungen zur Fremderfahrung darf Plessners Rede von ›Deutung‹ hier nicht als Konzession an die Techniken des Analogieschlusses oder der Einfühlung verstanden werden.

633 V, S. 159. Vgl. auch VIII, S. 332, wo Plessner in Bezug auf die Spiegelbildlichkeit von der relativen Unzugänglichkeit des Anderen spricht. In diesem Zusammenhang erweist sich zudem die folgende Bemerkung Keuls als aufschlussreich: »Das Vertraute an dem Fremden aufzusuchen, ohne dessen Fremdheit zu vereinnahmen und dessen Eigenständigkeit zu verletzen – das ist Plessners Deutung des Verstehens« (Keul, 1989, S. 88; vgl. Westermann, 1995, S. 35).

634 III, S. 335.

635 Vgl. VIII, S. 176. Vgl. IV, S. 376; VII, S. 394.

636 Vgl. hierzu exemplarisch Berger/Luckmann, 1980, S. 31 ff. sowie zur Kritik solcher Vis-á-vis-Theorien Wimmer, 1988, S. 21 ff.

637 VIII, S. 289.

638 Ebd., S. 298.

heit im Status bedeutet [...]. Jeder könnte der andere sein, aber er kann es nicht.«[639] Obwohl er das Problem der Andersheit des Anderen sicherlich nicht in vergleichbarer Radikalität in den Blick nimmt, wie dies etwa bei einem Denker wie Levinas der Fall ist, so vermitteln die vorangegangenen Textstellen dennoch einen Eindruck davon, dass Plessners Ansatz dem mit der Erfahrung des Anderen einhergehenden Überschuss an Alterität durchaus Beachtung schenkt.

Bilanzierend lässt sich festhalten, dass die Behauptung einer ›Reziprozität der Blickpunkte der Perspektiven‹ – wie bereits bei Litt erkennbar – auch für Plessner nicht eine Vorrangstellung des Selbst gegenüber dem Anderen beinhaltet. Vielmehr zeigt der Begriff der ›Reziprozität‹ – wenn auch in terminologisch eher unglücklicher Weise – erneut den bereits mehrfach in den Blick getretenen Umstand einer gleichursprünglichen ›*Verschränkung*‹ von Selbst und Anderem an. »Dank seiner Personalität vermag der Mensch sich von allem und jedem zu distanzieren. Er spiegelt sich im anderen. Ego und Alter Ego sind ineinander verschränkt.«[640] Lässt sich das reziproke Verhältnis in Plessners Denken damit nicht einseitig aus einem der beiden Beziehungsglieder ableiten, so indiziert auch seine durchaus mehrdeutige Rede von einer »in der Personalität als solcher gründende[n] Einanderstruktur«[641] nicht, wie es auf den ersten Blick scheinen will, eine Privilegierung der subjektiven Sphäre, sondern mit ihr trägt er jener »paradoxen Gewißheit« Rechnung, dass »nur ein Wesen, das sich als Ich verstehen kann, mit dem Sinn für den Anderen begabt sein muß.«[642]

Kritisch gilt es allerdings gegen Plessner einzuwenden, dass in seiner Darstellung des Spiegelns unbestreitbar das aktivische Moment dominiert, demgegenüber der diesem Prozess innewohnenden »Verwicklung von Passivität und Aktivität«[643] nicht hinreichend Rechnung getragen wird. Ungeachtet dieser Problematik versuchte die vorangegangene Interpretation deutlich zu machen, dass der Andere im Rahmen von Plessners Erläuterungen keineswegs vollständig den Maßgaben des Ich unterliegt, sondern sich einem möglichen assimilatorischen Anspruch dadurch widersetzt, dass sein Blick seinerseits Ansprüche an das Ich stellt. »Der Blick

639 Ebd. Vgl. ebd., S. 340.

640 Ebd., S. 331. An anderer Stelle spricht Plessner von einer »Verschränkung der Perspektiven im Miteinander und Gegeneinander« (V, S. 196; vgl. Danner, 2000, S. 270).

641 Ebd., S. 296.

642 Ebd., S. 339. Vgl. ebd., S. 320.

643 Meyer-Drawe, 1990, S. 115.

von außen, der uns trifft, unser eigener wie der fremde, ist die immerwährende Gefahr, welche unser Gefühl um seine Echtheit bringt und uns dazu erhöht oder erniedrigt, als jemand zu figurieren, dem wir gewachsen sein müssen.«[644]

### III.C.4 Die Responsivität menschlichen Verhaltens – Lachen und Weinen als ›Antwortregister‹

In seinem Buch *Antwortregister* entwickelt Bernhard Waldenfels in terminologischem Anschluss an Kurt Goldstein eine Theorie der ›Responsivität‹, der die Annahme zugrunde liegt, dass sich die Beziehung des Ich zur Welt als ein Antwortgeschehen auf ihm vorgängige, fremde Ansprüche erweist. Dabei wird die Responsivität als ein Grundzug menschlichen Verhaltens aufgefasst, »der auf gewisse Weise alles prägt, was in unserem Reden und Tun und in unserem sonstigen Verhalten vor sich geht. Responsivität meint das, was das Antworten zu einem Antworten macht, was – in einer ungebräuchlichen Formulierung – ›Antwortlichkeit‹ heißen mag.«[645] Obwohl Waldenfels der Responsivität eine größere Nähe zu intentionalen als kommunikativen Ansätzen zuerkennt, unterscheidet sich diese für ihn von beiden darin, dass sie den Bereich einer »Zwischensphäre« markiert, »die weder in subjektiven Intentionen noch in transsubjektiven Koordinationen zu ihrem Recht kommt.«[646] »Die Responsivität tritt in Konkurrenz zu intentionalen und kommunikativen Ansätzen, indem sie dazu tendiert, auf der einen Seite das Woraufhin einer Sinnesintention, auf der anderen Seite das Wonach einer Regelinstitution aus seiner beherrschenden Stelle zu verdrängen.«[647] Da sich nach seiner Ansicht in der deutschen Übersetzung des Begriffs ›Response‹ als ›Reaktion‹ der »dialogische Anklang«[648] dieses Terminus verliert, schlägt Waldenfels vor, »die ›Response‹ in ›Antwort‹ zurückzuübersetzen.«[649]

Wenn im weiteren Verlauf danach gefragt wird, inwiefern sich Hinweise auf eine solche ›Responsivität‹ auch in Plessners Anthropologie entdecken lassen, so kann deren Aufweis als ein weiterer Beleg für die hier

644 VIII, S. 311.

645 Waldenfels, 1994, S. 320.

646 Ebd., S. 332. Vgl. ebd., S. 327.

647 Ebd. Dieser kritischen Distanz gegenüber intentionalen und kommunikativen Ansätzen korrespondiert auch eine Abhebung seiner Position von einem dialogistischen Intersubjektivitätsverständnis, das von einer vollständigen Reziprozität von Ich und Du ausgeht (vgl. ebd., S. 328 Fn. und S. 575 ff.).

648 Ebd., S. 457.

649 Ebd.

vertretene Annahme einer ›inter-subjektiven‹ Strukturiertheit seines Subjektbegriffs gelten. Spuren einer solch responsiven Verfasstheit von Subjektivität glauben die anschließenden Ausführungen vor allem in Plessners Überlegungen zu den Phänomen von Lachen und Weinen ausmachen zu können. Zudem soll mit der Erörterung dieser beiden Ausdrucksformen darauf aufmerksam gemacht werden, dass seine Phänomenologie der Leiblichkeit neben ihrer Konzentration auf bewusst verlaufende Aspekte des Körper-Leib-Verhältnisses auch den präreflexiven und anonymen Strukturen leiblicher Vollzüge Raum gewährt.

Während Plessners unter Berufung auf Uexküll erfolgende Rede von »Antwortreaktionen«[650] des Organismus in Bezug auf ihn einwirkende Reize zunächst noch den Eindruck erweckt, als folge er mit dieser Argumentation dem behavioristischen Schema von Reiz und Reaktion, so tritt der (im Waldenfels'schen Sinne) responsive Zug des menschlichen Weltverhältnisses deutlicher in seiner Untersuchung der Phänomene des Lachens und Weinens hervor. In diesem Zusammenhang führt er aus, dass der instrumentelle bzw. expressive leibliche Vollzug nicht aus bloßer Eigenmotivation erfolgt, sondern auf einem ihm vorgängigen Anspruch basiert. »Menschliches Dasein braucht Spielraum, um sich entfalten zu können. Es will reagieren, anknüpfen, antworten.«[651] Erscheint der jeweilige Anspruch erfüllbar, so begegnet er ihm durch Sprache, Handlung, Ausdruck oder Gebärde. Unerfüllbare Situationen dagegen negieren dieses Gleichgewicht zwischen den Modi des Körper-Habens und Leib-Seins. Da in diesem Fall keine Balancefindung mehr möglich ist, emanzipiert sich der Körper von der Person und übernimmt nun an ihrer Stelle die Antwort auf den an sie gerichteten Anspruch – es kommt zum Lachen oder Weinen.[652] Wie Plessner betont, handelt es sich bei beiden um Grenzphänomene menschlichen Verhaltens, die sich, obwohl ihnen ein Ausdruckscharakter zugesprochen werden kann, sowohl von mimischen Ausdrucksformen als auch von Handlungen unterscheiden. Denn während jene vor allem durch einen sich am Leib vollziehenden »Übergang vom Inneren ins Äußere«[653] gekennzeichnet sind, entfällt dieser beim Lachen und Weinen, durch die sich ein »*Verlust der Beherrschung im Ganzen*«[654] bekundet. Obgleich so-

650 IV, S. 108. Vgl. VIII, S. 31.

651 VII, S. 366.

652 Vgl. VII, S. 375. Insofern kann man in diesem Fall davon sprechen, dass nicht mehr der Mensch seinen Körper ›hat‹, sondern vielmehr dieser ihn.

653 Ebd., S. 273.

654 Ebd., S. 274. Vgl. zur Differenz von Lachen und Weinen gegenüber mimischen Ausdrucksformen auch VII, S. 236 f. sowie Hammer, 1967, S. 93 ff.

wohl das Lachen als auch das Weinen »Antworten auf eine *Grenzlage*«[655] darstellen, unterscheiden sie sich darin, dass das »Lachen [...] die Unterbindung des Verhaltens durch unausgleichbare Mehrsinnigkeit der Anknüpfungspunkte, Weinen die Unterbindung des Verhaltens durch Aufhebung der Verhältnismäßigkeit des Daseins [beantwortet].«[656]

Als Formen eines körperlichen Vollzugs, »der zwanghaft abläuft und für sich selbst undurchsichtig ist«[657], manifestiert sich im Lachen und Weinen ein Antwortgeschehen, das nicht selbstmächtig vom Ich herbeigeführt ist, sondern sich gerade seinem Einflussbereich entzieht. »Wiewohl vom Menschen aus motiviert, treten sie als unbeherrschte und umgeformte Eruptionen des gleichsam verselbständigten Körpers in Erscheinung. Der Mensch verfällt ihnen, er fällt – ins Lachen, er läßt sich fallen – ins Weinen. [...] Er antwortet – mit seinem Körper als Körper wie aus der Unmöglichkeit heraus, noch selber eine Antwort finden zu können. Und in der verlorenen Beherrschung über sich und seinen Leib erweist er sich als ein Wesen zugleich außerleiblicher Art, das in Spannung zu seiner physischen Existenz lebt, ganz und gar an sie gebunden.«[658] Zwar wahrt der Mensch im Falle des Lachens und Weinens dadurch eine relative Souveränität, dass er sich noch in der Kapitulation seiner Leib-Seele-Einheit als Person zu behaupten vermag[659], doch stellt diese Souveränität eine solche dar, für die nicht sein Ich, sondern sein Körper aufkommt, der für ihn die Beantwortung einer im Grunde unbeantwortbaren Situation[660] übernimmt. Was sich hier zeigt, ist »eine andere Art von Souveränität, die nicht mehr in diesem oder einem anderen Selbstsein besteht, sondern in dem Verlust und Verzicht darauf angesichts eines Anderen.«[661]

655 Ebd., S. 378.

656 Ebd. Vgl. ebd., S. 383.

657 Ebd., S. 274. Vgl. ebd., S. 375.

658 Ebd., S. 234 f. Vgl. auch ebd., S. 274, wo es heißt: »Der Mensch wird von ihnen geschüttelt, gestoßen, außer Atem gebracht. Er hat das Verhältnis zu seiner physischen Existenz verloren, sie entzieht sich ihm und macht gewissermaßen mit ihm, was sie will. Gleichwohl empfindet man diesen Verlust als Ausdruck für eine und Antwort auf eine entsprechende Situation.« Vgl. zum Antwortcharakter auch des planmäßigen Handelns ebd., S. 350.

659 Vgl. ebd., S. 237, 274, 363 f., 366.

660 Vgl. ebd., S. 365 f.

661 Krüger, 1999, S. 155. Im Unterschied zum Lachen und Weinen offenbart sich die wirkliche Souveränität der Person nach Plessner in der Vieldeutigkeit des Lächelns, das durch seine »Distanziertheit, Verschwiegenheit, Verhaltenheit [...] im Ausdruck zum Ausdruck Abstand wahrt« (VII, S. 426). »Lachend und

Steht der sich im Lachen bekundenden Öffnung zur Welt eine sich im Weinen vollziehende Abkehr von derselben gegenüber[662], so wohnt auch Letzterem dennoch ein inter-subjektiver Gehalt inne, da der Rückzug von der Welt ebenfalls durch einen vorangegangenen Anspruch motiviert ist. Doch nicht nur in ihrer Funktion als Realisierungsmodi unerfüllbarer Ansprüche liegt aus Plessners Sicht die inter-subjektivitätstheoretische Relevanz von Lachen und Weinen. Neben ihrem responsiven Gehalt zeichnen sie sich auch durch einen appellativen und affizierenden Charakter aus, dem gegenüber man nur mit großer Überwindung in der Position eines unbeteiligten Zuschauers zu verharren vermag.[663]

## III.C.5 Relevanz und Grenzen sprachvermittelter Inter-Subjektivität

Die vorangegangenen Erörterungen versuchten darzulegen, dass das menschliche Verhaltensspektrum eine Vielzahl von Verständigungsformen (mimischer Ausdruck, Blick, Lachen und Weinen)[664] kennt, die diesseits der sprachlichen Ebene liegen. Damit soll allerdings der inter-subjektive Gehalt sprachlicher Vollzüge keineswegs als unbedeutend degradiert werden. Vielmehr gilt es in einer abschließenden Reflexion auf Plessners sprachtheoretische Überlegungen die Eigenart des Phänomens ›Sprache‹ herauszustellen, um hiervon ausgehend ihren Stellenwert für inter-subjektive Verständigungsprozesse zu beurteilen. Im Zuge dessen soll dargelegt werden, inwiefern die Sprache aus der Sicht Plessners nicht

weinend ist er [der Mensch – T.K.] das Opfer seiner exzentrischen Höhe, lächelnd gibt er ihr Ausdruck« (VIII, S. 209).

662 Vgl. VII, S. 332, 368, 371.

663 Vgl. ebd., S. 262. Wie beim Lachen und Weinen bekundet sich laut Plessner auch im Gefühl eine »durchstimmende Angesprochenheit des Menschen als Ganzem« (VII, S. 348), jedoch ist er nicht bereit, diesem einen ›reinen‹ Antwortcharakter zuzuerkennen, sondern er lokalisiert es »*zwischen* ›Reaktion‹ und ›Antwort‹. Für eine Reaktion, die unvermittelt wie ein Reflex ausgelöst wird ist es zu lose mit dem Anlaß verknüpft. Es wird nicht einfach [...] ausgelöst und gleichsam in Gang gebracht, sondern eine Qualität ›spricht‹ zum Menschen und weckt in ihm eine Resonanz. Und für eine Antwort ist das Gefühl wieder zu innig an den Anlaß gebunden. Dieser ruft nicht erst eine persönliche Stellungnahme hervor und schafft keine fragliche Situation, sondern bringt den Menschen [...] zum Erklingen« (ebd., S. 349).

664 Lediglich angemerkt sei an dieser Stelle, dass Plessner neben den Genannten auch die Musik als eine weitere ›sprachlose‹, allerdings den Bezug zur Sprache wahrende Ausdrucksform hervorhebt (vgl. u.a. VII, S. 459 ff.; III, S. 351 ff.).

als vorrangiges Medium inter-subjektiver Verständigung gelten kann, sondern lediglich *ein* (wenn auch bedeutendes) Element der zwischen Ich und Anderen verlaufenden Vollzüge darstellt.[665]

Die vergleichsweise geringe Aufmerksamkeit, die Plessners Werk dem Aspekt der Sprache widmet, gründet in dem Umstand, dass diese – obwohl zur Einheit des menschlichen Wesens gehörend[666] – für ihn keine grundsätzlich privilegierte Stellung innerhalb des Kanons menschlicher Ausdrucksformen einnimmt.[667] Analog zur Mimik, Gestik sowie zum Lachen und Weinen fungiert Sprache für ihn zunächst als eine weitere Repräsentantin des menschlichen Expressionsvermögens, jedoch weist sie als solche eine Reihe von Merkmalen auf, durch die sie sich von den übrigen Ausdrucksformen unterscheidet. Als »Expression in zweiter Potenz«[668] erschöpft sich die Sprache nicht in einer bloß ausdruckshaften Stellungnahme des Menschen zu seiner Welt, sondern sie vollzieht selbst noch einmal eine Explikation dieser Relation, d.h. sie macht »das Ausdrucks*verhältnis* des Menschen, in dem er mit der Welt lebt, zum Gegenstand von Ausdrücken.«[669]

Diese Abgehobenheit sprachlicher Äußerungen von ihrem eigenen Ausdrucksgehalt bezeugt zugleich ihren vermittelt-unmittelbaren Charakter. »Nicht der Sprechende direkt, sondern die Sprache, die er spricht, gibt

665 Damit positioniert sich Plessners Denken in einer kritischen Distanz zu solchen Positionen, für die inter-subjektive Verhältnisse schwerpunktmäßig auf kommunikativen Akten gründen (vgl. Habermas, 1973, S. 234 f.; ders., 1981a, S. 525).

666 Vgl. III, S. 166.

667 Dies wird neben dem Umstand, dass es »eine ausgearbeitete Philosophie der Sprache [...] bei Plessner nicht [gibt]« (Limbach, 1992, S. 283) und auch keine seiner ›großen‹ Arbeiten – gemeint sind neben den *Stufen* auch *Macht* und *LuW* – eine intensive Auseinandersetzung mit dem Problem der Sprache erkennen lässt. Bereits in der *EdS*, in der Plessner auf das Phänomen der Sprache erstmals ausführlich Bezug nimmt, stellt er der sprachlich-schriftlichen gleichberechtigt die künstlerische und wissenschaftliche Darstellung zur Seite (vgl. III, S. 154). Vgl. zu Plessners erst relativ spät wieder erwachtem Interesse an den Problemen einer *Anthropologie der Sprache* VIII, S. 400 ff.

668 IV, S. 417.

669 Ebd. Dass auch die sprachlichen Potentiale des Menschen für Plessner unlöslich mit dessen leiblicher Verfasstheit verknüpft sind, belegt sein Hinweis darauf, dass es zum Phänomenbestand der Sprache zählt, den Körper in gleicher Weise zu entlasten und von ihm abzuhängen (vgl. VIII, S. 318; VII, S. 210).

etwas zu verstehen, und der Weg der Mitteilung geht nicht [...] direkt von Individuum zu Individuum, sondern indirekt über den gemeinten Sachverhalt. Sprechen ist Ausdrücken, Mitteilen, Verbinden im Medium des Sagens auf dem Grunde einer Sache.«[670] Als »greifbarste Form vermittelter Unmittelbarkeit«[671] ist Sprache immer auch zugleich ein »Spiegelbild des Doppelten im Menschen selbst.«[672] Denn nicht nur tritt an ihr die Verschränkung von Instrumentalität und Expressivität anschaulich hervor, sondern sie erweist sich in gleicher Weise als ein er- *und* verschließendes Instrument. »Sprache verdeckt die Sache wie ein Kleid und bildet zugleich ihr Skelett, das ihr zur Aussagbarkeit und Figur verhilft. Sprache artikuliert, zerstückelt und tut der ungeteilten Sache, dem Gegenstand ›selbst‹, Gewalt an und folgt ihr doch nur, schmiegt sich ihr an, läßt sie erscheinen, entbirgt sie.«[673]

Der vermittelt-unmittelbare Charakter der Sprache sowie ihre Gebundenheit an die Fähigkeit zur Versachlichung und den Sinn für Instrumentalität[674] lassen den von Plessner nur selten explizit herausgestellten[675] Konnex zwischen sprachlichem Ausdruck und der exzentrischen Positionalität des Menschen erkennen. Die Einschätzung, dass aus seiner Sicht die Exzentrizität als Voraussetzung jeder sprachlichen Artikulation fungiert[676], findet ihre offensichtliche Bestätigung in Plessners wiederholtem Hinweis darauf, dass in der »exzentrischen Position [...] Sprechen, Handeln und variables Gestalten [wurzeln].«[677] Allerdings tragen wie bereits im Falle der Mitwelt- und Reziprozitätsproblematik auch in diesem Fall einige von Plessners Formulierungen zu Missverständnissen hinsichtlich des Fundierungsverhältnisses von Sprache und Exzentrizität bei. Denn verhielte es sich in der Tat so, als stellte Letztere die Bedingungsmöglichkeit für Erstgenannte dar, so bedeutete dies nicht nur einen Widerspruch zu Plessners Feststellung einer Unaufklärbarkeit des anthropogenetischen

670 VII, S. 255.
671 VIII, S. 406.
672 Redeker, 1993, S. 173.
673 VIII, S. 177.
674 Vgl. ebd., S. 174, 274 f.
675 Vgl. Delfgaauw, 1986, S. 51.
676 Eine solche Auffassung vertritt u.a. Nauta, dem zufolge es »[i]n Plessners Anthropologie [...] erst die Exzentrizität und dann die Sprache [gibt]« (Nauta, 1986, S. 59) und der im Anschluss daran fragt, »ob es [...] nicht mindestens so gute Gründe gibt, das Verhältnis umzukehren: Exzentrizität des Menschen aufgrund der Sprache statt umgekehrt« (ebd., S. 60).
677 VIII, S. 192. Vgl. ebd., S. 64; VII, S. 244.

Ursprungs der Sprache[678]; es stünde ebenso in Kontrast zu seiner Absage an die Vorstellung, Exzentrizität repräsentiere ein Universalprinzip, das alle weiteren Elemente der menschlichen Seinsweise aus sich hervorbringt.[679] Verfolgt man Plessners Ausführungen zum Phänomen der Sprache, so wird deutlich, dass Exzentrizität und Sprache für ihn in einem gegenseitigen Bedingungsverhältnis stehen, da dem Menschen aufgrund seiner exzentrischen Konstitution zwar »die für die Sprache notwendigen Möglichkeitsbedingungen wie Vergegenständlichung, Sinn für Instrumentalität und Zeichenverständnis«[680] gegeben sind, sich die Exzentrizität als ›Verhalten zu Verhältnissen‹ jedoch erst in den Vollzugsmodi des Handelns, Sprechens und Gestaltens realisiert. »Wortbildung und Sachverstand setzen einander voraus. [...] Die artikulierenden Linien unseres Weltbildes sind der Gliederung einer Sprachwelt konform, und man kann nicht sagen, wer dabei die Führung hat.«[681]

Obwohl er konstatiert, dass sprachliche Ausdrucksformen über ihre Funktion als Medium kommunikativer Verständigung hinaus selbst einen strukturierenden Einfluss auf die Wahrnehmung, das Empfinden und nicht zuletzt auf das Denken des Menschen ausüben[682], distanziert sich Plessner dennoch von dem seiner Ansicht nach reduktionistischen Standpunkt der modernen Sprachphilosophie, die glaubt, alle philosophischen Probleme letztlich als Sprachprobleme ausweisen zu können. Aus seiner Sicht tragen solche Positionen nicht hinreichend dem Umstand Rechnung, dass der Mensch als ein sprachbegabtes Wesen dennoch »nicht mit seiner Sprache zusammen[fällt].«[683] Wenn er in diesem Zusammenhang an die anthropologische Relevanz »sprachlose[r] Räume«[684] und den Stellenwert einer »Hermeneutik nichtsprachlichen Ausdrucks«[685] erinnert, so verfällt Plessner nicht in das bloße Gegenextrem zu den Generalisierun-

678 Vgl. ebd., S. 272, 274 f., 317.

679 Vgl. Kap. III A. 1.

680 VIII, S. 275.

681 Ebd., S. 274. Vgl. ebd., S. 406 sowie die folgende Anmerkung Limbachs: »Zu sagen, daß Sprechen, Handeln und Gestalten in der Exzentrizität wurzeln, kann nur heißen, daß sie in diesen einzelnen Handlungen selber fundiert ist. [...] Nicht also ›wurzeln‹ [...] Sprache und andere Verhaltensweisen in der Exzentrizität, sondern diese selber ist fundiert, z.B. in der Sprache« (Limbach, 1992, S. 291 f.).

682 Vgl. neben ebd. auch S. 316, 400.

683 Ebd., S. 348.

684 III, S. 351 ff.

685 VII, S. 459 ff.

gen sprachphilosophischer Ansätze, vielmehr dokumentiert sich hierin sein Anspruch, gleichermaßen Geltung *und* Grenzen des Phänomens ›Sprache‹ zu markieren. Aus Plessners Sicht erhält sich der universalistische Status der Sprache nur durch eine Bagatellisierung ihrer Bedingtheiten[686] und unter Nivellierung ihres zweideutigen Grundzugs aufrecht. Wird »im Mittel sprachlichen Ausdrucks [...] die Sache vergegenwärtigt, gefunden wie erfunden, gemacht wie entdeckt«[687], so stellt sich das in ihm Sagbare für Plessner als von zwei Seiten restringiert dar: »Einmal durch Bindung an die Artikulation einer bestimmten Sprache in einem bestimmten Wortschatz, seiner Grammatik und Syntax. Die gemeinte Sache kann nur [...] durch ihren Sprachschleier hindurch sichtbar werden. Zum anderen ist sie an dem begrenzt, was sich in der betreffenden Sprache nicht sagen läßt. Das Gesagte deckt sich also nicht mit der gemeinten Sache, noch abgesehen davon, daß sie ihm gegenüber ihr Eigengewicht besitzt.«[688]

Neben der unzureichenden Berücksichtigung der »sprachlichen Doppelnatur von Verbergen und Entbergen«[689], die auch darin offenbar wird, dass »es einen im Sinne völliger Kongruenz zwischen Form und Inhalt ›treffenden‹ Ausdruck gibt *und* doch wiederum kein Ausdruck trifft«[690], richten sich Plessners Einwände zudem gegen eine auch von sprachphilosophischen Positionen vorangetriebene ›Annullierung‹ des Subjekts durch die Sprache. Plessners Einwand, dass es »nur einer kleinen Dre-

686 Eine Vernachlässigung der natürlichen Bedingungen von Sprache glaubt Plessner in den Positionen Wittgensteins und Heideggers zu erkennen, die für ihn »symptomatisch [sind] für eine nur auf Sprache eingeschworene und verengte Blickrichtung, die sich einen Dreck um die Einbettung der Sprache in das vitale System des Menschen kümmert« (III, S. 346; vgl. IX, S. 401). Ohne an dieser Stelle eine Beurteilung in Bezug auf die Berechtigung dieses an Wittgenstein und Heidegger gerichteten Vorwurfs einer »Verabsolutierung« (ebd.; vgl. IX, S. 401) der Sprache vornehmen zu wollen, sei lediglich angemerkt, dass der oben zitierte Einwand Plessners sich zwar als durchaus zutreffend erweist, seine möglicherweise stark ressentimental geprägte Kritik (für ihn gilt die Sprachphilosophie als mitverantwortlich für ein nachlassendes Interesse an der Philosophischen Anthropologie; vgl. VIII, S. 403 f.) beiden Positionen jedoch nur bedingt gerecht wird.

687 VIII, S. 176.

688 VII, S. 474. Vgl. VIII, S. 348 sowie den in den *Stufen* erfolgenden Hinweis, dass es aufgrund der nicht universellen Sagbarkeit genaugenommen »nicht die Sprache, sondern Sprachen gibt« (IV, S. 418).

689 III, S. 366.

690 VII, S. 313 f.

hung [bedarf], und die Sprache wird zu dem, der spricht und sagt«[691], lässt sich als Plädoyer für eine Besinnung darauf verstehen, dass Sprache immer nach einem Sprechenden verlangt. Allerdings missversteht man diesen Hinweis, wenn man in ihm die Inaugurierung eines Subjektverständnisses zu erkennen glaubt, das sich durch eine vollständige Verfügungsgewalt über die Sprache auszeichnet. Eben so wenig wie Plessner deren uneingeschränkter Autarkie gegenüber dem Subjekt zuzustimmen bereit ist, erkennt er diesem eine vollständige Souveränität über seine sprachlichen Vollzüge zu. »Nichts gegen die Genialität dieses Instruments, aber es bleibt ein solches, das nach Handhabung verlangt und auch den größten Meister in dieser Kunst in eine Zwangsjacke schnürt, ihm Fallen stellt, Grenzen setzt, über die er allenfalls verstummend hinüberwinkt. Das Sagbare wirft den Schatten des Unsagbaren. *Jede Sprache ist ein Gitter,* durch dessen Stäbe wir als Gefangene in ein illusionäres Draußen schauen.«[692] Wenn es auch zutrifft, dass sich die Variabilität sprachlicher Gestaltungsmöglichkeiten nie der »Fessel« (Plessner) einer »Syntax und eine[s] kategorialen Sprachraum[s]« zu entziehen vermag, so gilt, wie Plessner hinzufügt, ebenfalls, dass diese Fessel »zugleich die Art [ist], in welcher der Mensch frei wird.«[693]

Die Doppelnatur der Sprache behauptet sich auch im Hinblick auf deren inter-subjektivitätstheoretische Relevanz. Mit Platon weist Plessner auf die »dialogische[] Natur der Sprache«[694] hin, die damit als »das repräsentierende Zwischenmedium in dem labil-ambivalenten Verhältnis zwischen Mensch und Welt«[695] fungiert. Der zugleich verbergenden und enthüllenden Kraft sprachlicher Strukturen korrespondiert ihr trennender *und* verbindender Charakter, den Plessner anhand der Problematik einer Vergleichbarkeit der menschlichen Gebundenheit an eine Sprache und der tierischen Gebundenheit an eine bestimmte Umwelt expliziert. Im Gegensatz zu Letzterer eignet der Sprache eine grundsätzliche »Durchlässigkeit« (Plessner) in Bezug auf andere Sprachen, die »die Abkammerung, wenn auch nicht aufhebt, doch transparent macht.«[696] Deutlich tritt an dieser Stelle eine Parallele zwischen sprachlichen Strukturen und der offen-ge-

691 VIII, S. 316.

692 Ebd. An anderer Stelle heißt es: »Das Gitter der Wortfügung zeichnet äquivalente Gitterstrukturen vor und evoziert zugleich seine Paradoxien und Absurditäten« (ebd., S. 348). Vgl. zur ›Gitterstruktur‹ ebd., S. 176, 327; VII, S. 475.

693 Ebd.

694 Ebd., S. 405 f.

695 Ebd., S. 177.

696 VII, S. 475.

schlossenen Form der Körper-Grenze hervor: »Sprache trennt *und* verbindet in einem und stiftet damit ein Grenzverhältnis zwischen ihrem Eigenbereich zu dem anderer Sprachen [...]. [...] Trennen als Verbinden vermag aber nur eine Grenze, mit der ein Eigenbereich sich selber zum Fremdbereich hin vermittelt.«[697]

Abschließend sei darauf hingewiesen, dass Plessners Reflexionen zum Phänomen der Sprache erneut die asolipsistische Ausrichtung seines Denkens bezeugen, da seine sprachlichen Vollzüge die Einbettung des Subjekts in einen inter-subjektiven Kontext zur Voraussetzung haben. »Als ein *milieu externe* hat Sprache stabilisierende und sozialisierende Funktion, für die wiederum das Ineinander von vorgegebener Ordnung – man wächst in sie hinein und hat sich nach ihren Regeln zu richten – und zu leistender Bemühung – man muß sie beherrschen lernen und lernt nie aus – charakteristisch ist. [...] Sprechend bin ich wie ein anderer, gegen ihn austauschbar, weil in die Reziprozität der Perspektiven eines Sprachgefüges von vornherein eingetauscht. Ihm ist das Füreinander der Sprechenden strukturelle Bedingung. Wenn ich mich als Mittelpunkt eines von meinem Leibe umschlossenen Innen, wie in einem Futteral steckend, erleben kann, undurchsichtig für andere in dem, was in mir vorgeht; wenn ich mich als Gefangenen meines Bewußtseins erleben kann [...], dann bin ich dieser Immanenz durch die Sprache enthoben. In ihr gibt es keinen solus ipse. Die Immanenz verliert sich als Möglichkeit nicht, wird aber vor der Sprache zu einem bloßen Aspekt. Daß unter bestimmten gesellschaftlichen Verhältnissen, die den Individualismus und Subjektivismus begünstigen, die Überzeugung von der Prädominanz des Wissens gegenüber dem praktischen Tun philosophisch sich zu der Verstiegenheit des Solipsismus zuspitzen konnte, findet seine relative Legitimation in dem Egozentrismus unseres Binnenaspekts. Nur für ihn wird die Sprache [...] zu einer Verabredung zwischen isolierten Individuen, zu einem *contrat social.* Als ob Verabredung nicht schon das voraussetzt, was ihr zugemutet wird, das Einverständnis nämlich in einem Medium von Gegenseitigkeit.«[698]

697 Ebd. Deutlich zeigt sich in dieser Sentenz Plessners Affinität zur Sprachphilosophie W. v. Humboldts (vgl. Peukert, 1994, S. 5).

698 VIII, S. 178. Als unverständlich muss der von Honneth/Joas erhobene Solipsismusvorwurf besonders deshalb erscheinen, weil die Autoren eben jene Textpassage in ihrer Erörterung von Plessners Ansatz zustimmend zitieren (vgl. Honneth/Joas, 1980, S. 77). Hinter dieser offensichtlichen Strategie, Plessners inter-subjektivitätstheoretische Überlegungen zu nivellieren, vermutet Limbach »den Wunsch, Mead als den Vertreter der Intersubjektivität schlechthin« (Limbach, 1992, S. 290) auszuweisen.

## IV. Selbstsein als Anderswerden – Plessners Konzept der ›Verkörperung‹ in inter-subjektivitäts- und bildungstheoretischer Perspektive

> »Aber wie finden wir uns selbst wieder? Wie kann sich der Mensch kennen? Er ist eine dunkle und verhüllte Sache; und wenn der Hase sieben Häute hat, so kann der Mensch sich sieben mal siebzig abziehn und wird noch nicht sagen können: ›Das bist du nun wirklich, das ist nicht mehr Schale‹.«
> (Friedrich Nietzsche, Schopenhauer als Erzieher)

Nachdem die vorangegangenen Ausführungen darauf zielten, anhand von Plessners anthropologischen Einsichten die »Verklammerung der menschlichen Art-zu-sein mit dem menschlichen Organismus«[1] und damit verbunden des Anderen des Selbst zu explizieren, findet die Darstellung seiner leiblich-exzentrischen Inter-Subjektivitätskonzeption mit dem Konzept der ›Verkörperung‹ in diesem Abschnitt ihre Fortsetzung und Erweiterung. Bisher wurde deutlich, dass eine exzentrische Existenz durch das Merkmal einer unwiderruflichen Nicht-Koinzidenz mit sich gekennzeichnet ist, welche die fundamentale Verwiesenheit des Menschen auf Andere/s begründet. Diesem Anderen nähert sich ein exzentrisches Wesen allerdings nicht aus der Sicherheit einer stabilen Eigensphäre heraus, vielmehr verweist die Exzentrizität auf eine ursprüngliche Präsenz des Anderen im Selbst. Diese komplizierte und analytisch niemals vollständig auflösbare Verschränkungs-Struktur begründet den paradoxen Sachverhalt, dass sich das menschliche Selbst nicht nur als ein dauerhaft kontinuierliches und kohärentes, sondern – wie sich im Anschluss an Ricœur formulieren ließe – auch immer wieder als ein Anderes erfährt.[2] Dieses in seiner exzentrischen Verfasstheit gründende permanente ›Anderssein‹ und ›-werden‹ des Menschen thematisiert Plessner anhand des Prinzips der ›Verkörperung‹.

Bei diesem Begriff handelt es sich um einen Ausdruck, der ursprünglich zu den Theatermetaphern zählt[3], darüber hinaus jedoch inzwischen

1 V, S. 233.

2 Vgl. Ricœur, 1996. Ricœur spricht in diesem Zusammenhang von einer »Dialektik von Selbstheit und Selbigkeit« (ebd., S. 11f., 142, 173 ff.).

3 Den Wandel des Begriffs ›Verkörperung‹ von einer theaterwissenschaftlichen hin zu einer kulturwissenschaftlichen Kategorie zeichnet Fischer-Lichte nach

ebenfalls Eingang in andere wissenschaftliche Diskurse sowie nicht zuletzt in die Alltagssprache gefunden hat, die neben der transitiven Wendung »[j]emand verkörpert ›etwas‹« auch die Möglichkeit eines reflexiven Gebrauchs des Terminus im Sinne von »jemand [bringt] sich selbst [...] zum Ausdruck«[4] kennt. Wie sich im weiteren Verlauf zeigen wird, treten im Rahmen der Plessner'schen Anthropologie beide Gebrauchsformen – der transitive und reflexive – nicht voneinander isoliert auf, sondern sie zeigen sich ineinander verschränkt: »Indem jemand ›etwas‹ verkörpert, verkörpert er gleichzeitig sich selbst.«[5]

Mit diesem Hinweis ist bereits die inhaltliche Ausrichtung des vorliegenden Kapitels markiert, das sich in zwei Teile untergliedert. Im Rahmen eines ersten Zugangs zu Plessners Verkörperungsprinzips wird zunächst die Bedeutung desselben für die Konstitution von Subjektivität erörtert. Neben seinen anthropologischen Arbeiten werden in diesem Zusammenhang auch seine ästhesiologischen Schriften herangezogen, in denen Plessner den Gedanken einer Verkörperungsfunktion der Sinne (A. 1) entwickelt. Als ein maßgeblicher Baustein einer bisher noch ausstehenden »anthropologisch fundierten Bildungstheorie der Sinne«[6] können Pless-

(vgl. Fischer-Lichte, 2001, S. 11 ff.). Im Hinblick auf seine theaterwissenschaftliche Relevanz sei an dieser Stelle auf die Schauspieltheorie Stanislawskis verwiesen, der diesen Terminus jedoch in einem von Plessners Verständnis abweichenden Sinn gebraucht (vgl. Stanislawski, 1984a; 1984b, S. 95 ff.). Mit Blick auf andere wissenschaftliche Diskurse bleibt zu bemerken, dass das Phänomen der ›Verkörperung‹ neben einem neuerdings starken soziologischen Interesse (vgl. Gugutzer, 2004, S. 156 ff.) u.a. auch in R. D. Laings Studie über *Das geteilte Selbst* begegnet, die zwischen einem »verkörperten« und »unverkörperten Selbst« unterscheidet (vgl. Laing, 1972, S. 79 ff.). Während sich Erstgenanntes durch das Gefühl einer unlösbaren Verbundenheit mit dem eigenen Körper auszeichnet, empfindet sich Letztgenanntes als ein von diesem losgelöstes (vgl. ebd., S. 80), »rein ›geistig[es]‹« (ebd., S. 84). Zwar spricht auch Plessner von einer der Verkörperung »als ihr Gegenzug« innewohnenden »Entkörperung« (VIII, S. 210), doch stellt dies keine Entsprechung zu Laings »unverkörpertem Selbst« dar, da sich die ›Entkörperung‹ für Plessner erst im Falle des Todes vollzieht. Schließlich sei bemerkt, dass der Begriff der ›Verkörperung‹ bzw. ›Verleiblichung‹ auch in phänomenologischen Ansätzen wie demjenigen Husserls (Hua XVII, S. 20, 138) oder Merleau-Pontys (PhW, S. 198 f.) begegnet.

4 Richter, 1987, S. 93.

5 Ebd., S. 94.

6 Rittelmeyer, 1998, S. 79. Vgl. Müller, 1998, S. 12. Rittelmeyers empirisch an-

ners ästhesiologische Schriften dabei insofern gelten, als sie zeigen, inwiefern sich der Aufgabenreich der Sinne nicht darauf beschränkt, als bloße Lieferanten des Verstandes zu fungieren, sondern ihnen selbst eine strukturierende Funktion im Hinblick auf das menschliche Selbst- und Weltverhältnis zukommt. Hieran anschließend erfolgt eine ausführliche Diskussion seines rollentheoretischen Ansatzes (A. 2). Insofern sich das Rollenspiel sensu Plessner immer in Form eines leiblichen Figurierens vollzieht, eröffnet sich mit ihm eine weitere zentrale Verkörperungsdimension der menschlichen Existenz. Gegenüber einem geläufigen, vornehmlich deterministischen Verständnis von ›Rolle‹ und ›Maske‹ wird im weiteren Verlauf der Darstellung anhand von Plessners Überlegungen u.a. darauf aufmerksam gemacht, dass »Rollenspieler alles andere sein müssen als Marionetten.«[7] Wie sich u.a. am Beispiel so genannter »Machtrollen«[8] veranschaulichen lässt, präkonfigurieren Rollen das Handeln des Einzelnen potentiell in beide Richtungen: So wie sie einerseits die Verhaltensspielräume des Subjekts einschränken, tragen sie andererseits dazu bei, diese erst zu schaffen. Schließlich sollen in einem dritten Schritt (A. 3) die Grundzüge des Verkörperungsprinzips näher beleuchtet werden.

An die vorangegangenen Befunde anknüpfend wird der zweite Teil des Kapitels versuchen, die ›Verkörperung‹ als ein Bildungs-Prinzip und damit als eine auch pädagogisch relevante Kategorie auszuweisen.[9] Mit dem

gelegte Arbeit kann als ein Beispiel für die Produktivität eines sich an Plessners Überlegungen anschließenden leiborientierten Bildungsdenkens gelten. Unter dem Titel »Pädagogische Ästhesiologie« zeigt Rittelmeyer – allerdings nur kurz auf Plessner verweisend – anhand des Beispiels der Schulbau-Architektur, wie sich diese auf das leiblich-sinnliche Erleben von SchülerInnen auswirkt. Nach Rittelmeyer sind »Sinnesorgane [...] nicht nur die Dienstboten, die dem Gehirn die Nahrung zuleiten, die es für seine Denktätigkeit benötigt; sie sind vielmehr Organe dieses urteilenden Denkens selber« (Rittelmeyer, 1998, S. 89).

7 Petzold/Mathias, 1982, S. 31; vgl. Jauss, 1979, S. 603 f. Auf die sich in jedem rollenhaften Verhalten bietenden Spielräume und Variationspotentiale macht auch Krüger aufmerksam (vgl. Krüger, 2001, S. 102). Ferner verweist er darauf, dass es sich bei Rollen nicht zwingend um vollständig voneinander unabhängige, sondern auch um ineinander verschränkte Verhaltensmuster handeln kann (ebd., S. 87).

8 Ebd.

9 »Trifft die Voraussetzung, daß Leiblichkeit das nicht hintergehbare Fundament aller und jeglicher Bildung ist, zu, dann hätte nicht nur eine Grundlegung der Pädagogik als Wissenschaft dieser Prämisse weitaus mehr Beachtung zu

dort entwickelten Verständnis von ›Bildung‹ als ›Verkörperung‹ verbinden die nachfolgenden Ausführungen das Anliegen, gegenüber einem schwerpunktmäßig intellektualistisch restringierten Verständnis den semantischen Reichtum[10] des Bildungsbegriffs in Erinnerung zu rufen und für aktuelle bildungstheoretische Diskurse zu perspektivieren. Diesen Überlegungen vorangestellt wird ein kurzer historischer Streifzug durch eine Reihe philosophischer (B. 1) und pädagogischer Diskurse (B. 2), in denen sich in unterschiedlicher Weise Anklänge an den Gedanken einer Leibgebundenheit von Bildungsprozessen ausfindig machen lassen.

Neben einer Reihe philosophischer Positionen vermag der Gedanke einer Leibgebundenheit von Bildungsprozessen auch an die Etymologie des Bildungsbegriffs selbst anzuknüpfen. Danach reduziert sich ›Bildung‹ nicht auf das Moment einer bloßen Wissensaneignung, sondern in ihrer ursprünglichen Semantik beinhaltet ›Bildung‹ eine genuin »körperliche[] Bedeutung.«[11]

Neben ihrer frühesten Bedeutung von ›Bild‹, ›Abbild‹, ›Ebenbild‹ (imago) bzw. ›Nachbildung‹, ›Nachahmung‹ (imitatio) meint ›Bildung‹ im Sinne einer ›Gestalt‹ (forma) oder ›Gestaltung‹ (formatio) das »Hervorbringen oder Formgebung durch äußere Einwirkung und Entstehung und Entwicklung.«[12] Die Begriffe ›forma‹ und vor allem ›formation‹ enthalten dabei insofern einen Hinweis auf die leibliche Dimension von Bildungsprozessen, als ›Bilden‹ – wie Campes *Wörterbuch der deutschen Sprache* von 1807 feststellt – die Bedeutung »[e]inem rohen gestaltlosen Körper bestimmte Gestalt verleihen, gestalten«[13], mit sich führt. Dementsprechend

schenken, als sie es bislang getan hat [...]« (Meinberg; zit. nach Schmidt-Millard, 1995, S. 17).

10 »›Bildung‹ läßt sich [...] nicht auf *eine* Bedeutung festlegen. Auch bei diesem Begriff bündeln sich in der Verwendungsgeschichte unterschiedliche Vorstellungen. ›Bildung‹ kann einen Prozeß und ein Resultat, ein Ziel und einen Zustand bezeichnen, kann aktiv, passiv und reflexiv, individuell und (seltener) kollektiv gemeint sein« (Bollenbeck, 1994, S. 109; vgl. Koselleck, 1990, S. 16).

11 Pazzini, 1988, S. 335. Vgl. in diesem Zusammenhang auch die folgende Anmerkung Steenblocks: »Die Entwicklung des Begriffs der Bildung zum geisteswissenschaftlichen Grundbegriff beginnt mit seiner Herkunft aus der *Handwerkersprache*, sodann aus Theologie und Mystik. ›Bildung‹ als ›Formen‹ und ›Werden‹ des Menschen hat in diesem Ursprung mit ›Gelehrsamkeit‹, ›Wissen(schaft)‹ oder ›Geisteswissenschaften‹ noch gar nichts zu tun« (Steenblock, 1999, S. 156).

12 Vierhaus, 1979, S. 509. Vgl. Bollenbeck, 1994, S. 103.

13 Campe; zit. nach Klafki, 1965, S. 93.

gilt die »Bildungsanstalt« als »ein Ort, wo man Bildung oder Ausbildung des Geistes und Körpers erhalten kann.«[14]

An die Beleuchtung verschiedener philosophischer und pädagogischer Positionen schließt sich dann eine Zusammenfassung der bildungstheoretischen Implikationen des Verkörperungsprinzips an (B. 3). Schließlich werden Plessners Überlegungen mit Bourdieus Habituskonzept konfrontiert (B. 4), um mit diesem auf die soziale Dimension von Verkörperungsprozessen aufmerksam zu machen. Entsprechend ihrer Verbundenheit mit bestimmten sozialen und milieuspezifischen Konventionen vollzieht sich über Verkörperungspraktiken immer auch eine Einschreibung des Sozialen ›in‹ den Körper. Wie Bourdieus Forschungen zeigen, »formen sich wiederholte Äußerungen und Handlungen zu einer Haltung, einem Habitus, und das Geflecht solcher Habitualitäten bildet spezifische [...] Lebensformen und Lebenswelten, in die das aktuelle Reden und Tun eingebettet ist.«[15] Stellen Habitualisierungen somit einerseits immer eine »Verkörperung von Ordnung«[16] dar, so erweisen sie sich andererseits als innerhalb bestimmter Grenzen transformierbar. Aufgrund einer gewissen Affinität zum Plessner'schen Verkörperungstheorem erlaubt Bourdieus Habituskonzept im Folgenden nicht nur eine Konkretisierung und Veranschaulichung des Erstgenannten, es bietet zudem Ansatzpunkte zu dessen Ausdifferenzierung und Weiterentwicklung.[17]

## IV.A »›Persona heißt Maske‹« – Die Verkörperungsdimension der menschlichen Existenz

Für Plessner wohnt der Rede von der ›Verkörperung‹ als der »elementarste[n], gegen alle Deutungen invariante[n] Daseinsweise«[18] des Menschen ein wörtlicher *und* übertragener Sinn inne. Danach besagt der Ausdruck zunächst, dass »unsere Existenz als Körper im Körper [...] sich als ein immer erneuter Akt der Inkorporation [verwirklicht].«[19] In ihrem zweiten, übertragenen Sinn meint ›Verkörperung‹ den Vollzug der Eingliederung durch ein »soziale[s] Gefüge, das uns [...] als Jemanden mit Namen und Status inkorporiert. Nur so werden wir Person. Der Prozeß der Personifi-

14 Ders; zit. nach ebd., S. 95.

15 Waldenfels, 1987, S. 79.

16 Ebd.

17 Vgl. zur Verbindung von ›Rolle‹ und ›Habitus‹ Krüger, 2001, S. 99 f.

18 VIII, S. 209.

19 Ebd., S. 196.

kation, den das Kind mit seiner Geburt beginnt, macht das Individuum für sich selber wie für die anderen zu einem Individuum, indem er ihm Ansprechbarkeit durch den Namen erwirbt.«[20] Als »Siegel seiner unteilbaren Einheit« findet »das Selbst seinen Halt nur am Namen, nach außen wie nach innen.«[21]

Im Mittelpunkt der nachfolgenden Erörterung soll zunächst der intersubjektivitätstheoretische Gehalt des Verkörperungsprinzips herausgearbeitet werden. Dabei wird sich zeigen, dass den immer neuen Akten menschlicher Verkörperung aus Plessners Sicht nicht eine dauerhaft mit sich identische Subjektformation zugrunde liegt, sondern sich das Subjekt durch seine Verkörperungen als solches erst ›formiert‹. Begreift man dem gemäß inter-subjektive Vollzüge weder als das Ausagieren einer bereits entwickelten Identität noch als Weg zu ihrer schließlichen Findung, sondern als eine immer wieder neu zu vollziehende Gestaltung der ineinander verschränkten und damit nie eindeutig zu konturierenden Sphären von Körper und Leib, Innen und Außen, Ich und Anderem, so wird deutlich, inwiefern an dieser Stelle die im bisherigen Verlauf der Arbeit verfolgten thematischen Stränge zusammenlaufen: Denn als maßgeblicher Modus menschlicher Lebensführung trägt die ›Verkörperung‹, wie sich zeigen wird, ebenso der Leibgebundenheit menschlicher Vollzüge als auch der Verwiesenheit des Menschen auf Andere/s Rechnung. Zugleich stellt die in diesem ersten Abschnitt entwickelte Sicht auf die ›Verkörperung‹ als anthropologisches Deutungsmuster menschlicher Lebensführung die argumentative Grundlage der im zweiten Teil des Kapitels erfolgenden Interpretation der ›Verkörperung‹ als eines Bildungsprinzips dar.

### IV.A.1 Die Verkörperungsfunktion der Sinne – Das Projekt einer ›Ästhesiologie des Leibes‹

Mit der *Einheit der Sinne* legt Plessner 1923 ein gleichermaßen umfangreiches wie komplexes Werk vor, dessen Zielsetzung einer »Kritik der Sinne«[22] sich als Beitrag zur Entwicklung einer »Strukturtheorie der menschlichen Person«[23] versteht. Im Gegensatz zu psychologischen und physiologischen Ansätzen hat eine solche Strukturtheorie für Plessner ihren Ausgang von der psychophysisch indifferenten Verfasstheit des Menschen zu nehmen, da nur sie »ein wirkliches Verständnis des Hineinragens des Physischen ins Psychische, die Wahrnehmung, des Psychischen ins Physi-

20 Ebd.

21 Ebd., S. 197.

22 Vgl. u.a. III, S. 16.

23 Ebd., S. 19 f.

sche, die Ausdrucksbewegungen und -formen«[24], gewährleistet. Für die von ihm angestrebte Kritik der Sinne wählt Plessner den Titel ›Ästhesiologie des Geistes‹. »Die Ästhesiologie des Geistes ist die Wissenschaft von den Arten der Versinnlichung der geistigen Gehalte und ihren Gründen. Sie zeigt, daß zu bestimmten Sinngebungen bestimmte sinnliche Materialien nötig und warum keine anderen möglich sind. Infolgedessen ist sie der gegebene Weg zur Deutung der Mannigfaltigkeit der sinnlichen Modalitäten. Mit gleicher Notwendigkeit aber folgt aus dieser ihrer Zielbestimmung, daß sie nur diejenigen Wertgebiete auswählen darf, denen reine Verbindungen von Sinngebung und Anschauung entsprechen.«[25] Mit der so charakterisierten Ästhesiologie hofft Plessner Aufschlüsse über die »Sinngesetze der Sinnlichkeit«[26] zu gewinnen, ohne diese auf ihre Wahrnehmungs- und Erkenntnisfunktion, also ihren bloßen Informationswert für den Menschen, zu reduzieren.

Mit dieser Ausrichtung distanziert sich Plessner u.a. von philosophischen Positionen Kantischer Provenienz, in denen die Sinne als bloße Materiallieferanten einer letztlich dominierenden Verstandestätigkeit erscheinen. Kant hatte in seiner *Anthropologie in pragmatischer Hinsicht* zwar eine »Apologie für die Sinnlichkeit«[27] verfasst, in der er die Sinne gegen den oftmals erhobenen Vorwurf, den Verstand zu verwirren und ihn zu betrügen, verteidigte. Zugleich offenbaren seine Ausführungen jedoch auch, dass für ihn Sinnlichkeit und Verstand – obwohl beide als Stämme der Erkenntnis fungieren – in einem hierarchischen Verhältnis zueinander stehen. Die Kantische Auffassung einer letztlich instrumentellen Funktion der Sinnlichkeit als ›Zuarbeiterin‹ des Verstandes offenbart sich in dessen Postulat, dass »der Verstand herrsche, ohne doch die Sinnlichkeit [...] zu schwächen: weil ohne sie es keinen Stoff geben würde, der zum Gebrauch des gesetzgebenden Verstandes verarbeitet werden könnte.«[28]

24 Ebd., S. 20.

25 Ebd., S. 278. Vgl. auch X, S. 317, wo Plessner die Differenz zwischen der Ästhesiologie als »Lehre von der Aisthesis, das heißt der Sinnlichkeit« und der Ästhetik markiert, »die einen Bezug zur künstlerischen Sphäre, ihrer Gestaltung und ihrem Genuß, besitzt. Die Sinne fundieren ästhetische Phänomene, reichen aber darüber hinaus.«

26 Ebd., S. 32.

27 Kant, 1983, S. 57 ff.

28 Ebd. Vgl. zur Hierarchisierung von Sinnlichkeit und Verstand bei Kant Meyer-Drawe, 2000d; Ricken, 1999, S. 62. Als eine pädagogische Repräsentantin eines solchen Sinnenverständnisses ließe sich Maria Montessori nennen. Nach ihrer Auffassung leisten die Sinne den Kontakt zwischen der Umgebung und

Im Mittelpunkt der Plessner'schen Ästhesiologie steht dagegen das Bemühen, »die innere Konformität unserer sinnlichen Organisation [...] zu den möglichen Formen und Arten geistiger Sinngebung«[29] zu untersuchen, die, so Plessner, einer rationalistischen bzw. sensualistischen Betrachtungsweise der Sinne verschlossen bleibt. Im Gegensatz zu deren Annahmen erklärt sich die sinnliche Organisation für ihn nicht allein durch ihre »Zweckmäßigkeit [...] im Hinblick auf die praktischen Bedürfnisse des Menschen«[30], sondern vor allem durch ihre »Wertmäßigkeit«. »Zweck hat das Leben des Menschen nur, wenn es zu etwas dient und die Vorstellung dieses Etwas dazu hinreicht, dieses Leben in der Wirklichkeit seines Ablaufs zu motivieren. Wert aber kann das Leben immer noch haben, wenn es in sich und aus sich deutbar und sinnhaft ist. Dabei ist die Verständlichkeit und Deutbarkeit nicht das erste und die Bedingung des Wertes, sondern der Wert die Bedingung des Sinnes, seiner Verständlichkeit und Deutbarkeit.«[31]

Wie später in den *Stufen*, so wählt Plessner auch in der *EdS* ein an Kant angelehntes »indirektes Frageverfahren«[32]. Dieses äußert sich darin, dass die Ästhesiologie nicht auf eine phänomenale Analyse der Sinne beschränkt bleibt, sondern deren Sinn dadurch zu erschließen sucht, dass sie »den verschiedenen Formen des Sinnes Formen der faktischen Kultur zu[]ordne[t]«[33]. »Als kritische Methode muß die *Kritik* der Sinne nach der Möglichkeit gewisser kultureller Leistungen fragen. Als Kritik der *Sinne* fragt sie jedoch in folgender Richtung: warum sind bestimmte Leistungen gerade an diesen Sinn und nicht an einen anderen gebunden?«[34] Im Rahmen der von ihm eingeschlagenen Verfahrensweise unterscheidet Plessner mit dem schematischen, syntagmatischen und thematischen Verstehen drei Arten von Sinngehalten, denen aus seiner Sicht mit der Ma-

dem Verstand, durch den dieser Präzision, Genauigkeit und Inspiration gewinnt (vgl. Montessori, 1996, S. 112). Aus der Sicht Montessoris liegt der »Zweck einer Erziehung und Verfeinerung der Sinne« vorrangig darin, »durch die Erweiterung des Feldes der Wahrnehmungen eine immer zuverlässigere und reichhaltigere Grundlage für die Entwicklung der Intelligenz« (ebd.) auszubilden.

29 IV, S. 73.

30 III, S. 71. Vgl. ebd., S. 69.

31 Ebd., S. 70.

32 Vgl. ebd., S. 294 f.; IV, S. 125.

33 Ebd., S. 152 f.

34 Plessner, 1998, S. 377. Vgl. zum kulturphilosophischen Aspekt der *EdS* auch III, S. 267 f., 279, 295.

thematik und Geometrie (schematischer Sinn), der Musik (thematischer Sinn) sowie Sprache und Schrift (syntagmatischer Sinn) jeweils spezifische kulturelle Bereiche entsprechen.[35] Wie er betont, bilden »Thema, Tagma und Schema unter sich eine Einheit des Sinnes«[36], doch wahren die Sinneskreise in ihrer »Konkordanz« (Plessner) zugleich eine »Selbständigkeit.«[37]

Im Anschluss an seine Ausführungen zur thematischen, syntagmatischen und schematischen Sinngebung, die sich ausschließlich im Rahmen der Sphäre des Bewusstseins bewegten[38], gelte es nach Plessner nun, diesen Bereich zu verlassen, um sich dem vorrangigen Ziel der Ästhesiologie, dem Verständnis der »Sinnesorganisation des Leibes«[39], zu nähern. Die Tatsache, dass es sich bei denen als ›Anschauung‹ und ›Auffassung‹ bezeichneten Formen der Sinngebung um Richtungen bzw. Haltungen des Bewusstseins handelt, verlangt nach Plessner nun eine Entscheidung darüber, »ob das Wort Bewußtseinshaltung mehr als ein Gleichnis ist und einen wissenschaftlich haltbaren Begriff ergibt.«[40] Zu diesem Zweck wendet sich seine Untersuchung zunächst verschiedenen Formen leiblicher Haltungen zu. Dabei differenziert er zwischen einer dreistufigen »Reihe der Haltungen« (Plessner), die aus den Aspekten des Ausdrucks, der Zeichengebung sowie zielmäßigen Bewegungen (Handlungen) besteht.[41] Neben der in dieser Reihe erkennbaren Konkordanz zwischen den genannten ›Haltungen‹ und den Formen der ›Auffassung‹ (schematischer, syntagmatischer und thematischer Sinn) offenbart sich in ihr zudem eine »merkwürdige Beziehung zwischen Sinn und Haltung, Geist und Leib, die [...] nicht von der Form des Entsprechens, sondern von der des Verbindens [ist], nicht Konkordanz, sondern Verschmelzung zweier Größen zu einer einzigen neuen Größe, nicht Analogie auf Grund formaler Gemeinsamkeit, sondern Versinnlichung des Geistes, Vergeistigung des Sinnlichen nach einem neuen Gesetz«.[42]

Für die ästhesiologische Fragestellung erweist sich daneben auch der »Kreis der zuständlichen Modalitäten« als aufschlussreich. Mit ihrer Erörterung gelangt die ›Ästhesiologie des Geistes‹ allerdings an ihr Ende, denn

35 Vgl. III, S. 154 f., S. 276.
36 Ebd., S. 192.
37 Vgl. ebd., S. 275 ff., 204 ff.
38 Vgl. ebd., S. 209.
39 Ebd., S. 210.
40 Ebd.
41 Vgl. ebd., S. 210 ff.
42 Ebd., S. 221. Vgl. IV, S. 71 f.

anders als im optischen und akustischen Modus verlieren sich in den »Zustandssinnen« – Plessner nennt als solche Geschmack, Geruch, Tastsinn, Schmerz, Temperatursinn, Gleichgewichtssinn und Wollust[43] – »die Grenzen sinnvoller Wirkung; die reine Stimmung und das nur zuständliche Bewußtsein beginnt. Wir können nicht mehr verstehen, die Erschütterung füllt uns aus. Heiterkeit und Trauer, unbändiger Bewegungsdrang und friedlicher Ausgleich nehmen von uns Besitz wie die Natur. Unser Zustand ist wohl geformt, doch ohne unser Zutun und ohne Distanz. Die Sphäre des Geistes ist zu Ende, unser Bewußtsein ist allein von der Seele hingenommen und bestimmt. [...] Eine Ästhesiologie des Geistes [...] muß da Halt machen, wo es keine Versinnlichung des Geistes mehr gibt.«[44] Als Ursache für das Fehlen einer Sinngebung durch die Zustandssinne führt Plessner den Umstand an, dass diese »aus Mangel der Akkordanz zu irgendeiner Stufe der Haltung ohne Beziehung zum Geiste bleiben«[45], wobei er allerdings darauf hinweist, dass aus dieser Feststellung noch nicht die diesem Mangel innewohnende Produktivität sichtbar wird. Um diese näher zu charakterisieren, erläutert er, dass sich die Mitteilung der Zustandssinne an das Bewußtsein »stets *an den Sinnesflächen des eigenen Leibes*«[46] vollzieht. »Wärme, Kälte, Rauhigkeit, irgendein Duft erscheinen für das Bewußtsein an den entsprechenden Reizflächen auf dem Erregungsgebiet des eigenen physischen Zustands. In dieser Distanzlosigkeit liegt der positive Ausdruck dafür, daß die Sinne des Zustands als solche dem Geiste kein Material sein können. Ihr Sinn erschöpft sich mithin in der bloßen Vergegenwärtigung des eigenen Körpers, die nötig ist, wenn Körper und Geist in der Einheit der Person [...] zusammenwirken sollen.«[47] Dadurch, dass die »seelische Wirklichkeit [...] den Körper ins Bewußtsein hebt«, werde dieser »zum Ansatz und Objekt der Sinngebung [...] und dadurch wieder eine praktische Einwirkung des Geistes auf den Körper begründet.«[48]

Für Plessner stellen die Sinne – so das Ergebnis seiner ästhesiologischen Untersuchung – »Modi der Verbindung von Körper und Geist«[49] dar, wobei sich beide Sphären für ihn auf dreifache Weise, nämlich op-

43 Vgl. ebd., S. 267 f.

44 Ebd., S. 267.

45 Ebd., S. 270.

46 Ebd., S. 273.

47 Ebd.

48 Ebd. Vgl. auch ebd., S. 210, wo Plessner davon spricht, dass sich »in der körperlichen Haltung die seelische Haltung und Verfassung wider[spiegelt].«

49 Ebd., S. 293.

tisch, akustisch und zuständlich miteinander verbunden zeigen. »Diese drei Verbindungsmöglichkeiten, die beim Menschen sämtlich realisiert sind, entsprechen den drei Arten der Sinngebung, der schematischen, syntagmatischen und thematischen, obgleich nicht durchgängig direkt. In die Verbindung gehen der Geist als Einheit der Sinngebung, sowohl im ganzen als in seiner thematischen und schematischen Funktion, der Leib als Einheit der Haltung, sowohl im ganzen wie in den Formen der Ausdruckshaltung und der Handlung, ein.«[50] Doch auch über die ästhesiologische Fragestellung hinaus erweisen sich die in der *EdS* gewonnenen Einsichten für Plessner als ertragreich. Denn in dieser Schrift entwickelt er erstmals systematisch den für sein gesamtes anthropologisches Programm verbindlichen Gedanken einer wechselseitigen Verschränkung von Körper und Geist. »[W]as auch immer wir erleben, wie auch die Weise des Erlebens sein mag, zur Gegebenheit des Psychischen gehört notwendig eine bestimmte sinnliche Erregtheit meines Leibes. Psychisches kommt nur in und mit Daten des eigenen physischen Zustands zum Erlebnis.«[51]

Beinhaltet die *EdS* somit wohl der Sache nach eine Reihe von Hinweisen auf den Aspekt der ›Verkörperung‹, ohne dass der Terminus hier explizite Verwendung findet, so gebraucht Plessner den Terminus an einigen Stellen seiner aus den dreißiger Jahren stammenden, zu Lebzeiten in der deutschen Originalfassung jedoch unveröffentlicht gebliebenen Schrift *Sinnlichkeit und Verstand*.[52] In Entsprechung zu den Thesen der Arbeit von 1923 erläutert Plessner hier am Beispiel des Gehörs, inwiefern die Sinne

50 Ebd., S. 298.

51 Ebd., S. 271. An anderer Stelle heißt es: »Ursprüngliche Gegenwart des Geistes ist nur an Leibern in ihrer Haltung ablesbar« (ebd., S. 288). Es kann hier nur am Rande bemerkt werden, dass Plessner seine Ausführungen zur Verbindung von Geist und Körper durch die Sinne zugleich als einen Beitrag zur Lösung der Leib-Seele-Problematik begreift (vgl. III, S. 303). Ebenfalls unberücksichtigt bleiben musste die von ihm in der *EdS* entwickelte Wahrnehmungstheorie (vgl. ebd., S. 293 ff.). Vgl. zur ausführlichen Darstellung von Plessners ästhesiologischem Ansatz die Arbeiten von Lessing, 1998; Mühl, 1997, S. 110 ff.; Pietrowicz, 1992, S. 195 ff.; Redeker, S. 180 ff.

52 In die Gesammelten Schriften Plessners (Bd. VII) hat lediglich die französische Fassung der Schrift mit dem Titel *Sensibilité et raison. Contribution á la philosophie de la musique* (1936) sowie eine spätere deutsche Zusammenfassung des Textes (*Zur Anthropologie der Musik*; 1951) Eingang gefunden. Neben einem Abdruck in der italienischen Zeitschrift *Divinatio* (1999) liegt der Text von *SuV* inzwischen auch in einer neu herausgegebenen Fassung vor (vgl. Plessner, 2001a, S. 119 ff.).

dem Verstand nicht nur das ›Material‹ liefern, das dieser dann mit einer Bedeutung versieht, sondern darüber hinaus »eine innere Übereinstimmung zwischen Ausdrucksintention und Ausdruckshaltung, zwischen Motivation und Motorik [...], eine Art von Zusammenhang zwischen Körper und Geist [stiften], die anderen Spielregeln gehorcht als die Zusammenhangsart zwischen Handeln und Rationalität.«[53] In Zusammenhang mit diesen Ausführungen zur Vermittlungsfunktion der Sinne in Bezug auf das Verhältnis zwischen Verstehen und Bewegen rekurriert Plessner schließlich auch auf den Begriff der ›Verkörperung‹. »Die Vermutung, dass zwischen der Natur der Intelligenz und der Verfassung der akustischen Modalität nicht zufällige und äußerliche, sondern notwendige, innerliche Beziehungen herrschen, könnte nicht näher liegen. Aber die Philosophie war umgekehrt an der Selbständigkeit des Gedankens, seiner Logik und Wahrheit von jeher interessiert, um auf die Merkwürdigkeiten seiner Verkörperung zu achten.«[54] Als aufschlussreich für das Verständnis der Genese des Verkörperungstheorems im Denken Plessners erweist sich ferner der in *SuV* erfolgende Hinweis, dass es vor allem seine Studien zum Ausdrucksphänomen sind, denen eine zentrale Bedeutung im Hinblick auf die Etablierung der ›Verkörperung‹ als eines anthropologischen Grundbegriffs innerhalb des Plessner'schen Denkgebäudes zukommt: »Verständnis, Bedeutung (Sinn) und Ausdruck sind notwendig aufeinander bezogen. Keine Kundgabe ohne die Möglichkeit einer Kundnahme, keine Kundgabe aber auch ohne Verkörperung des Bekundeten in irgendeiner Art Zeichen und Zeichenverkehr. Diese Verkörperung, Materialisierung und Objektivierung vollzieht der Mensch in den gesteigerten Formen wissenschaftlicher, künstlerischer, religiöser, politischer Art wie in den alltäglichen Formen der Sprache werktätiger Arbeit und selbst dem stummen Spiel seiner leiblichen Motorik. Eine Radikalanalyse des ›Verstandes‹ ist also nur *als Radikalanalyse des Ausdrucks möglich.* Diese Ausdrucksanalyse aber führt [...] von selbst auf eine Analyse der Verkörperungsmöglichkeiten.«[55]

Erst runde 50 Jahre nach Erscheinen der *EdS* – im Jahre 1970 – wendet sich Plessner erneut der ästhesiologischen Fragestellung zu, wobei er mit seiner *Anthropologie der Sinne* das Ziel verfolgt, den »haltbare[n] Kern« seiner Ausführungen von 1923 »heraus[zu]schälen.«[56] Als eine entschei-

53 Plessner, 2001a, S. 143.

54 Ebd., S. 135.

55 Ebd., S. 139. Vgl. zur ›Verkörperung‹ auch ebd., S. 140 f.

56 X, S. 318. Nähere Erläuterungen zur inhaltlichen Ausrichtung der *AdS* finden sich bei Lessing, 1998, S. 310 ff., 315 ff.

dende Veränderung gegenüber der früheren Schrift kann dabei der Umstand gelten, daß anstelle des ihr zugrundeliegenden »Primat[s] des Geistes [...] nun der Körper eine dominierende Funktion erhält.«[57] Ihre Bedeutung für den Kontext der vorliegenden Arbeit gewinnt Plessners *AdS* vor allem daraus, dass in ihr mit dieser Modifikation deutlicher als in der *EdS* der sachliche Zusammenhang zwischen der ästhesiologischen Problematik und dem Prinzip der ›Verkörperung‹ sichtbar wird.

In der *AdS* stellt Plessner dem Gedanken einer bloßen Wahrnehmungsfunktion der Sinne deren »Verkörperungsfunktion«[58] gegenüber. Damit soll zunächst ausgesagt sein, dass an dieser Stelle nicht die unzweifelhafte Wahrnehmungsfunktion der Sinne im Mittelpunkt des Interesses steht. Vielmehr konzentrieren sich Plessners Überlegungen auf die »Frage nach dem Grunde der sinnlichen Modi«, d.h. nach dem »empfindungsmäßige[n] Wie« und nicht dem »wahrgenommene[n] Was«.[59] Dieses ›Wie‹ vermag – so seine These – die »am menschlichen Verhalten ablesbar[e] Funktion der Verkörperung«[60] zu entdecken. Im Gegensatz zu einem Verständnis, das diese lediglich als Ausdrucksform »höhere[r]«, d.h. geistiger Gehalte begreift[61], plädiert Plessner für eine Erweiterung ihres Geltungsbereichs auf die »körperliche Existenz des Menschen.«[62] Für ihn manifestiert sich in der ›Verkörperung‹ die spezifische Verhältnishaftigkeit, in welcher der Mensch zu seiner körperlichen Existenz steht. Diesem eigentümlichen (Miss-)Verhältnis des Menschen »zu sich *als* Körper und *zu* seinem Körper«[63] hat sich, wie Plessner perspektivierend anmerkt, eine zukünftige ›Ästhesiologie des Leibes‹ zuzuwenden, deren Arbeitsgebiet er folgendermaßen charakterisiert: »Aufgabe einer Ästhesiologie des Leibes ist es, die spezifischen Konkretisierungsmodi der Verleiblichung unseres

57 Lessing, 1998, S. 319.

58 Vgl. III, S. 370 ff. Im Hinblick auf das angesprochene Kapitel der *AdS* gilt es allerdings anzumerken, dass es sich bei ihm nicht um einen in den sechziger Jahren entstandenen Text, sondern um die nur an wenigen Stellen überarbeitete Version eines 1953 erschienenen Aufsatzes mit dem Titel ›Über die Verkörperungsfunktion der Sinne‹ handelt (vgl. Plessner, 1953).

59 Ebd., S. 378.

60 Ebd.

61 Vgl. ebd., S. 382.

62 Ebd.

63 Ebd. Neben dem amerikanischen Behaviorismus erkennt Plessner eine Auseinandersetzung mit dem Phänomen der Verkörperung auch bei Palagyi, Sartre und Merleau-Ponty, denen nach seiner Einschätzung allerdings »allen [...] die ästhesiologische Problemstellung unbekannt geblieben ist« (ebd., S. 383).

eigenen Körpers zu erkennen, eine Realisierung besonderer Art, von einerseits elementarer, andererseits kultivierbarer Bedeutung, die für kein Kulturmilieu als eine bloße biologische Angelegenheit abzutun ist. Von der schauspielerischen und tänzerischen Verkörperung bis zur verhüllend-enthüllenden Betonung durch Anzug und Schmuck, von den Eß- und Trinksitten bis zu den Konzentrationstechniken der Selbstbeherrschung und Entkörperung, vom simplen Spiel bis zum spezialisierten Sport wird das Thema durchvariiert und bietet Ansatzmöglichkeiten für die Analyse. Sie muß am Leitfaden geformten Verhaltens vorgehen, die unverwechselbare Rolle einer Sinnemodalität für seine Verkörperung dabei im Auge haben und so versuchen, dem Aufbaugesetz der Erscheinungsweisen unserer Umwelt von den Verkörperungsweisen aus auf die Spur zu kommen.«[64]

Für Plessner, dies beabsichtigten die vorangegangenen Ausführungen zu zeigen, fungiert die körperlich-sinnliche Erfahrungsebene nicht als ein bloßes Additivum einer dominierenden Rationalität, vielmehr betont er immer wieder das wechselseitige Bedingungsverhältnis beider Bereiche. Zwar markieren seine ästhesiologischen Einsichten die Grenzen eines rationalitätszentrierten Standpunktes, doch geht es Plessner nicht darum, Sinnlichkeit und Verstand gegeneinander auszuspielen. Denn ebenso wie sich sein Denken als Korrektiv gegenüber einem Verständnis begreifen lässt, das etwa die Sinne als bloße ›Zuarbeiter‹ einer dominierenden Verstandeserkenntnis ansieht, bedeutet es umgekehrt auch eine Warnung vor der nicht minder problematischen Alternative, Sinnlichkeit ohne ihre unlösliche Verbundenheit mit dem Verstand zu thematisieren. Für eine exzentrische Subjektivität – dies belegen Plessners anthropologische Befunde immer wieder aufs Neue – erweist sich gerade das Ineinander geistiger

64 Ebd., S. 383 f. Deutlich klingen in dieser Sentenz gewisse Nähen zwischen Plessners Begriff der ›Verkörperung‹ und dem Habituskonzept Bourdieus an, auf die an anderer Stelle näher eingegangen wird (vgl. Kap. IV B. 4). Angesichts der Vielfältigkeit der von Plessner angeführten Artikulationsformen des Verkörperungsphänomens sei im Hinblick auf dessen potentielle Einbeziehung in ästhetische Kontexte daran erinnert, dass auch »der klassische Begriff des ›Ästhetischen‹ und der ästhetischen Bildung keineswegs nur den Bereich der ›großen‹ Kunst in Literatur, Theater, Bildendem Gestalten und der Musik umfaßt, sondern darüber hinaus die ganze Breite der Ästhetik des Alltags, vom Schmuck bis zur Möbelgestaltung, von der Kleidung bis zur Volksmusik, den Tanz so gut wie Spiele, Feste, Formen des zwischenmenschlichen Umgangs und Stile der Geselligkeit umspann[t]« (Klafki, 1986, S. 469; vgl. Zacharias, 1991, S. 12 f.).

und körperlich-sinnlicher Gehalte als verbindlicher Modus ihrer Existenzweise. Diese wechselseitige und häufig spannungsreiche Verschränkung der sinnlichen und rationalen Sphäre in einem »Sinnenbewußtsein«[65] hat jeder Versuch, Plessners Ansatz für eine Theorie ästhetischer Bildung und Erziehung fruchtbar zu machen, im Blick zu behalten. »Wahrnehmungserziehung und Bewußtseinsbildung [sind] zwei Seiten des gleichen Vorgangs [...] und [eröffnen] nur so in dieser engen Verbindung die Chance für ästhetische Bildung.«[66]

Wenn Plessner, seine Ausführungen zur *AdS* beschließend, darauf hinweist, dass die Einheit der Sinne nicht als eine statische aufzufassen ist, sondern sich in immer neuen Vollzügen offenbart, so rekurriert er in diesem Zusammenhang auf die Bedeutung des Theaters resp. des Schauspielers, der für ihn als Spiegelbild par excellence im Hinblick auf die dem Menschen zugewiesene Aufgabe der ›Verkörperung‹ gilt. »Zur Einheit der Sinne kommt der Mensch niemals in bloßer Passivität. [...] Erst unserer Aktivität erschließt sie sich, und der Verkörperung des Schauspielers gelingt es, sie uns im Bilde eines anderen Menschen zu zeigen.«[67] Dieser Vorgabe Plessners folgend werden sich die nachfolgenden Ausführungen in einem nächsten Schritt seiner anthropologisch-funktionalen Rollenkonzeption zuwenden, um aus ihr weitere Aufschlüsse hinsichtlich der Verkörperungsdimension der menschlichen Existenz zu gewinnen.

### IV.A.2 Die Verkörperung eines Anderen des Selbst im Selbst – Plessners rollentheoretischer Ansatz

Neben seinen ästhesiologischen Schriften begegnet das Motiv der ›Verkörperung‹ auch und vor allem im Rahmen von Plessners rollentheoretischen Überlegungen. Insofern die Kategorie der ›Rolle‹ ein genuin soziologisches Theorem darstellt, scheint die Diskussion damit eine Verlagerung von der philosophisch-anthropologischen auf die Ebene des soziologischen Diskurses zu erfahren. Dass eine solche Annahme sich jedoch nur als bedingt zutreffend erweist, verdeutlicht ein Blick auf Plessners Vita. Während der Zeit seines holländischen Exils hatte er zunächst einen Lehrstuhl für Soziologie in Groningen inne, nach Beendigung des Krieges übernahm er das dortige Ordinariat für Philosophie. Nach seiner Rückkehr nach

65 Vgl. zur Lippe, 1987.

66 Staudte, 1991, S. 253. In ihren Ausführungen wendet sich die Autorin kritisch gegen die Rede von einer »Bildung« oder »Schule der Sinne« (vgl. ebd., S. 247), die nach ihrer Einschätzung zumindest in der Gefahr steht, die Sinne aus ihrer Verbundenheit mit den Leistungen des Verstandes zu isolieren.

67 III, S. 391. Vgl. X, S. 321.

Deutschland erhielt er 1952 eine Berufung an den neugegründeten Lehrstuhl für Soziologie in Göttingen, die er jedoch nur unter der Voraussetzung annahm, im Rahmen dieser Tätigkeit auch Philosophie lehren zu dürfen.[68]

Dieser Auszug aus seiner Biographie deutet an, dass Plessners Hinwendung zur Soziologie für ihn keineswegs eine Abkehr von anthropologischen Fragen bedeutet. Dementsprechend bedeutet auch die im Rahmen der nachfolgenden Ausführungen vollzogene Hinwendung zu seinem Rollenkonzept keinen Bruch mit dem Programm seiner Philosophischen Anthropologie. Fließen, wie sich zeigen wird, seine philosophisch-anthropologischen Befunde auch in seine soziologischen Arbeiten ein bzw. liegen jene diesen (stillschweigend) zugrunde, so stellt auch die nachfolgend behandelte Rollenproblematik weniger eine Abkehr von seinem philosophisch-anthropologischen Programm als vielmehr eine Ausweitung desselben dar.[69]

Vor der anschließenden Rekonstruktion von Plessners rollentheoretischen Überlegungen sollen zunächst einige Probleme, welche die Inanspruchnahme der Rollenkategorie als soziologisches Analyseinstrument mit sich bringt, in den Blick genommen werden.[70]

Nach einem rasanten Aufstieg und einer konjunkturellen Blütezeit vor allem in den sechziger und siebziger Jahren des 20. Jahrhunderts sind rollentheoretische Reflexionen – vorangekündigt durch eine Stagnationsphase in den achtziger Jahren[71] – inzwischen fast vollständig aus dem

68 Vgl. X, S. 337.

69 Während Plessners Einfluss auf das soziologische Denken seiner Zeit eher als marginal gelten kann, erfuhren neben Schelers soziologischen Arbeiten hingegen auch Gehlens Zentralthese vom Menschen als Mängelwesen sowie seine Theorie der Institutionen eine ungleich größere Resonanz innerhalb des soziologischen Diskurses (vgl. v. Alemann, 1994, S. 27).

70 Vgl. hinsichtlich des von soziologischer Seite erhobenen Einwandes einer grundsätzlichen Inadäquatheit der Theatermetaphorik in Bezug auf die Beschreibung gesellschaftlicher Verhältnisse u.a. Tenbruck, 1961, S. 9 f.; Winnuest/Ter Heine, 1985, S. 599. Das Problem, auch die Verhaltensformen archaischer Gesellschaften mittels des Rollenbegriffs zu beschreiben, diskutiert Oesterreicher-Mollwo: »[U]m den Rollenbegriff nicht allzu allgemein und inhaltsleer werden zu lassen«, schlägt die Autorin vor, in Bezug auf archaische Gesellschaften nicht von ›Rollen‹, sondern von einer »geschichtlich frühen und spezifischen Form von ›Verkörperung‹« (Oesterreicher-Mollwo, 1972, S. 109) zu sprechen.

71 Vgl. Schülein, 1989, S. 483.

deutschsprachigen sozialwissenschaftlichen Diskurs verschwunden.[72] Zwar hat die Kategorie der ›sozialen Rolle‹ ihren Platz in den einschlägigen Lehrbüchern der Soziologie gefunden, doch dokumentiert die marginale Zahl neuerer Veröffentlichungen[73] die seit über einem Jahrzehnt andauernde Krise der Rollentheorie. Fragt man nach möglichen Gründen für diese Entwicklung, so stößt man vor allem auf eine Reihe theorieimmanenter Schwierigkeiten der Rollentheorie, die schließlich dazu führten, dass diese (etwa gegenüber dem Identitätskonzept) zunehmend an Bedeutung einbüßte.

Zu den zentralen Problemen des soziologischen Rollenbegriffs können vor allem dessen tendenziell dualistische[74] und deterministische Implikationen gelten. Eine ihrer historisch frühesten Ausdrucksformen finden diese Aspekte im bis in das antike Denken zurückzuverfolgenden Szenario des ›theatrum mundi‹, des ›Welttheaters‹. In diesem erscheint der Mensch als eine ›Marionette‹ auf der Bühne der Welt, die – auf Laufschienen befestigt und von Gott gelenkt – erst mit ihrem Tod aus dem ›Theater‹ entlassen wird. Die in dieser theozentrischen Inszenierung zu Tage tretende deterministische Komponente des Rollenaspekts erhält sich in säkularisierter Gestalt auch in anderen Formen des theatralischen Schauspiels. Erinnert sei etwa an Shakespeares berühmtes Diktum ›All the world‹s a stage, And all the men and women merely players‹, das laut Dahrendorf »zum konstruktiven Grundprinzip der Wissenschaft von der Gesellschaft geworden [ist].«[75] War es vormals die göttliche Instanz, von der sich das menschliche Handeln in all seinen Zügen bestimmt sah, so ist es nun der unentrinnbare Einfluss der »ärgerliche[n] Tatsache der Gesell-

72 Auf eine systematische Rekonstruktion verschiedener rollentheoretischer Positionen wird im Folgenden verzichtet. Hierzu sei auf die Arbeiten von Wiswede, 1977; Schülein, 1989; Joas, 1982, und Winnuest/Ter Heine, 1985, verwiesen. Zur umfangreichen Kritik an der Rollentheorie vgl. u.a. Haug, 1972; Scheer, 1976; Furth, 1978; Dreyer, 1989.

73 Vgl. Eisermann, 1991; Geller, 1994.

74 »Das Alternativprinzip disjunkt einander entgegengesetzter Sphären, handelndes und erlebendes Ich einerseits und normativ system-haftes Äußeres andererseits, wird durch den Begriff der Rolle selbst eingeführt und gehalten. Die Rolle vermittelt zwischen der handelnden Person und dem normativen Anspruch des positionalen Ethos. Mit ihr wird der cartesianische Käfig erst gesetzt. Der cartesianische Dualismus überträgt sich so in die Entgegenstellung von ›Person‹ und ›Gesellschaft‹« (Grathoff, 1995, S. 86 f.).

75 Dahrendorf, 1977, S. 26.

schaft«[76], die dem Menschen ein Existieren in vorgegebenen sozialen Rollen auferlegt. Damit offenbart der Rollenbegriff zugleich seinen konformistischen Zug. Mit der Rollenübernahme – verstanden als Internalisierung gesellschaftlicher Normen und Werte – vollziehe sich, so die Kritiker des Konzepts, immer eine zwanghafte Anpassung des Individuums an fremdbestimmte Vorgaben.[77]

Dass der Rollenbegriff neben den Dualismen von Individuum und Gesellschaft, Freiheit und Determination zumindest latent auch denjenigen eines ›eigentlichen‹ und ›uneigentlichen‹ Selbstseins transportiert, zeigt Schürmann am Beispiel der gängigen Redeweise, dass »›wir im Leben gezwungen sind, Rollen zu spielen‹«, die für ihn »suggeriert, daß wir zunächst und vor allem doch wir selbst sind, die dann, *auch noch*, in gewissen Lebenslagen nicht umhin können, eine Rolle zu spielen. Bei dieser Redeweise muß in der Regel mitgehört werden die Unterstellung eines eigentlichen Selbst und die, tendenziell negative, Bewertung der Tatsache, daß wir gelegentlich Rollen spielen. Irgendwie sind wir dann nicht wir selbst und stehen gleichsam neben uns.«[78] Festzuhalten bleibt somit, dass ›Rollen‹ aus soziologischer Perspektive häufig als etwas dem Menschen Äußerliches, Aufgezwungenes gelten[79], hinter dem sich sein ›wahres‹ – d.h. rollenloses – Selbst verbirgt.

Allerdings verbindet sich mit der Einsicht in die zahlreichen Probleme des Rollenbegriffs weniger das Anliegen, diese Schwierigkeiten theoretisch zu bearbeiten, sondern sie führt zu einer fortschreitenden Distanzierung von der Rollentheorie, an deren Stelle bald das Identitätskonzept tritt.[80] Diese theoretische Umorientierung des soziologischen Diskurses basiert auf der Überzeugung, dass »sich in der Adoleszenz [...] Interaktionsprobleme [häufen], die mit den interaktiven Mitteln des Rollenhandelns nicht

76 Ebd., S. 20.

77 Vgl. hierzu u.a. die Einschätzung von Kirchhoff-Hund, nach der »die Rollentheorie für das bewußtlose, anpassungsbereite Individuum [plädiert]« (Kirchhoff-Hund, 1978, S. 171). In Analogie hierzu spricht Haug von der Rolle als einem »Instrument bzw. eine[r] Vorbedingung für soziale Kontrolle« (Haug, 1972, S. 122).

78 Schürmann, 1997, S. 350 Fn.

79 Vgl. Dreitzel, 1968, S. 116.

80 »Theoretisch hat sich das Problem der Ich-Identität [...] aus Aporien der Rollentheorie ergeben, die in dem engen Rahmen ihrer Grundannahmen zahlreiche, durch sie selbst erst gestellte Probleme nicht lösen konnte: z.B. das Problem, wie die Person die Vielzahl ihr zugemuteter Rollen zu einem zwar differenzierten, aber noch konsistenten Ich integriert« (Art. ›Rolle‹, S. 148).

gelöst werden können.«[81] Dies gelinge allein durch die »Überwindung«[82] der Rollenidentität zugunsten einer Ich-Identität[83], der die Funktion zugewiesen wird, heterogene Rollenmuster zu vermitteln und sie auf diese Weise in die subjektive Struktur zu integrieren. »Die kognitive Struktur der Identität greift überall da steuernd ein, wo die Steuerungsprinzipien von Kompetenzen und Rollen nicht ausreichen, um Entscheidungen zu treffen – zum Beispiel beim Übergang von einer Rolle zur anderen.«[84]

Dass es sich im Rahmen dieser Entwicklung zunächst nicht um eine Ablösung des Rollen- durch das Identitätskonzept, sondern um eine Hierarchisierung des Verhältnisses handelt, zeigt u.a. das Stufenmodell der Identitätsgenese von Jürgen Habermas.[85] In ihm geht Habermas von einer drei Stadien umfassenden, sukzessiven Ausdifferenzierung der Persönlichkeitsstruktur des Subjekts aus. Im ersten Stadium, der ›natürlichen Identität‹, besitzt das Kind zwar bereits die Fähigkeit, zwischen sich und der Umwelt zu differenzieren, die symbolische Welt bleibt ihm jedoch verschlossen. Die Ausbildung einer Subjektivität, der generalisierte Verhaltenserwartungen zugeschrieben werden können, geschieht erst auf der zweiten Stufe, die Habermas als ›Rollenidentität‹ bezeichnet. Auf der dritten Stufe verwandeln sich »die Rollenträger in Personen, die ihre Identität unabhängig von konkreten Rollen und besonderen Normensystemen behaupten können. [...] Die Rollenidentität wird durch Ich-Identität abgelöst; die Akteure begegnen sich [...] als Individuen.«[86]

81 Döbert, u.a, 1977, S. 24.

82 Ebd., S. 15.

83 »Eine prinzipiengeleitete Moral muß in einer ›rollenunabhängigen Identitätsformation‹ verankert werden« (Döbert, u.a., 1977, S. 16). In Analogie hierzu spricht auch Neubert von der Ich-Identität als »*rollentranszendierende[r] Eigenleistung* des Subjekts« (Neubert, 1978, S. 95).

84 Schulze, 1983, S. 314. Dass sich die hier skizzierte Auffassung bis in aktuelle Diskurse hinein erhalten hat, belegt die folgende Einschätzung Hoffmanns. Obwohl er in Anlehnung an Keupp eine Verabschiedung der »konventionellen« Ich-Identität zugunsten einer »Patchworkidentität« proklamiert (vgl. Hoffmann, 1994, S. 29 f., 37 f.), hält er dennoch an der Vorstellung einer die Rollenvariabilität überschreitenden, persönlichkeitsstabilisierenden Ich-Identität fest: »Auch Schüler brauchen heute eine Ich-Identität, die es ermöglicht unterschiedliche Rollen spielerisch und mit Konsistenz durchzustehen« (Hoffmann, 1994, S. 33 f.; vgl. Keupp, 1999, S. 96; Voß, 1991, S. 189; Luckmann, 1981, S. 59).

85 Vgl. Habermas, 1976a, S. 79 ff.; 1976b, S. 94 ff.

86 Ebd., S. 80.

Habermas' These einer Ablösung der Rollen- durch die Ich-Identität weist nicht nur auf die Vorstellung einer scheinbar rollenunabhängigen Individualsphäre hin, vielmehr dokumentiert sich hierin auch ein für die deutsche Rezeption der Rollentheorie charakteristisches Verständnis, nach dem das Handeln in und gemäß Rollen einem gesellschaftlichen Zwang gleichkommt, dem das Individuum sich zwar nicht vollständig entziehen kann, von dem es sich jedoch so weit wie möglich zu emanzipieren hat. Zwar differenziert Habermas seine Argumentation dahingehend, dass er im Hinblick auf die dritte Stufe lediglich die Ablösung von »*konkreten* Rollen«[87] postuliert, so dass Ich-Identität nicht als ein vollständig rollentranszendenter Bereich aufgefasst werden kann, dennoch besitzt die repressive Komponente des Rollenhandelns in seinen Ausführungen ein deutliches Übergewicht. Diese defizitäre Konnotation des Rollenaspekts im Verhältnis zur Ich-Identität zeigt sich u.a. auch dort, wo Habermas betont, dass der Jugendliche zur Wahrung persönlicher Konsistenz »sein Ich hinter die Linie aller besonderen Rollen und Normen zurücknehmen [muß].«[88]

Von Ansätzen Habermas'scher Provenienz unterscheiden sich die im Folgenden dargestellten rollentheoretischen Überlegungen Plessners dadurch, dass sie die Hierarchie von ›Identität‹ und ›Rolle‹ unterlaufen, indem sie das Rollenhandeln nicht als bloße Vorstufe der Ich-Identität begreifen. Wenn im Verlauf der folgenden Abschnitte mit Plessner Rollen als ›*Verkörperungen eines Anderen des Selbst im Selbst*‹ begriffen werden, so positioniert sich diese Auffassung in einer kritischen Distanz zu einer quasi-mechanistischen Auffassung des Selbst, nach der erworbene Rollenmuster einer integrierenden und koordinierenden Steuerungsinstanz bedürfen.[89] Zwar verfügt auch das Plessner'sche Subjekt im Wandel sei-

87 Ebd. (Hervorh. T.K.).

88 Ebd. Vgl. zur Kritik an Habermas' Stufenkonzept der Identitätsentwicklung u.a. Belgrad,1992; Brüggemann,1980, S. 98 ff.; Stross, 1992, S. 269. Obwohl seine Konzeption in zentralen Punkten von derjenigen Habermas' abweicht, gelangt auch Krappmann in Bezug auf das Verhältnis von ›Rolle‹ und ›Identität‹ zu einer ähnlichen Einschätzung. Indem er Ich-Identität als »Bedingung« erfolgreichen Rollenhandelns ausweist (vgl. Krappmann, 1988, S. 97), bleibt diese jenem auch bei ihm prinzipiell vorgeordnet (vgl. ebd., S. 138).

89 Dementsprechend distanzieren sich die nachfolgenden Ausführungen ebenfalls von der Annahme einer »über die individuellen Rolleninterpretationen hinweg« bestehenden »übergreifende[n] Generalrolle« (Eisermann, 1991, S. 219, 229), die letztlich nichts anderes als ein Surrogat jener Identitätsinstanz darstellt. Vgl. hingegen zu den verschiedenen Ausprägungen eines Denkens, das gegenüber der Ansicht eines hinter jedem Handeln des Subjekts

ner Figurationen über die Möglichkeit der Rückwendung auf ›sich‹, die es ihm erlaubt, sich als Subjekt seiner Vollzüge zu identifizieren. Allerdings generiert dieser Selbstbezug, wie die Untersuchung seines Ichbegriffs deutlich machte, keine stabile ›Identität‹, da ihm konstitutiv ein Moment des *Ent*zugs, der Verfehlung und der Andersheit innewohnt.

Wie sich zeigen wird, verwendet Plessner die Kategorie der ›Rolle‹ in einer spezifischen Doppelaspektivität von anthropologischer Grundstruktur und gesellschaftlichem Funktionselement. Als solche umfasst sie ein gegenüber ausschließlich funktional orientierten Rollenentwürfen erweitertes Spektrum, indem sie mit der Rollenübernahme einhergehende normative Erwartungen berücksichtigt, ohne dabei die hieraus erwachsene Frage nach den Freiheitsspielräumen des Subjekts außer Acht zu lassen. Den durch die Kategorie der ›Rolle‹ etablierten Antagonismus von Privatheit und Öffentlichkeit versucht Plessner mittels seiner These des menschlichen ›Doppelgängertums‹ zu überwinden, das in bestimmter Hinsicht als Gegenentwurf zum idealistisch-marxistischen Gedanken der Selbstentfremdung des Menschen gelten kann. Insofern die Tendenz zur Entäußerung einen Wesenszug exzentrischer Subjektivität darstellt, vollzieht sich diese nach Plessner immer im Medium einer Rolle, die der Mensch – analog zu seiner Leiblichkeit – nicht nur ›hat‹, sondern immer auch ›ist‹. Ebenfalls in Entsprechung zu seiner körperlich-leiblichen Doppelexistenz vermag sich der Mensch bis zu einem gewissen Grad von seinen Rollen zu emanzipieren. Zwar lässt sich mit Plessner kein menschliches Sein dies- oder jenseits gesellschaftlich präfigurierter Verhaltensmuster denken, doch bedeutet diese grundsätzliche Verwiesenheit keineswegs eine vollständige Bindung des Subjekts an bestimmte Rollen. Im Verhältnis zu funktionalistischen Ansätzen unterläuft sein Modell damit die für die Mehrzahl rollentheoretischer Entwürfe charakteristische Dichotomie von Freiheit und Determination: Als exzentrisches Wesen konstitutiv an Rollen gebunden, geht der Mensch aufgrund seiner Fähigkeit zur Distanznahme dennoch nie vollständig in *einer* seiner Figurationen auf. Insofern repräsentiert Plessners Rede von einer »elementaren Rollenhaftigkeit des Menschen« (Plessner) ebenso wenig einen deterministischen Standpunkt wie sein Rollenverständnis in letzter Konsequenz dazu zwingt, »am Gegebenen festzuhalten und auf mögliche Flexibilität zu verzichten.«[90]

Wenn Plessner im Rahmen seiner Rollenkonzeption immer wieder auf die ›Maskenhaftigkeit‹ der menschlichen Existenzweise rekurriert, so

agierenden verantwortlichen ›Urhebers‹ ein ›Tun *ohne* Täter‹ proklamiert, u.a. Nietzsche, Werke II, S. 789 f.; Sartre, 1997, S. 67 ff.; Schäfer, 1999a, S. 95 ff.

90 Wenzler-Stöckel, 1998, S. 125.

gilt es zu beachten, dass in seinem Ansatz der »Masken- und Rollenbegriff [...] analytisch teils notwendig zu trennen, teils untrennbar«[91] sind. Gegenüber einer Reihe identitätstheoretischer Positionen, in denen die ›Maske‹ eine schwerpunktmäßig negative Konnotation besitzt[92], erfährt sie in Plessners Denken dahingehend eine Rehabilitierung, dass sie nicht nur als etwas dem Menschen Äußerliches begriffen wird. Denn so wie die Figur des Peer Gynt in Ibsens Drama beim Schälen der Zwiebel keinen immanenten Kern, sondern immer wieder neue Schichten vorfindet, macht auch der seiner exzentrischen Position geschuldete Verlust eines stabilen Zentrums den Menschen zu einem Rollenspieler, der ›hinter‹ seinen Masken sein Selbst deshalb nicht zu entdecken vermag, weil sie es sind, die diesem erst eine Kontur verleihen. In ihrer spezifischen Doppelfunktion stellen Rollen und Masken bei Plessner damit nicht nur vom Subjekt funktional einsetzbare Verhaltensmuster dar (obwohl sie dies *auch* sein können), sondern fungieren gleichfalls als Grundbedingungen der Lebensführung einer leiblich-exzentrischen Existenz – die »Masken schneiden ins eigene Fleisch.«[93]

Möglicherweise ist es jener mit der Doppelfunktion der Rollenkategorie einhergehende Mangel an Eindeutigkeit, der dafür verantwortlich zeichnet, dass Plessners Überlegungen innerhalb der soziologischen Debatten über das Rollenkonzept nur eine vergleichsweise geringe Beachtung fanden. Zwar scheinen die Arbeiten von Claessens [94] und Dreitzel[95] die Einschätzung zu bestätigen, dass »Plessners Konzeption des exzentrischen, rollenhandelnden Menschen bruchlos in die Soziologie übernommen werden kann«[96]; allerdings stehen dieser Aufnahme und Weiterentwicklung von Plessners Gedanken jedoch auch eine Reihe von Darstellungen gegenüber, die sein Rollenkonzept kritisch beurteilen. In diesem Kontext ist vor allem F. Haugs *Kritik der Rollentheorie*[97] zu nennen. Ohne auf die Ausführungen Haugs an dieser Stelle näher eingehen zu können, sei lediglich angemerkt, dass die in ihnen entfaltete Kritik an Plessners Rollenkonzept die Schwierigkeit mit sich führt, dass sie Plessners anthropologisch-funktionalen Rollenbegriff auf seine soziologischen Elemente reduziert, ohne zu berücksichtigen, dass sein Rollenkonzept seine philoso-

91 Claessens, 1968, S. 26.

92 Vgl. Keupp, 1999, S. 298; Haneberg, 1995, S. 31, 81.

93 Waldenfels, 1987b, S. 80

94 Vgl. Claessens, 1968, S. 30.

95 Vgl. Dreitzel, 1968, S. 116 ff.

96 Oesterreicher-Mollwo, 1972, S. 157.

97 Vgl. Haug, 1972.

phisch-anthropologischen Befunde mit einschließt. Damit reiht sich Haugs Darstellung in eine in der Soziologie verbreitete Rezeptionsweise von Plessners Rollenansatz ein, die Hans Redeker folgendermaßen charakterisiert: »Wenn Soziologen sich auf Plessners Rollenbegriff berufen, [...], dann wird damit um wissenschaftlicher Ziele willen das Doppelte seiner philosophischen Rollentheorie denaturiert, nach der in den Rollen, die der Mensch ›spielt‹, dieser Mensch seine Rolle nicht nur äußerlich hat, [...], sondern zugleich auch in dieser Rolle ›ist‹, diese Rolle im wahrsten Sinne des Wortes ›verkörpert‹. Er kann als Mensch ›sich‹ nur ›äußern‹, indem er sich zugleich in einer ›Rolle‹ veräußerlicht.«[98] Entgegen der Annahme Haugs zielt Plessners Ansatz nicht auf eine »Harmonisierung der menschlichen Existenz«[99], vielmehr wählt er hinsichtlich inter-subjektiver Verhältnisse einen ›dritten Weg‹ zwischen vollständigem Konsens und radikalem Dissens. Dies zeigt sich u.a. daran, dass die von ihm in seinen frühen sozialphilosophischen Reflexionen angeführten Verhaltensstrategien von ›Diplomatie‹ und ›Takt‹[100] kein dauerhaft versöhnliches Miteinander garantieren, sondern lediglich als Regulationsmechanismen fungieren, die aufgrund des genuin konflikthaften Charakters der menschlichen Seinsweise jedoch immerzu die Möglichkeit des Scheitern mit sich führen.[101]

### *IV.A.2.1 »Sehnsucht nach den Masken« – Zur rollentheoretischen Relevanz der ›Grenzen der Gemeinschaft‹*

Obwohl sich Plessner der Rollenproblematik systematisch erst in den späten fünfziger bzw. frühen sechziger Jahren zuwendet, lassen sich die wesentlichen Prämissen seines Rollenverständnisses bereits in den sozialphilosophischen Ausführungen der 1924 veröffentlichten *Grenzen der Gemeinschaft* entdecken. In ihnen formuliert er ein leidenschaftliches Plädoyer gegen einen zunehmenden – sowohl rationalistische als auch irrationalistische Züge aufweisenden – »sozialen Radikalismus«, den er in bestimmten gesellschaftspolitischen Entwicklungen seiner Zeit entdeckt. »Sozialer Radikalismus ist [...] die Opposition gegen das Bestehende, insofern als es immer einen gewissen Ausgleich zwischen den widerstreitenden Kräften der menschlichen Natur einschließt und den Gesetzen der Verwirklichung, dem Zwang des Möglichen gehorcht. Seine These ist

98 Redeker, 1993, S. 221.

99 Haug, 1972, S. 43.

100 Vgl. Kap. IV 2.1.

101 Vgl. hinsichtlich des z.T. heftigen Einspruchs gegenüber Haugs *Kritik der Rollentheorie* Griese, 1976, S. 104; Joas, 1978, S. 138; Petzold/Mathias, 1982, S. 29 ff.

Rückhaltlosigkeit, seine Perspektive Unendlichkeit, sein Pathos Enthusiasmus, sein Temperament Glut. Er ist die geborene Weltanschauung der Ungeduldigen, soziologisch: der unteren Klassen, biologisch: der Jugend. [...] Er ist der Verächter des Bedingten, Begrenzten, der kleinen Dinge und Schritte, der Verhaltenheit, Verschwiegenheit, Unbewußtheit, freudig, aber nur zum Großen, andächtig, aber nur zum Gewaltigen, puristisch, daher pharisäisch, prinzipiell, daher verdrängerisch, fanatisch, daher zerstörend.«[102] Indem einen solchen Radikalismus neben einer »Verabsolutierung seiner Ziele« auch eine »Überbetonung der Geistigkeit«[103] und daraus resultierend eine genuin naturfeindliche Haltung kennzeichnet, offenbart er zugleich seine dualistische Ausrichtung. Diese ist es, an der sich Plessners Kritik entzündet, denn sie impliziert zugleich immer schon eine Vorentscheidung zugunsten einer der beiden sich gegenüberstehenden Seiten.[104] Von den extremistischen Tendenzen dieser Zeit zeigt sich auch der Gemeinschaftsgedanke nicht ausgenommen, dessen zunehmende politische Vereinnahmung in einen »Gemeinschaftsradikalismus« (Plessner) mündet, der sich durch eine »Überzeugung von der grundsätzlichen Umwälzbarkeit der gesellschaftlichen, auf Gewalt basierten in gewaltlose, gemeinschaftliche Lebenszüge«[105] geleitet zeigt.

Einen prominenten Vorläufer findet die antagonistische Auffassung des Verhältnisses von »Gemeinschaft« und »Gesellschaft« in der gleichnamigen und einflussreichen Schrift von Ferdinand Tönnies, an die Plessner gleich zu Beginn der *Grenzen* erinnert.[106] Lassen sich bei Tönnies lediglich Spuren einer tendenziellen Nobilitierung des Gemeinschaftlichen gegenüber dem Gesellschaftlichen ausfindig machen, so erfährt der Gemeinschaftsaspekt in der Folgezeit eine dramatische Radikalisierung, die sich die eng verknüpft mit einer Reihe gesellschaftspolitischer Entwick-

102 V, S. 14. Für Plessner wirkt dieser soziale Radikalismus vor allem »im Bewußtseins des Proletariats, schwächer im bürgerlichen Bewußtsein« (ebd., S. 11). Zugleich legt er Wert auf die Feststellung, dass diese Form des Radikalismus‹ »keineswegs mit Marxismus identisch, wie überhaupt auf keine parteipolitische Formel festgelegt« (ebd.) ist. Allerdings glaubt er die Wurzeln dieses Phänomens in der Aufklärungsphilosophie sowie im Protestantismus zu erkennen (vgl. Kramme, 1989, S. 40 f.).

103 Ebd., S. 15.

104 Vgl. ebd., S. 18.

105 Ebd., S. 27.

106 Vgl. zu Plessners Verhältnis zu Tönnies neben Plessner, 2001b auch Gangl, 1996 und Wenzler-Stöckel, 1998.

lungen zeigt. Hierzu zählt neben einer fortschreitenden Industrialisierung und Technisierung auch die Inanspruchnahme des Gemeinschaftsgedankens durch konservative Gruppierungen wie das mittelständische Bürgertum und die aus ihm heraus entstandene Jugendbewegung. Seiner politischen Vereinnahmung leisten zudem die durch Reparationsforderungen der Alliierten sowie eine wachsende Inflation gekennzeichnete Situation Deutschlands nach dem 1. Weltkrieg Vorschub. An die Stelle der anfänglichen Euphorie – vor allem seitens der Jugend – zu Beginn des Krieges tritt ein Gefühl zunehmender Unsicherheit, aus dem schließlich der Wunsch nach neuer Stärke innerhalb eines gemeinschaftlichen Kreises erwächst. Im Rahmen dieser Orientierungs- und Selbstverständnisproblematik wird das Begriffspaar ›Gemeinschaft‹ und ›Gesellschaft‹ neben seiner nach wie vor gültigen Relevanz als soziologisches Analyseinstrument auf der gesellschaftspolitischen Ebene nicht selten einer hierarchisierenden Wertung unterzogen, nach der ›Gemeinschaft‹ als Ort des ›Vertrauten‹ und ›Heimischen‹ gilt, während die gesellschaftliche Öffentlichkeit als gefahrvoll und fremd wahrgenommen wird.

Dieses Streben nach gemeinschaftlicher Verbundenheit im Deutschland der zwanziger Jahre hat Plessner offensichtlich vor Augen, wenn er in den *Grenzen* nicht ohne ironischen Unterton feststellt: »Das Idol dieses Zeitalters ist die Gemeinschaft. Wie zum Ausgleich für die Härte und Schalheit unseres Lebens hat die Idee alle Süße bis zur Süßlichkeit, alle Zartheit bis zur Kraftlosigkeit, alle Nachgiebigkeit bis zur Würdelosigkeit in sich verdichtet.«[107] Seine im Mittelpunkt der *Grenzen* stehende Auseinandersetzung mit einem politisierten Gemeinschaftsgedanken zielt neben dem Parlamentarismus der Weimarer Republik vor allem auf die Jugendbewegung, deren Gemeinschaftsverständnis sich von einer grundsätzlich zivilisationskritischen Haltung sowie dem Postulat der Unmittelbarkeit und Direktheit der Beziehungen aller Mitglieder zueinander begleitet zeigte.[108]

Im Gegensatz zu den zahlreichen gemeinschaftsbejahenden Stimmen stellen Plessners *Grenzen* eines der wenigen Dokumente jener Zeit dar, in dem explizit Bedenken gegenüber dem damaligen Zeitgeist erhoben werden. Wenn Plessner in dieser Schrift den vielfältigen Gemeinschaftsapologien sein Postulat eines »Zwangs zur Gesellschaft« (Plessner) entgegenstellt, so wendet sich seine Kritik allerdings nicht grundsätzlich gegen den Gemeinschaftsgedanken. Vorrangig zielt sie auf jene Kräfte, die das Prin-

107 V, S. 28.
108 Vgl. ebd., S. 35 f.

zip der ›Gemeinschaft‹ politisch instrumentalisieren, indem sie es gegen das Gesellschaftliche auszuspielen versuchen.[109]

Nach Plessner lassen sich idealtypisch zwei Formen der Gemeinschaft, diejenige des ›Blutes‹ und der ›Sache‹, voneinander unterscheiden, die – entsprechend dem Titel der Schrift – an eine jeweils eigene ›Grenze‹ stoßen. Diese offenbart sich in Bezug auf die vor allem durch irrationale Motive gekennzeichnete Blutsgemeinschaft in Gestalt einer »*Unaufhebbarkeit der Öffentlichkeit*.«[110] Denn um sich überhaupt als Gemeinschaft konstituieren zu können, zeigt sie sich notwendig auf einen Hintergrund von Öffentlichkeit angewiesen, gegen den sie sich abgrenzt – »Licht braucht Finsternis, um zu sein.«[111] Im Gegensatz zur ersten Gemeinschaftsform beruht die ›Sachgemeinschaft‹ nicht auf irrationalen Motiven, vielmehr vollzieht sich die Verbundenheit ihrer Mitglieder auf der Grundlage einer vernunftgestifteten »Einheit des Geistes.«[112] Offenbarte sich die Grenze der Blutsgemeinschaft in ihrer Abgeschlossenheit gegenüber einem Außen, so findet die »nach *unten* abschließ[ende]«[113] Sachgemeinschaft ihre Grenze im Aspekt einer »*Unvergleichlichkeit von Leben und Geist*.«[114] Als unvergleichlich erweisen sich beide Sphären nicht nur deshalb, weil in der individuellen Lebenswirklichkeit »Gelegenheiten« (Plessner) und nicht Überzeugungen die Handlungen der Einzelnen bestimmen; darüber hinaus steht die in dieser Gemeinschaftsform vorgenommene einseitige Akzentuierung des Geistigen im Widerspruch zum alltäglichen Leben, in das sich die Person als Einheit von Körper *und* Geist involviert zeigt. »Der Mensch steht nicht umsonst zwischen Himmel und Hölle, so hat er zu leben, dem Geist und dem Fleisch sein Recht werden zu lassen, die Labilität zu ehren, wo sie sich ihm bietet, als praktischer Okkasionalist aus Ehrfurcht vor der tiefen Zweideutigkeit in aller Existenz.«[115]

Diese »ontologische[] Zweideutigkeit«[116] begründet Plessner in den

109 Wie Plessner über dreißig Jahre später im Rückblick auf die *Grenzen* erklärt, ging es ihm mit dieser Schrift nicht um eine Totalkritik des Gemeinschaftsgedankens, sondern um die Aufdeckung der »unverbrüchliche[n] dialektische[n] Verbindung von Gemeinschaft und Gesellschaft als Verwirklichungsweisen sozialen Daseins« (Plessner, 2001b, S. 177; vgl. V, S. 115).

110 V, S. 55.

111 Ebd., S. 56.

112 Ebd., S. 52.

113 Ebd., S. 53.

114 Ebd., S. 55.

115 Ebd., S. 54 f.

116 Ebd., S. 63.

*Grenzen* – darin einigen Überlegungen der *Stufen* in gewisser Hinsicht vorgreifend – am Leitfaden der spezifischen Verfasstheit der Seele. Gegen einen auf ›Unmittelbarkeit‹ und ›Direktheit‹ insistierenden Zeitgeist gewandt fragt Plessner: »Gibt es nicht auch Werte der Indirektheit und lassen sich diese Werte nicht nur in einer [...] gesellschaftlichen Lebensordnung erfüllen und nie in einer Gemeinschaft? Hat die dualistische Anthropologie recht, wenn sie den Menschen als Seele und Geist einer unsinnlichen Gemeinschaft eingliedert und darum jede Gesellschaft mit dem Makel der Minderwertigkeit [...] behaftet? Erträgt die Seele überhaupt die Direktheit der Gemeinschaft?«[117] Wie bereits erläutert, wird Plessner diese Frage deshalb verneinen, weil sich die Seele durch eine konstitutive Zweideutigkeit auszeichnet, gegenüber der sich jede Gemeinschaftsform als inadäquat erweist. Diese stellt für ihn kein subjektives Immanenzprinzip dar, sondern zeigt sich *zwischen* den Polen des überindividuellen Geistes[118] und der individualisierenden (obgleich nicht isolierenden) Körperlichkeit[119] situiert. Dieser ›Mittelstellung‹ verdankt die Seele den ihr innewohnenden Drang nach Offenheit *und* Verschlossenheit. »Der doppeldeutige Charakter des Psychischen drängt zur Fixierung hin und zugleich von der Fixierung fort. Wir wollen uns sehen und gesehen werden, wie wir sind, und wir wollen ebenso uns verhüllen und ungekannt bleiben [...]. Aus dieser ontologischen Zweideutigkeit resultieren [...] die beiden Grundkräfte seelischen Lebens: der Drang nach Offenbarung, die Geltungsbedürftigkeit, und der Drang nach Verhaltung, die Schamhaftigkeit.«[120] Aus diesem unversöhnlichen Anatgonismus, durch den sich das Seelische als »Potentialität und Aktualität«[121], »Werden und Sein in einem«[122] erweist, rührt der Umstand, dass sich jede ihr zugeschriebene Bestimmung immerzu als eine nur relative erweist. »Sie [die Seele – T.K.] erschöpft sich nie im Gewordenen, sondern passiert dieses Stadium der Bestimmtheit und Erschöpft-

117 Ebd., S. 26.

118 Vgl. ebd., S. 52.

119 Vgl. ebd., S. 61.

120 Ebd., S. 63. Vgl. zu Plessners Verständnis der ›Seele‹ auch Haucke, 2000, S. 249 ff. Inwiefern viele der dem Seelischen zugeschriebenen Bestimmungsmerkmale später Eingang in die Exzentrizitätskategorie finden, verdeutlicht jener Passus der *Stufen*, in dem Plessner unter Verweis auf die *Grenzen* von einer »Zweideutigkeit« spricht, »die den Menschen zwischen dem Drang nach Offenbarung und Geltung und dem Drang nach Verhaltenheit hin und herreißt« (IV, S. 422).

121 Ebd., S. 64.

122 Ebd., S. 62.

heit nur, um wieder ins Werden, in die lebendige Aktualität überzugehen.«[123]

Aufgrund dieser gleichursprünglichen Neigung zur Verschlossenheit und dem Drang zur Offenbarung kann die Seele die von der Gemeinschaft geforderte bedingungslose Offenheit und Direktheit nicht ertragen, ohne sich dabei dem »Risiko der Lächerlichkeit«[124] preiszugeben. Vielmehr verlangt ihre Verfasstheit nach einer ›Schutzvorrichtung‹, durch die ein direkter Kontakt mit der Außenwelt vermieden wird. »Zum Grundcharakter des Gesellschaftsethos gehört [...] die *Sehnsucht nach den Masken,* hinter denen die Unmittelbarkeit verschwindet.«[125] Jene Masken findet das Individuum in den von ihm eingenommenen gesellschaftlichen Rollen, die der Seele denjenigen Schutz gewähren, den sie aufgrund ihres offen-verschlossenen Wesens benötigt. »Existenz in einer Rolle ist offenbar die Weise, in welcher Menschen überhaupt in einem dauerhaften Kontakt miteinander leben können. Was uns an ihr stört, das Moment des Zwangs, den sie auf mein Verhalten ausübt, ist zugleich die Gewähr für jene Ordnung, die ich brauche, um Kontakt mit anderen zu gewinnen und zu halten. Der Abstand, den die Rolle schafft [...], ist der den Menschen auszeichnende Umweg zum Mitmenschen, das Mittel seiner Unmittelbarkeit.«[126] Das von ihm im Hinblick auf die seelische Zuständlichkeit des Menschen eingeforderte »Recht[] auf Distanz«[127] lässt sich nach Plessner jedoch niemals im Rahmen einer Gemeinschaft, sondern allein in einer gesellschaftlich strukturierten Lebensform realisieren. Zugleich ist diese jedoch kein Ort der Harmonie, vielmehr fungiert die Gesellschaft als ein »Kampfplatz« (Plessner), auf dem die Individuen auf eine vermittelte Art und Weise ihre Zwecke verfolgen, da sie durch das Einnehmen von Rollen selbst entscheiden können, welchen Grad an Direktheit sie zuzulassen bereit sind. Da alle

123 Ebd.

124 Ebd., S. 70.

125 Ebd., S. 41 (Hervorh. T.K.). Vgl. auch ebd., S. 106: »Im Indirekten zeigt sich das Unnachahmliche des Menschen.«

126 X, S. 223 f. In Entsprechung hierzu bemerkt Plessner in den *Grenzen*: »Kann der Mensch es nicht wagen, einfach und offen das zu sein, was er ist, so bleibt ihm nur der Weg, *etwas* zu sein und in einer Rolle zu erscheinen« (V, S. 82). Zu wenig Berücksichtigung findet in Plessners Überlegungen allerdings der Aspekt, dass der rollenvermittelte Kontakt nicht nur »auf Gemeinsames, auf typische Funktionen unserer sozialen Situation verweist«, sondern Rollenzuschreibungen immer auch zu einem Zerfall interpersonaler Beziehungen führen können (vgl. Meyer-Drawe, 1984, S. 130).

127 V, S. 28.

gesellschaftlichen Prozesse für Plessner letztlich »aus dem Geist des Spieles«[128] herrühren, benennt er mit den Verhaltenskategorien des Zeremoniells, Prestiges, der Diplomatie und des Taktes[129] vier für das menschliche Zusammenleben unentbehrliche Regularien, deren Einhaltung die »vermittelte Unmittelbarkeit« (Plessner) des inter-subjektiven Verhältnisses gewährleistet. Dadurch, dass sich das zwischenmenschliche Miteinander auf der Basis eines formalen Verhaltensrepertoires vollzieht, erfordert dies nicht eine Preisgabe der gesamten Persönlichkeit, vielmehr bleibt durch die vermittelnde Leistung der Diplomatie und des Takts die Andersheit des Anderen gewahrt.[130][131]

128 Ebd., S. 94. Vgl. hierzu u.a. ebd., S. 80, 83, 112; VIII, S. 309; Krüger, 2000, S. 299 f. Nach Plessner bedeutet Spielen für den Menschen immer »ein Sich-Halten im Zwischen« (VII, S. 288), da es – als »Lust an etwas Mehrdeutigem, das sich dem eindeutigen Entweder-Oder der Wirklichkeit nicht fügt« (ebd., S. 289) – weder vollständig der »Wirklichkeit« noch dem »Schein« zuzuordnen ist (vgl. ebd.).

129 Vgl. ebd., S. 79 ff.

130 Vgl. Grawert-May, 1992, S. 97; Belwe, 2000, S. 187.

131 Innerhalb der neueren Plessner-Literatur ist es neben Kramme (1989; vgl. Kap. I 4) vor allem die Kritik Helmut Lethens, die in Bezug auf Plessners gesellschaftstheoretische Konzeption Aufmerksamkeit verdient. Lethen verortet die Thesen der *Grenzen* in den Kanon einer neusachlichen Wende der zwanziger Jahre, die sich durch ein »Klima der Polarisierung« (Lethen, 1994, S. 41) auszeichnet, in dem sich »das Subjekt bis zu dem Punkt gepanzert [zeigt], wo es nur noch Leere birgt« (ebd., S. 42). Zu den von ihm diskutierten *Verhaltenslehren der Kälte* – so der Titel seiner Arbeit – zählt Lethen unter Einschränkungen auch Plessners Anthropologie, die für ihn »[e]in neusachliches Mantel- und Degenstück« (ebd., S. 75) darstellt. »Plessners Verhaltenslehre [...] zeichnet ein Individuum, das in hochgradig reflexiver Wachsamkeit im Ausgleich zwischen der Begrenzung seiner Körperlichkeit, der Entgrenzung seines Gemeinschaftsverlangens und der Dissoziation der Feindsphäre seine Identität finden soll« (ebd., S. 127; vgl. ebd., S. 136). Ohne hier eine kritische Kommentierung der Thesen Lethens leisten zu können (vgl. hierzu Fohler, 1998; Eßbach, 2002; Fischer, 2002), kommt seine Position an dieser Stelle deshalb zur Sprache, weil in ihr der unausgesprochene Verdacht anklingt, Plessners Votum für ein ›Recht auf Distanz‹ sowie die ›Werte der Indirektheit‹ verweise auf ein vornehmlich durch Überreflexivität, ›Kälte‹ und Funktionalität gekennzeichnetes Menschenbild. Gegenüber einem solchen Einwand bleibt zu erwidern, dass Plessner derartige Vereinseitigungen nicht nur durch seine nachfolgend erörterte These vom ›Doppelgängertum‹ des Men-

In den *Grenzen* zeigt Plessner, dass nicht der kreishaft abgeschlossene Zustand gemeinschaftlichen Zusammenlebens, sondern nur die offene Form der Gesellschaft der menschlichen Natur gerecht zu werden vermag. Da dieser Offenheit jedoch immer auch ein Konfliktpotential korrespondiert, kann der Mensch innerhalb der gesellschaftlichen Sphäre nicht auf permanente Harmonie und Stabilität hoffen, vielmehr muss er sich der Risikohaftigkeit dieser Lebensform bewusst sein, die ihm einerseits Schutz bietet, ihn zugleich jedoch auch Gefahren aussetzt. »Am Grund der Gesellschaft liegt weder *homo homini lupus* noch Brüderlichkeit. Es herrscht Unklarheit.«[132] Plessners Postulat eines »Gesellschaftsethos«[133] darf jedoch nicht zu der Ansicht verleiten, als handele es sich bei seiner Position um einen dezisionistischen Standpunkt[134], vielmehr besitzt der Mensch für ihn ein »unverlierbares Recht [...] auf Revolution, wenn die Formen der Gesellschaftlichkeit ihren eigenen Sinn selbst zunichte machen.«[135] Allerdings mündet jede aus der Kritik am Bestehenden hervorgehende Neuerung aus seiner Sicht notwendig in eine neue Form des Gesellschaftlichen, da die von den Befürwortern der Gemeinschaft geforderte Harmonie des Zusammenlebens sich unvereinbar mit dem »nach Spiel und Gefahr«[136] trachtenden Wesen des Menschen zeigt. Angesichts der nicht zu versöhnenden Zweideutigkeit der seelischen Verfasstheit des Menschen bedeutet »[j]eder Sieg über die Gesellschaft [...] ein[en] Pyrrhussieg.«[137]

Neben der Funktion von Plessners gesellschaftstheoretischen Erörterungen im Hinblick auf die Grundlagen seines später entwickelten Rollenansatzes gilt es mit Blick auf das Folgende darauf zu verweisen, dass die Aspekte der Rollen- und Maskenhaftigkeit in den sozialphilosophischen Reflexionen der *Grenzen* weitgehend auf ihre instrumentellen und funktionalen Gehalte beschränkt bleiben.[138] Ein solches Verständnis des Men-

schen, sondern ebenfalls durch seinen Hinweis auf den vermittelt-unmittelbaren Charakter zwischenmenschlicher Verhältnisse unterläuft. Diesem Zugleich von Nähe und Distanz in Bezug auf das inter-subjektive Miteinander – *durch* die Distanz gestiftete Nähe und sich *in* der Nähe erhaltene Distanz – trägt die Darstellung Lethens aus Sicht des Verf. nicht hinreichend Rechnung.

132 Eßbach, 1994, S. 34.

133 V, S. 35.

134 Vgl. Kap. I 4.

135 IV, S. 423.

136 V, S. 112.

137 Ebd., S. 29.

138 Vgl. ebd., S. 83.

schen als bloßem Masken*träger* befördert zumindest latent die Vorstellung eines Seins jenseits der Maskierung. Obwohl sich in den *Grenzen* kein direkter Hinweis auf diesen Sachverhalt finden lässt und Plessner sich bereits in dieser Schrift ausdrücklich gegen den Gedanken einer dem Menschen innewohnenden Eigentlichkeit ausspricht (»Alles Eigentliche, bei Licht besehen, enttäuscht«[139]), erwecken seine Ausführungen an manchen Stellen zumindest den Anschein, als rechne er ungeachtet dessen dennoch mit der Möglichkeit eines ›rollenlosen‹ Selbst. Dies bekundet sich u.a. in seiner Ansicht, dass der Mensch hinter seinen Masken »bis zu einem gewissen Grad unsichtbar wird, ohne doch völlig als Person zu verschwinden.«[140] Wie die nachfolgenden Ausführungen darlegen werden, vollzieht Plessners Denken im Rahmen seines rollentheoretischen Entwurfs eine partielle Revision dieser Auffassung dahingehend, dass ›Rolle‹ zwar weiterhin als gesellschaftliches Funktionselement fungiert, ihr Status jedoch auf alle Bereiche der menschlichen Existenz ausgeweitet wird.

### *IV.A.2.2 Das Doppelgängertum des Menschen*

Neben einer kurzen Bezugnahme in den *Stufen*[141] greift Plessner die in den *Grenzen* behandelte Problematik von Vergesellschaftung und Vereinzelung in den sechziger Jahren mittels seiner These vom ›Doppelgängertums‹ des Menschen wieder auf. Erfuhr diese Fragestellung, wie dargelegt, in der Arbeit von 1924 eine Erörterung am Leitfaden des Verhältnisses von ›Gemeinschaft‹ und ›Gesellschaft‹, so begegnet sie nun in Gestalt der Begriffspaars von ›Privatheit‹ und ›Öffentlichkeit‹.

Die sich innerhalb der modernen Gesellschaft vollziehende Diffusion der Grenzen des Privaten und Öffentlichen skizziert Plessner am Leitfaden des letztgenannten Begriffs. Meinte ›Öffentlichkeit‹ bis zum 18. Jahrhundert »die schlichte Tatsache des Offenseins«[142] im Sinne eines der Kenntnisnahme zugänglichen Aspekts, so wandelt sie sich in der Folgezeit zu einer ›res publica‹, einem Bereich des Volkes, mit dem sowohl eine normative Komponente als auch ein Geltungsanspruch verbunden ist.[143] Eine weitere bedeutsame Verschiebung erfährt das Verhältnis von ›Öffentlichkeit‹ und ›Privatheit‹ innerhalb der modernen Gesellschaft durch die steigende Präsenz der Medien, die »im Hause selber eine Öffentlichkeit schaf-

139 Ebd., S. 67.

140 Ebd., S. 82.

141 Vgl. IV, S. 422 f.

142 X, S. 213.

143 Vgl. ebd.

fen«.[144] Dieses zunehmende Verschwimmen der Konturen von öffentlicher und privater Sphäre hat zur Folge, dass sich persönliche Spielräume reduzieren, während der Aspekt der Funktionalisierung einen immer größeren Raum beansprucht – ›Öffentlichkeit‹ wird, vor allem in Deutschland, zu einem »Problem«.[145] Diese Asymmetrie zwischen einem wachsenden Öffentlichkeitseinfluss bei gleichzeitiger Reduzierung der Privatsphäre führt, so Plessner, dazu, dass das Individuum versucht, diese Disproportion durch eine Distanzierung von seinen gesellschaftlichen Rollen auszugleichen. »Je mehr der Mensch nur noch als Funktionsträger etwas gilt und gezwungen wird, sich an seine soziale Rolle zu verlieren, um so stärker wird sein Bedürfnis werden, sie sich zu erleichtern und sich nicht mit ihr zu identifizieren, um das Gleichgewicht zwischen der öffentlichen und der privaten Hälfte seiner selbst durchzuhalten.«[146] Angesichts seiner immer geringer werdenden Spielräume erfährt das Private eine zunehmende Nobilitierung dahingehend, dass es zum Bereich ›eigentlichen Menschseins‹ erklärt wird, demgegenüber Öffentlichkeit als Raum des ›Uneigentlichen‹ und die »soziale Rolle als bloße Maske«[147] erscheint.

Neben dem Luthertum[148] findet der Antagonismus zwischen einer als

144 Ebd., S. 216.

145 Vgl. ebd., S. 212. Vgl. zu Plessners Begriff der ›Öffentlichkeit‹ Endreß, 1997; Sandkaulen, 1994. Das für ihn auf einem Hang zur Überbetonung der Innerlichkeit basierende spezifisch deutsche Missverhältnis zur Öffentlichkeit dokumentiert sich nach Plessners Ansicht vor allem im Denken Heideggers: »Seine Theorie von der Verfallenheit im defizienten Modus des Man ist der deutschen Innerlichkeit aus der Seele gesprochen« (X, S. 239).

146 Ebd., S. 224 f.

147 Ebd., S. 225. In seiner Annahme eines von sich entfremdeten Ich, dessen wesentliche Bestimmung darin liegt, sich von diesem Joch zu befreien, um schließlich zu sich selbst zu finden, offenbart das marxistische Denken, so Plessner, zweierlei: eine trotz gegenteiliger Behauptung bestehende Affinität zur idealistischen Tradition (Selbstentfremdung als »Erbe und Liquidation des deutschen Idealismus in einem, seine neunte Symphonie« [ebd.]) sowie eine Reminiszenz an die Vorstellung, dass »der Mensch mit sich identisch werden müsse, weil er es einmal gewesen sei« (ebd.). Auf den zwischen der Entfremdungsidee und dem Identitätsdenken bestehenden Zusammenhang verweist auch Buck, nach dem »das Identitätskonzept historisch ein[en] Gegenentwurf gegen eine als bedrohlich erfahrene Selbstentfremdung des neuzeitlichen Menschen« (Buck, 1981, S. 128; vgl. Gamm, 1977, S. 101) darstellt.

148 Vgl. zu Plessners Kritik des lutherischen Dualismus von ›guter‹ Innerlichkeit und der hieraus resultierenden Abwertung der Äußerlichkeit V, S. 22 ff., 130;

›gut‹ deklarierten Innerlichkeit und einem demgegenüber als defizient erachteten Äußerlichen eine weitere geistesgeschichtlich einflussreiche Quelle im Marx'schen Theorem der ›Selbstentfremdung‹. Obwohl die Entfremdungsidee für Plessner das Relikt einer frühindustriellen Epoche darstellt, lassen sich deren Spuren aus seiner Sicht auch innerhalb moderner Gesellschaften in Gestalt des »Antagonismus [...] zwischen privater und öffentlicher Existenz, zwischen Menschsein und Funktionärsein in einer sozialen Rolle«[149] entdecken.

Seiner Skepsis gegenüber dem von der Entfremdungsidee behaupteten Selbstverlust des Menschen verleiht Plessner durch folgende Frage Ausdruck: »Aber gibt es dieses Sichentgleiten wirklich? Gibt es eine bewußte Identifikation des Ichs mit sich selber im Sinne einer echten Zurücknahme seiner Entfremdung?«[150] Plessner verneint dies, indem er darauf hinweist, dass Entäußerung etwas anderes meint als »*Selbst*entäußerung.«[151] »Der Gedanke, Objektivierung als Entäußerung bedeute Verzicht auf sich selbst, einen Verlust an Selbst, einen Selbstverlust, beruht auf einem idealistischen Vorurteil der Hegelschen Philosophie. Dieses idealistische Vorurteil ist die Stütze des Selbstentfremdungstheorems durch die Arbeit im dialektischen Materialismus. Dieser verkennt: wer sich entäußern kann, kann sich behalten *und* verlieren in einem.«[152]

VI, S. 76 f., 83; VII, S. 30; VIII, S. 204; X, S. 235. Eine philosophische Variante der ethisch-religiös motivierten »Aufspaltung des Menschen in Daseinsweisen verschiedenen Wertes« (ebd., S. 236) durch das Luthertum glaubt Plessner ferner in der Kantischen Unterscheidung von ›Ding-an-sich‹ und ›Erscheinung‹ zu erkennen. Obwohl ansonsten weitgehend unvereinbar, stehen sich beide Ansätze aus seiner Sicht darin nahe, dass sie »den Gedanken von der dem menschlichen Wesen äußerlichen, ärgerlichen, ja geradezu abträglichen Natur der sozialen Rolle [stützen]« (ebd.).

149 X, S. 220. Wenn Plessner hinsichtlich der Entfremdungsidee bemerkt, sie sei »ein Rest von Romantik, der unser Verhältnis zur Öffentlichkeit belastet, sie abwertet und zu einem Ärgernis macht« (X, S. 218), so zielt diese Kritik auch auf Dahrendorfs *Homo Sociologicus*, in dem der Entfremdungsgedanke, wie sich zeigen wird, ebenfalls eine Renaissance erfährt (vgl. Kap. IV A. 2.3).

150 Ebd., S. 223.

151 Vgl. VIII, S. 364.

152 Ebd. Da der Selbstentfremdungsgedanke hier lediglich als historische Kontrastfolie zu Plessners eigener Position herangezogen wird, kann es an dieser Stelle nicht um eine kritische Erörterung seiner Lesart des dialektisch-materialistischen Entfremdungsbegriffs gehen. Aus diesem Grund sei im Hinblick

Aus diesen Ausführungen geht hervor, inwiefern sich Plessners anthropologische Einsichten – hier namentlich die Exzentrizitätsthese – auch für seine soziologischen Überlegungen als verbindlich erweisen. Bedeutet exzentrisches Sein ein Existieren im Modus der Differenz, genauer: der Verschränkung, so bedeutet ›Entäußerung‹ nicht den Verlust eines ursprünglichen Bei-sich-Seins, sondern einen der menschlichen Natur innewohnenden Drang zur Selbsttranszendenz. Gegenüber der durch die Entfremdungsthese suggerierten schließlichen »Heimkehr aus der Fremde«[153] unterstreichen Plessners Erläuterungen die Unmöglichkeit eines solchen Anspruchs. Da letztlich alles menschliche Tun »unter das Gesetz der Entfremdung«[154] fällt, fungiert die Entäußerung nicht als Ausrduck einer unterdrückten ›Eigentlichkeit‹, sondern sie entdeckt sich als genuiner Vollzugsmodus einer exzentrischen Existenz. »Entäußerung bedeutet keine Entfremdung seiner selbst, sondern [...] die Chance, ganz er selbst zu sein.«[155]

Als reduktionistisch können solche Ansätze, die eine ontologische Vorrangstellung der Bereiche von Innerlichkeit und Privatheit gegenüber dem öffentlichen und rollenhaften Verhalten proklamieren, aus Plessners Sicht deshalb gelten, weil mit einer solchen Auffassung lediglich »*eine* Möglichkeit des Verhältnisses zwischen dem einzelnen und seiner sozialen Existenz getroffen«[156] ist. Den Vereinseitigungen jener Positionen stellt er seine These vom Doppelgängertum des Menschen entgegen, mit der er »eine Konstante getroffen zu haben [glaubt], welche für jeden Typus menschlicher Vergesellschaftung offen ist und eine seiner wesentlichen Voraussetzungen bildet.«[157] Zeigen sich in der Figur des Doppelgängers

auf eine Metakritik gegenüber Plessners Beurteilung des Marx'schen Entfremdungstheorems auf Scheer (1976, S. 164, bes. S. 173 ff.) verwiesen.

153 Ebd., S. 365.

154 Ebd., S. 279.

155 X, S. 237. Vgl. in diesem Zusammenhang auch die Überlegungen Zureks, der für eine Thematisierung von Subjektivität nicht unter dem Gesichtspunkt der ›Identität‹, sondern der ›Entfremdung‹ plädiert (Zurek, 2003). Mit seinem Versuch einer Reetablierung des konstruktiven Gehalts der Entfremdungsidee tritt Plessners Position auch in Distanz zu einer verbreiteten pädagogischen Rezeption, nach der Entfremdung schwerpunktmäßig einen defizienten Zustand darstellt, den es durch erzieherische Maßnahmen zu überwinden gelte (vgl. Stross, 1991, S. 127 ff.).

156 Ebd., S. 235.

157 Ebd.

»Rollenträger und Rollenfigur miteinander verbunden«[158], so überwindet dieses Konzept den starren Dualismus von öffentlicher und privater Existenz, da der Doppelgänger selbst und immer aufs Neue in der Verantwortung steht, einen »Ausgleich zwischen der privaten und der öffentlichen Hälfte seiner selbst«[159] herzustellen. »Dem Doppelgängertum des Menschen als solchem, als einer jedwede Selbstauffassung ermöglichenden Struktur, darf die eine Hälfte der anderen keineswegs in dem Sinne gegenübergestellt werden, als sei sie ›von Natur‹ die bessere. Er, der Doppelgänger, hat nur die Möglichkeit, sie dazu zu machen.«[160] Obwohl der Mensch dazu in der Lage ist, sein Doppelgängertum zu vergessen und sich an eine der beiden Seiten zu verlieren[161], kann er den privaten *und* öffentlichen Zug seiner Existenz nach Plessner doch nicht überwinden, da er die Grundlage jener ›Umwegstruktur‹ ist, durch die allein ein exzentrisches Wesen zu ›sich‹ findet. »Sein Doppelgängertum kann der Mensch nicht aufheben, ohne seine Menschenhaftigkeit zu negieren. Er kann in ihm keine Verdoppelung beklagen und sie gegen das Ideal ursprünglichen Einsseins ausspielen [...]. Am anderen wird der Mensch seiner habhaft. Diesen anderen trifft er auf dem Umweg über die Rolle, genau wie der andere ihn.«[162] Aufgrund dessen, dass jede Gesellschaftsform ein bestimmtes Repertoire an Verhaltensmustern beinhaltet, ist der Einzelne bereits von Geburt an in einen »Rollenplan« (Plessner) integriert. Angesichts einer solchen ›Sphäre‹ der Rollenhaftigkeit wird deutlich, inwiefern die häufig anzutreffende Rede von einer ›Rolleneinnahme‹ vereinseitigende Züge trägt. Denn zwar trifft es zu, dass der Einzelne in gewissen Fällen eine Rolle *bewusst* zu übernehmen vermag; vielfach verhält es sich jedoch so, dass zahlreiche der dem Individuum zur Verfügung stehenden Rollenmuster ihm *zugefallen* sind.[163]

### *IV.A.2.3 ›Rolle‹ als anthropologisch-funktionale Kategorie*

Für Plessner liegt der theoretische Ertrag einer an der Kategorie der ›sozi-

158 Ebd.

159 Ebd.

160 Ebd. Vgl. zur Problematik der Doppelgänger-These allerdings die Einwände von Oesterreicher-Mollwo, 1972, S. 108.

161 Vgl. VIII, S. 203.

162 X, S. 224. Dabei fungiert die ›Rolle‹ in gleicher Weise als distanzschaffender Faktor wie als Medium des zwischenmenschlichen Verkehrs: »Existenz in einer Rolle ist offenbar die Weise, in welcher Menschen überhaupt in einem dauerhaften Kontakt miteinander leben können« (ebd., S. 223).

163 Vgl. VIII, S. 197 f.

alen Rolle‹ orientierten Beschreibungsweise des Verhältnisses von Individuum und Gesellschaft darin, dass die ›Rolle‹ eine »Nahtstelle« markiert, an der »Person und unpersönliches Beziehungssystem sich miteinander vermischen.«[164] Bereits in dieser Bestimmung dokumentiert sich der Umstand, dass die ›Rolle‹ für Plessner nicht einen Beitrag zur Etablierung, sondern im Gegenteil zur Überwindung einer dualistischen Auffassung des Verhältnisses von Individuum und Gesellschaft leistet. Über diesen Sachverhalt hinausgehend gewinnt die ›Rolle‹ für ihn ihre theoretische Leistungskraft daraus, dass sich der Soziologie mit ihr ein adäquates Instrument zur Analyse inter-subjektiver Verhältnisse bietet. »Rolle ist ein dem sozialen Verhalten entsprechender Begriff, der Weite genug hat, die ganze Fülle zwischenmenschlicher Beziehungen in sich zu fassen, und zugleich genügend Abwandlungsfähigkeit, um bruchlos von abstrakt-generellen Aussagen auf den Einzelfall hinzuführen.«[165]

Mit der Indizierung ihrer produktiven Gehalte macht Plessner jedoch zugleich auf eine zunehmende Funktionalisierung des Rollenverständnisses innerhalb moderner Gesellschaftssysteme aufmerksam. In diesem Zusammenhang erinnert er daran, dass ›Rolle‹ in »geschlossenen«, d.h. traditionalen Gesellschaften einen »mit der Verkörperung gegebene[n] fundamentale[n] Zug leibhafter Existenz [bezeichnet], die eines Namens bedarf, woran sie zur Person wird. Verkörperung, Identifikation, Personifikation umschreiben dann eine Struktur elementarer Rollenhaftigkeit, die [...] das Grundverhältnis eines Individuums zu seinem Verband von vornherein festlegt. Als was und als wen sich das Individuum versteht, ist völlig offengelassen.«[166] In Gesellschaftsformen dieses Typs, die »von keiner Gespaltenheit in private und öffentliche Existenz wissen« und denen damit auch »der Sinn für die rein private Basis ihrer Rollenfigur fehlt«[167], bekommt der Einzelne seinen Platz im sozialen Gefüge qua Herkunft und Namensgebung (»*ascribed status*«) zugewiesen. Eine Vergrößerung des Abstands zwischen Rolle und Person vollzieht sich für Plessner im theatralischen Rollenbegriff, dessen Relevanz sich über den Bühnenbereich hinausgehend auch auf die Ebene des gesellschaftlichen Miteinander erstreckt. »Voraussetzung hierfür ist, daß es einen Rollenspieler gibt, der seine Existenz wechselt, um die Rolle zu spielen. Das in der ersten Bedeutung von Rolle als Rollenhaftigkeit latente Spielmoment, das in die Konstitution der

164 X, S. 227 f.

165 Ebd., S. 228.

166 VIII, S. 198 f.

167 X, S. 234.

Person durch die Verkörperung eingeht und in ihr gebunden bleibt, wird freigesetzt und gestattet nun einer Person, eine andere zu sein.«[168] Anders als in traditionalen Gesellschaftsformen definiert sich der Status des Individuums in »offenen Gesellschaften« (Plessner) – ohne dass Herkunft und Name dabei vollständig ihre Gültigkeit verlieren – vor allem durch persönliche Leistungen (»*achieved status*«). Die Tatsache, dass das moderne Rollenverständnis somit beide, den ›ascribed‹ *und* ›achieved status‹ umfasst, muss aus Plessners Sicht deshalb als problematisch eingeschätzt werden, weil das Auseinandertreten von Rolle und Person dieser zwar eine Privatexistenz gewährt[169], der Rollenbegriff jedoch durch seine zunehmende Verlagerung vom ›ascribed‹ auf den ›achieved status‹ eine »Verschiebung [...] in Richtung auf einen reinen Funktionsbegriff [erfährt], der an Menschen und ihr Verhalten nicht gebunden ist.«[170] Diesem Rollenverständnis entspricht zugleich ein verändertes Selbstverständnis der Menschen. Denn indem diese sich selbst immer mehr als Funktionäre begreifen, deren private Existenz von ihrer öffentlichen vollständig entkoppelt ist, passen sie ihr Verhalten dem funktionalen Rollenbegriff an und bestätigen ihn auf diese Weise.[171]

Einen einflussreichen Vertreter jenes funktionalistischen Rollenverständnisses entdeckt Plessner in Dahrendorfs *Homo Sociologicus*. In der Tradition der sozialwissenschaftlichen Konstrukte des ›homo oeconomicus‹ und des ›psychological man‹ stehend[172], stellt der ›homo sociologicus‹ ein Modell dar, das einerseits zur Analyse des Verhältnisses von Individuum und Gesellschaft dient, andererseits dazu beitragen soll, den Rollenbegriff als soziologische Kategorie zu etablieren. »Am Schnittpunkt des Einzelnen und der Gesellschaft steht homo sociologicus, der Mensch als Träger sozial vorgeformter Rollen. Der Einzelne *ist* seine sozialen Rollen, aber diese Rollen *sind* ihrerseits die ärgerliche Tatsache der Gesellschaft.«[173] Vor allem jene letzte Formulierung suggeriert, dass Individuum und Gesellschaft für Dahrendorf in einem grundsätzlich antagonistischen Verhältnis zueinander stehen. In Anlehnung an die Marx'sche Idee der Selbstentfremdung erläutert er: »Der Mensch ist vom Einmaligen zum Exemplar, von Einzelnen zum Mitglied, von der freien und autonomen Kreatur zum

168 VIII, S. 199.

169 Vgl. ebd., S. 200 f.

170 X, S. 201.

171 Vgl. VIII, S. 202; X, S. 232.

172 Vgl. Dahrendorf, 1977, S. 15 f.

173 Ebd., S. 20. Vgl. ebd., S. 104.

Produkt seiner entfremdeten Charaktere geworden.«[174] Angesichts dessen, dass die Übernahme sozialer Rollen einem »Zwang, der auf den Einzelnen ausgeübt wird«[175], gleichkommt, fungieren Rollen für Dahrendorf vorrangig als Funktionselemente des gesellschaftlichen Verkehrs und damit als etwas die Person lediglich äußerlich Tangierendes. Deutlich tritt diese Auffassung in Dahrendorfs Ausführungen zur Figur des Schauspielers zutage: »Hinter allen Rollen, Personen und Masken bleibt der Schauspieler als Eigentliches, von diesen letztlich nicht Affiziertes. Sie sind für ihn unwesentlich. Erst wenn er sie ablegt, ist er ›er selbst‹.«[176]

Dem funktionalistischen Rollenansatz und dem aus ihm resultierenden Dualismus von öffentlich-rollenhaftem und privatem, rollenlosem Selbst stellt Plessner ein Rollenkonzept gegenüber, das nicht nur von einer auf der Doppelgängerthese basierenden Gleich-Gültigkeit der öffentlichen und privaten Sphäre ausgeht, sondern auch die Spaltung der menschlichen Existenz in einen rollenbestimmten und nicht-rollenhaften Bereich unterläuft. Auf einen »reinen Funktionsbegriff [...], der an Menschen und ihr Verhalten nicht gebunden ist«[177], lässt sich die ›Rolle‹ aus Plessners Sicht deshalb nicht reduzieren, weil ein solcher Standpunkt alle sich dem Funktionalitätskriterium widersetzenden Komponenten der menschlichen Existenz ausklammert.[178] »[D]ie Rolle läßt sich nicht in pure Selbsttätigkeit auflösen. Sie stellt Forderungen an mich, im öffentlichen Leben genau so wie im privaten, weil sie zu dem funktionalen Zusammenhang des sozialen Ganzen gehört, in das ich hineingeboren und in dem ich tätig bin.«[179] Und mit offensichtlicher Stoßrichtung gegen Dahrendorf fährt Plessner fort: »Findet sich die Soziologie dazu bereit, das Sein in einer Rolle von

174 Ebd., S. 81. Vgl. auch ebd., S. 43, wo es heißt: »Gesellschaft ist die entfremdete Gestalt des Einzelnen.«

175 Ebd., S. 36. Einschränkend muss allerdings angemerkt werden, dass Dahrendorf auch die konstruktiven Momente einer rollenhaften und gesellschaftlichen Existenz im Blick hat, so etwa, wenn er von der Gesellschaft als einem »Gerüst [...], das uns aufrechterhält und Sicherheit gibt« (ebd., S. 42), spricht.

176 Ebd., S. 22. Ungeachtet seines Verdienstes, die rollentheoretische Diskussion auch für den deutschen soziologischen Diskurs erschlossen zu haben, wurde Dahrendorfs Konzept schon bald zum Ziel einer weitreichenden, z.T. polemischen Kritik (vgl. Joas, 1982, S. 151). Einen Überblick über die verschiedenen kritischen Erwiderungen auf Dahrendorfs Abhandlung bietet die Arbeit von Oesterreicher-Mollwo (vgl. Oesterreicher-Mollwo, 1972, S. 133 ff.).

177 VIII, S. 201.

178 Vgl. Limbach, 1992, S. 49.

179 X, S. 223.

dem eigentlichen Selbstsein grundsätzlich zu trennen und dieses gegen das Ärgernis der Gesellschaft auszuspielen [...], dann gibt sie dem antigesellschaftlichen Affekt, gewollt oder ungewollt, neue Nahrung.«[180]

Wie Plessner ausführt, beschränkt sich die Sphäre rollenhaften Handelns für ihn nicht auf den öffentlichen Bereich, sondern sie schließt die Privatheit mit ein. »Immer ist der Mensch in seiner Verdoppelung zu einer erfahrbaren Rollenfigur erst er selbst. Auch alles das, worin er seine Eigentlichkeit sieht, ist nur seine Rolle, die er vor sich selber und anderen spielt.«[181] Allerdings scheint sich hier ein Widerspruch zu offenbaren, denn es bleibt zu fragen, wie sich die genannten Formulierungen zu Plessners gleichzeitiger Rede von einem »*individuum ineffabile*, einer sozialen Unberührtheit, einer Zone der Privatheit, der Intimität, der persönlichen Freiheit«[182] verhalten. Als aufschlussreich erweist sich in diesem Zusammenhang seine Reaktion auf eine briefliche Anfrage Oesterreicher-Mollwos, die auf der Grundlage von Plessners Erläuterungen vorschlägt, folgende Rollenbereiche zu unterscheiden: einen öffentlichen, einen privaten sowie einen Bereich nichtrollenbestimmten Handelns, der ebenfalls in die Privatsphäre des Individuums fällt.[183] In einem Antwortschreiben äußert sich Plessner hinsichtlich dieser Differenzierung wie folgt: »Ihre dritte Möglichkeit eines nichtrollenbestimmten Handelns läßt sich in meiner

180 Ebd., S. 239. Im Anhang des *Homo Sociologicus* nimmt Dahrendorf zu Plessners Einwand Stellung, der ›homo sociologicus‹ stelle eine moderne Variante des Marx'schen Entfremdungsgedankens dar (vgl. ebd., S. 238). Dabei betont er, dass seine Theorie durchaus eine Verbindung von Individuum und Gesellschaft beinhalte und zwar in Form einer Konfrontation, genauer: eines moralischen Protestes des Einzelnen gegen die Gesellschaft. Durch dieses Argument glaubt Dahrendorf Plessners Kritik einer durch den ›homo sociologicus‹ forcierten Dichotomisierung von Individuum und Gesellschaft entkräften zu können. Tatsächlich bleibt jedoch auch in diesen Erläuterungen das Verhältnis zwischen beiden schwerpunktmäßig negativ konnotiert. Gegenüber Plessners Vorwurf, er zeichne ein unvollständiges Menschenbild, verweist Dahrendorf auf den Konstruktcharakter des ›homo sociologicus‹, der »schlechterdings nichts über die Realexistenz von rollenhaften oder rollenlosen Menschen [besagt]« (Dahrendorf, 1977, S. 115; vgl. ebd., S. 104). Allerdings gilt es zu betonen, dass diese Bestimmung in eigentümlichem Widerspruch zu seinem Anliegen einer Etablierung der Soziologie als Erfahrungswissenschaft steht (vgl. Joas, 1978, S. 18; Dreitzel, 1968, S. 115).

181 Ebd., S. 238.

182 VIII, S. 201. Vgl. X, S. 230.

183 Vgl. Oesterreicher-Mollwo, 1972, S. 182.

Sicht [...] nicht nachweisen. Das Individuum ineffabile ist kein infinitesimaler Näherungswert, sondern der Gegenwurf der Rollenexistenz im Ganzen und nur insoweit und für gewisse Selbstauffassungen ihr Träger. Keine Oase, keine ausgesparte Zone der Innerlichkeit, Selbstheit, Freiheit als anthropologische Konstante, sondern ein möglicher Schatten, den die Rolle wirft.«[184]

Um die elementare Bedeutung der Rollenhaftigkeit für die menschliche Existenzweise zu unterstreichen, knüpft Plessners Rollenkonzeption an die auf das römische Denken zurückverweisende, in der christlichen und neuzeitlichen Tradition jedoch in den Hintergrund getretene Auffassung des Personbegriffs im Sinne von ›Rolle‹, ›Maske‹ oder ›Verkleidung‹ an.[185] »›Persona‹ heißt Maske. [...] Über diese Maske verfügt der Mensch bis zu einem gewissen Grade, indem er sich von seinem Leibe als einem Gegebenen [...] unterscheidet.«[186] Allerdings agiert er dabei nicht gleich einem »Schauspieler [...], der die Szenen der Weltgeschichte in verschiedener Kostümierung und Maske spielt und sich nur abzuschminken braucht, um als das zu erscheinen, was er wirklich ist«, sondern er präsentiert sich

184 Brief Plessners an Oesterreicher-Mollwo; zit. nach dies., 1972, S. 183. Plessners Absage an den Gedanken eines nichtrollenbestimmten Handelns findet ihre partielle Entsprechung neben der frühen, im Wesentlichen in den zwanziger Jahren entwickelten Rollentheorie Müller-Freienfels', auch bei Orwill G. Brim jr., bei dem es heißt: »Das erlernte Repertoire an Rollen ist die Persönlichkeit. Mehr gibt es da nicht. Es gibt keine ›Kern‹-Persönlichkeit unterhalb des Verhaltens und der Gefühle. Es gibt kein ›zentrales‹ monolithisches Selbst, das seinen vielfachen äußeren Manifestationen zugrundeliegt« (Brim; zit. nach Petzold/Mathias, 1982, S. 23). Die Frage eines ›Jenseits‹ des Rollenhandelns erörtert auch Luckmann (Luckmann, 1979b), der Plessners Absage an den Gedanken einer nichtrollenbestimmten Existenz allerdings mit einigen Einschränkungen versieht.

185 Vgl. Fuhrmann, 1979, S. 86. Wie Fuhrmann herausstellt, kennzeichnet die römische ›persona‹ – so etwa bei Cicero – zwar eine Stetigkeit und Selbstübereinstimmung in Bezug auf die eigene Lebensführung, doch weicht ihre sich hierin aussprechende ›Identität‹ in einem entscheidenden Punkt von der heutigen Auffassung dieses Terminus ab: »Die Identität, um die es hier geht, ist [...] keine subjektive Kategorie, kein aus dem eigenen Inneren gesehenes Ich, keine Einheit des Erlebens und Bewußtseins – sie ist eine vom ›Stellenplan der Gesellschaft aus betrachtete Größe, eine konventionelle Gegebenheit, ein ›pattern‹, kurz: die perpetuierte soziale Rolle« (ebd., S. 101).

186 VIII, S. 310. Vgl. ebd., S. 296, 332f. Ein ähnlicher Hinweis auf die Maskenhaftigkeit der ›Person‹ findet sich bereits bei Kant (vgl. Sommer, 1988, S. 83).

immerzu als »die Aufführung selber.«[187] Da der »Mittelpunkt« eines exzentrisch organisierten Wesens nicht in ihm, sondern »außerhalb«[188] seiner selbst liegt, findet der Mensch ›hinter‹ seinen verschiedenen Rollen kein solides Zentrum, keinen in der Innerlichkeit situierten, rollentranszendenten Ort der ›Eigentlichkeit‹[189], vielmehr handelt es sich bei ›Rollen‹ um Verkörperungen eines Anderen des Selbst *im* Selbst. »Der Rollenspieler oder Träger der sozialen Figur fällt zwar nicht mit ihr zusammen, kann jedoch nicht für sich völlig abgelöst gedacht werden, ohne seine Menschlichkeit zu verlieren. Was Rolle ihm nach unserer Gesellschaftsauffassung grundsätzlich und jederzeit gewährt, nämlich eine Privatexistenz zu haben, eine Intimsphäre für sich, hebt nicht nur nicht sein Selbst auf, sondern schafft es ihm. Nur an dem anderen seiner selbst hat er – sich.«[190]

Die Behauptung einer Ubiquität rollenbestimmten Handelns provoziert unweigerlich die Frage, welchen Ort und welchen Stellenwert das Moment der ›Freiheit‹ innerhalb eines solchen Denkansatzes besitzt. Wie dargelegt, distanziert sich Plessner ausdrücklich von einer Vorstellung, welche die Sphäre des Privaten zu einer »Herzkammer [...] möglichen Selbstseins«[191] erklärt. Allerdings verfällt er dabei nicht in einen naiven Determinismus, der das Subjekt zu einer bloßen ›Marionette‹ in einem säkularisierten ›theatrum mundi‹ erklärt. Einmal mehr erweist sich Plessner auch im Hinblick auf die Freiheitsproblematik als ein Denker der ›Mitte‹, insofern subjektive Freiheitsspielräume nicht außer-, sondern *innerhalb* der Rollenhaftigkeit der menschlichen Existenz situiert sind. Zwar stellt seine Verwiesenheit auf Rollen ein anthropologisches Faktum dar, doch bleibt der Mensch nicht auf *eine* Rolle festgelegt.[192] Diese Rollenvari-

187 VI, S. 179.

188 Eßbach, 1994.

189 Vgl. hierzu ebenfalls den folgenden Auszug aus dem Briefwechsel mit Oesterreicher-Mollwo: »Innerlichkeit [...] ist eine geschichtlich erworbene, späte, mühsam durchzuhaltende Rollenposition, in der ein Mensch echt und unecht leben kann, in keinem Augenblick dagegen gefeit, daß er ›sich‹ und anderen etwas vormacht und die Rolle eben ›nur‹ spielt« (Plessner: Brief an M. Oesterreicher-Mollwo; zit. nach dies., 1972, S. 183).

190 VIII, S. 203. In diesem Zusammenhang heißt es bei Löwith: »Wir selbst und die andern wissen zumeist nicht, wer wir eigentlich sind. Und wir *wissen* es deshalb nicht, weil wir faktisch zunächst weder für uns selbst noch für andere unverdeckt da *sind*. Schon im ›wirklichen‹ Leben spielen wir eine ›Rolle‹, leben maskiert durch eine ›Konstruktion‹« (Löwith, 1981, S. 101).

191 X, S. 239.

192 Dass der Rollenbegriff im Gegensatz zu den ihm von der modernen Soziolo-

abilität konturiert den für ihn verbindlichen Rahmen seiner Freiheit, die damit nicht in einem rollentranszendenten Bereich, sondern – und damit greift Plessner den Überlegungen Goffmans zur ›Rollendistanz‹ in gewisser Weise vor[193] – in der durch die exzentrische Positionalität begründeten Fähigkeit zur potentiellen Abstandnahme von Rollen liegt. »Die Sphäre der Freiheit mit der der Privatheit, und zwar in einem außersozialen Sinne, gleichgesetzt, wohlgemerkt, um sie unangreifbar zu machen, verliert jeden Kontakt zur Realität, jede Möglichkeit gesellschaftlicher Verwirklichung. Die Freiheit muß eine *Rolle spielen* können, und das kann sie nur in dem Maße, als die Individuen ihre sozialen Funktionsleistungen nicht als eine bloße Maskerade auffassen, in der jeder dem anderen in Verkleidung gegenübertritt.«[194]

Allein durch ein Verständnis von Autonomie und Heteronomie, das diese nicht als bloße Alternativen begreift, bleibt für Plessner eine Form von Subjektivität denkbar, die den fundamentalen Einfluss des Anderen ihrer selbst nicht nivelliert, zugleich jedoch Raum für flexible und kreative Handlungsvollzüge bietet. Eine notwendige Voraussetzung hierfür stellt für ihn allerdings die Identifikation des Menschen mit seinen Rollen dar, der Glaube daran, wirklich das zu verkörpern, was man ›spielt‹ und dieses Spiel nicht als eine nur äußerliche Maskerade zu begreifen. Da ›Identifikation‹ grundsätzlich die Option des Nicht- bzw. Nicht-Mehr-Identifizierens beinhaltet, gewährleistet die Rollenidentifikation beides, eine relative ›Stabilität‹, die subjektive Zurechnungsfähigkeit und Handlungsorientierung schafft, *und* die Möglichkeit einer – trotz aller mit ihr vielfach einhergehenden Schwierigkeiten – zumindest potentiellen Distanzierung von Rollenansprüchen. Insofern Identifikationen »zugleich Differenzierungen,

gie häufig zugeschriebenen ›statischen‹ Implikationen auch ›dynamische‹ Interpretationsmöglichkeiten im Sinne einer Simultanität und Überkreuzung verschiedener Rollenmuster bietet, bezeugt bereits die ›Rollentheorie‹ Ciceros, in der der Mensch als Träger von vier Masken vorgestellt wird, die er *gleichzeitig* trägt (vgl. Fuhrmann, 1979, S. 99).

193 Vgl. Limbach, 1992, S. 61 Fn.

194 X, S. 239 f. Wie Limbach betont, greift Plessner damit den Überlegungen Goffmans zur ›Rollendistanz‹ in gewisser Weise vor (vgl. Limbach, 1992, S. 61 Fn.). Vgl. hierzu auch die folgende Anmerkung von Oesterreicher-Mollwo: »Man ›ist‹ die Rolle und man ›ist‹ sie gleichzeitig nicht, d.h. man identifiziert sich handelnd immer wieder zwangsläufig mit ihr und kann sich potentiell durch Bewußtmachung der Rollensituation auch immer wider von ihr distanzieren« (Oesterreicher-Mollwo, 1972, S. 179).

Kontakt und Abgrenzung in einem«[195] bedeuten, ermöglichen sie dem Menschen jene ›bedingte‹ Freiheit, die sich im Verlauf dieser Arbeit immer wieder als für ein leiblich-exzentrisches Selbst verbindlich erwiesen hat. »Nichts ist der Mensch ›als‹ Mensch von sich aus [...]: nicht blutgebunden, nicht traditionsgebunden, nicht einmal von Natur frei. [...] Als seine Möglichkeit gibt er sich erst sein Wesen kraft der Verdoppelung in einer Rollenfigur, mit der er sich zu identifizieren versucht. Diese mögliche Identifikation eines jeden mit etwas, das keiner von sich aus ist, bewährt sich als die einzige Konstante in dem Grundverhältnis von sozialer Rolle und menschlicher Natur.«[196]

### IV.A.3 Lebensführung als leibliche Inszenierung – Das Schauspiel der ›Verkörperung‹

Plessners rollentheoretische Überlegungen weisen den Menschen als ein Wesen aus, für das ›Rollen‹ insofern einen spezifischen Doppelsinn bergen, als es diese nicht nur im instrumentell verfügbaren Sinne ›hat‹, sondern darüber hinaus immer auch seine Rollen ›ist‹. Bei dieser fundamentalen Verwiesenheit auf Rollen handelt es sich, so Plessner, um »eine in der Verkörperungssituation des Menschen begründete, grundkategoriale Struktur«[197], die auf dessen spezifischen Verhältnis zu seinem Körper basiert. »Wir sind nicht unser Körper, auch wenn wir ihn haben, auch wenn er uns hat, sondern wir verkörpern uns. [...] Indem wir [...] Rollen verkörpern, figurieren wir.«[198]

Wie bereits erwähnt, werden für Plessner die unterschiedlichen Ver-

195 Petzold/Mathias, 1982, S. 160. Vgl. zur Differenz zwischen ›Identifizierung‹ und ›Identität‹ auch die folgende Anmerkung von Schmidt: »*[I]dentisch* [ist] Ausdruck der Gleichzeitigkeit und der Ruhelage, während *identifizieren* ein Vorher und ein Nachher, also einen Handlungsablauf beschreibt. [...] [E]twas, was ›identifiziert‹ ist, [muß] nicht auch ›mit etwas identisch‹ sein [...]« (Schmidt, 1976, S. 335).

196 X, S. 240. Vgl. zur Frage subjektiver Freiheit als einem der Grundprobleme der Rollentheorie u.a. Janoska-Bendl, 1962; Dreyer, 1989, S. 205 ff. sowie zum Problem der Freiheit in Plessners Anthropologie IV, S. 40, 70 f.; V, S. 55, 94, 129; VII, S. 276; VIII, S. 64, 116, 121. Hinsichtlich des Gedankens einer durch die Rolle bedingten Freiheit betont Wimmer, dass durch sie neben ihrer stabilisierenden Funktion ebenfalls eine »Nichtfeststellbarkeit« von Ich und Anderem gewährleistet wird (Wimmer, 1996, S. 49; vgl. VIII, S. 299, 305; Schäfer, 1999b, S. 49).

197 VIII, S. 310.

198 Ebd.

körperungsformen des Leibes von niemandem anschaulicher als durch die Gestalt des Schauspielers illustriert. »Es ist kein Zufall, daß wir für die Aktion des Schauspielers das Wort Verkörperung haben, denn er zeigt sie uns. Die Verkörperung von Leib in Körper, von Körper-Sein und Körper-Haben, mit der wir Menschen fertig werden müssen, wenn uns das Leben hier und jetzt gelingen soll, mit der wir ständig befaßt sind, die uns festhält, führt uns der Schauspieler vor. Der ganze Mensch wird zur Figur.«[199]

Die sowohl kulturell als auch historisch divergierenden Artikulationsformen der Schauspielkunst führt Plessner dadurch vor, indem er deren Entwicklung ausgehend vom kultischen Maskentanz bis hin zum Filmschauspieler der heutigen Zeit nachzeichnet. Dabei macht er darauf aufmerksam, dass sich die Inszenierungsstilistik mehr und mehr von der Inanspruchnahme ›künstlicher‹ Hilfsmittel wie z.B. Masken emanzipiert hat und zunehmend der Leib selbst als »Kunstmittel« (Plessner) in den Vordergrund tritt. »Die Maske fiel, und langsam trat der Schauspieler mit seiner Person in die Verwandlung ein. [...] Der Befreiung von der Übergewalt der Tradition im gesellschaftlichen Leben mußte schließlich auch die Schaubühne folgen und an die schöpferischen Verwandlungsmöglichkeiten des Darstellers appellieren.«[200] Vollzieht sich bereits durch die Bühnendarstellung eine im Verhältnis zum kultischen Maskentanz deutliche Verringerung des Abstands zwischen Akteur und Publikum, so gelingt die vollständige Aufhebung dieser Distanz erst durch die technischen Mittel des Films und der durch ihn ermöglichten Illusion einer »unvermittelte[n], nicht szenisch vermittelte[n] Wirklichkeit. Nicht der Ausschnitt, sondern das Fragment tritt an ihm in Erscheinung. Ihm geht es um die Illusion des Dabeiseins. Der Spieler soll nicht merken lassen, daß er den Blick des Zuschauers auf sich gerichtet weiß, und der Zuschauer soll sich als Zuschauer vergessen.«[201]

Vermitteln die von ihm gewählten Beispiele einen Eindruck von den nahezu unerschöpflichen Möglichkeiten der »Verkörperung einer Figur mit dem eigenen Leibe«[202], so fragt Plessner im Anschluss hieran nach der anthropologischen Dimension dieses Phänomens, das sich aus seiner Sicht nicht nur auf der Bühne zeigt, sondern eine Relevanz für das gesamte menschliche Verhalten besitzt. »[W]äre es dem Menschen möglich, in einer ihm vorgespielten Figur ›sich‹, eine Seite, eine Möglichkeit von sich [...] wiederzuerkennen, wenn er nicht von Natur bereits ›etwas vom‹

199 III, S. 391.

200 VII, S. 405 f.

201 Ebd., S. 406 f.

202 Ebd., S. 407.

Schauspieler in sich hätte?«[203] Und an anderer Stelle führt er aus: »Von der schauspielerischen Aktion her verstehen wir menschliches Leben schließlich als Verkörperung einer Rolle nach einem mehr oder weniger feststehenden *Bildentwurf*, der in repräsentativen Lagen durchgehalten werden muß. Nicht jeder wird das Zeug dazu in sich fühlen, nicht immer sind derartige Qualitäten am Platze. Doch gehören sie zweifellos zu den Bedingungen menschlicher Existenz.«[204]

Plessners Einsicht in die ›Schauspielnatur‹ des Menschen kann sich philosophiehistorisch auf eine Reihe von Autoren berufen. So findet sich etwa in Kants *Anthropologie in pragmatischer Hinsicht* der folgende Hinweis: »Die Menschen sind insgesamt, je zivilisierter, desto mehr Schauspieler: sie nehmen den Schein der Zuneigung, der Achtung vor anderen, der Sittsamkeit, der Uneigennützigkeit an, ohne irgend jemand dadurch zu betrügen; weil ein jeder andere, daß es hiermit eben nicht herzlich gemeint sei, dabei einverständigt ist, und es ist auch sehr gut, daß es so in der Welt zugeht. Denn dadurch, dass Menschen diese Rolle spielen, werden zuletzt die Tugenden, deren Schein sie eine geraume Zeit hindurch nur gekünstelt haben, nach und nach wohl wirklich erweckt und gehen in die Gesinnung über.«[205]

Einen ähnlichen Standpunkt vertritt auch Georg Simmel, der in seiner späten Arbeit *Zur Philosophie des Schauspielers* feststellt: »Das ›Spielen einer Rolle‹ – nicht als Heuchelei und Betrug, sondern als das Einströmen des persönlichen Lebens in eine Äußerungsform, die es als eine irgendwie vorbestehende, vorgezeichnete vorfindet – dies gehört zu den Funktionen, die unser tatsächliches Leben konstituieren. [...] Wir *tun* nicht nur Dinge, zu denen die Kultur und Schicksalsschläge uns äußerlich veranlassen, sondern wir stellen unvermeidlich etwas dar, was wir nicht eigentlich *sind*. Das ist freilich nicht, oder nicht immer, Darstellung nach außen um eines Effektes willen, nicht Verstellung und Unehrlichkeit, sondern das Individuum geht wirklich in die vorgezeichnete Rolle hinein [...]. Dieses nun: daß der Mensch ein vorgezeichnetes Anderes als seine zentraleigene sich selbst überlassene Entwicklung darlebe oder darstelle [...] – das ist die Vorform der Schauspielkunst. [...] In eben dieser Bedeutung sind wir alle irgendwie Schauspieler.«[206]

203 Ebd., S. 410. An anderer Stelle schreibt Plessner: »Der Bühnenaspekt des gesellschaftlichen Lebens ist Metapher und Realität in einem, eine Zwei-Einheit [...], welche nicht aufgelöst werden kann« (VIII, S. 311).

204 Ebd., S. 414. Vgl. ebd., S. 409.

205 Kant, 1983, S. 67.

206 Simmel, 1968, S. 79 f. An anderer Stelle spricht Simmel davon, dass das sich

Mit der ›Verkörperung‹ findet Plessner in den späten vierziger Jahren eine Formel, die den in seinen bis dahin veröffentlichten Schriften immer wieder explizierten Gedanken eines dem Menschen auferlegten »Zwangs« (Plessner) zur Ausgleichsfindung zwischen seinem Körper-Haben und Leib-Sein in gewisser Hinsicht ›auf den Begriff‹ bringt. »Leibhaftigkeit ist nicht einfach Körper-Sein, sondern immer auch Körper-Haben, d.h. ein Verhalten der Verkörperung und zur Verkörperung, ein in Handlung, Sprache und Gestaltung Körper gewinnendes Verhalten zu ihm und seinen Gegenständen.«[207] Stellt sich die Situation des Menschen angesichts jener körper-leiblichen Verschränkung als ein »Verhalten zu Verhältnissen«[208] dar, so impliziert dies, dass sich ›hinter‹ den menschlichen Vollzügen nicht eine initiierende und als solche mit sich identische Koordinationsinstanz verbirgt. Vielmehr ist es die in seiner exzentrischen Verfasstheit gründende Differentialität, durch die sein Tun die Form einer unablässigen Gestaltung der ineinander verschränkten Sphären von Körper und Leib, Haben und Sein, Selbst und Anderem besitzt, ohne dass diese miteinander widerstreitenden Aspekte jemals in eine dauerhaft harmonische Balance zu bringen wären. »Ihm [dem Menschen – T.K.] ist der Umschlag vom Sein innerhalb des eigenen Leibes zum Sein außerhalb des Leibes ein unaufhebbarer Doppelaspekt der Existenz, ein wirklicher Bruch seiner Natur. Er lebt diesseits und jenseits des Bruches, als Seele und als Körper *und* als die psychophysisch neutrale Einheit dieser Sphären. Die Einheit überdeckt jedoch nicht den Doppelaspekt, sie läßt ihn nicht aus sich hervorgehen, sie ist nicht das den Gegensatz versöhnende Dritte, das in die entgegengesetzten Sphären überleitet, sie bildet keine selbständige Sphäre. *Sie* ist der Bruch, der Hiatus, das leere Hindurch der Vermittlung, die für den Lebendigen selber dem absoluten Doppelcharakter und Doppelaspekt von Körperleib und Seele gleichkommt, in der er ihn erlebt.«[209]

in der Schauspielkunst manifestierende »Ein-Anderer-Sein [...] aus der tiefsten, eigensten Wesens- und Triebschicht des Individuums hervorgeht« (ebd., S. 83).

207 III, S. 383. Vgl. ebd., S. 375, 382.

208 Ebd.

209 IV, S. 365. Als derart »offene Einheit« (V, S. 231) bezeichnet diese einen lediglich »imaginativen Bezugspunkt« (Schäfer, 1999a, S. 88), der sich ungeachtet seiner Bedeutung für den Menschen als unvereinbar mit dem Gedanken einer identitätsverbürgenden Instanz erweist. Darüber, dass der Gedanke eines monistischen Einheitskonzeptes bereits in der Frühphase seines Denkens Plessners Skepsis weckte, gibt die *Krisis* Aufschluss, in der von einer »Einheit Widersprechender« (I, S. 151 f.) die Rede ist. Wie viel Plessners Einheits-

Als ein Wesen, »das sich nie einholt, weil es sich verkörpern muß«[210], bergen seine Figurationen für den Menschen einen spezifischen Doppelsinn: Auf der einen Seite fungieren sie als Vermittlungsformen, die eine zumindest partielle Balance seiner letztlich unüberwindlichen Nicht-Koinzidenz mit sich stiften.[211] Insofern ist es nicht eine dauerhafte und harmonische Einheit, sondern gerade seine körperlich-leibliche Differentialität, der sich die Handlungspotentiale des Menschen verdanken. »Mein eigenes Körper-Sein stellt sich mir, dem Subjekt, als ein *Konflikt* dar, dessen Unlösbarkeit mit der Subjekt-Objekt-Spaltung gegeben ist. Die Spaltung zwingt den Menschen zu *handeln* [...]. Das Pragma wurzelt [...] in der Gebrochenheit von Leib und Körper, in der Verschränkung von innen und außen.«[212]

Fungieren Verkörperungen somit als Movens menschlicher Lebensführung, so sind es eben diese Formen leiblicher Inszenierungen[213], auf-

Konzept dem Einfluss J. Königs verdankt, wird an dessen Charakterisierung der Einheit von ›Idee‹ und ›Existenz‹ deutlich: »Der Schnittpunkt beider Sphären ist bloßer Durchgangspunkt, ist, was er ist und wie er ›ist‹, nur als Hindurchgehen« (König, 1926, S. 415). Vgl. zu Plessners Einheitsverständnis auch V, S. 227; VIII, S. 62, 65, 280; Asemissen, 1958/59, S. 272; Krüger, 2000, S. 289 f.

210 VIII, S. 204.

211 In diesem Zusammenhang spricht Plessner von der »konstitutive[n] Gleichgewichtslosigkeit seiner besonderen Positionalitätsart« (IV, S. 391) sowie von der »Labilität eines Gleichgewichts«, das »eigentlich kein Gleichgewicht ist« (VII, S. 289; vgl. III, S. 369).

212 III, S. 369 f. Vgl. auch ebd., S. 386, wo es heißt: »Der Zwang zum Ausgleich seines körperlich-leiblichen Doppelaspekts ist die Wiege des Handelns [...].«

213 Vgl. Limbach, 1992, S. 280. Die Rede von einer ›leiblichen Inszenierung‹ lehnt sich an eine Formulierung des Plessner-Schülers Dreitzel an, der von einer »Inszenierung des Verhaltens« (Dreitzel, 1968, S. 105 ff., 172 ff.) spricht. Analog zur vorliegenden Arbeit betont auch Dreitzel die zentrale Bedeutung der ›Verkörperung‹ für das menschliche Selbstsein, doch unterscheiden sich seine von den hier explizierten Überlegungen vor allem darin, dass Letztere gerade nachzuweisen beabsichtigten, dass seine Verkörperungsakte dem Menschen keine Ich-*Identität* (vgl. ebd., S. 123 f.) gewähren. Auf den inszenatorischen Charakter menschlicher Lebensführung macht auch Sommer aufmerksam: »Wie immer das Handeln in sich verfaßt und motiviert sein mag [...]: immer hat es darüber hinaus einen präsentativen, exhibitiven, theatralischen Aspekt. Daß das eigene Tun gesehen wird oder gesehen werden kann, gehört mit zu jedem Handlungsbewußtsein und ist integrales

grund derer sich das beständige Anderswerden des Menschen vollzieht. Eine zentrale Rolle kommt hierbei dem Aspekt der Imitation zu. Für Plessner bildet diese Fähigkeit insofern einen Konnex mit der ›Verkörperung‹, als sie einerseits aus dieser entspringt, andererseits wiederum dem Menschen die Verkörperungsdimension seiner Existenz als solche erst bewusst macht.[214] Zugleich weist er jedoch auf die unterschiedliche Bedeutung beider im Hinblick auf das Leib-Körper-Verhältnis des Menschen hin. »Das Schauspielern als solches macht Spaß, einfach weil es dabei um *Verkörperung* geht. Sich benehmen wie ..., tun als ob ..., macht dem Menschen sein Verhältnis zum eigenen Leib erst gegenständlich. [...] Die Imitation dagegen wirft uns auf unseren Leib als solchen, auf unser Gesicht, unsere Haltung, unsere Art zu sprechen zurück. Sie entdeckt die Maske an unserer Art zu sein.«[215] Plessner hebt hervor, dass sich imitatorische Akte nicht allein dem Vernunftvermögen verdanken, sondern »die außerrationalen Verhaltensweisen der Imitation tiefer, das heißt in der Daseinsstruktur beim Menschen anzusetzen«[216] sind. »Nachahmen und Sichverstellen müssen von der körperlichen Situation des Menschen her gesehen werden, seinem Verhältnis zum eigenen Leib, zu sich und den anderen. Insofern diese Situation durch innere Distanz und prinzipielle Rückzugsmöglichkeit gekennzeichnet ist, macht sie jeden zu einem Doppelgänger seiner selbst.«[217]

Durch die Imitation im Sinne eines leiblichen Figurierens werde, so Plessner, ein »Verwandlungsprozeß« des Menschen »suggeriert, wenn nicht sogar einleitet«[218], da die subjektive Gestaltung des Bildentwurfs einer Rolle ihrerseits einen prägenden Einfluss auf den sie Verkörpernden ausübt. Analog zum Schauspieler, bei dem »die eigene Individualität mit dem Bild einer Rolle [durchtränkt]«[219] wird, vollzieht auch der in gesell-

Moment der Handlungskonstitution selber« (Sommer, 1988, S. 83). Auf den Begriff der ›Inszenierung‹ rekurrieren u.a. auch Mollenhauer, 1998b, S. 56 und Fromme, 2000, S. 527.

214 Vgl. VII, S. 454 f.

215 Ebd., S. 452.

216 Ebd., S. 453. Vgl. VIII, S. 199.

217 Ebd. Vgl. zum Phänomen der ›Nachahmung‹ ferner ebd., S. 391 ff.

218 Ebd., S. 455. Damit ist zugleich der entscheidende Punkt markiert, durch den sich Plessners Verständnis von anderen Auffassungen des Begriffs, wie etwa derjenigen von Sievert-Staudte, bei der ›Verkörperung‹ lediglich im Sinne des Aspekts der ›Nachahmung‹ thematisch wird, unterscheidet (vgl. Sievert-Staudte, 2000; S. 87).

219 Ebd., S. 408.

schaftlichen Kontexten agierende Mensch mit jeder Figuration zugleich eine Transformation: »Die Nachahmung [...] weist auf eine *Bildbedingtheit* der Äußerungsmöglichkeiten, welche den Nachahmenden innerlich mit umformen. Er wird durch seine *veränderte Haltung ein Anderer.*«[220]

Mit seinen Einsichten in die Verkörperungsdimension der menschlichen Existenz entdeckt Plessner zugleich die problematischen Züge einer immer wieder begegnenden Vereinnahmung des Körper-Leibs als Identitätsgarant. Wie seine Überlegungen zeigen, fungiert der Leib gerade deshalb als eine »Dimension von Kreuzungen, die [...] sowohl Originalität als auch Identität in Zweifel zieht«[221], weil sich dem Menschen in eins mit seiner leiblichen Verfasstheit auch seine »Durchgegebenheit auf die Naturhaftigkeit seines Wesens als das Andere seiner selbst«[222] erschließt. »So als das Andere seiner selbst *auch* er selbst ist der Mensch ein Ding, ein Körper, ein Seiender unter Seienden, welches auf der Erde vorkommt, eine Größe der Natur [...], dem Elend und der Herrlichkeit einer blinden Unermeßlichkeit ausgeliefert. [...] Physisch ist er sich ebenso nah – und fern, wie seine einheimischen Regionen der Lebendigkeit ihm nah – und fern sind. *Er ist auch das, worin er sich nicht selbst ist,* und er ist es in keinem äußerlicheren und geringeren und nachgeordneten Sinne. Nur, daß es um dieses ›sich‹ willen in der Transparenz für ihn, der er ist, keine Ruhe gibt.«[223]

220 Ebd., S. 415 (Hervorh. T.K.). Dieser Sachverhalt verdeutlicht, dass ›Figuration‹ hier in einem anderen Sinne gebraucht wird, als dies bei Elias (vgl. Elias, 1971, S. 139 ff.) und im Anschluss an diesen bei Mollenhauer u.a. der Fall ist, wo der Begriff eine »langsam sich wandelnde [...] Interdependenzbeziehung zwischen Individuen« (Mollenhauer u.a., 1975, S. 166) bezeichnet.

221 Meyer-Drawe, 1990, S. 105. Vgl. ebd., S. 30, 153; dies., 2002, S. 370; Rieger, 2000, S. 167 f. Analog hierzu erteilt auch B. Strauß der Vorstellung einer in der Leiblichkeit gründenden Identität des Menschen eine Absage. »Die Identität, nach der man sucht, existiert nicht. Abgesehen von einigen äußeren, behördlichen Erkennungsmerkmalen gibt es nichts, was für die Existenz eines zusammengefaßten Einzelnen spräche. Nicht einmal der Körper ist monolog und mit sich selber eins. Sowenig wie die Meinung ist der Schritt der Füße unabänderlich derselbe; er ist ein Ausdrucksmittel, sehr variabel; und noch der Blutkreislauf stellt sich dar, wechselt Geste und Stil in dem Maße, wie er auf Lebensgewohnheit, Begegnungen und Leistungen reagiert. Unter dem Gesichtspunkt einer schrankenlosen Psychosomatik erzählt jedes Organ heute dies und morgen das« (Strauß; zit. nach Welsch, 1991, S. 363 f.).

222 V, S. 232.

223 Ebd., S. 225 f. (Hervorh. T.K.). Analog hierzu bemerkt Waldenfels: »Ich fasse

Der ihm auferlegte Zwang zur Verkörperung wie auch die aus ihm resultierende Eingebundenheit des Menschen in eine unabschließbare Dialektik von Selbstsein und Anderswerden machen deutlich, dass ein exzentrisches Subjekt kein stabile, dauerhaft mit sich identische Struktur besitzt, sondern sich durch die Gestaltung eines *im* Selbst positionierten Anderen (Körper, Rollen, Haltungen) als solches erst ›bildet‹. Damit ist an dieser Stelle bereits ein Vorgriff auf das nachfolgende Kapitel unternommen. Im Hinblick auf die dort erfolgende bildungstheoretische Ausdeutung des Verkörperungskonzepts verdient vor allem der Umstand Beachtung, dass es sich bei der ›Verkörperung‹ um eine Praktik handelt, die sowohl bewusste (d.h. instrumentell handhabbare) als auch habitualisierte Anteile aufweist. Auch wenn Plessner diesen Aspekt nicht explizit zur Sprache bringt, so deuten dennoch eine Reihe von Formulierungen darauf hin, dass es sich für ihn bei Verkörperungsprozessen nicht um ausschließlich bewusst verlaufende Figurationen handelt. So spricht er etwa davon, dass das Finden der körperlich-leiblichen Balance dem Menschen »›in Fleisch und Blut übergehen‹«[224] müsse. Dies bedeute, so Plessner, nicht, dass »die bewußt hervorgerufene und kontrollierte Bewegung zum Reflex werden soll, sondern daß der Ausgleich zwischen dem Körper-Sein und Körper-Haben schlagartig stattfinden muß. Jeder muß auf seine Weise damit fertig werden – und wird in gewisser Weise nie damit fertig.«[225]

Darüber hinaus zeigen sich für Plessner alle menschlichen Vollzüge durch das Moment einer anfänglichen Initiative bedingt, die er als ›Schematismus der Willkür‹ bezeichnet. »Willkür [...] mündet wie auch immer in das Auge-Hand-Feld und dessen Schema ein. Vorhaben und Pläne sind strukturell mit ihm verbunden. [...] Hier zeigt sich der Primat aufrechter Haltung, die jeder Art von Handeln den Schematismus der Willkür aufprägt. Das für ein Subjekt gebrochene Verhältnis von eigenem Körper und eigenem Leib kann zwar seinen Konfliktcharakter nicht verlieren, wird aber durch *Einfügung in den Schematismus* der Willkür produktiv und praktisch.«[226] Jener Schematismus der Willkür, der allen Formen menschli-

mich nur, indem ich mir entgleite. Leiblichkeit besagt, daß ich nur *Als anderer ich selbst* bin« (Waldenfels, 1999b, S. 51).

224 Ebd., S. 242.

225 Ebd. Wenn Plessner, wie oben ausgeführt, von einem Verhalten *der* Verkörperung und *zur* Verkörperung spricht, so zeigt dies an, dass die Möglichkeit, »die eigene Leiblichkeit [...] *als* die eigene« (III, S. 346) zu erfahren immerzu im Modus eines ›Kategorischen Konjunktiv‹ (vgl. Kap. III A. 5) erscheint.

226 III, S. 370.

chen Handelns zugrunde liegt[227], knüpft sich jedoch nicht ausschließlich an die Bedingung eines seiner selbst bewussten Ich, sondern er fungiert, wie Plessner betont, bereits »vor aller ausdrücklichen Zurechenbarkeit.«[228]

## IV.B Die ›Verkörperung‹ als Bildungs-Prinzip

Auf der Grundlage der zuvor ermittelten Befunde soll nun im abschließenden Teil dieses Kapitels versucht werden, Plessners Konzept der ›Verkörperung‹ auf eine Reihe ihm inhärenter bildungstheoretisch relevanter Gehalte hin zu befragen. Wie sich zeigen wird, stellt ein solches Anliegen nicht eine gleichsam ›von außen‹ an sein Denken herangetragene, sondern in verschiedener Hinsicht durch seine anthropologischen Einsichten selbst nahegelegte Betrachtungsweise dar.[229]

Erste Anhaltspunkte für die bildungstheoretische Relevanz seiner Anthropologie finden sich sowohl in Plessners Feststellung, der Mensch müsse ›sich zu dem, was er schon ist, erst machen‹[230], als auch in seinem Diktum, dass die Verkörperung als ein »Instrument der Verhaltens*bildung*«[231] fungiere. Zwar weisen beide der hier angeführten Formulierun-

227 Vgl. X, S. 321.

228 III, S. 386.

229 Nur am Rande sei an dieser Stelle anhand von zwei Beispielen auf gewisse Anschlussmöglichkeiten zwischen dem im Folgenden am Leitfaden von Plessners Ansatz entwickelten Bildungsverständnis und bestimmten bildungstheoretischen Positionen des 20. Jahrhunderts hingewiesen. In seinem Werk *Das Bildungsideal der deutschen Klassik* (Litt, 1959) entwickelt Theodor Litt einen Bildungsbegriff, in dessen Mittelpunkt das Motiv der ›Antinomie‹ steht. Mit ihm tritt er in Opposition zu einem aus seiner Sicht totalitäre Züge tragenden harmonistischen Bildungsverständnis neuhumanistischer Provenienz. Ferner finden sich eine Reihe von Konvergenzen zwischen Plessners anthropologischer Konzeption und den bildungstheoretischen Reflexionen Henning Luthers. Darin betont Luther analog zu Litt die Fragmentarizität und Krisenhaftigkeit von Bildungsprozessen (vgl. Luther, 1992a, S. 151, 159; ders., 1992b, S. 177, 180).

230 Vgl. III A 2.3.

231 VIII, S. 206 (Hervorh. T.K.). Auf einige aus Plessners Konzeption erwachsende bildungstheoretische Implikationen verweist neben Elzer (vgl. Kap. I 5.) auch Reichenbach (vgl. Reichenbach, 2001, S. 86 ff.), dessen Darstellung jedoch unerklärlicherweise keinerlei Hinweise auf die *leibliche* Verfasstheit eines exzentrisch strukturierten Selbst bietet.

gen den Menschen als ein grundsätzlich auf ›Bildung‹ (in einem noch näher zu explizierenden Sinn) verwiesenes Wesen aus, doch bergen sie zugleich die Gefahr eines potentiellen Missverständnisses. Denn während sich etwa die Feststellung, der Mensch müsse sich zu dem, was er schon ist, erst machen, im Bildungsdenken der Moderne eng mit der Forderung nach einer ›Selbstbildung‹ des Menschen verknüpft zeigt, lässt sich Plessners These einer notwendigen Gestaltung der eigenen Existenz *nicht* für eine derartig subjektzentrierte Bildungsidee in Anspruch nehmen. Da der Mensch ›sich‹ nach Plessner nur an dem anderen seiner selbst ›hat‹, erlaubt, ja fordert es seine Konzeption geradezu, Bildung vielmehr ex-zentrisch, d.h. nicht als einen einmal erworbenen festen Besitz, sondern im Sinne einer offenen und unabschließbaren Dialektik von Selbst und Anderem, geistigen und körperlichen Anteilen zu denken.[232]

## IV.B.1 Zur Leibgebundenheit von Bildungsprozessen – Historische Impulse

Im Rahmen der folgenden Darstellung sollen – ohne Anspruch auf Vollständigkeit oder systematische Strenge – einige Schlaglichter auf bestimmte Traditionslinien geworfen werden, in denen sich der Gedanke der Bildung des Menschen mit dem Aspekt seiner Leiblichkeit verknüpft zeigt, um so einige entscheidende semantische Verkürzungen anzudeuten, die der Bildungsbegriff im Laufe seiner Entwicklung erfahren hat.

Erste Spuren eines Konnex zwischen ›Bildung‹ und ›Leiblichkeit‹ finden sich im Spätmittelalter bzw. der frühen Neuzeit vor allem im Kontext naturphilosophischer und mystischer Denkbewegungen. In Distanz vor allem zu den Ansichten Meister Eckharts und Seuses profiliert sich im 16. Jahrhundert in zunehmendem Maße der Gedanke einer allen Dingen durch den göttlichen Geist ›eingegebenen‹ inneren Formkraft, aus der ihre Bildung entspringt. In einem solchen Verständnis erscheint ›Bildung‹ nicht mehr vornehmlich auf den geistig-seelischen Bereich beschränkt, sondern sie stellt einen auf die Natur als solche bezogenen Prozess dar. »Während bei Eckhart und Seuse auf dem Bildungsweg zu Gott allein der ›obere Seelenteil‹ bzw. das ›Gemüt‹ involviert ist, betrifft ›Bildung‹ in frühneuzeitlichen naturphilosophischen Texten (Paracelsus, J. Böhme) den menschlichen Leib oder umfassender [...] die gesamte organische Natur.«[233]

Als eine weitere mit Blick auf die Leibgebundenheit von Bildungspro-

232 Vgl. zu den Möglichkeiten und Grenzen der Idee einer Bildung als Selbstgestaltung Meyer-Drawe, 1998b.

233 Witte, 2003, S. 322.

zessen maßgebliche Zeitspanne kann das späte 18. Jahrhundert gelten. In ihm vollzieht sich zunächst dahingehend eine für die weitere Entwicklung des Bildungsgedankens entscheidende Weichenstellung, als der Terminus ›Bildung‹ neben seiner fortlaufenden semantischen Erweiterung zugleich eine Reihe bestimmter Bedeutungsgehalte einbüßt. Zu diesen zählt u.a. das für die nachfolgenden Entwicklungen wegweisende Zurücktreten seines transitiven Gebrauchs zugunsten seiner vorrangig reflexiven Verwendung. »Findet sich bei Paracelsus noch die transitive Formulierung, daß *jemandem* etwas ›eingebildet‹ wird, so sind ›Bildung‹ und ›Bildungskraft‹ im Vitalismus reflexiv durch einen Prozeß der Selbstorganisation des Organismus bestimmt: Es bildet *sich* etwas. Die Selbstreferentialität der Bildung geht daher mit dem am Ende des 18. Jh. gehäuften Aufkommen von Autokomposita einher.«[234]

Als nicht weniger belangvoll kann ferner der Umstand gelten, dass sich vor allem im letzten Drittel des 18. Jahrhunderts ein für das pädagogische Denken entscheidender Wandel des Verständnisses von Mensch, Natur und Geschichte in den Wissenschaften vollzieht: »[M]echanistische Auffassungen traten hinter vitalistischen Konzeptionen der Naturvorgänge und der Kulturentwicklung zurück, und anstelle einer statischen Sicht der Welt gewann zunehmend eine dynamisch-prozeßhafte Interpretation gesellschaftlich-kultureller Ordnungssysteme an Boden.«[235] Im Rahmen dieser Entwicklung konstituierte sich in Abgrenzung zu jenen mechanistischen Positionen »ein dichter, von organologischen Denkmustern durchzogener, disziplinenübergreifender Diskurs über die natürlichen, anthropologischen und geschichtlichen Bedingungen und Aspekte menschlicher Existenz [...], der den wissenschaftsgeschichtlichen Nährboden für die Entstehung des modernen pädagogischen Bildungsbegriffs darstellte.«[236] Zu-

234 Ebd., S. 326. Auch Steenblock konstatiert mit E. U. Große eine »verräterische ›Reflexivvorstellung‹ in der deutschen ›Bildung‹, der das transitive ›jemanden bilden‹ nicht so recht geläufig ist« (Steenblock, 1999, S. 187).

235 Müller, 1998, S. 19. Der historiographisch angelegten Studie von Müller, deren Befunde an dieser Stelle eine ausführlichere Erörterung erfahren werden, verdankt die vorliegende Abhandlung eine Reihe maßgeblicher Einsichten. Vgl. ferner Müller, 2002.

236 Ebd., S. 25. Während ein *mechanistisches* Verständnis »die leib-seelisch-geistige Verfassung des Menschen als etwas Zusammengesetztes« auffasst, »das nach kausalen, uns im Prinzip transparenten Gesetzmäßigkeiten funktioniert und auf dessen Entstehung und Veränderung wir durch geeignete Eingriffe steuernd Einfluss nehmen können« (ebd., S. 15), steht im Mittelpunkt einer *organologischen* Sichtweise nicht das »messbare[] und technisch

gleich gilt es jedoch zu bemerken, dass es dieser organologisch-dynamischen Sicht nicht gelang, sich im Bildungsdenken jener Zeit dauerhaft zu etablieren. »Die für eine kurze Periode charakteristischen Versuche, die verschiedenen Aspekte der menschlichen Existenz, wie Leib und Vernunft, Natur und Geschichte, Regelhaftigkeit und Einzigartigkeit, Identität und Wandel, Struktur und Prozeß, in einer labilen Balance zu halten, also das Denken in lebendigen Spannungsfeldern, mündete schon bald wieder in neue Einseitigkeiten, Aufspaltungen, Ausgrenzungen und Hierarchisierungen.«[237]

Einen ihrer maßgeblichen Vertreter findet jene organologische Sicht auf den Bildungsprozess neben Diderot vor allem in Herder, dessen Bildungsverständnis zwei Aspekte miteinander verknüpft: ein vitalistisches Prinzip als »Antrieb der Bildebewegung« und ein »ästhetisches Formprinzip, dem diese Bewegung folgt.«[238] In Herders Denken reduziert sich Bildung nicht auf »die Akkumulation von kulturellem Wissen«, sondern sie versteht sich als »Hervorbringung einer seelisch-geistigen [...] Form, die den eigentümlichen Anlagen eines Menschen und seiner leibhaften Verankerung in der Ordnung der Welt gemäß ist.«[239]

Für Herder – so bleibt festzuhalten – repräsentiert ›Bildung‹ ein »allumfassende[s] Prinzip[], das sämtliche Phänomene des menschlichen Lebens, vom dunklen Gefühl des Seins über das sinnliche Erschließen der Welt bis zu den klaren und deutlichen Erkenntnissen des Verstandes, von den Anlagen, Kräften und Trieben der menschlichen Natur über die innere und äußere Sprache bis zu den geschichtlich-kulturellen Lebensformen, in einen *organologischen Entwicklungszusammenhang*«[240] stellt. Die Bildungsbewegung versteht sich bei ihm als »ein Streben [...], dessen Sinn im Prozeß dieser Bewegung selbst liegt und nicht in ihrem Endresultat«, was impliziert, dass diese »Bildungsbewegung, wenngleich sie unumkehrbar voranschreitet, nicht linear verläuft.«[241] Der »individuelle Bildungsvorgang« wird vielmehr verstanden als eine »fortschreitende Selbsttransformation der menschlichen Leib-Seele-Geist-Einheit.«[242] Damit ist Bildung

beherrschbare[] Verhältnis von Ursache und Wirkungen«, sondern die »Konstitution bedeutungsvoller Erfahrung in der inneren und äußeren Tätigkeit des sich bildenden Menschen« (ebd., S.16).

237 Ebd., S. 26.

238 Ebd., S. 151.

239 Ebd.

240 Ebd., S. 221.

241 Ebd., S. 226. Vgl. ebd., S. 201.

242 Ebd. Vgl. ebd., S. 228.

charakterisiert als ein »dynamische[r] Prozeß des Gestaltwandels«, als »schöpferische Hervorbringung einer ›fließenden Form‹.«[243]

Wie bereits erwähnt, trat mit der Transformation des von Herder formulierten universellen »Bildungs*prinzip[s]*« in das »neuhumanistische Bildungs*ideal*« Humboldtscher Provenienz bereits nach wenigen Jahrzehnten »[d]er Vorgang der Bildung [...] wieder hinter das Resultat der Bildung zurück.«[244] Zugleich bereitete diese Entwicklung den Boden für die – bis auf wenige Ausnahmen[245] – im 19. Jahrhundert erfolgende Tendenz zu einer ›Intellektualisierung‹ von Bildung in dem Sinne, dass diese »überwiegend über Wissensbestände und die dazugehörigen diskursiven Denkformen definiert wird, die dem Paradigma naturwissenschaftlich aufgebauten, ausschließlich kognitiven Wissens folgen.«[246]

Bezieht man neben dem philosophischem auch den pädagogischen Diskurs mit in die Betrachtung ein, so zeigt sich, dass der Gedanke einer Leibgebundenheit von Bildungsprozessen spätestens seit der zweiten Hälfte des 20. Jahrhunderts vor allem im Rahmen des Bereichs der Ästhetischen Bildung, seinen Ort findet. Allerdings steht hierbei weniger die leibliche Verfasstheit des Menschen als solche im Mittelpunkt, sondern diese bleibt – dies belegen Leitparolen wie ›Bildung der Sinne‹ oder ›Lernen mit allen Sinnen‹ – vornehmlich auf bildungsrelevante Fragen der *sinnlichen* Organisation des Menschen begrenzt.[247]

Neben dem Umstand einer verbreitet intellektualistisch orientierten

243 Ebd., S. 229.

244 Ebd., S. 28.

245 So ist Mollenhauer zufolge »Schleiermacher einer der letzten [...], der noch über die Bildungsbedeutung von ›Leibhaftigkeit‹ nachgedacht hatte« (Mollenhauer, 1986c, S. 113).

246 Marotzki, 1988, S. 311. Diese Tendenz hat offensichtlich auch Klafki im Blick, wenn er bemerkt: »Es ist ein weiterer Aspekt jener Verfallsgeschichte des klassischen Bildungsbegriffs im Laufe des 19. Jahrhunderts und ihrer Nachwirkungen bis in unsere Zeit, wenn der Begriff der Bildung – nicht zuletzt auch im Hinblick auf die Schule – weithin auf die kognitive Dimension reduziert wurde – und dies außerdem unter Tilgung des kritischen Moments« (Klafki, 1986, S. 468).

247 Vgl. aus der inzwischen beinahe unüberschaubaren Vielzahl von Veröffentlichungen zu diesem Thema, welche Horst Rumpf, nachdem er zu Beginn der achtziger Jahre noch die »übergangene Sinnlichkeit« (vgl. Rumpf,1981) beklagte, nur rund eine Dekade später von einem »Sinnentrubel« (vgl. ders., 1994, S. 5) sprechen ließ, exemplarisch Beck, 1994; Fellsches, 1994; Pazzini, 1994; Schulz, 1997; Staudte, 1991; zur Lippe, 1987.

Auffassung von ›Bildung‹ ist es jedoch auch der Leib selbst, der sich seiner bildungstheoretischen Thematisierung widersetzt. Als »eine kaum in Bildungstheorien zu integrierende Dimension« können leibliche Erfahrungen dabei zunächst insofern gelten, als wir »im leiblichen Existieren« jene »unhintergehbare Zweideutigkeit« von Körper-Haben und Leib-Sein vollziehen, der wir »im Denken [...] nur sehr schwer nahe[kommen].«[248] Darüber hinaus besteht eine weitere Crux, den Leib für ein bildungstheoretisches Denken zu erschließen, in dem häufig geäußerten Verdacht, einer leiborientierten Perspektive korrespondiere zwangsläufig eine Absage an die Vernunft und damit eine Nobilitierung des Irrationalen. Inwiefern sich ein ›vernunftloses‹ Leibverständnis in der Tat der Gefahr einer Ideologisierung ausliefert, illustriert vor allem dessen Instrumentalisierung durch das nationalsozialistische Denken. »Wie andere Vorstellungen auch ist der Leibbegriff in der nationalsozialistischen Pädagogik korrumpiert worden. Die Verherrlichung des tüchtigen, gepanzerten und fruchtbaren Leibes, die mit der Kritik an kalter Intellektualität verknüpft wurde, hat Spuren hinterlassen. Wir haben zu Recht die Unbefangenheit verloren, über den Leib in pädagogischer Hinsicht zu sprechen. Eine Folge sollte sein, daß der Körper nicht als Wert an sich behandelt wird. Seine Verbundenheit mit unseren intellektuellen Möglichkeiten muß im Blick bleiben.«[249]

## IV.B.2 Pädagogische Weichenstellungen – Mollenhauers »Korrekturen am Bildungsbegriff«

Im Gegensatz zu philosophischen Ansätzen tritt der Gedanke einer Leibgebundenheit von Bildungsprozessen in pädagogischen Diskursen erst vergleichsweise spät in den Blickpunkt des Interesses. Zu denjenigen Autoren, die sich der bildungstheoretischen Herausforderung durch den Leib stellen, zählt u.a. Klaus Mollenhauer. In einem 1987 veröffentlichen Aufsatz macht Mollenhauer auf die Notwendigkeit einer Reihe von *Korrekturen am Bildungsbegriff* aufmerksam, in deren Rahmen er u.a. für eine stärkere Berücksichtigung der leiblichen Erfahrungsebene in bildungstheoretischen Kontexten plädiert. »Die Ironie Diderots, die [...] Bilder Goyas, die scharfsinnigen Analysen des ›unglücklichen‹ und des ›zerrissenen‹ Bewußtseins Hegels, der Spott Nietzsches über diese Art von Bewußtseins-

248 Meyer-Drawe, 2000b, S. 149 f.

249 Ebd., S. 150 f. Als ein weiteres Motiv für die häufige Desavouierung leiblicher Erfahrungen gegenüber den rationalen Möglichkeiten des Menschen führt Meyer-Drawe den Umstand an, dass »mit unserer geistigen Natur unsere Privilegien gegeben sind, mit unserer leiblichen aber auch unsere Hin- und Anfälligkeit« (ebd., S. 149 f.).

philosophie, schließlich auch die Psychoanalyse Freuds und die philosophische Anthropologie Plessners reichten offenbar nicht aus, um der deutschen Bildungstheorie einen leiborientierten Blickpunkt beizubringen. Dieser nämlich [...] blieb der Körper, das Sinnliche in allen Bildungsvorgängen, scheinbar ziemlich fremd.«[250]

Diese Reserviertheit gegenüber der körperlich-leiblichen Dimension der menschlichen Existenz spiegelt sich nach Mollenhauer nicht zuletzt in jener für die deutsche Bildungstradition charakteristischen Verfahrensweise, »die Leibhaftigkeit des Bildungsprozesses in die frühe Kindheit [zu] verbann[en].«[251] Ungeachtet der Problematik eines solchen Vorgehens ist es nach Mollenhauer gerade das kindliche Verhalten, an dem sich wesentliche Einsichten in Bezug auf die leibliche Mitwirkung an Bildungsprozessen gewinnen lassen. »Das Ich des Kindes bildet sich nicht nur in Beziehungskonstellationen, sondern auch in der Auseinandersetzung mit dem, was einerseits organisch, andererseits dinglich gegeben ist; dazu bedarf es der Motorik des ganzen Leibes; die Bewegungen von Seele und Körper repräsentieren sich wechselseitig: das Kind *ist*, was es *kann*.«[252] Über den kindlichen Erfahrungsbereich hinausgehend entdeckt Mollenhauer jedoch ebenso in der Literatur, Musik und bildenden Kunst[253] zahlreiche Indizien für die Verschränkung der geistigen und körperlichen Sphäre, des Inneren mit dem Äußeren. »[D]er Bildungsprozeß läßt sich nicht *nur* so denken, daß sein Fluchtpunkt allemal eine rationalistische Vorstellung von ›kritischem Bewußtsein‹ ist, sondern auch so, daß er als ein Wechselspiel – und im Fluchtpunkt als eine Balance – von Wissen und Können erscheint. ›Können‹ ist leibnäher als ›Wissen‹.«[254]

Mollenhauers neben leibphänomenologischen Studien (Merleau-Ponty, Meyer-Drawe, Waldenfels) auch sicherlich in nicht geringem Maße von Plessners Einsichten[255] geleitetes Engagement für eine stärkere Be-

250 Mollenhauer, 1987, S. 8. An anderer Stelle schreibt Mollenhauer: »Der direkte Zugriff auf den Körper des Kindes, sei es als dessen Zurichtung, sei es als dessen Stilisierung zu sogenannter ›authentischer‹ Körpererfahrung, ist nicht weniger schamlos als der umgekehrte Fall: die Entfernung des Leibes aus den ›Lernprozessen‹, den pädagogischen Prozeduren, den curricularen Konstruktionsbemühungen« (ders., 1986d, S. 153).

251 Ebd., S. 9.

252 Ebd.

253 Vgl. ders., 1998b.

254 Ebd. Vgl. Meyer-Drawe, 2000c, S. 145.

255 Zwar weisen Mollenhauers Texte keine systematische Beschäftigung mit Plessners Anthropologie auf, doch finden sich in ihnen zahlreiche Verweise

rücksichtigung leiblicher Aspekte in bildungstheoretischen Kontexten wird vor allem durch seine zahlreichen Arbeiten zur ›ästhetischen Bildung‹ dokumentiert. Dabei erweisen sich für ihn neben der Analyse von Kunstwerken auch hier immer wieder die ästhetischen Erfahrungen von Kindern als aufschlussreich. Deutlich tritt diese Orientierung vor allem in einer Untersuchung hervor, deren Befunde er Mitte der neunziger Jahre unter dem Titel *Grundfragen ästhetischer Bildung*[256] veröffentlicht. Dieser Arbeit ist auch das nun referierte Beispiel entnommen, anhand dessen der Gedanke einer Leibgebundenheit von Bildungsprozessen näher entfaltet werden soll.

Unter dem Titel »›Tönend bewegte Formen‹ – Annotationen zur Leiblichkeit kindlich-musikalischer Gestaltung«[257] fragt Mollenhauer nach der Verbindung von ›Ton‹, ›Bewegung‹ und ›Form‹, die er anhand musikalischer Improvisationen von Kindern aufzuzeigen versucht. Dieser Anspruch zeigt sich von der Annahme geleitet, dass »beim Improvisieren leiblich-motorische und syntaktisch-formale ›Operationen‹ dicht miteinander verzahnt sind in der Weise, daß beide zusammen musikalischen Sinn hervorbringen« (237). Mit der von ihm entwickelten Forschungshypothese wendet sich Mollenhauer gegen die in der Musischen Erziehung häufig anzutreffende Auffassung einer Verschmelzung von Musik und Körper im musikalischen Geschehen. Seiner Skepsis gegenüber einem solchen Standpunkt verleiht er dabei durch folgende Frage Ausdruck: »Erlebt das Kind bei gelungener Einheit keinen Widerstand, der vom musikalischen Material ausgehen könnte, empfindet es keinen Unterschied mehr zwischen sich selbst und dem Geschehen der Töne?« (238).

Das leibliche Beteiligtsein an musikalischer Sinnerzeugung erläutert Mollenhauer am Beispiel des Xylophonspiels eines Kindes. Dabei weist er darauf hin, dass das Kind, um eine Gleichmäßigkeit der Töne zu erlangen, ungleichmäßige Armbewegungen (rasches In-die-Höhe-Gehen des Arms beim Schlagen eines Bogens in der Luft, langsames Nach-unten-Gehen,

auf dessen Ansatz. Vgl. hierzu u.a. Mollenhauer, 1986, S. 93, 108, 114, 148; 1987, S. 8 ff.; 1988, S. 453, 456; 1996, S. 21, 35, 103, 117, 237, 242, 246; 1998a, S. 29 f., 165. Daneben verwendet Mollenhauer häufig und z.T. ohne expliziten Verweis auf Plessner die Begriffe ›exzentrisch‹ bzw. ›exzentrische Position‹ (vgl. ders., 1990, S. 491; 1996, S. 67 f., 99, 189 ff., 255, 261; 1998a, S. 30, 165, 167; 2000, S. 54, 63, 71). Vgl. in diesem Zusammenhang auch Mollenhauers *Ego-Histoire*, in der er Plessner als den »wichtigsten Hochschullehrer[], den ich hatte« (Mollenhauer, 1998c, S. 528), bezeichnet.

256 Vgl. Mollenhauer, 1996.

257 Vgl. ebd., S. 235 ff. Die nachfolgend im Text angegebenen Seitenzahlen beziehen sich auf dieses Kapitel.

Beschleunigung kurz vor dem Auftreffen auf den Klangstab) vollziehen muss. Mit Bezug auf Plessner formuliert Mollenhauer die folgende These: »Für die Hervorbringung musikalischen (resp. ›kunstförmigen‹) Sinns ist es offenbar nötig, solche Bewegungen auszuführen, die uns in anderem, lebenspraktischem Kontext nie einfallen würden« (242).[258] An diesem Phänomen zeigt sich, so Mollenhauer, eine »notwendige Distanzierung der [...] geweckten Leibmotorik von musikalisch Sinnvollem« (ebd.).

Auf der Grundlage der von ihm untersuchten Xylophon-Improvisationen formuliert Mollenhauer nun zwei Vermutungen: »Die real vollzogenen Körperbewegungen und die erklingende Bewegung stimmen keineswegs überein, ja ihr Nicht-Übereinstimmen macht musikalische Sinnerziehung erst möglich. Das Kind mußte entgegen alltäglichen Körperimpulsen arbeiten, kann also in diesem Sinne nicht ›eins sein mit seinem Leib‹« (ebd.). Ferner hebt er hervor, dass »[m]usikalische Formgebung und ›leibliche Responsivität‹ [...] in der Improvisation wechselseitig aufeinander verwiesen [sind] [...]. Weder kann die Syntax nur aus der Leiblichkeit, d.h. ohne kognitive Vorstellung von den Kategorien ›Wiederholung‹ und ›Variation‹ entstehen, noch entfalten sich diese unabhängig von den leiblichen Impulsen, vom Angesprochensein des Leibes durch den Klang« (243).

Die Erfahrung, die das Kind beim Improvisieren einer Melodie macht, stellt für Mollenhauer ein Beispiel für eine »durch den Leib vermittelte Erfahrung musikalischen Sinns« dar, wobei es sich »im Hinblick auf den Leib [um] eine Differenzerfahrung, im Hinblick auf das musikalisch Entstandene [um] eine Sinnerfahrung« (ebd.) handelt. Die in den kindlichen Improvisationen sichtbar werdenden »tonalen Impulse« (»Klangereignisse [...], die entweder harmonisch oder melodisch die Fortsetzung der Figurentwicklung beeinflussen«; ebd.) basieren für Mollenhauer auf der »responsiven Verfaßtheit des Organismus [...], der wie ein Resonanzkörper zunächst den zwar selbst produzierten, aber dann aus der Ferne wiederkehrenden Klang aufnimmt und von ihm zu einer Antwort sich bewegen läßt« (240).

Die durch das Studium kindlicher Improvisationen gewonnenen bildungstheoretischen Einsichten veranschaulicht Mollenhauer anhand zwei-

258 Bei Plessner heißt es: »Musik bedeutet dem Leib, seine von ihr geweckte und angesprochene Motorik zu unterlassen und die Lösung der durch sie gesetzten dynamischen [...] Spannungen den Klanggebilden selbst zu überlassen« (VII, S. 198). Vgl. ferner zur Deutung musikalischen Sinnverstehens im Anschluss an Plessners Begriff der ›Verkörperung‹ Richter, 1987 (bes. S. 102 ff.) sowie zum Versuch einer Vermittlung zwischen Anthropologie und Musikästhetik Schneider, 1987 (bes. S. 136 ff.).

er konkreter Fälle. Im ersten Fall lässt sich das Kind von der selbsterzeugten »Irritation« (Mollenhauer) einer Sexte in der Tonfolge c – e – g – a (mit dem Ton a »ist die Melodie bereits über den möglichen Ruhrpunkt, die Quinte, und damit über die eingeschlagene Tonart C-Dur hinausgegangen«; 239) dazu auffordern, »den betretenen Klangraum (C-Dur) zu erweitern« (243). Im zweiten Fall entsteht durch die Tonfolge g – e – gis mit der zuletzt gespielten Note »eine Unentschiedenheit hinsichtlich der Tonart. Der hierdurch erzeugten Erwartungshaltung begegnet das Kind nun nicht einfach mit einer Auflösung der Spannung – dann hätte es sein Spiel nach dem Anschlag des vierten Tons beenden können –, sondern es läßt die ganze Tonfolge in eine schnellere Bewegung kommen. [...] Die entstandene Spannung wird von dem Kind als so beträchtlich empfunden, daß es mit seinem ganzen Organismus in Bewegung gerät« – auch hier handelt es sich um ein »Mitgenommensein durch die Klangwirkung« (245).

In den von ihm vorgelegten Beispielen sieht Mollenhauer eine Bestätigung seiner These, der zu Folge »*ohne* ›tönend bewegte Formen‹ [...] überhaupt kein musikalischer Sinn und damit auch keine ästhetisch-musikalische Erfahrung denkbar [ist]« (236). »Im Prozeß der formgebenden Erfindung (sind) musikalisch-klingende Bewegung und innerleibliche Gegenbewegung oft konstitutiv [...] und [ermöglichen] erst musikalischen Sinn [...]« (250).

Ausgehend von seinen Studien zur Ästhetischen Bildung formuliert Mollenhauer aufgrund der durch sie gewonnenen Einsichten in die Relevanz leiblicher Erfahrungen für Bildungsprozesse eine Reihe bedeutsamer pädagogischer Konsequenzen: Als eine »radikale Provokation dessen, was [...] Pädagogik heißt«[259], fungieren die von ihm beschriebenen ästhetische Erfahrungen vor allem deshalb, weil sie sich weder »unter den Begriff der Praxis subsumieren«[260] noch »einem Bildungsbegriff ein[]ordnen [lassen], der auf gesellschaftliche Integration, auf zeitliche Kontinuitätsannahmen setzt.«[261] Für Mollenhauer bezeugt der Bildungssinn ästhetischer Erfahrungen vielmehr den Umstand einer grundsätzlichen »Nicht-Planbarkeit von Bildungsprozessen«, die er jedoch nicht als einen »Verzicht auf Absichten«, sondern als »Aufmerksamkeit für die Spuren von Selbstverhältnissen«[262] verstanden wissen will.

Zugleich votiert Mollenhauer vor dem Hintergrund seiner Befunde für

259 Mollenhauer, 1990a, S. 482.

260 Ebd. Vgl. ebd., S. 490 f.

261 Ebd., S. 489. Vgl. Schulz, 1997, S. 17.

262 Ders., 1998a, S. 160.

ein nicht allein auf schulische Kontexte begrenztes Bildungsdenken. Aus seiner Sicht hat der Bildungsbegriff im Laufe seiner historischen Entwicklung drei entscheidende »Verengungen« erfahren: »Seine Anwendung auf Schule war der erste, die Differenzierung von Unterrichtsinhalten in solche für ›Allgemeinbildung‹ und solche für ›Spezialbildung‹ war der zweite, die Didaktik als Theorie und Praxis der Beteiligung der Fächer an diesem Unternehmen war der dritte Verengungsschritt. Der damit gewonnene Vorteil einer empirisch besser kontrollierbaren Rede über Bildung wurde mit einem Nachteil bezahlt: Das Nachdenken über Bildung wurde zu einer Art argumentativer Zulieferer-Veranstaltung für Didaktik und Unterricht.«[263] Gegenüber einem solch institutionell restringierten Bildungsverständnis liefern Mollenhauers Untersuchungen – ungeachtet einer Reihe problematischer Argumentationsmuster[264] – Hinweise darauf, dass sich bildungsrelevante Erfahrungen nicht nur innerhalb, sondern auch abseits institutioneller und organisierter pädagogischer Kontexte vollziehen. »Die Formierung von Bildungsprozessen [...] geschieht nicht nur in Schulen, sondern in allen sozialen Feldern. [...] Alle Produkte, die eine Lebensform enthält oder hervorbringt, sind also, der Möglichkeit nach, bildungsrelevant, wie auch alles, was in der Bildung der Person geschieht, für die Lebensform relevant ist.«[265]

### IV.B.3 Bildung als ›Verkörperung‹

Ausgehend von der Diagnose, dass »[b]islang [...] auf der Ebene der pädagogischen Semantik das Arsenal von Begriffen, Figuren und Wendungen, die jenen schwierig zu beschreibenden, sich eindeutigen Identifizierungen immer wieder entziehenden Ort erfassen, der *jenseits* der Unterscheidungen in Subjekt und Objekt, Individuum und Gesellschaft bzw. Autonomie

263 Ders., 1996, S. 12.

264 Das zentrale Problem der Mollenhauer'schen Bildungskonzeption lässt sich unter dem Stichwort ›Privatisierung bzw. Subjektivierung ästhetischer Erfahrung‹ fassen. Einer solchen Kritik leistet Mollenhauer u.a. dadurch Vorschub, dass er – wenn auch unter Einschränkungen – von der ästhetischen Wirkung als einer »Erfahrung mit mir, die von der Zustimmung der anderen nicht abhängig ist« (ders., 1996, S. 25) bzw. von der Beschreibung ästhetischer Wirkungen mittels »egologische[r] Sätze« (ders., 1990a, S. 484) spricht. Vgl. hierzu auch die Einwände von Brumlik, 2000, S. 158 ff.

265 Mollenhauer, 1986b, S. 39. In diesem Punkt weiß sich Mollenhauers Standpunkt mit demjenigen Goethes einig, in dessen *Wilhelm Meister* es heißt: »[A]lles was uns begegnet, läßt Spuren zurück, alles trägt unmerklich zu unserer Bildung bei« (Goethe; zit. nach Steenblock, 1999, S. 161.

und Heteronomie liegt, sehr begrenzt zu sein [scheint]«[266], wurde im Vorangegangenen mit der ›Verkörperung‹ eine Beschreibungsform intersubjektiver Verhältnisse vorgestellt, die o.g. Sortierungen insofern unterläuft, als sich in ihr körperliche und geistige, aktive und rezeptive[267], bewusste und unbewusste[268], natürliche und kulturelle Aspekte – oftmals konfligierend – ineinander verschränkt zeigen.

Seinen bildungstheoretischen Gehalt offenbart das Prinzip der ›Verkörperung‹ zunächst darin, dass sich der pädagogischen Reflexion mit ihr eine Möglichkeit bietet, »vor die theoriegeschichtliche Vereinnahmung des Bildungsdenkens durch die institutionalisierte pädagogische Praxis zurückzugehen, um [...] zu fragen, wie sonst man noch sinnvoll über Bildung nachdenken kann.«[269] Wenn Mollenhauer in ebenso provozierender wie treffender Weise ausführt, dass »[m]it dem Leib [...] alles [beginnt und endet], was wir über die Bildung des Menschen zu sagen wissen«[270], so tragen Plessners Ausführungen gleichermaßen zur Veranschaulichung und Bestätigung dieses Sachverhalts einer Leibgebundenheit von Bildungsprozessen bei. Aus einer solch leiborientierten Perspektive erscheint ›Bildung‹ dann nicht mehr vorrangig als eine bloße Akkumulation kultureller Wissensbestände (und somit auch nicht als ein ›Besitz‹ des Subjekts), sondern als eine (keineswegs immerzu bewusst vollzogene) Gestaltung der durch das Subjekt hindurch verlaufenden Differenzen von Körper und Leib, Selbst und Anderem, Innen und Außen, Natur und Kultur, in die es eingebunden bleibt und durch die es sich *als* Subjekt immer wieder erneut hervorbringt (›bildet‹).

Neben seiner Relevanz als Korrektiv gegenüber einem die fundamentale Bedeutung der leiblichen Erfahrungsebene bagatellisierenden Bildungsverständnis tritt das Konzept der ›Verkörperung‹ ebenfalls in eine kritische Distanz zu solchen bildungstheoretischen Positionen, die vorran-

266 Rieger-Ladich, 2002, S. 449.

267 »Die Unentschiedenheit und das Hin und Her zwischen aktivem Handeln und Geschehenlassen ist gerade ein Kennzeichen von Verkörperung« (Richter, 1987, S. 109).

268 Vgl. hierzu den folgenden Passus aus Imre Kertész' Buch *Ich – ein anderer*: »[I]st die moralische Qualität des Lebens – das Bemühen, *besser* zu werden – überhaupt noch eine Kategorie, über die sich nachzudenken lohnt [...]? Auch darüber habe ich keine *Meinung*, diese Frage könnte ich lediglich *verkörpern*, die Antwort lediglich leben, *praktizieren*, ohne sie selber je finden zu können [...]« (Kertész, 1999, S. 80).

269 Müller, 1997, S. 144.

270 Mollenhauer, 1998b, S. 56.

gig das ›Selbstwerden‹ zum Leitziel pädagogischer Bemühungen erklären, dabei jedoch dem permanenten Anderssein und »Anderswerden«[271] des Menschen nicht hinreichend Rechnung tragen. Demgegenüber liefern Plessners Ausführungen zur ›Umwegstruktur‹ des Selbstseins eine Reihe von Argumenten dafür, dass es nicht das Subjekt ist, das im privaten Selbstbezug seine ›Identität‹ reflexiv herstellt, sondern ›sich‹ allein durch die (leibliche) Verschränkung mit Anderen und Anderem gewinnt, durch die es seinerseits fortwährend ein Anderer wird. »[D]aß sich Menschen in Beziehung zueinander und durch die Beziehung zueinander verändern, daß sie sich ständig in Beziehung zueinander gestalten und umgestalten, dies ist charakteristisch für das Phänomen der Verflechtung überhaupt.«[272] Vor dem Hintergrund, dass eine leiblich-exzentrische Subjektivität auf das Andere ihrer selbst permanent angewiesen *bleibt*, bedeutet »Bildung [...] in dieser Perspektive gerade nicht Identitätsfindung, sondern Gestaltung einer unausweichlichen Fremdheit mit uns selbst, also eine konflikthafte Lebensformung unter historischen, gesellschaftlichen, aber auch naturgegebenen Bedingungen.«[273]

Begründet der Zwang zur Verkörperung eines Anderen des Selbst im Selbst somit das permanente Anderswerden des Menschen, so gilt es zu betonen, dass hiermit keineswegs Kontinuitäts- und Kohärenzerfahrungen bestritten werden sollen. Allein deren Privilegierung im Hinblick auf intersubjektive Vollzüge muss als problematisch angesehen werden, da durch sie – dies belegte die kritische Befragung diverser Identitätskonzepte – all zu leicht die produktiven Gehalte des Phänomens einer nicht-pathologischen, zur Verfasstheit des Menschen als solcher zählenden »Selbstfremdheit«[274] aus dem Blick geraten. Demgegenüber zeichnet sich ein an der ›Verkörperung‹ orientiertes Subjektverständnis dadurch aus, dass es eine gleich-gültige Berücksichtigung kontinuierlicher und diskontinuierlicher Erfahrungsmomente ermöglicht. Denn so wie der Mensch als exzentrisches Wesen ohne feste Mitte nur durch seine Verkörperungen als ein

271 Vgl. Ricken, 1999, S. 311 ff.

272 Elias, 1999, S. 45. In ähnlicher Hinsicht heißt es bei Theunissen: »[D]urch die Anderen werde ich meinerseits ein Anderer« (Theunissen, 1977, S. 238).

273 Meyer-Drawe, 2000b, S. 154. Vgl. zu den unterschiedlichen Akzenten des Bemühens um eine Einbeziehung des Anderen in bildungstheoretische Überlegungen neben dies., 1994, 1996a, 1999, S. 332 auch Peukert, 1994; Benner, 1999; v. Wolzogen, 1997.

274 Vgl. zu den Facetten dieses Phänomens u.a. *Paragrana*, 1997; Meyer-Drawe, 1990, S. 112 ff.

»Jemand«[275] figuriert (relative Kontinuität), erfährt er sich durch eben diese Vollzüge auch immer wieder als ein Anderer (relative Diskontinuität). Ungeachtet eigener und fremder Festschreibungen ist menschliches Sein immerzu mehr oder – wie Plessner häufig betont – auch weniger, als es ›ist‹. »Figuration kann deshalb nicht überdauernde ›Gestalt‹ sein, sondern nur prozeßhafte, vorläufige Figur, die Formationen und die Möglichkeit zur Deformation immer bereits als Bedingung in sich trägt.«[276]

Die am Leitfaden der Plessner'schen Anthropologie aufgezeigten vielfältigen Verflechtungen des Subjekts mit dem Anderen seiner selbst bedeuten allerdings nicht, dass der Zwang zur Verkörperung gleichbedeutend mit einer unkritischen Anpassung an bestehende Verhältnisse ist.[277] Insofern das Moment der Distanznahme zu den konstitutiven Merkmalen einer exzentrischen Existenz zählt, geht mit der ›Verkörperung‹ eben so wenig eine Preisgabe emanzipatorischer Potentiale wie der Verlust subjektiver Verantwortungsfähigkeit einher: Als ein Wesen, das sich immer wieder neu verkörpern muss, ist der Mensch in gleicher Weise für sein Tun

275 Vgl. VIII, S. 195.

276 Schuhmacher-Chilla, 1995, S. 56. Das Anliegen einer Überwindung des Alternativcharakters von Kontinuität und Diskontinuität verfolgt auch Wagner, der darauf hinweist, dass »jedem Leben [...] ein Minimum an Kontinuität«, jedoch »immer auch Diskontinuitäten« (Wagner, 1998, S. 64) inhärent sind. »Einerseits gibt es sicherlich jene ›Momente, in denen die Tätigkeiten der Personen zusammenstimmen, sich wechselseitig anpassen und in denen über eine Ordnung der Dinge Einigkeit erzielt wird‹, Momente, für die also eine Sprache der Identität angemessen zu sein scheint. Aber andererseits finden sich eben auch ›Momente, in denen Unruhe die Szene beherrscht und Streit darüber vom Zaun bricht, worum es denn geht, Momente der Ungewißheit, des mehr oder weniger kritischen Zweifels‹« (ebd., S. 65, vgl. ebd., S. 67). Vgl. zur Kritik am Gedanken einer »starre[n] Kontinuität« bereits Krappmann, 1980, S. 104 sowie zum Gedanken einer Produktivität des Diskontinuierlichen Belgrad, 1992, S. 213.

277 Vgl. diesbezüglich neben der Erörterung seiner Rollenkonzeption (Kap. IV A. 2.3) auch die Ausführungen des nachfolgenden Abschnitts (Kap. IV B. 4). Vgl. ferner die folgenden Ausführungen Dreitzels, die zwar auf den Aspekt der ›Rolle‹ zielen, sich jedoch durchaus auf die gesamte Verkörperungsdimension der menschlichen Existenz applizieren lassen: »Rollendistanz bezeichnet nicht einfach den Spielraum einer folgenlosen subjektiven Reflexion, sondern die Bedingung der Möglichkeit von Veränderung und Widerstand selbst« (Dreitzel, 1978, S. 121).

verantwortlich wie sich seine Existenz nicht in einer jeweiligen Zuschreibung erschöpft.

Insgesamt, so bleibt festzuhalten, fordert Plessners Konzept der ›Verkörperung‹ dazu auf, die leibliche und mit ihr die relationale Dimension der menschlichen Existenz als verbindliche Elemente des Bildungsprozesses zu begreifen. Auf der Grundlage ihres Verständnisses im Sinne eines leiblichen Figurierens erweist sich ›Bildung‹ zugleich als eine in doppelter Hinsicht auf die Lebensführung und damit auf subjektive Handlungen bezogene Kategorie: Als leiblich-exzentrisches Wesen ›bildet‹ sich der Mensch allein im Vollzug der Gestaltung seiner leiblichen Differentialität *und* er inszeniert (verkörpert) seine jeweilige ›Bildung‹ durch sein Verhalten gegenüber Anderen.

Insofern die ›Verkörperung‹ als bildungstheoretische Kategorie »soviel Bestimmtheit wie nötig und soviel Unbestimmtheit wie möglich«[278] aufweist, zeigt sie sich nicht nur weitgehend unberührt von einer Reihe immer wieder an anthropologisch argumentierende Konzeptionen herangetragene Einwände.[279] Sie setzt daneben auch einer pädagogischen Erwartungshaltung, die aus ihr konkrete Handlungsanweisungen oder Bildungsziele zu gewinnen hofft, deutliche Grenzen. Gegenüber einem solchen ›Didaktisierungsanspruch‹ tritt die ›Verkörperung‹ nicht zuletzt deshalb in Distanz, weil ihre jeweiligen Ausdrucksformen immerzu historisch, kulturell und sozial divergierenden Bedingungen unterliegen.

Aus den vorangegangenen Ausführungen wurde deutlich, dass Verkörperungen eng mit dem Erwerb und dem Ausagieren von *Haltungen* (im körperlichen und geistigen Sinne) zusammenhängen. Diesen Aspekt aufgreifend und vertiefend soll im Folgenden anhand einer Kontrastierung von Plessners Überlegungen mit den praxeologischen Analysen Pierre Bourdieus auf Möglichkeiten einer Ausdifferenzierung des Verkörperungskonzepts hingewiesen werden.

278 Marotzki, 1991, S. 85. Vgl. zur Unbestimmtheit von ›Bildung‹ auch ders., 1988; Ehrenspeck/Rustemeyer, 1997.

279 »Wer in Fragen der Bildung auf anthropologische Argumentationen zurückgreift, setzt sich leicht dem Verdacht aus, nach letzten Gewißheiten zu suchen, die dem pädagogischen Handeln als sicheres Fundament dienen können« (Müller, 2002, S. 56).

## IV.B.4 Verkörperungen als habitualisierte Haltungen – Möglichkeiten eines Dialogs zwischen Plessner und Bourdieu

Neben ihren bildungstheoretisch produktiven Gehalten hinterlassen Plessners Ausführungen zur ›Verkörperung‹ auch eine Reihe offener Fragen. Zu diesen zählt u.a. das Problem, ob und in welchem Maße Verkörperungen dahingehend eine gewisse ›Langzeitwirkung‹ aufweisen, dass sie sich als relativ dauerhafte Verhaltensdispositionen ›im‹ Selbst sedimentieren. Ferner provozieren Plessners Befunde die Frage nach der Abhängigkeit bestimmter Verkörperungsformen von sozialen Strukturen. Aus diesem Grund sollen seinem Verkörperungskonzept im Folgenden die Überlegungen des französischen Soziologen Pierre Bourdieu zur Seite gestellt werden, anhand derer sich zeigen lässt, inwiefern sich Verkörperungen als Formen einer Einschreibung des Sozialen ›in‹ den Leib und damit in alle Handlungsvollzüge des Menschen begreifen lassen. Angesichts der zwischen Plessners Verkörperungsprinzip und dem Bourdieu'schen Habituskonzept bestehenden Affinitäten bietet dieses nicht nur eine Konkretisierung und Veranschaulichung des Erstgenannten, es verweist zudem auf die Möglichkeit und Notwendigkeit einer Ausdifferenzierung und Weiterentwicklung der Plessner'schen Einsichten.

Wie das von ihm in seiner späten *AdS* prospektiv entworfene Programm einer »Ästhesiologie des Leibes« beweist, war sich Plessner der Indizierungskraft seines Verkörperungskonzepts durchaus bewusst. Vergegenwärtigt man sich zudem seine in diesem Zusammenhang erhobene Forderung, dass eine zukünftige ›Ästhesiologie des Leibes‹ »von der schauspielerischen und tänzerischen Verkörperung bis zur verhüllend-enthüllenden Betonung durch Anzug und Schmuck, von den Eß- und Trinksitten bis zu den Konzentrationstechniken der Selbstbeherrschung und Entkörperung, vom simplen Spiel bis zum spezialisierten Sport« alle Modi »geformten Verhaltens«[280] in den Blick zu nehmen habe, so zeigt sich diese Konzeptionalisierung von einem durchaus ähnlich motivierten sachlichen Interesse geleitet, wie dies Bourdieus Werk *Die feinen Unterschiede*[281] zugrunde liegt. In ihm zeigt Bourdieu – hierin allerdings von der Intention Plessners abweichend –, inwiefern Aspekte wie die Kleidungswahl, kulinarische oder musikalische Präferenzen, kurz: der so genannte

280 Vgl. Kap. IV A. 1.

281 Bourdieu, 1993b. Da der Ansatz Bourdieus an dieser Stelle lediglich unter dem Gesichtspunkt der Verkörperungsproblematik erörtert wird, sei hinsichtlich einer ausführlicheren Erörterung seines Habituskonzepts auf die Arbeiten von Krais/Gebauer, 2002 und Wittpoth, 1994 verwiesen.

›Stil‹ eines Menschen, nicht dessen individuellen Geschmack reflektieren, sondern sich als das Resultat milieu- und klassenspezifischer Einflüsse erweisen, die den Individuen selbst weitgehend verborgen bleiben, deren Wirkungen jedoch bis in winzige Details der Alltagspraxis reichen.

Die spezifischen, aufeinander abgestimmten Strukturen eines sozialen Milieus generieren einen sozialen ›Habitus‹, der im Sinne einer »Matrix« (Bourdieu) das Denken ebenso wie die Wahrnehmungen und Handlungen des Einzelnen strukturiert. »Als Produkt der Geschichte produziert der Habitus individuelle und kollektive Praktiken, also Geschichte, von den von der Geschichte erzeugten Schemata; er gewährleistet die aktive Präsenz früherer Erfahrungen, die sich in jedem Organismus in Gestalt von Wahrnehmungs-, Denk- und Handlungsschemata niederschlagen und die Übereinstimmung und Konstantheit der Praktiken im Zeitverlauf viel sicherer als alle formalen Regeln und expliziten Normen zu gewährleisten suchen.«[282] Vollzieht sich die Ausbildung des zwischen individuellen Dispositionen und sozialen Positionen vermittelnden Habitus durch die Zugehörigkeit zu einem bestimmten sozialen Raum, so birgt dies einerseits die Konsequenz, dass die Homologie der Habitusformen eines Milieus deren Mitglieder zu einem Klassenverband vereint. Neben seiner Funktionsweise als Operator zur ›Justierung‹ sozialer Verhältnisse besitzt der Habitus jedoch auch ein restriktives Moment, indem er die Handlungsspielräume der sozialen Akteure dahingehend einschränkt, dass durch ihn nur solche Denk-, Wahrnehmungs- und Handlungsvollzüge »frei hervorgebracht werden, die innerhalb der Grenzen der besonderen Bedingungen seiner eigenen Hervorbringung liegen.«[283]

Wenn Bourdieu davon spricht, dass der Erwerb von Habitusformen durch eine – im wörtlichen Sinne – Einverleibung sozialer Strukturen erfolgt, wird deutlich, inwiefern der Körper bzw. Leib in eins als Kardinalprinzip zur Generierung *und* Artikulation habitueller Strukturen fungiert. »Der Habitus ist nichts anderes als jenes immanente Gesetz, jene den Leibern durch identische Geschichte(n) aufgeprägte *lex insita*, welche Bedingung nicht nur der Abstimmung der Praktiken, sondern auch der Praktiken der Abstimmung ist.«[284]

Doch wie vollzieht sich, so bleibt zu fragen, jene oben angesprochene Einschreibung des Sozialen in den Körper? Bourdieu zufolge spricht die »leibliche Hexis [...] unmittelbar die Motorik als Haltungsschema an, das einzigartig und systematisch zugleich ist, weil [...] mit einer Fülle von Be-

282 Bourdieu, 1993a, S. 101.

283 Ebd., S. 102.

284 Ebd., S. 111.

deutungen und sozialen Werten befrachtet.«[285] Das bedeutet, dass der Leib als eine Art »Speicher« (Bourdieu) für habitualisierte Praktiken fungiert, die ihren Ausdruck wiederum in »motorische[n] Schemata und automatische[n] Körperreaktionen«[286] finden.

Bourdieus Rede von der »körperliche[n] Hexis« als einer »*einverleibte[n]*, [...] zur stabilen Art und Weise der Körperhaltung, des Redens, Gehens und damit des *Fühlens* und *Denkens*«[287], durch die sich die Sedimentierung sozialer Strukturen und Praktiken vollzieht, findet dort ihre relative Entsprechung in Plessners Anthropologie, wo dieser bemerkt, dass die sich in leiblichen Haltungen ausdrückende ›Verkörperung‹ dem Menschen ›in Fleisch und Blut übergehen‹ müsse.[288] Ferner sei darauf verwiesen, dass Plessners Ansicht, wonach die Identifikation mit einer Rolle als Voraussetzung ihrer ›gelungenen‹ Verkörperung fungiert (»Er ist nur, wozu er sich macht und versteht«[289]), durchaus Konvergenzen zu Bourdieus These aufweist, es sei vor allem der Glaube, die ›illusio‹ (Bourdieu), der letztlich über die Zugehörigkeit zu einem sozialen Feld entscheidet.[290] Dieser praktische Glaube manifestiert sich jedoch nicht allein in »Gemütszust[ä]nd[en]«, sondern im »Zustand des Leibes.«[291] Durch seine erworbenen habitualisierten Strukturen wird der Leib, wie Bourdieu ausführt, »in eine Haltung gebracht [...], welche die mit dieser Haltung assoziierten Gefühle und Gedanken *heraufbeschwören* kann, also in einen jener Indikatorzustände des Leibs, der Gemütszustände herbeiführen kann, wie Schauspielern bekannt ist.«[292] Entsprechend dem Umstand, dass der Habitus die gesamte Person und nicht nur einen Teil derselben formt, distanziert sich Bourdieu ebenso wie Plessner vom Gedanken eines ›hinter‹ den habitualisierten Verkörperungen befindlichen und diese koordinierenden Ichs. »Der Leib glaubt, was er spielt: er weint, wenn er Traurigkeit mimt. Er stellt sich nicht vor, was er spielt, er ruft sich nicht die Vergangenheit ins Gedächtnis, sondern *agiert* die Vergangenheit *aus*, die damit als solche

285 Ebd., S. 136.

286 Ebd., S. 127.

287 Ebd., S. 129. Vgl. ebd., S. 136.

288 Vgl. Kap. IV A. 3. Nur am Rande sei an dieser Stelle bemerkt, dass auch Plessner in einer seiner späteren Arbeiten in Bezug auf die menschliche Mimik und Gestik von einem »Erfaßt- und Geprägtwerden durch den Habitus seiner Mitwelt« (VII, S. 451; vgl. ebd., S. 250) spricht.

289 X, S. 240.

290 Vgl. Bourdieu, 1993a, S. 124.

291 Ebd., S. 126. Vgl. ebd., S. 122.

292 Ebd., S. 127 f.

aufgehoben wird, erlebt sie wieder. Was der Leib gelernt hat, das besitzt man nicht wie ein wiederbetrachtbares Wissen, sondern das ist man.«[293]

Es ist sicherlich kein Zufall, dass sich die Forschungen Plessners und Bourdieus aufgrund der zwischen ihnen bestehenden Affinitäten auch einer Reihe ähnlicher Einwände ausgesetzt sehen. Denn wenn Bourdieu feststellt, dass sich das Individuum nie vollständig von seinen habitualisierten Verhaltensschemata befreien kann, sondern diese lediglich unter erheblichen Anstrengungen zu transformieren vermag, so setzt sich auch sein Denken ebenfalls jenem Determinismusverdacht aus, wie er bereits gegenüber Plessners These, der Mensch sei nicht mehr – aber auch nicht weniger – als die Summe seiner Rollen und Masken, erhoben wurde. Erwies sich dieser Vorwurf im Hinblick auf Plessner als unbegründet, so gilt es auch in Bezug auf Bourdieus Analysen festzuhalten, dass diese gerade nachzuweisen versuchen, dass sich habitualisiertes Verhalten *zwischen* den Polen vollständiger Selbst- und Fremdbestimmung situiert zeigt. »Als unendliche, aber dennoch strikt begrenzte Fähigkeit zur Erzeugung ist der Habitus nur so lange schwer zu denken, wie man den üblichen Alternativen von Determination und Freiheit, Konditioniertheit und Kreativität, Bewußtem und Unbewußtem oder Individuum und Gesellschaft verhaftet bleibt, die er ja eben überwinden will. Da der Habitus eine unbegrenzte Fähigkeit ist [...], steht die *konditionierte und bedingte Freiheit*, die er bietet, der unvorhergesehenen Neuschöpfung ebenso fern wie der simplen mechanischen Reproduktion ursprünglicher Konditionierungen.«[294] Besitzt der Einzelne damit durchaus die prinzipielle Möglichkeit einer Erweiterung seines habituell vorstrukturierten Verhaltensspektrums, so gelingt ihm dies jedoch nur durch die Reflexion auf die eigenen Grenzen sowie seine Position innerhalb des sozialen Raumes. In sachlicher Entsprechung zu Plessners Charakterisierung des Menschen als »naturgebunden und frei, gewachsen und gemacht, ursprünglich und künstlich zugleich«[295] formuliert Bourdieu: »[W]ir alle sind frei innerhalb von Grenzen. Und wir

293 Ebd., S. 135. Anknüpfend an Bourdieus Ansatz betonen auch Gebauer und Wulf, dass »die Herrschaft des Subjekts über sich selbst vom Körper ausgeht, nicht von einem Willen, einem Ich oder einer anderen inneren Instanz. [...] Es gibt keine Priorität der Kontrolle von Denken, Willen oder eines abstrakten Personenkonzepts. Die Kontrollinstanzen sind über den ganzen Körper verteilt. [...] Der Körper selbst ist das Handlungssubjekt« (Gebauer/Wulf, 1998, S. 53).

294 Ebd. S. 103 (Hervorh. T.K.).

295 IV, S. 70 f. Vgl. III, S. 36.

können uns zusätzliche Freiheit dadurch schaffen, daß wir uns diese Grenzen bewußt machen.«[296]

Der mit den vorangegangenen Ausführungen unter bewusster Absehung bestehender Divergenzen eröffnete Dialog zwischen Plessner und Bourdieu Ansatz beabsichtigte, beide als unter gewissen Gesichtspunkten einander nahe stehe und sich wechselseitig ergänzende Entwürfe vorzustellen. Analog zu Plessners Prinzip der ›Verkörperung‹ verweist auch Bourdieus Habituskonzept darauf, dass menschliche Lebensführung keiner übergeordneten Identitätsinstanz bedarf, sondern es der dem Leib innewohnende »praktische Sinn« (Bourdieu) ist, von dem sich das Subjekt bei seinen alltäglichen Vollzügen geleitet zeigt. »Der praktische Sinn als Natur gewordene, in motorische Schemata und automatische Körperreaktionen verwandelte gesellschaftliche Notwendigkeit sorgt dafür, daß Praktiken in dem, was an ihnen dem Auge ihrer Erzeuger verborgen bleibt [...] *sinnvoll*, d.h. mit Alltagsverstand ausgestattet sind. Weil die Handelnden nie ganz genau wissen, was sie tun, hat ihr Tun mehr Sinn, als sie selbst wissen.«[297]

Ferner teilt Bourdieu Plessners Skepsis gegenüber der Notwendigkeit einer größtmöglichen rationalen Selbsterschließung für inter-subjektive Vollzüge, indem er auf der handlungspraktischen Relevanz eines nie vollständig bewusst werdenden, in den Strukturen des Leibes verankerten »impliziten Wissens«[298] insistiert, auf das sich Menschen in ihren alltäglichen Vollzügen *vor* jeder rationalen Rekonstruktion der sie umgebenden Verhältnisse verlassen. In der Verbindlichnahme eines solchen »Leibgedächtnisses«[299], in das auch immer neue Erfahrungen Eingang finden, ohne sich zu einer dauerhaften Identität zu verfestigen, dokumentiert sich ein Subjektverständnis, das eine kritische Distanz zu der »psychotechnologischen Idee [wahrt], eigene Erlebnisprozesse bis in den letzten Winkel kontrollieren und steuern zu können.«[300] Insofern sich die menschliche Existenz für Plessner wie Bourdieu von einer grundsätzlichen, nicht-defizienten »Unschärferelation in Sachen Selbstbeobachtung«[301] begleitet

296 Bourdieu, 1993c, S. 34.

297 Ders., 1993a, S. 127.

298 Vgl. Polanyi, 1985.

299 Vgl. Petzold/Mathias, 1982, S. 157, 164, 178. Vgl. in diesem Zusammenhang auch die Ausführungen zur Lippes hinsichtlich eines »Sinnen-« bzw. »Körperbewußtseins« (vgl. zur Lippe, 1987, S. 7 ff., 289 ff.) sowie einer »Logik des gestischen Wissens« (ders., 1998).

300 Danner, 2000, S. 273.

301 Ebd., S. 268.

zeigt, ist es nicht vorrangig das distinkte Wissen von Subjekten darüber, ›wer sie sind‹, sondern ihre (habituell vorstrukturierten) leiblichen Figurationen, die als maßgebliches Movens subjektiver Lebensführung fungierten. »Das Subjekt ist das Spiel seiner Masken auf einem Feld, das durch Linien markiert ist, aber durch den Einsatz der Illusionen erst seine bestimmte Gestalt erhält.«[302]

302 Meyer-Drawe, 1990, S. 149.

# V. Exzentrische Subjektivität, Verkörperung und Bildung – Ein Resümee

> »Der Bildungsbegriff sollte sich nicht an überweltlichen Vorstellungen orientieren, sondern an der konkreten leiblichen und damit hinfälligen Existenz.«
> (Meyer-Drawe, Bildung und Identität)

Die vorangegangenen Ausführungen verfolgten das Ziel, eine Reihe pädagogischer Perspcktiven der Philosophischen Anthropologie Helmuth Plessners aufzuzeigen und seinen Ansatz damit erstmals in systematischer Weise für diese Disziplin zu erschließen. Ausgehend von dem Sachverhalt, dass nach Plessner »des Menschen Existenz in der Welt durch das Verhältnis zu seinem Körper bestimmt«[1] ist, wurde mit Hilfe seines Ansatzes die kognitionszentrierte Ausrichtung verschiedener Identitätskonzepte einer kritischen Überprüfung unterzogen. Dabei stellte sich heraus, dass die vorrangige Lokalisierung der Identität auf der Ebene des Denkens eine Marginalisierung sowohl der leiblichen Dimension der menschlichen Existenz als auch seiner fundamentalen Verwiesenheit auf Andere/s zur Folge hat.

Ausgehend von diesem Befund sowie der Einsicht in zahlreiche weitere problematische Implikationen einer identitätstheoretisch orientierten Semantik wurde aufgezeigt, inwiefern Plessners Anthropologie dem pädagogischen Denken eine differenztheoretische Beschreibungsmöglichkeit menschlicher Selbst- und Weltverhältnisse zur Verfügung stellt, die es erlaubt, anspruchsvoll über Fragen der Inter-Subjektivität und Bildung zu reflektieren, ohne dabei entweder in dualistische Denkschemata oder ein eindeutigkeitssuggerierendes Vokabular zu verfallen.[2] Im Gegensatz zu einem in pädagogischen Diskursen verbreiteten »Vertrauen auf die Wirkung von Idealvorstellungen«[3], zu denen u.a. auch »jene beliebten Erlö-

1 VII, S. 218.

2 »Weitgehend immunisiert gegenüber subjektkritischen Anfragen aus dem Bereich der Philosophie und Soziologie, nimmt die Allgemeine Pädagogik Zuflucht zu dichotomen Unterscheidungen, kapriziert sich auf die Artikulation von Idealen und Wunschvorstellungen – und verliert dabei unweigerlich die reale Verfaßtheit der Zöglinge und die ungleich kompliziertere Erziehungswirklichkeit aus dem Blick« (Rieger-Ladich, 2002, S. 19).

3 Ebd., S. 442.

sungsformeln wie Autonomie und Identität [zählen], die vornehmlich unserer Eitelkeit und unserem Narzißmus schmeicheln«[4], impliziert Plessners Standpunkt eine Absage an die (letztlich unfruchtbare) Alternative von ›Identität‹ und ›Nicht-Identität‹ zugunsten einer Auffassung, welche die Nicht-Koinzidenz mit sich und Anderen/m als maßgebliche Signatur menschlicher Verfasstheit in den Blick rückt. Indem Plessners Anthropologie den Menschen radikal »von seinen Grenzen her [...] begreif[t]«[5], positioniert sie sich an jenen theoretisch nur schwer fassbaren Schwellen, an denen sich die wechselseitigen Übergänge zwischen den Sphären von Ich und Anderem, Innen und Außen, Körper und Geist, Sinnlichkeit und Verstand vollziehen.

Als eine Artikulationsform jener zahlreichen Grenzverhältnisse und Verschränkungen, durch welche die menschliche Seinsweise gekennzeichnet ist, trat im Durchgang durch Plessners anthropologisches Werk schließlich das Prinzip der ›Verkörperung‹ in den Blick. Wie sich zeigte, handelt es sich bei der ›Verkörperung‹ um einen Terminus, der – obgleich im schauspielerischen Diskurs beheimatet und inzwischen zu einem Bestandteil der Alltagssprache avanciert – genug Indizierungspotential besitzt, um als wissenschaftliche Kategorie zu fungieren. Ihre Bestätigung erfuhr diese These u.a. im Rahmen des Versuchs, Plessners Verkörperungskonzept neben seinen inter-subjektivitätstheoretischen Gehalten auch auf mögliche bildungstheoretische Implikationen hin zu befragen. Gegenüber kognitivistisch restringierten Auffassungen verweist ein Verständnis von ›Bildung als Verkörperung‹ nicht nur auf die konstitutive Leibgebundenheit von Bildungsprozessen; als ›*Ver*körperung eines Anderen des Selbst im Selbst‹ erscheint ›Bildung‹ darüber hinaus auch als ein immer neu zu bewältigender Gestaltungsprozess, durch den der Mensch in eine unablässige Dialektik von Selbstsein und Anderswerden eingebunden bleibt.

Dokumentiert die Kategorie der ›Verkörperung‹ einerseits die fundamentale Nicht-Koinzidenz des Menschen mit sich, so lässt sich dieses Prinzip andererseits auch als ein Antwortversuch auf die Frage des Umgangs mit seiner unüberwindlichen Selbst-Differenz verstehen. Diesseits jeder Verharmlosung der problematischen Züge jener Differentialität betont Plessner die Notwendigkeit einer Ausgleichsfindung, ohne sich allerdings der Utopie ihrer schließlichen Überwindung hinzugeben. Aus

4 Ebd., S. 445. Für Meyer-Drawe liegt das Problem solcher und ähnlicher Begriffe vor allem darin, dass sie »Menschenunmögliches als Orientierung für pädagogisches Handeln festlegen« (Meyer-Drawe, 2000b, S. 148).

5 Weiland, 1995, S. 111.

Plessners Sicht behält menschliche Lebensführung immerzu ihren doppeldeutigen Charakter, durch den sie als eine Chance *und* zu erleidende Not erscheint. Allerdings wäre es verfehlt, Plessners Insistieren auf der Unmöglichkeit einer dauerhaft gelingenden körperlich-leiblichen Balance und dem daraus oftmals resultierenden menschlichen Leiden an jener Differentialität als Manifestation eines erfahrungsdistanzierten intellektuellen Luxus zu begreifen. Wie dargelegt, repräsentieren Plessners Ausführungen gerade im Gegenteil einen an der lebensweltlichen Erfahrung gewonnenen Befund. »Wir müssen laborieren mit unserer konflikthaften Existenz, was möglich ist, wenn wir ihre Mehrdeutigkeit akzeptieren und gleichzeitig nach einem Umgang mit ihr suchen, wobei beides nicht in einem wie immer auch gearteten ganzheitlichen Konzept zu verbinden ist.«[6]

Mit der anhand seiner Anthropologie vollzogenen Vorführung einer Reihe in pädagogischen Kontexten bisher wenig erprobter Denkgewohnheiten sollten einige Perspektiven und Anknüpfungspunkte für eine künftige Einbeziehung der Plessner'schen Anthropologie in pädagogisch relevante Fragestellungen aufgezeigt werden. Dabei muss nicht betont werden, dass sich die pädagogischen Potentiale eines Denkers, der ein so vielfältiges Œuvre hinterlässt, in den hier aufgezeigten thematischen Fluchtpunkten keineswegs erschöpfen. Gleichwohl gilt, dass sich eine an den Einsichten seiner anthropologischen Forschung orientierte Pädagogik jenen oftmals ephemeren und konfligierenden Grenzverhältnissen zuzuwenden hat, die *zwischen* den Bereichen des Selben und Anderen, Körper und Geist verlaufen. Ein solches ›Grenz-Denken‹ gibt die Momente der Stabilität, Kontinuität und Einheit nicht vollständig preis, begreift sie allerdings als lediglich temporäre Phasen innerhalb einer nie zur Ruhe kommenden Prozessualität, in die sich eine durch die Momente der Differentialität und Unergründlichkeit (›homo absconditus‹) gekennzeichnete exzentrische Existenz eingebunden zeigt. »Ortlos, zeitlos ins Nichts gestellt, treibt sich das menschliche Wesen beständig von sich fort, ohne Möglichkeit der Rückkehr, findet sich immer als ein anderes in den Fügungen seiner Geschichte, die es zu durchschauen, aber zu keinem Ende zu bringen vermag. Die menschliche Welt ist weder auf ewige Wiederkehr noch auf ewige Heimkehr angelegt. Ihre Elemente bauen sich aus dem Unvorhersehbaren auf und stellen sich in Situationen dar, deren Bewältigung nie eindeutig und nur in Alternativen erfolgt.«[7]

6 Meyer-Drawe, 1992, S. 101. Vgl. zum Gedanken einer »Not der Lebenskunst« dies., 2000b.

7 VIII, S. 398.

# Siglen

| | | |
|---|---|---|
| *Fichte:* | W I: | Fichtes sämtliche Werke I |
| *Heidegger:* | SuZ: | Sein und Zeit |
| *Husserl:* | Ideen I: | Ideen zu einer reinen Phänomenologie und phänomenologischen Philosophie. Erstes Buch |
| | Ideen II: | Ideen zu einer reinen Phänomenologie und phänomenologischen Philosophie. Zweites Buch |
| *Kant:* | KrV: | Kritik der reinen Vernunft |
| *Mead:* | MSS: | Mind, Self, and Society |
| | SW: | Selected Writings |
| *Merleau-Ponty:* | PhW: | Phänomenologie der Wahrnehmung |
| | SuU: | Das Sichtbare und das Unsichtbare |
| *Plessner:* | DmA: | Die Deutung des mimischen Ausdrucks |
| | EdS: | Die Einheit der Sinne |
| | Grenzen: | Grenzen der Gemeinschaft |
| | Krisis: | Krisis der transzendentalen Wahrheit im Anfang |
| | LuP: | Lebensphilosophie und Phänomenologie |
| | LuW: | Lachen und Weinen |
| | Macht: | Macht und menschliche Natur |
| | NuG: | Die anthropologische Bestimmung des Verhältnisses zwischen Natur und Geschichte |
| | Realismus: | Über den Realismus in der Psychologie |
| | Stufen: | Die Stufen des Organischen und der Mensch |
| | SuV: | Sinnlichkeit und Verstand |
| *Tönnies:* | GuG: | Gemeinschaft und Gesellschaft |

# Literatur

## 1. Schriften Plessners

Plessner, H.: Gesammelte Schriften. Hg. v. G. Dux, O. Marquard und E. Ströker unter Mitwirkung v. R. W. Schmidt, A. Wetterer u. M.-J. Zemlin, 10 Bde., Frankfurt am Main: 1980-1985.
— Unveröffentlichte ›Selbstanzeige‹ der ›Einheit der Sinne‹ (ca. 1923). In: Lessing, H.-U.: Hermeneutik der Sinne. Eine Untersuchung zu Helmuth Plessners Projekt einer ›Ästhesiologie des Geistes‹ nebst einem Plessner-Ineditum. Freiburg/München: 1998, S. 375-385.
— Die anthropologische Bestimmung des Verhältnisses zwischen Natur und Geschichte (1950). Plessner-Nachlass Nr. 96.
— Über die Verkörperungsfunktion der Sinne. In: Studium Generale, 6. Jg. (1953), S. 410-416.
— Zur Soziologie der Bildungsideen (1958). Plessner-Nachlass Nr. 99.
— Autobiographische Einführung. In: Ders.: Mit anderen Augen. Aspekte einer philosophischen Anthropologie. Stuttgart: 1982.
— Lebensphilosophie und Phänomenologie. In: Rodi, F. (Hg.): Dilthey-Jahrbuch für Philosophie und Geschichte der Geisteswissenschaften Bd. 7, 1990/91, S. 289-312.
— Sinnlichkeit und Verstand. In: Ders.: Politik, Anthropologie, Philosophie. Aufsätze und Vorträge. Hg. v. S. Giammusso und H.U. Lessing. München: 2001 (a). S. 119-143.
— Nachwort zu Ferdinand Tönnies. In: Ders.: Politik, Anthropologie, Philosophie. Aufsätze und Vorträge. Hg. v. S. Giammusso und H.U. Lessing. München: 2001 (b). S. 176-183.
— Anthropologie II. Philosophisch. In: Ders.: Politik, Anthropologie, Philosophie. Aufsätze und Vorträge. Hg. v. S. Giammusso und H.U. Lessing. München: 2001 (c). S. 184-189.

## 2. Zum Werk Helmuth Plessners

Alemann, H. v.: Helmuth Plessner, Max Scheler und die Entstehung der Philosophischen Anthropologie in Köln: Eine Skizze. In: Orth, E. W./ Pfafferott, G. (Hg.): Studien zur Philosophie von Max Scheler. Freiburg/München: 1994, S. 10-34.
Arlt, G.: Fundament oder Zirkel? Über die Schwierigkeit, Helmuth Plessners Werk als Einheit darzustellen. In: Philosophische Rundschau 41, Heft 2 (1994), S. 159-165.

— Der Mensch als Macht. Helmuth Plessner zum hundertsten Geburtstag. In: Philosophisches Jahrbuch 100 (1993), S. 114-130.

— Anthropologie und Politik. Ein Schlüssel zum Werk Helmuth Plessners. München: 1996.

Asemissen. H. U.: Egologische Reflexion. Helmuth Plessner zum 65. Geburtstag. In: Kant-Studien 50 (1958/59), S. 262-272.

— Schauspiel und menschliches Sein. In: Neue Rundschau (1971), S. 239-252.

— Helmuth Plessner: Die exzentrische Position des Menschen. In: Speck, J. (Hg.): Grundprobleme der großen Philosophen. Philosophie der Gegenwart II, Scheler, Hönigswald, Cassirer, Plessner, Merleau-Ponty, Gehlen. 3. Auflage. Göttingen: 1991, S. 146-180.

Bahrdt, H. P.: Belehrungen durch Helmuth Plessner. In: Kölner Zeitschrift für Soziologie und Sozialpsychologie 34 (1982), S. 509-532.

Baumeister, T.: Anthropologie der Heimatlosigkeit. Überlegungen zu Plessners Begriff der Exzentrizität. In: Delfgaauw, B./Holz, H. H./Nauta, L. (Hg.): Philosophische Rede vom Menschen. Studien zur Anthropologie Helmuth Plessners. Frankfurt am Main /Berlin: 1986, S. 75-82.

Beaufort, J.: Anthropologie und Naturphilosophie. Überlegungen zur Methode in Helmuth Plessners ›Die Stufen des Organischen und der Mensch‹. In: Ders./Prechtl, P. (Hg.): Rationalität und Prärationalität. Festschrift für Alfred Schöpf. Würzburg: 1998, S. 119-137.

— Gesetzte Grenzen, begrenzte Setzungen. Fichte'sche Begrifflichkeit in Helmuth Plessners Phänomenologie des Lebendigen. In: Deutsche Zeitschrift für Philosophie 48, Heft 2 (2000), S. 213-236.

Benk, A.: Skeptische Anthropologie und Ethik. Die philosophische Anthropologie Helmuth Plessners und ihre Bedeutung für die theologische Ethik. Frankfurt am Main/Bern: 1987.

Bielefeldt, H.: Kampf und Entscheidung. Politischer Existentialismus bei Carl Schmitt, Helmuth Plessner und Karl Jaspers. Würzburg: 1994.

Brede, W.: Die exzentrische Position. Zum Werk Helmuth Plessners. In: Merkur 40, Heft 6 (1986), S. 968-972.

Dejung, C.: Plessner in Zürich. In: Züricher Taschenbuch N. F. 107. (1987), S. 255-260.

Delfgaauw, B.: Exzentrizität und Sprache. In: Ders./Holz, H. H./Nauta, L. (Hg.): Philosophische Rede vom Menschen. Studien zur Anthropologie Helmuth Plessners. Frankfurt am Main /Berlin: 1986, S. 51-56.

Dux, G.: Helmuth Plessners philosophische Anthropologie im Prospekt. Ein Nachwort. In: Ders. (Hg.): Helmuth Plessner: Philosophische Anthropologie. Lachen und Weinen, Das Lächeln, Anthropologie der Sinne. Frankfurt am Main: 1970, S. 253-316.

— Für eine Anthropologie in historisch-genetischer Absicht. Kritische Überlegungen zur philosophischen Anthropologie Helmuth Plessners. In: Dux, G./Wenzel, U. (Hg.): Der Prozeß der Geistesgeschichte. Studien zur ontogenetischen und historischen Entwicklung des Geistes. Frankfurt am Main: 1994, S. 92-115.

Endreß, M.: Zur ›Logik der Öffentlichkeit‹. Überlegungen im Ausgang von Helmuth Plessner. In: Hitzler, R./Milanés, A. (Hg.): Das Politische. Ansätze zu einer Gegenstandsbestimmung. Dortmund: 1997, S. 32-44.

Eßbach, W.: Der Mittelpunkt außerhalb. Helmuth Plessners philosophische Anthropologie. In: Dux, G./Wenzel, U. (Hg.): Der Prozeß der Geistesgeschichte. Studien zur ontogenetischen und historischen Entwicklung des Geistes. Frankfurt am Main: 1994, S. 15-44.

— Die exzentrische Position des Menschen. In: Freiburger Universitätsblätter 37, Heft 139 (1998), S. 143-151.

— Verabschieden oder retten? Helmuth Lethens Lektüre von Plessners ›Grenzen der Gemeinschaft‹. In: Ders./Fischer, J./Lethen, H. (Hg.): Plessners ›Grenzen der Gemeinschaft‹. Eine Debatte. Frankfurt am Main: 2002, S. 63-79.

Fahrenbach, H.: ›Lebensphilosophische‹ oder ›existenzphilosophische‹ Anthropologie? Plessners Auseinandersetzung mit Heidegger. In: Rodi, F. (Hg.): Dilthey-Jahrbuch für Philosophie und Geschichte der Geisteswissenschaften Bd. 7, 1990/91, S. 71-111.

— ›Philosophische Anthropologie‹ und ›Existenzerhellung‹. Ein nachträglicher Diskurs zwischen H. Plessner und K. Jaspers. In: Friedrich, J./Westermann, B. (Hg.): Unter offenem Horizont. Anthropologie nach Helmuth Plessner. Frankfurt am Main/Berlin: 1995, S. 75-94.

Fischer, J.: Plessner und die politische Philosophie der zwanziger Jahre. In: Politisches Denken 1992, S. 53-77.

— Plessners ›Grenze‹ – Über ihn hinaus, zu ihm zurück. In: Soziologische Revue Heft 18 (1995) (b), S. 521-527.

— Exzentrische Positionalität. Plessners Grundkategorie der Philosophischen Anthropologie. In: Deutsche Zeitschrift für Philosophie 48, Heft 2 (2000a), S. 265-288.

— Panzer oder Maske. ›Verhaltenslehren der Kälte‹ oder Sozialtheorie der ›Grenze‹. In: Ders./Eßbach, W./Lethen, H. (Hg.): Plessners ›Grenzen der Gemeinschaft‹. Eine Debatte. Frankfurt am Main: 2002, S. 80-102.

Fohler, S.: Natürlichkeit der Künstlichkeit. Zur Plessner-Lektüre Helmut Lethens. In: Ästhetik und Kommunikation 29 (1998), S. 91-96.

Friedrich, J./Westermann, B.: Über Grenzen. Unterwegs mit Helmuth Plessner. Ein Nachwort. In: Dies. (Hg.): Unter offenem Horizont. Anthropologie nach Helmuth Plessner. Frankfurt am Main/Berlin: 1995, S. 336-358.

Gangl, M.: Grenzen der Gesellschaft und Grenzen der Gemeinschaft. Zur philosophischen Anthropologie bei Ferdinand Tönnies und Helmuth Plessner. In: Bialas, W./Stenzel, B. (Hg.): Die Weimarer Republik zwischen Metropole und Provinz. Intellektuellendiskurse zur politischen Kultur. Weimar/Köln: 1996, S. 201-218.

Giammusso, S.: ›Der ganze Mensch‹. Das Problem einer philosophischen Lehre vom Menschen bei Dilthey und Plessner. In: Rodi, F. (Hg.): Dilthey-Jahrbuch für Philosophie und Geschichte der Geisteswissenschaften Bd. 7, 1990/91, S. 112-138.

Grene, M.: Positionality in the philosophy of Helmuth Plessner. In: The review of metaphysics XX (1966/67), S. 250-277.

Grünewald, B.: Positionalität und die Grundlegung einer philosophischen Anthropologie bei Helmuth Plessner. In: Baumanns, P. (Hg.): Realität und Begriff. Festschrift für Jakob Barion zum 95. Geburtstag. Würzburg: 1993, S. 271-300.

Hammer, F.: Die exzentrische Position des Menschen. Methode und Grundlinien der Philosophischen Anthropologie Helmuth Plessners. Bonn: 1967.

Haucke, K.: Plessners ›Grenzen der Gemeinschaft‹. Eine Kritik des deutschen Idealismus. In: Deutsche Zeitschrift für Philosophie 48, Heft 2 (2000) (a), S. 237-264.

— Plessner zur Einführung. Hamburg: 2000 (b).

Herzog, C.: Der Mensch zwischen Distanz und Ausdruck. Zur Bedeutung der Leiblichkeit in der philosophischen Anthropologie Helmuth Plessners. In: List, E./Fiala, E. (Hg.): Leib, Maschine, Bild. Körperdiskurse der Moderne und Postmoderne. Wien: 1997, S. 61-73.

Holz, H. H.: Helmuth Plessner und das Problem einer Dialektik der Natur. In: Delfgaauw, B./Holz, H. H./Nauta, L. (Hg.): Philosophische Rede vom Menschen. Studien zur Anthropologie Helmuth Plessners. Frankfurt am Main/Berlin: 1986, S. 41-49.

— Die Systematik der Sinne. In: Friedrich, J./Westermann, B. (Hg.): Unter offenem Horizont. Anthropologie nach Helmuth Plessner. Frankfurt am Main/Berlin: 1995, S. 117-127.

Honneth, A.: Plessner und Schmitt. Ein Kommentar zur Entdeckung ihrer Affinität. In: Eßbach, W./Fischer, J./Lethen, H. (Hg.): Plessners ›Grenzen der Gemeinschaft‹. Eine Debatte. Frankfurt am Main: 2002, S. 21-28.

Junge, M.: Möglichkeiten und Konsequenzen einer anthropologisch-naturalistischen Rekonstruktion der Theorie des kommunikativen Handelns. In: Friedrich, J./Westermann, B. (Hg.): Unter offenem Horizont. Anthropologie nach Helmuth Plessner. Frankfurt am Main/Berlin: 1995, S. 140-149.

Kämpf, H.: Helmuth Plessner. Eine Einführung. Düsseldorf: 2001.

Keul, H.-K.: Im Labyrinth des Selbst. Helmuth Plessner und die anthropologische Aufklärung. In: Bellut, C./Müller-Schöll, U. (Hg.): Mensch und Moderne. Beiträge zur philosophischen Anthropologie und Gesellschaftskritik. Würzburg: 1989, S. 71-92.

Kramme, R.: Helmuth Plessner und Carl Schmitt. Eine historische Fallstudie zum Verhältnis von Anthropologie und Politik in der deutschen Philosophie der zwanziger Jahre. Berlin: 1989.

Krüger, H.-P.: Zwischen Lachen und Weinen. Band I. Das Spektrum menschlicher Phänomene. Berlin: 1999.

— Das Spiel zwischen Leibsein und Körperhaben. Helmuth Plessners Philosophische Anthropologie. In: Deutsche Zeitschrift für Philosophie 48, Heft 2 (2000), S. 289-317.

— Zwischen Lachen und Weinen. Band II. Der dritte Weg Philosophischer Anthropologie und die Geschlechterfrage. Berlin: 2001.

Lauermann, M.: Das Ende der Geschichte als heimliche Anthropologie oder: weitere Sätze zu Carl Schmitt und Helmuth Plessner. In: Friedrich, J./Westermann, B. (Hg.): Unter offenem Horizont. Anthropologie nach Helmuth Plessner. Frankfurt am Main/Berlin: 1995, S. 167-181.

Lessing, H. U./Mutzenbacher, A. (Hg.): Josef König/Helmuth Plessner. Briefwechsel 1923-1933. Mit einem Briefessay von Josef König über Helmuth Plessners ›Die Einheit der Sinne‹. Freiburg/München: 1994.

— Hermeneutik der Sinne. Eine Untersuchung zu Helmuth Plessners Projekt einer ›Ästhesiologie des Geistes‹ nebst einem Plessner-Ineditum. Freiburg/München: 1998.

Lethen, H.: Verhaltenslehren der Kälte. Lebensversuche zwischen den Kriegen. Frankfurt am Main: 1994.

Limbach, H. G.: Die symbolische Vermittlung der exzentrischen Position. Helmuth Plessners philosophische Anthropologie im Prospekt. Diss. Saarbrücken: 1992.

Lindemann, G.: Die Verschränkung von Körper und Leib als theoretische Grundlage einer Soziologie des Körpers und leiblicher Erfahrungen. In: Friedrich, J./Westermann, B. (Hg.): Unter offenem Horizont. Anthropologie nach Helmuth Plessner. Frankfurt am Main/Berlin: 1995, S. 133-139.

— Zeichentheoretische Überlegungen zum Verhältnis von Körper und Leib. In: Barkhaus, A./Mayer, M./Roughley, N./Thürnau, D. (Hg.): Identität, Leiblichkeit, Normativität. Neue Horizonte anthropologischen Denkens. Frankfurt am Main: 1996, S. 146-175.

— Doppelte Kontingenz und reflexive Anthropologie. In: Zeitschrift für Soziologie 28, Heft 3 (1999), S. 165-181.

Makropoulos, M.: Plessners Fremdheit in der klassischen Moderne. In:

Friedrich, J./Westermann, B. (Hg.): Unter offenem Horizont. Anthropologie nach Helmuth Plessner. Frankfurt am Main/Berlin: 1995, S. 95-100.

Mertens, G.: Die Bedeutung der Bioanthropologie Gehlens und Plessners für die Pädagogische Anthropologie. In: Marotzki, W./Masschelein, J./Schäfer, A. (Hg.): Anthropologische Markierungen. Herausforderungen pädagogischen Denkens. Weinheim: 1998, S. 45-54.

Müller, H. R.: Exzentrische Positionalität. Bildungstheoretische Überlegungen zu einem Theorem Helmuth Plessners. In: Wigger, L./Cloer, E./Ruhloff, E. u.a. (Hg.): Forschungsfelder der Allgemeinen Erziehungswissenschaft. 1. Beiheft der Zeitschrift für Erziehungswissenschaft. Opladen: 2002, S. 53-61.

Mul, J. de: History and pluralism. Plessner: a Postmodernist avant la lettre? In: Nispen, J. v./Tiemersma, D. (Hg.): The Quest for Man. The Topicality of Philosophical Anthropology. Assen/Maastircht: 1991, S. 47-51.

Nauta, L.: Synchronie und Diachronie in der philosophischen Anthropologie Plessners. In: Delfgaauw, B./Holz, H. H./L. Nauta, L. (Hg.): Philosophische Rede vom Menschen. Studien zur Anthropologie Helmuth Plessners. Frankfurt am Main/Berlin: Lang 1986, S. 57-66.

Oesterreicher-Mollwo, M.: Reflexion und Rolle. Eine Entwicklung der beiden Begriffe aus der Philosophie H. Plessners im Vergleich mit dem philosophischen Ansatz des frühen A. Gehlen. Diss. Tübingen 1972.

Oppolzer, S.: Die Exzentrizität des Menschen als Ermöglichungsgrund der Selbstformung und Selbstführung. In: Pädagogische Rundschau 15 (1961), S. 57-65.

Orth, E. W.: Das Verständnis des Leibes bei Helmuth Plessner als Problem der Hermeneutik. In: Studia Philosophica 46 (1987), S. 29-43.

Oudemans, T.: Natur und menschliche Natur in der Philosophie Plessners. In: Delfgaauw, B./Holz, H. H./L. Nauta, L. (Hg.): Philosophische Rede vom Menschen. Studien zur Anthropologie Helmuth Plessners. Frankfurt am Main/Berlin: Lang 1986, S. 83-94.

Paczkowska-Lagowska, E.: Der Mensch als Macht. Helmuth Plessners Anthropologie der geschichtlichen Erfahrung. In: Dies. (Hg.): Reports on Philosophy Nr. 15 (1995), S. 59-75.

Pape, I.: Die Bedingungen der Möglichkeit menschlichen Seins. Grundzüge einer transzendentalen Dialektik im Werk Helmuth Plessners. In: Delfgaauw, B./Holz, H. H./L. Nauta, L. (Hg.): Philosophische Rede vom Menschen. Studien zur Anthropologie Helmuth Plessners. Frankfurt am Main/Berlin: Lang 1986, S. 27-40.

Pietrowicz, S.: Helmuth Plessner. Genese und System seines philosophisch-anthropologischen Denkens. Freiburg/München: Alber 1992.

Pircher, W.: ›Pflicht zur Macht‹: Helmuth Plessner und Carl Schmitt. In: Weiland, R. (Hg.): Philosophische Anthropologie der Moderne. Weinheim: 1995, S. 154-164.

Redeker, H.: Helmuth Plessner oder die verkörperte Philosophie. Berlin: Duncker und Humboldt 1993.

Rehberg, K.-S.: Das Werk Helmuth Plessners. Zum Erscheinen der Edition seiner ›Gesammelten Schriften‹. In: Kölner Zeitschrift für Soziologie und Sozialpsychologie 36 (1984), S. 799-811.

Rodi, F.: Conditio Humana. Zu der gleichnamigen Schrift von Helmuth Plessner und zur Neuauflage seines Buches: ›Die Stufen des Organischen und der Mensch‹. In: Zeitschrift für philosophische Forschung XIX (1965), S. 703 711.

Sandkaulen, B.: Helmuth Plessner: Über die ›Logik der Öffentlichkeit‹. In: Internationale Zeitschrift für Philosophie, Heft 2 (1994), S. 255-273.

Schürmann, V.: Unergründlichkeit und Kritik-Begriff. Plessners politische Anthropologie als Absage an die Schulphilosophie. In: Deutsche Zeitschrift für Philosophie 45 (1997), S. 345-361.

Schüßler, K.: Helmuth Plessner. Eine intellektuelle Biographie. Berlin/ Wien: 2000.

Schütze, J.: Die Unergründlichkeit der menschlichen Natur. Über das Verhältnis von philosophischer Anthropologie und Gesellschaftstheorie bei Helmuth Plessner. In: Delfgaauw, B./Holz, H. H./Nauta, L. (Hg.): Philosophische Rede vom Menschen. Studien zur Anthropologie Helmuth Plessners. Frankfurt am Main /Berlin: 1986, S. 67-74.

Schulz, W.: Plessner: ›Die Stufen des Organischen und der Mensch‹. In: Ders.: Philosophie in der veränderten Welt. Pfullingen: 1972, S. 433-441.

Thomas, K.: Anthropologie und Soziologie der Sinne – Plessner und Simmel. In: Friedrich, J./Westermann, B. (Hg.): Unter offenem Horizont. Anthropologie nach Helmuth Plessner. Frankfurt am Main: 1995, S. 128-132.

van Loon, J. G.: Helmuth Plessner, ein Philosoph in Holland. In: Delfgaauw, B./Holz, H. H./Nauta, L. (Hg.): Philosophische Rede vom Menschen. Studien zur Anthropologie Helmuth Plessners. Frankfurt am Main /Berlin: 1986, S. 9-16.

— Eine Handlungstheorie auf der Grundlage der Philosophischen Anthropologie Helmuth Plessners. In: Friedrich, J./Westermann, B. (Hg.): Unter offenem Horizont. Anthropologie nach Helmuth Plessner. Frankfurt am Main: 1995, S. 49-66.

Völmicke, E.: Grundzüge neukantianischen Denkens in den Frühschriften und der ›Philosophischen Anthropologie‹ Helmuth Plessners. Alfter: 1994.

Weiland, R.: Helmuth Plessner: Der Mensch als exzentrisches Wesen. In: Ders. (Hg.): Philosophische Anthropologie der Moderne. Weinheim: 1995, S. 110-119.

Wenzler-Stöckel, I.: Spalten und Abwehren. Grundmuster der Gemeinschaftsentwürfe bei Ferdinand Tönnies und Helmuth Plessner. Frankfurt am Main: 1998.

## 3. Zur Philosophischen und Pädagogischen Anthropologie

Arlt, G.: Philosophische Anthropologie. Stuttgart: 2001.

Barkhaus, A., u.a.: Einleitung: Zur Wiederkehr anthropologischen Denkens. In: Dies./Mayer, M./Roughley, N./Thürnau, D. (Hg.): Identität, Leiblichkeit, Normativität. Neue Horizonte anthropologischen Denkens. Frankfurt am Main: 1996, S. 11-25.

Becker, H. (Hg.): Anthropologie und Pädagogik. 2., neubearb. Auflage. Bad Heilbrunn: 1971.

Böhme, G.: Artikel ›Natur‹. In: Wulf, C. (Hg.): Vom Menschen. Handbuch Historische Anthropologie. Weinheim/Basel: 1997, S. 92-116.

Bollnow, O. F.: Das Wesen der Stimmungen. 3., durchg. u. erw. Auflage. Frankfurt am Main: 1956.

— Die anthropologische Betrachtungsweise in der Pädagogik. Essen: 1965.

— Die philosophische Anthropologie und ihre methodischen Prinzipien. In: Rocek, R./Schatz, O. (Hg.): Philosophische Anthropologie heute. München: 1972, S. 19-36.

— Anthropologische Pädagogik. 3. Auflage. Bern/Stuttgart: 1983.

Braun, W.: Pädagogische Anthropologie im Widerstreit. Genese und Versuch einer Systematik. Bad Heilbrunn: 1989.

Derbolav, J.: Der ›philosophische Begriff‹ des Menschen und die Rolle der Menschenbilder in der Pädagogik. In: Die deutsche Berufs- und Fachschule 7 (1957), S. 468-476.

Dienelt, K.: Die anthropologischen Grundlagen der Pädagogik. Konstruktiv-analytische Reflexionen zum Thema ›Pädagogische Anthropologie‹. Kastellaun/Düsseldorf: 1977.

Döpp-Vorwald, H.: Über Problem und Methode der Pädagogischen Anthropologie. In: Höltershinken, D. (Hg.): Das Problem der Pädagogischen Anthropologie im deutschsprachigen Raum. Darmstadt: 1976, S. 296-331.

Elzer, H.-M.: Menschenbild und Menschenbildung. Eine philosophisch-pädagogische Grundlegung. Darmstadt: 1956.

Fahrenbach, H.: Heidegger und das Problem einer ›philosophischen‹ Anthropologie. In: Klostermann, V. (Hg.): Durchblicke. Martin Heidegger zum 80. Geburtstag. Frankfurt am Main: 1970, S. 97-131.

— ›Phänomenologisch-transzendentale‹ oder ›historisch-genetische‹ Anthropologie eine Alternative? In: Dux, G./Wenzel, U. (Hg.): Der Prozeß der Geistesgeschichte. Studien zur ontogenetischen und historischen Entwicklung des Geistes. Frankfurt am Main: 1994, S. 64-91.

— Differentielle Interpretation, Strukturanalyse und offene Wesensfrage. O. F. Bollnows Beitrag zur Methodenreflexion philosophischer Anthropologie. In: F. Kümmel (Hg.): O. F. Bollnow: Hermeneutische Philosophie und Pädagogik. Freiburg, München: 1997, S. 80 118.

Fischer, J.: Philosophische Anthropologie. Zur Rekonstruktion ihrer diagnostischen Kraft. In: Friedrich, J./Westermann, B. (Hg.): Unter offenem Horizont. Anthropologie nach Helmuth Plessner. Frankfurt am Main/Berlin: 1995 (a), S. 249-280.

— Der Dritte. Zur Anthropologie der Intersubjektivität. In: Eßbach, W. (Hg.): wir/ihr/sie. Identität und Alterität in Theorie und Methode. Würzburg: 2000 (b), S. 103-136.

Gebauer, G./Zirfas, J. (Hg.): Theorien und Konzepte der pädagogischen Anthropologie. Donauwörth: 1994.

Gerner, B.: Einführung in die Pädagogische Anthropologie. Darmstadt: 1986.

Griese, H. M.: Rollentheorie und Anthropologie. Duisburg: 1976.

Günzler, C.: Anthropologische und ethische Dimensionen der Schule. Freiburg/München: 1976.

Höltershinken, D.: Das Problem der pädagogischen Anthropologie im deutschen Raum. Darmstadt: 1976.

Horkheimer, M.: Bemerkungen zur philosophischen Anthropologie. In: Ders.: Gesammelte Schriften Band 3: Schriften 1931-1936. Hg. v. A. Schmidt. Frankfurt am Main: Fischer: 1988, S. 249-276.

Kamper, D.: Geschichte und menschliche Natur. Die Tragweite gegenwärtiger Anthropologie-Kritik. München: 1973.

— Anthropologische Differenz und menschliche Identität. Tendenzen gegenwärtiger Anthropologie. In: Dux, G./Luckmann. T. (Hg.): Sachlichkeit. Festschrift zum achtzigsten Geburtstag von Helmuth Plessner. Opladen: 1974, S. 55-68.

Kamper, D.: Einleitung: Zum Spannungsfeld von Vervollkommnung und Unverbesserlichkeit. In: Dies. (Hg.): Anthropologie nach dem Tode des Menschen. Vervollkommnung und Unverbesserlichkeit. Frankfurt am Main: 1994, S. 7-12.

Kimmerle, H.: Was heißt: Philosophisch vom Menschen reden? Ein philosophisches Modell für wissenschaftliches Denken. In: Delfgaauw, B./

Holz, H. H./Nauta, L. (Hg.): Philosophische Rede vom Menschen. Studien zur Anthropologie Helmuth Plessners. Frankfurt am Main /Berlin: 1986, S. 95-102.

Landmann, M.: Der Mensch als Schöpfer und Geschöpf der Kultur. Geschichts- und Sozialanthropologie. München/Basel: 1961.

— De homine. Der Mensch im Spiegel seines Gedankens. Freiburg/München: 1962.

— Philosophische Anthropologie. Menschliche Selbstdeutung in Geschichte und Gegenwart. 4., überarb. u. erw. Auflage. Berlin/New York: 1976.

Langeveld, M. J.: Kind und Jugendlicher in anthropologischer Sicht. Eine Skizze. 3. Auflage. Heidelberg: 1968 (a).

— Studien zur Anthropologie des Kindes. 3. durchg. u. erg. Auflage. Tübingen: 1968 (b).

Loch, W.: Der pädagogische Sinn der anthropologischen Betrachtungsweise. In: Becker, H. (Hg.): Anthropologie und Pädagogik. 2., neubearb. Auflage. Bad Heilbrunn: 1971. S. 97-115.

Lorenz, K.: Einführung in die Philosophische Anthropologie. Darmstadt: 1990.

Macha, H.: Pädagogisch-anthropologische Theorie des Ich. Bad Heilbrunn/Obb.: 1989.

Marquard; O.: Der Mensch ›diesseits der Utopie‹. Bemerkungen über Geschichte und Aktualität der philosophischen Anthropologie. In: Ders.: Glück im Unglück. Philosophische Überlegungen. München: 1995, S. 142-155.

— Zur Geschichte des philosophischen Begriffs ›Anthropologie‹ seit dem Ende des achtzehnten Jahrhunderts. In: Ders.: Schwierigkeiten mit der Geschichtsphilosophie. 4. Auflage. Frankfurt am Main: 1997, S. 122-144.

Matzker, R.: Anthropologie. Theorie, Geschichte, Gegenwart. München: 1998.

Müller, H. R.: Ästhesiologie der Bildung. Bildungstheoretische Rückblicke auf die Anthropologie der Sinne im 18. Jahrhundert. Würzburg: 1998.

Pleger, H.: Differenz und Identität. Die Transformation der philosophischen Anthropologie im 20. Jahrhundert. Berlin: 1988.

Pleines, J.: Pädagogik und Anthropologie. Ratingen/Kastellaun: 1973.

Präter, K.: Wozu braucht die Pädagogik eine Anthropologie? Überlegungen zur methodologischen Stellung der pädagogischen Anthropologie. In: E. König/H. Ramsenthaler (Hg.): Pädagogische Anthropologie. München: 1980, S. 226 236.

Reble, A.: Menschenbild und Pädagogik. In: Becker, H. (Hg.): Anthropologie und Pädagogik. 2., neubearb. Auflage. Bad Heilbrunn: 1971, S. 7-28.

Rehberg, K.-S.: Die Theorie der Intersubjektivität als eine Lehre vom Menschen. George Herbert Mead und die deutsche Tradition der ›Philosophischen Anthropologie‹. In: Joas, H. (Hg.): Das Problem der Intersubjektivität. Neuere Beiträge zum Werk George Herbert Meads. Frankfurt am Main: 1985, S. 60-92.

Roth, H.-J.: Pädagogische Anthropologie und Erziehungswissenschaft heute. In: Pädagogische Rundschau 50 (1996), S. 597-609.

Rothacker, E.: Philosophische Anthropologie. Bonn: 1964.

Schiwy, G.: Strukturalismus und philosophische Anthropologie. In: Rocek, R./Schatz, O. (Hg.): Philosophische Anthropologie heute. München: 1972, S. 164-182.

Spreen, D.: Naturwesen, künstlicher Mensch und lachende Dritte. Zur kritischen Verortung negativer Anthropologie. In: Flessner, B. (Hg.): Nache dem Menschen. Der Mythos einer zweiten Schöpfung und das Entstehen einer posthumanen Kultur. Freiburg i.Br.: 2000, S. 183-193.

Weiland, R.: Das Gerücht über die Philosophische Anthropologie: Über einen Blindfleck ›Kritischer Theorie‹. In: Ders. (Hg.): Philosophische Anthropologie der Moderne. Weinheim: 1995, S. 165-173.

Wimmer, M.: Die Frage des Anderen. In: Wulf, C. (Hg.): Einführung in die pädagogische Anthropologie. Weinheim/Basel: 1994, S. 114-140.

— Die Kehrseiten des Menschen. Probleme und Fragen der Historischen Anthropologie. In: Marotzki, W./Masschelein, J./Schäfer, A. (Hg.): Anthropologische Markierungen. Weinheim: 1998, S. 85-112.

Winkler, M.: Die Entdeckungsfunktion der Anthropologie in der Pädagogik. In: Vierteljahrsschrift für wissenschaftliche Pädagogik 70 (1994), S. 147-160.

Wulf, C.: Zur Einleitung: Grundzüge einer historisch-pädagogischen Anthropologie. In: Ders. (Hg.): Einführung in die pädagogische Anthropologie.Weinheim/Basel: 1994.

— Anthropologisches Denken in der Pädagogik 1750-1850. Weinheim: 1996.

— /Zirfas, J.: Pädagogische Anthropologie in Deutschland: Rückblick und Aussicht. In: Dies. (Hg.): Theorien und Konzepte der pädagogischen Anthropologie. Donauwörth: 1994, S. 7-27.

— Einführung in die Anthropologie der Erziehung. Weinheim/Basel: 2001.

Zdarzil, H.: Pädagogische Anthropologie. Graz/Wien: 1978.

## 4. Weitere Literatur


Anzieu, D.: Das Haut-Ich. Frankfurt am Main: 1991.

Artikel ›Identität‹. In: Ritter, J./Gründer, K. (Hg.): Historisches Wörterbuch der Philosophie. Bd. 4 I-K. Basel/Stuttgart: 1976, S. 144-151.

Artikel ›Rolle‹. In: Ritter, J./Gründer, K. (Hg.): Historisches Wörterbuch der Philosophie. Bd. 8 R-Sc. Basel: 1992, S. 1064-1070.

Artikel ›Selbst‹. In: Ritter, J./Gründer, K. (Hg.): Historisches Wörterbuch der Philosophie. Bd. 9 Se-Sp. Darmstadt: 1995, S. 292-313.

Assmann, A./Friese, H.: Einleitung. In: Dies. (Hg.): Identitäten. Erinnerung, Geschichte, Identität 3. Frankfurt am Main: 1998, S. 11-23.

Assmann, J.: Das kulturelle Gedächtnis. Schrift, Erinnerung und politische Identität in frühen Hochkulturen. München: 1992.

Baier, L.: Unlust an der Identität. In: Ders.: Gleichheitszeichen. Streitschriften über Abweichung und Identität. Berlin: 1985, S. 7-19.

— Postindustrielle Identität zwischen Auflösung und Neukonstitution. Zur Einführung. In: Barkhaus, A./Mayer, M./Roughley, N./Thürnau, D. (Hg.): Identität, Leiblichkeit, Normativität. Neue Horizonte anthropologischen Denkens. Frankfurt am Main: 1996, S. 315-321.

Bauer, W./Marotzki, W.: Erziehungswissenschaft und ihre Nachbardisziplinen. In: Krüger, H.-H./Helsper, W. (Hg.): Einführung in Grundbegriffe und Grundfragen der Erziehungswissenschaft. Opladen: 1995, S. 277-301.

Baumgartner, H. M.: Welches Subjekt ist verschwunden? Einige Distinktionen zum Begriff der Subjektivität. In: Schrödter, H. (Hg.): Das Verschwinden des Subjekts. Würzburg: 1994, S. 19-28.

Beck, E.: Identität der Person. Sozialphilosophische Studien zu Kierkegaard, Adorno und Habermas. Würzburg: 1991.

Beck, U.: Neonationalismus oder das Europa der Individuen. In: Beck, U./Beck-Gernsheim, E. (Hg.): Riskante Freiheiten. Frankfurt am Main: 1994, S. 466-481.

Becker, B./Schneider, I.: Was vom Körper übrig bleibt – Einige einleitende Bemerkungen. In: Dies. (Hg.): Was vom Körper übrig bleibt. Körperlichkeit – Identität – Medien. Frankfurt am Main/New York: 2000, S. 7-11.

Becker, W.: Idealismus und Skeptizismus. Kritische Betrachtungen über das Verhältnis von Selbstbewußtsein und Gegenstandsbewußtsein bei Kant und Fichte. Frankfurt am Main: 1971.

Behringer, L.: Lebensführung als Identitätsarbeit. Der Mensch im Chaos des modernen Alltags. Frankfurt am Main/New York: 1998.

Belgrad, J.: Identität als Spiel. Eine Kritik des Identitätskonzepts von Jürgen Habermas. Opladen: 1992.

Belwe, A.: Ungesellige Geselligkeit. Kant: Warum die Menschen einander ›nicht wohl leiden‹, aber auch ›nicht voneinander lassen‹ können. Würzburg: 2000.

Benner, D.: ›Der Andere‹ und ›das Andere‹ als Problem und Aufgabe von Erziehung und Bildung. In: Zeitschrift für Pädagogik Heft 3 (1999), S. 315-327.

Berger, P. L./Luckmann, T.: Die gesellschaftliche Konstruktion der Wirklichkeit. Eine Theorie der Wissenssoziologie. Frankfurt am Main: 1980.

Bernhard, A.: ›Multiple Identität‹ als neues Persönlichkeitsideal? Der sozialwissenschaftliche Diskurs über Identität und seine möglichen Folgen für die Pädagogik. In: Neue Sammlung 39, Heft 2 (1999), S. 291-305.

Bilden, H.: Das Individuum ein dynamisches System vielfältiger Teil-Selbste. Zur Pluralität in Individuum und Gesellschaft. In: Ders./ Höfer, R. (Hg.): Identitätsarbeit heute. Klassische und aktuelle Perspektiven der Identitätsforschung. Frankfurt am Main: 1997, S. 227-249.

Bildungskommission NRW: Zukunft der Bildung – Schule der Zukunft. Denkschrift der Kommission ›Zukunft der Bildung. Schule der Zukunft‹ beim Ministerpräsidenten des Landes Nordrhein-Westfalen. Neuwied/Kriftel: 1995.

Böhme, G.: Selbstsein und derselbe sein. Über ethische und sozialtheoretische Voraussetzungen von Identität. In: Barkhaus, A./Mayer, M./ Roughley, N./Thürnau, D. (Hg.): Identität, Leiblichkeit, Normativität. Neue Horizonte anthropologischen Denkens. Frankfurt am Main: 1996, S. 322-340.

Bolay, E./Trieb, B.: Verkehrte Subjektivität. Kritik der individuellen Ich-Identität. Frankfurt am Main/New York: 1988.

Bollenbeck, G.: Bildung und Kultur. Glanz und Elend eines deutschen Deutungsmusters. Frankfurt am Main/Leipzig: 1994.

Bourdieu, P.: Entwurf einer Theorie der Praxis auf der ethnologischen Grundlage der kabylischen Gesellschaft. Frankfurt am Main: 1979.

— Sozialer Sinn. Kritik der theoretischen Vernunft. Frankfurt am Main: 1993 (a).

— Die feinen Unterschiede. Kritik der gesellschaftlichen Urteilskraft. 6. Auflage. Frankfurt am Main: 1993 (b).

— Satz und Gegensatz. Über die Verantwortung des Intellektuellen. Frankfurt am Main: 1993 (c).

Breinbauer, I. M.: Identität – Ziel von Bildung? In: Dies./Langer, M. (Hg.): Gefährdung der Bildung. Gefährdung des Menschen. Perspektiven verantworteter Pädagogik. Wien/Köln: 1987, S. 225-232.

Brüggemann, B.: Die Utopie der besseren Verständigung. Zur Rekonstruktion des Identitätskonzeptes. Frankfurt am Main/New York: 1980.

Brumlik, M.: Das Selbst und seine Erfahrung. Die verborgene Ethik in Klaus Mollenhauers Hermeneutik. In: Dietrich, C./Müller, H.-R. (Hg.): Bildung und Emanzipation. Klaus Mollenhauer weiterdenken. Weinheim, München: 2000, S. 155-161.

Buck, G.: Hermeneutik und Bildung. Elemente einer verstehenden Bildungslehre. München: 1981.

— Rückwege aus der Entfremdung. Studien zur Entwicklung der deutschen humanistischen Bildungsphilosophie. Paderborn/München: 1984.

Claessens, D.: Familie und Wertsystem. Eine Studie zur ›zweiten, soziokulturellen Geburt‹ des Menschen. 2., überarb. Auflage. Berlin: 1967.

— Rolle und Macht. München: 1968.

Clausen, D.: Jargon der Einigkeit. Über die Möglichkeit, den Mißbrauch des Wortes ›Identität‹ scharf einzuschränken. In: Freibeuter 54 (1994), S. 57-63.

Coenen, H.: Diesseits von subjektivem Sinn und kollektivem Zwang. München: 1985 (a).

— Leiblichkeit und Sozialität. Ein Grundproblem der phänomenologischen Soziologie. In: Petzold, H. (Hg.): Leiblichkeit. Philosophische, gesellschaftliche und therapeutische Perspektiven. Paderborn: 1985 (b), S. 197-228.

Cohen, S./Taylor, L.: Ausbruchsversuche. Identität und Widerstand in der modernen Lebenswelt. Frankfurt am Main: 1977.

Conzen, P.: Erik H. Erikson. Leben und Werk. Stuttgart/Berlin/Köln: 1996.

Dahrendorf, R.: Homo Sociologicus. Ein Versuch zur Geschichte, Bedeutung und Kritik der Kategorie der sozialen Rolle. 15. Auflage. Opladen: 1977.

Danner, S.: Authentizität oder Selbststilisierung? Über Grenzen des Sagbaren in der pädagogischen Kommunikation. In: Vierteljahresschrift für wissenschaftliche Pädagogik 3 (2000), S. 259-276.

Derbolav, J.: Frage und Antwort. Pädagogische Studien und Analysen. Wuppertal/Ratingen: 1970.

Döbert, R./Habermas, J./Nunner-Winkler, G.: Zur Einführung. In: Dies. (Hg.): Entwicklung des Ichs. Köln: 1977.

Dreitzel, H. P.: Die gesellschaftlichen Leiden und das Leiden an der Gesellschaft. Vorstudien zu einer Pathologie des Rollenverhaltens. Stuttgart: 1968.

— Soziale Rolle und politische Emanzipation. Sechs Thesen gegen Peter Furths melancholische Kritik am Rollenbegriff. In: Ders./Furth, P./Haug, F.: Diskussion über die Rollentheorie. Berlin: 1978, S. 111-129.

Dreyer, W.: Soziologie im kulturwissenschaftlichen Kontext. Ein Beitrag zur Kritik an der Rollentheorie aus der Perspektive der verstehenden Soziologie. Diss. Tübingen: 1989.

Dux, G.: Das Problem der Logik im historischen Verstehen. Zur Kritik der Entscheidung als geschichtsphilosophischer und historischer Kategorie. In: Rodi, F. (Hg.): Dilthey-Jahrbuch für Philosophie und Geschichte der Geisteswissenschaften Bd. 7, 1990/91, S. 44-70.

Edelmann, H.: Der Begriff des Ich. Zum Problem des Selbstbewußtseins in Fichtes Wissenschaftslehre. Diss. Köln: 1971.

Ehrenspeck, Y., Rustemeyer, D.: Bestimmt unbestimmt. In: Combe, A./ Helsper, W. (Hg.): Pädagogische Professionalität. Untersuchungen zum Typus pädagogischen Handelns. Frankfurt am Main: 1997, S. 368-390.

Eickelpasch, R./Rademacher, C.: Identität. Bielefeld: 2004.

Eisermann, G.: Rolle und Maske. Tübingen: 1991.

Elias, N.: Was ist Soziologie? 2. Auflage. München: 1971.

— Die Gesellschaft der Individuen. Hg. v. M. Schröter. 4. Auflage. Frankfurt am Main: 1999.

Erikson, E. H.: Kindheit und Gesellschaft. 4. Auflage. Stuttgart: 1971.

— Identität und Lebenszyklus. 11. Auflage. Frankfurt am Main: 1989.

— Jugend und Krise. Die Psychodynamik im sozialen Wandel. 4. Auflage. Stuttgart: 1998.

Fellsches, J.: Auf dem Weg zu einer neuen Kultur der Sinne. In: Zacharias, W. (Hg.): Sinnenreich. Vom Sinn einer Bildung der Sinne als kulturell-ästhetisches Projekt. Essen: 1994, S. 106-126.

Fichte, J. G.: Grundlage der gesamten Wissenschaftslehre (1794). In: J. G. Fichte's sämtliche Werke. Hg. v. J. H. Fichte. Erste Abteilung. Zur theoretischen Philosophie. Erster Band. Berlin: 1965.

Fischer-Lichte, E.: Verkörperung/Embodiment. Zum Wandel einer alten theaterwissenschaftlichen in eine neue kulturwissenschaftliche Kategorie. In: Dies./Horn, C./Warstat, M. (Hg.): Verkörperung. Tübingen/Basel: 2001, S. 11-25.

Frank, M.: Wider den apriorischen Intersubjektivismus. Gegenvorschläge aus Sartrescher Inspiration. In: Brumlik, M./Brunkhorst, H. (Hg.): Gemeinschaft und Gerechtigkeit. Frankfurt am Main: 1993, S. 273-289.

Freud, S.: Neue Folge der Vorlesungen zur Einführung in die Psychoanalyse. 12., korr. Auflage. Freud-Studienausgabe Band I. Frankfurt am Main: 1969, S. 448-608.

— Das Ich und das Es. In: Ders.: Psychologie des Unbewußten. 6. Auflage. Freud-Studienausgabe Band III. Frankfurt am Main: 1975, S. 273-330.

Frey, H.-P./Haußer, K.: Entwicklungslinien sozialwissenschaftlicher Identitätsforschung. In: Dies. (Hg.): Identität. Entwicklungen psychologischer und soziologischer Forschung. Stuttgart: 1987, S. 3-26.

Friese, H.: Identität: Begehren, Name und Differenz. In: Assmann, A./Friese, H. (Hg.): Identitäten. Erinnerung, Geschichte, Identität 3. Frankfurt am Main: 1998, S. 24-43.

Fromme, J.: Lehren und Lernen als Arbeit an Differenzen. In: Vierteljahrsschrift für wissenschaftliche Pädagogik, Heft 4 (2000), S. 513-531.

Fuhrmann, M.: Persona, ein römischer Rollenbegriff. In: Marquard, O./Stierle, K. (Hg.): Identität. München: 1979, S. 83-106.

Furth, P.: Nachträgliche Warnung vor dem Rollenbegriff. In: Dreitzel, H. P./Furth, P./Haug, F.: Diskussion über die Rollentheorie. Berlin: 1978, S. 2-30.

Gamm, G.: Umgang mit sich selbst. Grundriß einer Verhaltenslehre. Ein Beitrag zur Pädagogischen Anthropologie. München: 1977.

— Die Macht der Metapher. Im Labyrinth der modernen Welt. Stuttgart: 1992.

Gebauer, G./Wulf, C.: Spiel, Ritual, Geste. Mimetisches Handeln in der sozialen Welt. Reinbek bei Hamburg: 1998.

Geller, H.: Position, Rolle, Situation. Zur Aktualisierung soziologischer Analyseinstrumente. Opladen: 1994.

Giesen, B.: Kollektive Identität und Exklusion. In: Bögenhold, D./Hoffmeister, D./Jasper, C./Kemper, E./Solf, G. (Hg.): Soziale Welt und soziologische Praxis. Soziologie als Beruf und Programm. Göttingen: 1995, S. 341-352.

Gleason, P.: Identifying Identity. A Semantic History. In: The Journal of American History. Vol. 69, No. 4 (1983), S. 910-931.

Gößling, H. J.: Subjektwerden. Historisch-systematische Studien zu einer pädagogischen Paradoxie. Weinheim: 1993.

Goffman, E.: Stigma. Über Techniken der Bewältigung beschädigter Identität. 13. Auflage. Frankfurt am Main: 1998.

Grathoff, R.: Zur gegenwärtigen Rezeption von Georg Herbert Mead. In: Philosophische Rundschau 34. Jg. (1987), S. 131-144.

— Milieu und Lebenswelt. Einführung in die phänomenologische Soziologie und die sozialphänomenologische Forschung. Frankfurt am Main: 1995.

Grawert-May, E.: Die Sucht mit sich identisch zu sein. Nachruf auf die Höflichkeit. Berlin: 1992.

Grupe, O.: Leibesübung und Erziehung. 2., neubearb. und ergänzte Auflage. Freiburg im Breisgau: 1964.

— Grundlagen der Sportpädagogik. Körperlichkeit, Bewegung und Erfahrung im Sport. 3., überarb. Auflage. Schorndorf: 1984.

Gugutzer, R.: Leib, Körper und Identität. Eine phänomenologisch-soziologische Untersuchung zur personalen Identität. Wiesbaden: 2002.

— Soziologie des Körpers. Bielefeld: 2004.

Habermas, J.: Erkenntnis und Interesse. Frankfurt am Main: 1968.

— Thesen zur Theorie der Sozialisation. In: Ders.: Arbeit, Erkenntnis, Fortschritt. Aufsätze 1954-1970. Amsterdam: 1970, S. 376-429.

— Aus einem Brief. In: Ders.: Kultur und Kritik. Verstreute Aufsätze. Frankfurt am Main: 1973, S. 232-235.

— Moralentwicklung und Ich-Identität. In: Ders.: Zur Rekonstruktion des Historischen Materialismus. Frankfurt am Main: 1976 (a), S. 63-91.

— Können komplexe Gesellschaften eine vernünftige Identität ausbilden? In: Ders.: Zur Rekonstruktion des Historischen Materialismus. Frankfurt am Main: 1976 (b), S. 92-126.

— Theorie des kommunikativen Handelns. Band 1. Handlungsrationalität und gesellschaftliche Rationalisierung. Frankfurt am Main: 1981 (a)

— Theorie des kommunikativen Handelns. Band 2. Zur Kritik der funktionalistischen Vernunft. Frankfurt am Main: 1981 (b).

Habermas, T.: Geliebte Objekte. Symbole und Instrumente der Identitätsbildung. Frankfurt am Main: 1999.

Hagenbüchle, R.: Was heißt ›paradox‹? Eine Standortbestimmung. In: Geyer, P./Hagenbüchle, R. (Hg.): Das Paradox. Eine Herausforderung des abendländischen Denkens. Tübingen: 1992, S. 27-43.

— Epilog. In: Geyer, P./Hagenbüchle, R. (Hg.): Das Paradox. Eine Herausforderung des abendländischen Denkens. Tübingen: 1992, S. 669-671.

Hahn, A.: Identität und Selbstthematisierung. In: Ders./Kapp, V. (Hg.): Selbstthematisierung und Selbstzeugnis: Bekenntnis und Geständnis. Frankfurt am Main: 1987, S. 9-24.

— ›Partizipative‹ Identitäten. In: Münkler, H. (Hg.): Furcht und Faszination. Facetten der Fremdheit. Berlin: 1997, S. 115-158.

Haneberg, B.: Leib und Identität. Die Bedeutung der Leiblichkeit für die Bildung der sozialen Identität. Würzburg: 1995.

Haug, F.: Kritik der Rollentheorie und ihrer Anwendung in der bürgerlichen deutschen Soziologie. 2. Auflage. Frankfurt am Main: 1973.

Heidegger, M.: Der Satz der Identität. In: Ders.: Identität und Differenz. Pfullingen: 1957, S. 11-34.

— Sein und Zeit. 17. Auflage. Tübingen: 1993.

— Kant und das Problem der Metaphysik. 6. Auflage. Frankfurt am Main: 1998.

Heinrich, K.: Versuch über die Schwierigkeit nein zu sagen. Frankfurt am Main: 1964.

Heissenberger, M.: Erziehung und Identität. Zur Identitätsfindung im pädagogischen Handlungsfeld. Frankfurt am Main/Bern: 1987.

Heitger, M.: Das Ende des Subjekts? Zur pädagogischen Konzeption von Subjektivität. In: Vierteljahresschrift für wissenschaftliche Pädagogik 67 (1991), S. 401-419.

Henrich, D.: Fichtes ursprüngliche Einsicht. Frankfurt am Main: 1967.

— ›Identität‹ – Begriffe, Probleme, Grenzen. In: Marquard, O./Stierle, K. (Hg.): Identität. München: 1979, S. 133-186.

— Selbstverhältnisse. Gedanken und Auslegungen zu den Grundlagen der klassischen deutschen Philosophie. Stuttgart: 1982.

Herkert, P.: Das Chiasma. Zur Problematik von Sprache, Bewußtsein und Unbewußtem bei Maurice Merleau-Ponty. Würzburg: 1987.

Herrmann, F.-W. v.: Fichte und Heidegger. Phänomenologische Anmerkungen zu ihren Grundstellungen. In: Guzzoni, U./Rang, B./Siep, L. (Hg.): Der Idealismus und seine Gegenwart. Festschrift für Werner Marx zum 65. Geburtstag. Hamburg: 1976, S. 231-256.

Herrmann, U.: Perfektibilität und Bildung: Funktion und Leistung von Kontingenzformeln der Anthropologie, Kulturkritik und Fortschrittsorientierung in den reflexiven Selbstbegründungen der Pädagogik des 18. Jahrhunderts. In: Hoffmann, D./Langewand, A./Niemeyer, C. (Hg.): Begründungsformen der Pädagogik in der ›Moderne‹. Weinheim: 1992, S. 79-99.

Herzog, W.: Der Körper als Thema der Pädagogik. In: Petzold, H. (Hg.): Leiblichkeit. Philosophische, gesellschaftliche und therapeutische Perspektiven. Paderborn: 1985, S. 259-301.

Hitzler, R./Honer, A.: Bastelexistenz. Über subjektive Konsequenzen der Individualisierung. In: Beck, U./Beck-Gernsheim, E. (Hg.): Riskante Freiheiten. Frankfurt am Main: 1994, S. 307-315.

Hoffmann, D.: ›Identität‹ als Ideologie. Zur Kritik des Begriffs und seiner pädagogischen Bedeutungen. In: Hoffmann, D./Neuner, G. (Hg.): Auf der Suche nach Identität. Pädagogische und politische Erörterungen eines gegenwärtigen Problems. Weinheim: 1997, S. 29-50.

— /Neuner, G. (Hg.): Auf der Suche nach Identität. Pädagogische und politische Erörterungen eines gegenwärtigen Problems. Weinheim: 1997.

Hoffmann, E.: Irritation und Identität. Schule in den Paradoxien lebensweltlicher Modernisierung. In: Neue Sammlung 34, Heft 1 (1994), S. 27-49.

Honneth, A./Joas, H.: Soziales Handeln und menschliche Natur. Frankfurt am Main/New York: 1980.

Hoppe, H.: Synthesis bei Kant. Das Problem der Verbindung von Vorstellungen und ihrer Gegenstandsbeziehung in der ›Kritik der reinen Vernunft‹. Berlin/New York: 1983.

Huber, W.: Sprachfallen und Denkunfälle Widersprüche und Paradoxa aus sprachwissenschaftlicher Sicht. In: Geyer, P./Hagenbüchle, R. (Hg.): Das Paradox. Eine Herausforderung des abendländischen Denkens. Tübingen: 1992, S. 131-152.

Hübener, W.: Der dreifache Tod des modernen Subjekts. In: Frank, M./ Raulet, G./van Reijen, W. (Hg.): Die Frage nach dem Subjekt. Frankfurt am Main: 1988, S. 101-127.

Husserl, E.: Ideen zu einer reinen Phänomenologie und phänomenologischen Philosophie. Zweites Buch: Phänomenologische Untersuchungen zur Konstitution. Hg. v. M. Biemel. Den Haag: 1952 (Husserliana Bd. IV).

— Formale und transzendentale Logik. Den Haag: 1974 (Husserliana Bd. XVII).

Jauss, H. R.: Soziologischer und ästhetischer Rollenbegriff. In: Marquard, O./Stierle, K. (Hg.): Identität. München: 1979, S. 599-607.

Janoska-Bendl, J.: Probleme der Freiheit in der Rollenanalyse. In: Kölner Zeitschrift für Soziologie und Sozialpsychologie 14 (1962), S. 459-475.

Joas, H.: Die gegenwärtige Lage der soziologischen Rollentheorie. 3., erw. Auflage. Wiesbaden: 1978.

— Rollen- und Interaktionstheorien in der Sozialisationsforschung. In: Hurrelmann, K./Ulich, D. (Hg.): Handbuch der Sozialisationsforschung. 2. Auflage. Weinheim/Basel: 1982, S. 147-160.

— Kreativität und Autonomie. Die soziologische Identitätskonzeption und ihre postmoderne Herausforderung. In: Barkhaus, A./Mayer, M./ Roughley, N./Thürnau, D. (Hg.): Identität, Leiblichkeit, Normativität. Neue Horizonte anthropologischen Denkens. Frankfurt am Main: 1996, S. 357-369.

Jörissen, B.: Identität und Selbst. Systematische, begriffsgeschichtliche und kritische Aspekte. Berlin: 2000.

Jurczyk, K./Rerrich, M. S. (Hg.): Die Arbeit des Alltags. Beiträge zu einer Soziologie der alltäglichen Lebensführung. Freiburg im Breisgau: 1993.

Kade, J.: Erwachsenenbildung und Identität. Eine empirische Studie zur Aneignung von Bildungsangeboten. Weinheim: 1989.

Kamper, D.: Die Auflösung der Ich-Identität. In: Kittler, F. A. (Hg.): Austreibung des Geistes aus den Geisteswissenschaften. Programme des Poststrukturalismus. Paderborn/München: 1980, S. 79-86.

— /Mollenhauer, K.: Artikel ›Körper‹. In: Lenzen, D./Mollenhauer, K. (Hg.): Enzyklopädie Erziehungswissenschaft. Band 1: Theorien und

Grundbegriffe der Erziehung und Bildung. Stuttgart/Dresden: 1995, S. 478-481.

— /Wulf, C. (Hg.): Die Wiederkehr des Körpers. Frankfurt am Main: 1982.

Kant, I.: Anthropologie in pragmatischer Hinsicht. Stuttgart: 1983.

— Idee zu einer allgemeinen Geschichte in weltbürgerlicher Absicht. In: Ders.: Was ist Aufklärung? Aufsätze zur Geschichte und Philosophie. Hg. von J. Zehbe. 3. Auflage. Göttingen: 1985, S. 40-54.

— Kritik der reinen Vernunft. Nach der 1. und 2. Original-Ausgabe. Hg. v. R. Schmidt. 3. Auflage. Hamburg: 1990.

Keller, W.: Auf dem Rückweg zum Bewußtsein. In: Dux, G./Luckmann, T. (Hg.): Sachlichkeit. Festschrift zum achtzigsten Geburtstag von Helmuth Plessner. Opladen: 1974, S. 23-40.

Kellner, D.: Populäre Kultur und die Konstruktion postmoderner Identitäten. In: Kuhlmann, A. (Hg.): Philosophische Ansichten der Kultur der Moderne. Frankfurt am Main: 1994, S. 214-237.

Kern, P./Runde, P.: Identität und Rolle. Soziologisch-pädagogische Reflexionen zum Bildungsprozeß. In: Pädagogische Rundschau 31, Heft 8 (1977), S. 705-719.

Kertész, I.: Ich – ein anderer. Reinbek bei Hamburg: 1999.

Keupp, H.: Auf der Suche nach der verlorenen Identität. In: Ders.: Riskante Chancen. Das Subjekt zwischen Psychokultur und Selbstorganisation. Sozialpsychologische Studien. Heidelberg: 1988 (a), S. 131-151.

— Auf dem Weg zur Patchwork-Identität? In: Verhaltenstherapie und psychosoziale Praxis 4 (1988) (b), S. 425-438.

— Ambivalenzen postmoderner Identität. In: Beck, B./Beck-Gernsheim, E. (Hg.): Riskante Freiheiten. Individualisierung in modernen Gesellschaften. Frankfurt am Main: 1994, S. 336-350.

— Diskursarena Identität. Lernprozesse in der Identitätsforschung. In: Ders./Höfer, R. (Hg.): Identitätsarbeit heute. Klassische und aktuelle Perspektiven der Identitätsforschung. Frankfurt am Main: 1997, S. 11-39.

— /Ahbe, T./Gmür, W./Höfer, R./Mitzscherlich, R./Kraus, W./Straus, F.: Identitätskonstruktionen. Das Patchwork der Identitäten in der Spätmoderne. Reinbek bei Hamburg: 1999.

— Identität und Kohärenz. Ein vergeblicher Anspruch in der postmodernen Gesellschaft?. In: Schmitz, B./Prechtl, P. (Hg.): Pluralität und Konsensfähigkeit. Würzburg: 2001, S. 25-57.

Kirchhoff-Hund, B.: Rollenbegriff und Interaktionsanalyse. Soziale Grundlagen und ideologischer Gehalt der Rollentheorie. Köln: 1978.

Klafki, W.: Aus der Wortfamilie ›bilden – Bildung‹ der Wörterbücher von Adelung (1774, 1793), Campe (1807), Grimm (1860) und Trübner

(1939, 1954). In: Rauhut, F./Schaarschmidt, I.: Beiträge zur Geschiche des Bildungsbegriffs. Eingeleitet und mit einem Anhang versehen von Wolfgang Klafki. Weinheim/Bergstr.: 1965, S. 91-109.

— Die Bedeutung der klassischen Bildungstheorie für ein zeitgemäßes Konzept allgemeiner Bildung. In: Zeitschrift für Pädagogik, Heft 4 (1986), S. 455-476.

Klika, D.: Identität ein überholtes Konzept? Kritische Anmerkungen zu aktuellen Diskursen außerhalb und innerhalb der Erziehungswissenschaft. In: Zeitschrift für Erziehungswissenschaft 2 (2000), S. 285-304.

König, E.: Gibt es einheimische Begriffe in der Erziehungswissenschaft? In: Pädagogische Rundschau 53 (1999), S. 29-42.

König, J.: Der Begriff der Intuition. Halle/Saale: 1926.

Kößler, H.: Selbstbefangenheit – Identität – Bildung. Beiträge zur Praktischen Anthropologie. Weinheim: 1997.

Koselleck, R.: Einleitung – Zur anthropologischen und semantischen Struktur der Bildung. In: Ders. (Hg.): Bildungsbürgertum im 19. Jahrhundert. Teil II: Bildungsgüter und Bildungswissen. Stuttgart: 1990, S. 11-46.

Krais, B./Gebauer, G.: Habitus. Bielefeld: 2002.

Krappmann, L.: Identität ein Bildungskonzept? In: Grohs, G./Schwerdtfeger, J./Strohm, T. (Hg.): Kulturelle Identität im Wandel. Beiträge zum Verhältnis von Bildung, Entwicklung und Religion. Stuttgart: 1980, S. 99-118.

— Soziologische Dimensionen der Identität. Strukturelle Bedingungen für die Teilnahme an Interaktionsprozessen. 7. Auflage. Stuttgart: 1988.

Kraus, W.: Das erzählte Selbst. Die narrative Konstruktion von Identität in der Spätmoderne. Pfaffenweiler: 1996.

— /Mitzscherlich, B.: Abschied vom Großprojekt. Normative Grundlagen der empirischen Identitätsforschung in der Tradition von James E. Marcia und die Notwendigkeit ihrer Reformulierung. In: Keupp, H./Höfer, R. (Hg.): Identitätsarbeit heute. Klassische und aktuelle Perspektiven der Identitätsforschung. Frankfurt am Main: 1997, S. 149-173.

Krieger, W.: Identität und Erziehung. Die Bedeutung von Identitätstheorien für die Pädagogik. Frankfurt am Main/Bern: 1985.

Krockow, Chr. Graf v.: Politik und menschliche Natur. Dämme gegen die Selbstzerstörung. Stuttgart: 1987.

Kubitza, T.: Konflikt oder Paradox? Eine Annäherung an Lyotards ›Widerstreit‹. In: Liebsch, B./Straub, J. (Hg.): Lebensformen im Widerstreit. Integrations- und Identitätskonflikte in pluralen Gesellschaften. Frankfurt am Main: 2003, S. 299-321.

Kudera, W./Dietmaier, S.: Alltägliche Lebensführung. Arrangements zwischen Traditionalität und Modernisierung. Opladen: 1995.

— /Voß, G. G. (Hg.): Lebensführung und Gesellschaft. Opladen: 2000.

Laing, R. D.: Das geteilte Selbst. Eine existentielle Studie über geistige Gesundheit und Wahnsinn. Köln: 1972.

Landgrebe, L.: Der Weg der Phänomenologie. Das Problem einer ursprünglichen Erfahrung. 3. Auflage. Gütersloh: 1969.

Lassahn, R.: Konstruiertes Selbstverständnis. Implizite Menschenbilder in pädagogischer Theorie und Praxis. In: Pädagogische Rundschau 49 (1995), S. 285-294.

Lenzen, D.: Moderne Jugendforschung und postmoderne Jugend. Was leistet noch das Identitätskonzept? In: Helsper, W. (Hg.): Jugend zwischen Moderne und Postmoderne. Opladen: 1991, S. 41-56.

Levita, D. J. de: Der Begriff der Identität. Frankfurt am Main: 2. Auflage. 1976.

Liebau, E.: Gesellschaftliches Subjekt und Erziehung. Weinheim/ München: 1987.

Liebsch, B.: Identitätsfragen in Zeiten des Verrats. Zum Missverhältnis von erzähltem und praktischem Selbst. In: Straub, J./Renn, J. (Hg.): Transitorische Identität. Der Prozesscharakter des modernen Selbst. Frankfurt am Main: 2002, S. 132-158.

Litt, T.: Individuum und Gemeinschaft. Grundlegung der Kulturphilosophie. 3., abermals durchgearb. Auflage. Leipzig/Berlin: 1926.

— Das Bildungsideal der deutschen Klassik und die moderne Arbeitswelt. 7. Auflage. Bochum: 1959.

Locke, J.: Versuch über den menschlichen Verstand. Bd. 1. Buch I und II. 4., durchg. Auflage. Hamburg: 1981.

Löwith, K.: Das Individuum in der Rolle des Mitmenschen. In: Ders.: Mensch und Menschenwelt. Beiträge zur Anthropologie. Hg. v. K. Stichweh. Stuttgart: 1981, S. 9-197.

Luckmann, T.: Personale Identität, soziale Rolle und Rollendistanz. In: Marquard, O./Stierle, K. (Hg.): Identität. München: 1979 (a), S. 293-313.

— Gibt es ein Jenseits zum Rollenverhalten? In: Marquard, O./Stierle, K. (Hg.): Identität. München: 1979 (b), S. 596-599.

— Lebenslauf und Sprache. In: Matthes, J./Pfeifenberger, A./Stosberg, M. (Hg.): Biographie in handlungswissenschaftlicher Perspektive. Nürnberg: 1981, S. 55-65.

Luhmann, N./Schorr, K. E.: Personale Identität und Möglichkeiten der Erziehung. In: Dies. (Hg.): Zwischen Technologie und Selbstreferenz. Fragen an die Pädagogik. Frankfurt am Main: 1982, S. 224-261.

Luther, H.: Umstrittene Identität. Zum Leitbild der Bildung. In: Ders.: Religion im Alltag. Bausteine zu einer Praktischen Theologie des Subjekts. Stuttgart: 1992 (a), S. 150-159.

— Identität und Fragment. Praktisch-theologische Überlegungen zur Unabschließbarkeit von Bildungsprozessen. In: Ders.: Religion im Alltag. Bausteine zu einer Praktischen Theologie des Subjekts. Stuttgart: 1992 (b), S. 160-182.

Maier, W.: Die Leiblichkeit des Menschen. Ein pädagogisches Problem. In: Bollnow, O. F. (Hg.): Erziehung in anthropologischer Sicht. Zürich: 1969, S. 211-225.

Marcuse, H.: Zum Begriff des Wesens. In: Ders.: Schriften Band 3. Aufsätze aus der Zeitschrift für Sozialforschung. Frankfurt am Main: 1979, S. 45-84.

Markard, M.: Warum ich als Kritischer Psychologe keinen Grund sehe, mich positiv auf das Identitäts-Konzept einzulassen – oder: eine funktionskritische Polemik zum Identitätsboom. In: Birbaumer, A./Steinhardt, G. (Hg.): Der flexibilisierte Mensch. Subjektivität und Solidarität im Wandel. Heidelberg: 2003, S. 75-85.

Marotzki, W.: Bildung als Herstellung von Bestimmtheit und Ermöglichung von Unbestimmtheit. Psychoanalytisch-lerntheoretisch geleitete Untersuchungen zum Bildungsbegriff im Kontext hochkomplexer Gesellschaften. In: Ders./Hansmann, O. (Hg.): Diskurs Bildungstheorie I: Systematische Markierungen. Rekonstruktion der Bildungstheorie unter Bedingungen der gegenwärtigen Gesellschaft. Weinheim: 1988, S. 311-333.

— Bildung, Identität und Individualität. In: Benner, D./Lenzen, D. (Hg.): Erziehung, Bildung, Normativität. Versuche einer deutsch-deutschen Annäherung. Weinheim/München: 1991, S. 79-94.

Marquard, O.: Identität: Schwundtelos und Mini-Essenz Bemerkungen zur Genealogie einer aktuellen Diskussion. In: Marquard, O./Stierle, K. (Hg.): Identität. München: 1979, S. 347-369.

— Leben und leben lassen. Anthropologie und Hermeneutik bei Dilthey. In: Rodi, F. (Hg.): Dilthey-Jahrbuch für Philosophie und Geschichte der Geisteswissenschaften Bd. 2. Göttingen: 1984, S. 128-139.

Maset, P.: Ästhetische Bildung der Differenz. Kunst und Pädagogik im technischen Zeitalter. Stuttgart: 1995.

— Aspekte einer Pädagogik der Differenz. In: Kunst & Unterricht 176 (1993), S. 34-35.

Masschelein, J.: Die Frage nach einem pädagogischen Grundgedankengang. Bemerkungen über Handeln und Pluralität. In: Ders./Wimmer, M. (Hg.): Alterität, Pluralität, Gerechtigkeit. Randgänge der Pädagogik. Sankt Augustin/Leuven: 1996, S. 107-125.

Mead, G. H.: Mind, Self, and Society. From the standpoint of a social behaviorist. Edited and with an introduction by C. W. Morris. Chicago/ London: 1934.

— Selected Writings. Ed. by A. J. Reck. Chicago/London: 1964.

Meinberg, E: Sportpädagogik. Konzepte und Perspektiven. Stuttgart/ Berlin: 1981.

— Das Menschenbild der modernen Erziehungswissenschaft. Darmstadt: 1988.

Merleau-Ponty, M.: Phänomenologie der Wahrnehmung. Berlin: 1966.

— Die Wahrnehmung des Anderen und der Dialog. In: Ders.: Die Prosa der Welt. 2. Auflage. München: 1993, S. 147-161.

— Das Sichtbare und das Unsichtbare. Hg. und mit einem Vor- und Nachwort von C. Lefort. 2. Auflage. München: 1994.

Meuter, N.: Narrative Identität. Das Problem der personalen Identität im Anschluß an Ernst Tugendhat, Niklas Luhmann und Paul Ricœr. Stuttgart: 1995.

Meyer-Drawe, K.: Leiblichkeit und Sozialität. München: Fink 1984.

— Die Beziehung zum Anderen beim Kind. Merleau-Pontys Konzeption kindlicher Sozialität. In: Erziehung und Bildung 37, Heft 2 (1984), S. 157-168.

— Der Leib – ›ein merkwürdig unvollkommen konstituiertes Ding‹. In: Jamme, C./Pöggeler, O. (Hg.): Phänomenologie im Widerstreit. Zum 50. Todestag Edmund Husserls. Frankfurt am Main: 1989, S. 291-306.

— Illusionen von Autonomie. Diesseits von Ohnmacht und Allmacht des Ich. Kirchheim: 1990 (a).

— Provokationen eingespielter Aufklärungsgewohnheiten durch ›postmodernes Denken‹. In: Krüger, H.-H. (Hg.): Abschied von der Aufklärung. Perspektiven der Erziehungswissenschaft. Opladen: 1990 (b), S. 81-90.

— Das ›Ich als Differenz der Masken‹. Zur Problematik autonomer Subjektivität. In: Vierteljahrsschrift für wissenschaftliche Pädagogik Jg. 67 (1991), S. 390-400.

— ›Projekt der Moderne‹ oder Antihumanismus. Reflexionen zu einer falsch gestellten Alternative. In: Zeitschrift für Pädagogik 29. Beiheft (1992), S. 93-103.

— Das Ich im Spiegel des Nicht-Ich. In: Bildung und Erziehung 46. Jg. Heft 2 (1993), S. 195-205.

— Vom anderen lernen. Phänomenologische Betrachtungen in der Pädagogik. In: Borrelli, M./Ruhloff, J. (Hg.): Deutsche Gegenwartspädagogik. Band II. Baltmannsweiler: 1996 (a), S. 85-98.

— Versuch einer Archäologie des pädagogischen Blicks. In: Zeitschrift für Pädagogik Heft 5 (1996) (b), S. 655-664.

— Das Gehirn Wohnstätte des Geistes? In: Northoff, G. (Hg.): Neuropsychatrie und Neurophilosophie. Paderborn/München: 1997, S. 155-167.
— Streitfall ›Autonomie‹. Aktualität, Geschichte und Systematik einer modernen Selbstbeschreibung von Menschen. In: Bauer, W./Lippitz, W./Marotzki, W./Ruhloff, J./Schäfer, A./Wulf, C. (Hg.): Fragen nach dem Menschen in der umstrittenen Moderne. Baltmannsweiler: 1998 (a), S. 31-49.
— Bildung als Selbstgestaltung. Grenzen und Möglichkeiten einer modernen Idee. In: Bildung, Welt, Verantwortung: Festschrift 50 Jahre Evangelisches Sudienwerk Villigst. Gießen: 1998 (b), S. 123-143.
— Versagte Identität – Aufgegebene Suche. In: Hellekamps, S. (Hg.): Ästhetik und Bildung. Das Selbst im Medium von Musik, Bildender Kunst, Literatur und Fotografie. Weinheim: 1998 (c), S. 171-175.
— Herausforderung durch die Dinge. Das Andere im Bildungsprozeß. In: Zeitschrift für Pädagogik Jg. 45, Heft 3 (1999), S. 329-336.
— Im Finden erfinden. Randbemerkungen zum Ausdrucksphänomen. In: Dilthey-Jahrbuch für Philosophie und Geschichte der Geisteswissenschaften. Hg. v. F. Rodi. Band 12, 1999/2000, S. 100-106.
— ›Ästhetische Emanzipation‹. Suchbewegungen. In: In: Dietrich, C./ Müller, H.-R. (Hg.): Bildung und Emanzipation. Klaus Mollenhauer weiterdenken. Weinheim, München: 2000 (a), S. 43-48.
— Die Not der Lebenskunst. Phänomenologische Überlegungen zur Bildung als Gestaltung exzentrischer Lebensverhältnisse – Fünf Überlegungen. In: Dietrich, C./Müller, H.-R. (Hg.): Bildung und Emanzipation. Klaus Mollenhauer weiterdenken. Weinheim, München: 2000 (b), S. 147-154.
— Bildung und Identität. In: Eßbach, W. (Hg.): wir/ihr/sie. Identität und Alterität in Theorie und Methode. Würzburg: 2000 (c), S. 139-150.
— Zur ›ganzen Pracht der Vernunftbehauptungen‹. In: Helmer, K./ Meder, N./Meyer-Drawe, K./Vogel, P. (Hg.): Spielräume der Vernunft. Würzburg: 2000 (d), S. 235-250.
— Selbstbestimmung angesichts des anderen. In: Wenger-Hadwig, A. (Hg.): Europäische Wertegemeinschaft. Innsbruck/Wien: 2001, S. 9-21.
— Das exzentrische Selbst. In: Straub, J./Renn, J. (Hg.): Transitorische Identität. Der Prozesscharakter des modernen Selbst. Frankfurt am Main: 2002, S. 360-373.
Miedema, S./Wardekker, W. L.: Pädagogik, Identität und gesellschaftlicher Wandel. In: Sünker, H./Krüger, H.-H. (Hg.): Kritische Erziehungswissenschaft am Neubeginn?! Frankfurt am Main: 1999, S. 87-111.

Mittelstraß, J.: Fichte und das absolute Wissen. In: Hogrebe, W. (Hg.): Fichtes Wissenschaftslehre 1794. Philosophische Resonanzen. Frankfurt am Main: 1995, S. 141-161.

Mollenhauer, K.: Theorien zum Erziehungsprozeß. 4. Auflage. München: 1982.

— Umwege. Über Bildung, Kunst und Erziehung. Weinheim/München: 1986 (a).

— Streifzug durch fremdes Terrain: Interpretation eines Bildes aus dem Quattrocento in bildungstheoretischer Absicht. In: Ders.: Umwege. Über Bildung, Kunst und Erziehung. Weinheim/München: 1986 (b), S. 38-67.

— Der Körper im Augenschein – Rembrandts Anatomie-Bilder und einige Folgeprobleme. In: Ders.: Umwege. Über Bildung, Kunst und Erziehung. Weinheim/München: 1986 (c), S. 92-119.

— Der frühromantische Pädagoge F. D. Schleiermacher. In: Ders.: Umwege. Über Bildung, Kunst und Erziehung. Weinheim/München: 1986 (d), S. 137-159.

— Korrekturen am Bildungsbegriff? In: Zeitschrift für Pädagogik 33 (1987), S. 1-20.

— Ist ästhetische Bildung möglich? In: Zeitschrift für Pädagogik 34, Nr. 4 (1988), S. 443-461.

— Ästhetische Bildung zwischen Kritik und Selbstgewißheit. In: Zeitschrift für Pädagogik, Heft 4 (1990), S. 481-494.

— Grundfragen ästhetischer Bildung. Theoretische und empirische Befunde zur ästhetischen Erziehung von Kindern. Weinheim/München: 1996 (a).

— Fiktionen von Individualität und Autonomie – Bildungstheoretische Belehrungen durch Kunst. In: Pädagogische Korrespondenz. Heft 18 (1996) (b), S. 5-20.

— Vergessene Zusammenhänge. Über Kultur und Erziehung. 5. Auflage. München: 1998 (a).

— Der Leib. Bildungstheoretische Beobachtungen an ästhetischen Objekten. In: Borrelli, M./Ruhloff, J. (Hg.): Deutsche Gegenwartspädagogik. Band III. Interdisziplinäre Verflechtungen und intradisziplinäre Differenzierungen. Baltmannsweiler: 1998 (b), S. 56-78.

— Ego-Histoire: Sozialpädagogik 1948-1970. In: Neue Praxis 28. Jg. (1998) (c), S. 525-534.

— ›Über die Schwierigkeit, von Leuten zu erzählen, die nicht recht wissen, wer sie sind‹. In: Dietrich, C./Müller, H.-R. (Hg.): Bildung und Emanzipation. Klaus Mollenhauer weiterdenken. Weinheim, München: 2000, S. 49-72.

— /Brumlik, M./Wudtke, H.: Die Familienerziehung. München: 1975.

Montessori, M.: Die Entdeckung des Kindes. Hg. und eingeleitet v. P. Oswald und G. Schulz-Benesch. 12. Auflage. Freiburg i. Br.: 1996.

Mühl, Martin: Die Handlungsrelativität der Sinne. Zum Verhältnis von Intersubjektivität und Sinnlichkeit. Bodenheim: 1997.

Nancy, J.-L.: Der Eindringling. Das fremde Herz. Berlin: 2000.

Neubert, H.: Rolle versus Identität-Konzepte zur Erfassung der Lehrenden und Lernenden unter handlungstheoretischer Perspektive. In: Die Deutsche Schule 70, Heft 2 (1978), S. 91-98.

Neumann, K.: Mit sich selbst identische Subjekte? Welche Identität soll und kann die Schule heute vermitteln? In: Hoffmann, D./Neuner, G. (Hg.): Auf der Suche nach Identität. Pädagogische und politische Erörterungen eines gegenwärtigen Problems. Weinheim: 1997, S. 81-103.

Niethammer, L.: Kollektive Identität. Heimliche Quellen einer unheimlichen Konjunktur. Reinbek bei Hamburg: 2000.

Nietzsche, F.: Werke in drei Bänden. Hg. v. K. Schlechta. Darmstadt: 1997.

Nipkow, K. E.: Bildung und Entfremdung. Überlegungen zur Rekonstruktion der Bildungstheorie. In: Herrmann, U. (Hg.): Historische Pädagogik. Zeitschrift für Pädagogik 14. Beiheft. Weinheim/Basel: 1977, S. 205-229.

Nunner-Winkler, G.: Jugend und Identität als pädagogisches Problem. In: Zeitschrift für Pädagogik 36 (1990), S. 671-686.

— Identität aus soziologischer Sicht. In: Greve, W. (Hg.): Psychologie des Selbst. Weinheim: 2000, S. 302-316.

Oelkers, J.: Subjektivität, Autobiographie und Erziehung. In: Zeitschrift für Pädagogik 33 (1987), S. 325-344.

Olejniczak, V.: Subjektivität als Dialog. Philosophische Dimensionen der Fiktion. Zur Modernität Ivy Compton-Burnetts. München: 1994.

Paragrana: Internationale Zeitschrift für Historische Anthropologie. Hg. v. Interdisziplinären Zentrum für Historische Anthropologie Freie Universität Berlin. Bd. 6, Heft 1: Selbstfremdheit. Berlin: 1997.

Parmentier, M.: Entdeckt, was ihr wollt. Zum Tode von Klaus Mollenhauer. Eine Würdigung. In: Erziehungswissenschaft. 9. Jg., Heft 17 (1998), S. 23-42.

Pascal, B.: Gedanken. Nach einer endgültigen Ausgabe übertragen von W. Rüttenauer. Köln: 1997.

Pauls, M.: Identitätsbildung und Selbst-bewußt-Werdung. Pädagogische Zielsetzungen in der technisch-rationalen Gesellschaft. Sankt Augustin: 1990.

Pazzini, K. J.: Sinnlicher Widerstand als (pädagogische) Perspektive? In: Parabel. Einschnitte. Beiträge zur Gesellschafts- und Wissenschaftskritik. Münster: 1985, S. 7-14.

— Bildung und Bilder. Über einen nicht nur etymologischen Zusammenhang. In: Hansmann, O./Marotzki, W. (Hg.): Diskurs Bildungstheorie I: Systematische Markierungen. Rekonstruktion der Bildungstheorie unter Bedingungen der gegenwärtigen Gesellschaft. Weinheim: 1988, S. 334-363.

— Sind die Sinne dumm? Oder: Warum nur aßen Adam und Eva vom Baum der Erkenntnis? In: Zacharias, W. (Hg.): Sinnenreich. Vom Sinn einer Bildung der Sinne als kulturell-ästhetisches Projekt. Essen: 1994, S. 43-52.

Petzold, H./Mathias, U.: Rollenentwicklung und Identität. Von den Anfängen der Rollentheorie zum sozialpsychiatrischen Rollenkonzept Morenos. Paderborn: 1982.

Peukert, H.: Bildung als Wahrnehmung des Anderen. Der Dialog im Bildungsdenken der Moderne. In: Lohmann, I./Weiße, W. (Hg.): Dialog zwischen den Kulturen. Erziehungshistorische und religionspädagogische Gesichtspunkte interkultureller Bildung. Münster/New York: 1994, S. 1-14.

Pleines, J.-E.: Bildung. Grundlegung und Kritik eines pädagogischen Begriffs. Heidelberg: 1971.

Plügge, H.: Der Mensch und sein Leib. Tübingen: 1967.

Pörksen, U.: Plastikwörter. Die Sprache einer internationalen Diktatur. 3. Auflage. Stuttgart: 1989.

Polanyi, M.: Implizites Wissen. In: Ders.: Implizites Wissen. Frankfurt am Main: 1985, S. 13-31.

Pongratz, L.: Bildung und Alltagserfahrung. Zur Dialektik des Bildungsprozesses als Erfahrungsprozeß. In: Hansmann, O./Marotzki, W. (Hg.): Diskurs Bildungstheorie I: Systematische Markierungen. Weinheim: 1988, S. 293-310.

Prange, K.: Differentielle Identität oder: Auf der Suche nach dem verlorenen Selbst. In: Hellekamps, S. (Hg.): Ästhetik und Bildung. Das Selbst im Medium von Musik, Bildender Kunst, Literatur und Fotografie. Weinheim: 1998, S. 159-169.

Prechtl, P.: Überlegungen zum Begriff der personalen Identität. In: Beaufort, J./Prechtl, P. (Hg.): Rationalität und Prärationalität. Festschrift für Alfred Schöpf. Würzburg: 1998, S. 183-193.

Quante, M.: Einleitung: Personale Identität als Problem der analytischen Metaphysik. In: Ders. (Hg.): Personale Identität. Paderborn/München: 1999, S. 9-29.

Rausch, R.-Y.: Identität – Ein Gestaltungsexperiment. Oldenburg: 1999.

Reichenbach, R.: Bildung als Ethos der Differenz. In: Koch, L./Marotzki, W./Schäfer, A. (Hg.): Die Zukunft des Bildungsgedankens. Weinheim: 1997, S. 121-141.

— Demokratisches Selbst und dilettantisches Subjekt. Demokratische Bildung und Erziehung in der Spätmoderne. Münster/New York: 2001.

Reiter, L.: Identität aus systemtheoretischer Sicht. In: Praxis der Kinderpsychologie und Kinderpsychiatrie 39 (1990), S. 222-228.

Richter, A.: Die Jagd nach Identität. Ideen zu einer postmodernen Bildungsphilosophie auf der Grundlage einer Kritik an humanistischen identitätsgeprägten Bildungsvorstellungen der Moderne. Oldenburg: 1997.

Richter, C.: Überlegungen zum anthropologischen Begriff der Verkörperung. Eine notwendige Ergänzung zum Konzept der didaktischen Interpretation von Musik. In: R. Schneider (Hg.): Musik im Diskurs. Band 4: Anthropologie der Musik und der Musikerziehung. Regensburg: 1987, S. 73-120.

Richtlinien und Lehrpläne für die Sekundarstufe I Gymnasium in Nordrhein-Westfalen. Erziehungswissenschaft. Hg. v. Ministerium für Schule und Weiterbildung. Frechen: 1997.

Ricken, N.: Subjektivität und Kontingenz. Markierungen im pädagogischen Diskurs. Würzburg: 1999.

— Identitätsspiele und die Intransparenz der Macht. In: Straub, J./ Renn, J. (Hg.): Transitorische Identität. Der Pprozesscharakter des modernen Selbst. Frankfurt am Main: 2002, S. 318-359.

Ricœur, P.: Das Selbst als ein Anderer. München: 1996.

Rieger, M.: Sofakissen Mündigkeit. 1999, In: Unsere Jugend 51 (1999), S. 296-304.

— ›Flicken‹ und ›Fetzen‹ – Nicht-Identität bei Michel de Montaigne. In: B. Becker, B./I. Schneider (Hg.): Was vom Körper übrig bleibt. Körperlichkeit – Identität – Medien. Frankfurt am Main/New York: 2000, S. 149-174.

Rieger-Ladich, M.: Mündigkeit als Pathosformel. Beobachtungen zur pädagogischen Semantik. Konstanz: 2002.

Rittelmeyer, C.: Pädagogische Ästhesiologie. Untersuchungen am Beispiel der Schulbauarchitektur. In: Borelli, M./Ruhloff, J. (Hg.): Deutsche Gegenwartspädagogik. Band III. Interdisziplinäre Verflechtungen und intradisziplinäre Differenzierungen. Baltmannsweiler: 1998, S. 79-91.

Rodi, F.: Das Nahe-Bringen von Überlieferung. Über die kulturellen Lebensbezüge der ›Vertrautheit‹ und ›Fremdheit‹. In: Kirchberg, J./Müller, J. (Hg.): Philosophisch-theologische Grenzfragen. Festschrift für Richard Schaeffler. Essen: 1986, S. 219-231.

Rogozinski, J.: Der Aufruf des Fremden. Kant und die Frage nach dem Subjekt. In: Frank, M./Raulet, G./van Reijen, W. (Hg.): Die Frage nach dem Subjekt. Frankfurt am Main: 1988, S. 192-229.

Rosa, H.: Zwischen Selbstthematisierungszwang und Artikulationsnot. In: Straub, J./Renn, J. (Hg.): Transitorische Identität. Der Prozesscharakter des modernen Selbst. Frankfurt am Main: 2002, S. 267-302.

Rumpf, H.: Unterricht und Identität. Perspektiven für ein humanes Lernen. München: 1976.

— Die übergangene Sinnlichkeit. Drei Kapitel über die Schule. München: 1981.

— Mit allen Sinnen lernen? Vorschläge zur Unterscheidung. In: Musik und Bildung 26 (1994), S. 5-9.

Russell, B.: Probleme der Philosophie. Wien/Stuttgart: 1950.

Saner, H.: Von den Gefahren der Identität für das Menschsein. In: Benedetti, G./Wiesmann, L. (Hg.): Ein Inuk sein. Interdisziplinäre Vorlesungen zum Problem der Identität. Göttingen: 1986, S. 39-51.

Sartre, J.-P.: Die Transzendenz des Ego. Skizze einer phänomenologischen Beschreibung. In: Ders.: Die Transzendenz des Ego. Philosophische Essays 1931-1939. Reinbek bei Hamburg: 1997, S. 39-96.

Schädelin-Gmür, I.: Identität. Ein Begriff und seine pädagogische Bedeutung. Diss. Zürich: 1988.

Schäfer, A.: Selbstbestimmung und pädagogische Verantwortung. Zum Identitätsproblem in der Erziehung. In: Pädagogische Rundschau 34 (1980), S. 575-594.

— Unsagbare Identität. Das Andere als Grenze der Selbstthematisierung der Batemi (Sonjo). Berlin: 1999 (a).

— Unbestimmte Transzendenz. Bildungsethnologische Betrachtungen zum Anderen des Selbst. Opladen: 1999 (b).

Schäffter, O.: Modi des Fremderlebens. Deutungsmuster im Umgang mit Fremdheit. In: Ders.: Das Eigene und das Fremde. Lernen zwischen Erfahrungswelten. Aufsätze zu einer Theorie der Fremderfahrung. Berlin: 1997, S. 1-26.

— Lob der Grenze. Grenzüberschreitendes Lernen im Kontextwechsel. In: Ders.: Das Eigene und das Fremde. Lernen zwischen Erfahrungswelten. Aufsätze zu einer konstruktivistischen Theorie der Fremderfahrung. Berlin: 1997, S. 89-122.

Scharang, M.: Abgrenzungswahn und Mordgier. Über das Geschwätz von der Identität. In: Konkret 9 (1992), S. 42-44.

Scheer, K.-D.: Zur Kritik der Rollentheorie. Versuch einer Rekonstruktion der Formbestimmtheit sozialer Interaktion. Diss. Bremen: 1976.

Scheler, M.: Der Formalismus in der Ethik und die materiale Wertethik. Neuer Versuch der Grundlegung eines ethischen Personalismus. Hg. v. M. Scheler. 5., durchg. Auflage. Bern/München: 1966. (GW Bd. 2).

— Zur Idee des Menschen. In: Ders.: Vom Umsturz der Werte. Abhandlungen und Aufsätze. Hg. v. M. Scheler. 4., durchg. Auflage. Bern: 1955, S. 171-195. (GW Bd. 3).

— Vom fremden Ich. In: Ders.: Wesen und Formen der Sympathie. Hg. v. M. S. Frings. 6., durchg. Auflage. Bern/München: 1973, S.209-258. (GW Bd. 7).

— Die Stellung des Menschen im Kosmos. In: Ders.: Späte Schriften. Hg. mit einem Anhang v. M. S. Frings. 2., durchg. Auflage. Bonn: 1995, S. 7-71. (GW Bd. 9).

Scherer, G.: Identität und Sinn. In: Ders./Gethmann, C. F./Krewani, W./ Heckelei, H. J./Wittschier: Studien zum Problem der Identität. Opladen: 1982, S. 1-204.

Schmid, W.: Der Versuch, die Identität des Subjekts *nicht* zu denken. In: Barkhaus, A./Mayer, M./Roughley, N./Thürnau, D. (Hg.): Identität, Leiblichkeit, Normativität. Neue Horizonte anthropologischen Denkens. Frankfurt am Main: 1996, S. 370-379.

— Philosophie der Lebenskunst. Eine Grundlegung. 5. korr. Auflage. Frankfurt am Main: 1999.

Schmidt, G.: Identität. Gebrauch und Geschichte eines modernen Begriffs. In: Muttersprache 86 (1976), S. 333-354.

Schmidt-Millard, T.: Authentizität, Bildung, Körperbildung. Sartres Menschenbild in pädagogischer Sicht. St. Augustin: 1995.

Schnädelbach, H.: Philosophie in Deutschland 1831-1933. Frankfurt am Main: 1983.

Schneider, G.: Affirmation und Anderssein. Eine dialektische Konzeption personaler Identität. Opladen: 1995.

Schneider, R.: Musikästhetik /Anthropologie – Vermittlungsversuche. In: Ders. (Hg.): Musik im Diskurs. Band 4: Anthropologie der Musik und der Musikerziehung. Regensburg: 1987, S. 121-146.

Schopenhauer, A.: Parerga und Paralipomena. Zweiter Band. Zürich: 1988.

Schubert, V.: Identität, individuelle Reproduktion und Bildung. Probleme eines aneignungstheoretischen Konzepts von Vergesellschaftung als Vereinzelung. Giessen: 1984.

Schülein, J. A.: Rollentheorie revisited. Wissenssoziologische Anmerkungen zu einem vergessenen Paradigma. In: Soziale Welt Jg. 40, Heft 4 (1989), S. 481 496.

Schuhmacher-Chilla, D.: Ästhetische Sozialisation und Erziehung. Zur Kritik an der Reduktion von Sinnlichkeit. Berlin: 1995.

Schulz, W.: Subjektivität im nachmetaphysischen Zeitalter. Pfullingen: 1992.

Schulz, W.: Ästhetische Bildung. Beschreibung einer Aufgabe. Weinheim/Basel: 1997.

Schulze, T.: Auf der Suche nach einer neuen Identität. In: Benner, D./Heid, H./Thiersch, H. (Hg.): Beiträge zum 8. Kongreß der Deutschen Gesellschaft für Erziehungswissenschaft. Zeitschrift für Pädagogik 18. Beiheft. Weinheim/Basel: 1983, S. 313-320.

Schweitzer, F.: Identität und Erziehung. Was kann der Identitätsbegriff für die Pädagogik leisten? Weinheim/Basel: 1985.

— Identität statt Bildung? Zum Wandel pädagogischer Leitbegriffe. In: Hansmann, O./Marotzki, W. (Hg.): Diskurs Bildungstheorie I: Systematische Markierungen. Weinheim: 1988., S. 55-73.

Sievert-Staudte, A.: ›Mit dem ganzen Körper lernen‹ – Das Interesse am Körper aus der Sicht der ästhetischen Erziehung. In: Schuhmacher-Chilla, D. (Hg.): Das Interesse am Körper. Strategien und Inszenierungen in Bildung, Kunst und Medien. Essen: 2000, S. 73-94.

Simmel, G.: Zur Philosophie des Schauspielers. In: Ders.: Das individuelle Gesetz. Philosophische Exkurse. Frankfurt am Main: 1968, S. 75-95.

— Soziologie. Untersuchungen über die Formen der Vergesellschaftung. 3. Auflage. Frankfurt am Main: 1999.

Sloterdijk, P.: Kritik der zynischen Vernunft. Erster Band. Frankfurt am Main: 1983.

Sommer, M.: Identität im Übergang: Kant. Frankfurt am Main: 1988.

Stanislawski, K. S.: Die Arbeit des Schauspielers an sich selbst. Tagebuch eines Schülers. Teil II: Die Arbeit an sich selbst im schöpferischen Prozess des Verkörperns. 3. Auflage. Westberlin: 1984a.

— Die Arbeit des Schauspielers an der Rolle. Materialien für ein Buch. Berlin: 1984b.

Staudte, A.: Ästhetische Bildung oder ästhetische Erziehung? Wahrnehmungserziehung und Bewußtseinsbildung. In: Zacharias, W. (Hg.): Schöne Aussichten? Ästhetische Bildung in einer technisch-medialen Welt. Essen: 1991, S. 245-255.

Steenblock, V.: Theorie der kulturellen Bildung. Zur Philosophie und Didaktik der Geisteswissenschaften. München: 1999.

Sterzer, P.: Zur Kritik neuerer anthropologischer Bestrebungen um O. F. Bollnow. In: Vierteljahrsschrift für wissenschaftliche Pädagogik 43, Heft 1 (1967), S. 45-55.

Stockmeyer, A.-C.: Identität und Körper in der (post)modernen Gesellschaft. Zum Stellenwert der Körper/Leib-Thematik in Identitätstheorien. Marburg: 2004.

Stolzenberg, J.: Fichtes Begriff des praktischen Selbstbewußtseins. In: Hogrebe, W. (Hg.): Fichtes Wissenschaftslehre 1794. Philosophische Resonanzen. Frankfurt am Main: 1995, S. 71-95.

Straub, J.: Identitätstheorie im Übergang? Über Identitätsforschung, den Begriff der Identität und die zunehmende Beachtung des Nicht-Identischen in subjekttheoretischen Diskursen. In: Sozialwissenschaftliche Literatur-Rundschau 14, Heft 23 (1991), S. 49-71.

— Personale und kollektive Identität. Zur Analyse eines theoretischen Begriffs. In: Assmann, A./Friese, H. (Hg.): Identitäten. Erinnerung, Geschichte, Identität 3. Frankfurt am Main: 1998, S. 73-104.

— Identitätstheorie, empirische Identitätsforschung und die ›postmoderne‹ *armchair psychology*. In: Zeitschrift für Qualitative Bildungs-, Beratungsund Sozialforschung, Heft 1 (2000) (a), S. 167-194.

— Identität als psychologisches Deutungskonzept. In: Greve, W. (Hg.): Psychologie des Selbst. Weinheim: 2000 (b), S. 279-301.

— Personale Identität: anachronistisches Selbstverhältnis im Zeichen von Zwang und Gewalt? In: Ders./Renn, J. (Hg.): Transitorische Identität. Der Prozesscharakter des modernen Selbst. Frankfurt am Main: 2002, S. 85-113.

— /Renn, J. (Hg.): Transitorische Identität. Der Prozesscharakter moderner personaler Selbstverhältnisse. In: Dies. (Hg.): Transitorische Identität. Der Prozesscharakter des modernen Selbst. Frankfurt am Main: 2002, S. 10-31.

Strauss, A. L.: Spiegel und Masken. Die Suche nach Identität. Frankfurt am Main: 1968.

Stross, A.: Ich-Identität. Zwischen Fiktion und Konstruktion. Berlin: 1991.

— Ich-Identität eine pädagogische Fiktion der Moderne? In: Hoffmann, D./Langewand, A./Niemeyer, C. (Hg.): Begründungsformen der Pädagogik in der ›Moderne‹. Weinheim: 1992, S. 261-277.

Taylor, C.: Quellen des Selbst. Die Entstehung der neuzeitlichen Identität. Frankfurt am Main: 1996.

Tenbruck, F. H.: Zur deutschen Rezeption der Rollentheorie. In: Kölner Zeitschrift für Soziologie und Sozialpsychologie. 13. Jg., Heft 1 (1961), S. 1-40.

Tenorth, H.-E.: Engagierte Beobachter, distanzierte Akteure. Eine Ermunterung, pädagogische Grundprobleme wieder zu erörtern. In: Zeitschrift für Pädagogik 41 (1995), S. 3-12.

Theunissen, M.: Der Andere. Studien zur Sozialontologie der Gegenwart. 2., um eine Vorrede vermehrte Auflage. Berlin/New York: 1977.

Thiele, J.: Phänomenologie und Sportpädagogik. Exemplarische Analysen. Sankt Augustin: 1990.

Thomas, K.: Zugehörigkeit und Abgrenzung. Über Identitäten. Bodenheim: 1997.

Thomas, P.: Leiblichkeit und eigene Natur. Naturphilosophische Aspekte der Leibphänomenologie. In: Böhme, G./Schiemann, G. (Hg.): Phänomenologie der Natur. Frankfurt am Main: 1997, S. 291-302.

Thyen, A.: Negative Dialektik und Erfahrung. Zur Rationalität des Nichtidentischen bei Adorno. Frankfurt am Main: 1989.

Tietjen, H.: Fichte und Husserl. Letztbegründung, Subjektivität und praktische Vernunft im transzendentalen Idealismus. Frankfurt am Main: 1980.

Tönnies, F.: Gemeinschaft und Gesellschaft. Grundbegriffe der reinen Soziologie. Neudr. der 8. Auflage von 1935, 3. unveränd. Auflage. Darmstadt: 1991.

Tugendhat, E.: Selbstbewußtsein und Selbstbestimmung. Sprachanalytische Interpretationen. 5. Auflage. Frankfurt am Main: 1993

Uhle, R.: Über erziehungswissenschaftliche Verwendungen des Themas ›Identität‹. In: Hoffmann, D./Neuner, G. (Hg.): Auf der Suche nach Identität. Pädagogische und politische Erörterungen eines gegenwärtigen Problems. Weinheim: 1997, S. 15-27.

Varela, F.: Der kreative Zirkel. Skizzen zur Naturgeschichte der Rückbezüglichkeit. In: Watzlawick, P. (Hg.): Die erfundene Wirklichkeit. 10. Auflage. München, Zürich: 1998, S. 294-309.

Vetter, H.-R. (Hg.): Muster moderner Lebensführung. Ansätze und Perspektiven. Weinheim/München: 1991.

Vierhaus, R.: Bildung. In: Brunner, O./Conze, W./Koselleck, R. (Hg.): Geschichtliche Grundbegriffe. Historisches Lexikon zur politisch-sozialen Sprache in Deutschland. Bd. 1. Stuttgart: 1972, S. 508-551.

Volmerg, U.: Identität und Arbeitserfahrung. Eine theoretische Konzeption zu einer Sozialpsychologie der Arbeit. Frankfurt am Main: 1978.

von Krockow, C. Graf: Politik und menschliche Natur. Dämme gegen die Selbstzerstörung. Stuttgart: 1987.

Voß, G.-G.: Lebensführung als Arbeit. Über die Autonomie der Person im Alltag der Gesellschaft. Stuttgart: 1991.

Vossenkuhl, W.: Eigenes Ich. Ein Essay über die menschliche Identität. In: Beck, U./Vossenkuhl, W./Ziegler, U. E.: Eigenes Leben: Ausflüge in die unbekannte Gesellschaft. München: 1995, S. 194-215.

Wagner, P.: Soziologie der Moderne. Freiheit und Disziplin. Frankfurt am Main/New York: 1995.

— Fest-Stellungen. Beobachtungen zur sozialwissenschaftlichen Diskussion über Identität. In: Assmann, A./Friese, H. (Hg.): Identitäten. Erinnerung, Geschichte, Identität 3. Frankfurt am Main: 1998, S. 44-72.

Waldenfels, B.: Das Zwischenreich des Dialogs. Sozialphilosophische Untersuchungen im Anschluß an Edmund Husserl. Den Haag: Nijhoff 1971.

— Das Problem der Leiblichkeit bei Merleau-Ponty. In: Ders.: Der Spielraum des Verhaltens. Frankfurt am Main: 1980 (a), S. 29-54.

— Abgeschlossene Wesenserkenntnis und offene Erfahrung. In: Ders.: Der Spielraum des Verhaltens. Frankfurt am Main: 1980 (b), S. 79-97.

— Grenzen der Universalisierung. Zur Funktion der Rollenübernahme in Meads Sozialtheorie. In: Ders.: Der Spielraum des Verhaltens. Frankfurt am Main: 1980 (d), S. 223-262.

— Ordnung im Zwielicht. Frankfurt am Main: 1987 (a).

— Phänomenologie in Frankreich. Frankfurt am Main: 1987 (b).

— Vorwort: Ansprüche der Erfahrung. In: Ders.: Der Stachel des Fremden. Frankfurt am Main: 1990 (a), S. 7-11.

— Dialog und Diskurse. In: Ders.: Der Stachel des Fremden. Frankfurt am Main: 1990 (b), S. 43-56.

— Fremderfahrung zwischen Aneignung und Enteignung. In: Ders.: Der Stachel des Fremden. Frankfurt am Main: 1990 (c), S. 57-71.

— Jenseits des Subjektprinzips. In: Ders.: Der Stachel des Fremden. Frankfurt am Main: 1990 (d), S. 72-79.

— Antwortregister. Frankfurt am Main: 1994.

— Erfahrung des Fremden in Husserls Phänomenologie. In: Ders.: Deutsch-französische Gedankengänge. Frankfurt am Main: 1995 (a), S. 51-68.

— Verflechtung und Trennung. Wege zwischen Merleau-Ponty und Levinas. In: Ders.: Deutsch-französische Gedankengänge. Frankfurt am Main: 1995 (b), S. 346-382.

— Nähe und Ferne des Leibes. In: Ders.: Sinnesschwellen. Studien zu Phänomenologie des Fremden 3. Frankfurt am Main: 1999 (a), S. 16-32.

— Eigenleib und Fremdkörper. In: Ders.: Sinnesschwellen. Studien zu Phänomenologie des Fremden 3. Frankfurt am Main: 1999 (b), S. 33-52.

— Das leibliche Selbst. Vorlesungen zur Phänomenologie des Leibes. Frankfurt am Main: 2000.

Weisenbacher, U.: Die Arbeit an der Differenz. Zur offenen Rekonstruktion moderner Subjekte. In: Parabel 13 (1990), S. 9-38.

Wellendorf, F.: Schulische Sozialisation und Identität. Zur Sozialpsychologie der Schule als Institution. Weinheim/Basel: 1973.

Welsch, W.: Identität im Übergang. Philosophische Überlegungen zur aktuellen Affinität von Kunst, Psychiatrie und Gesellschaft. In: Ders.: Ästhetisches Denken. Stuttgart: 1990, S. 168-200.

— Subjektsein heute. In: Deutsche Zeitschrift für Philosophie, 39. Jg. Heft 4, 1991, S. 347-365.

— Vernunft. Die zeitgenössische Vernunftkritik und das Konzept der transversalen Vernunft. 2. Auflage. Frankfurt am Main: 1996.

Willems, H./Hahn, A. (Hg.): Identität und Moderne. Frankfurt am Main: 1999.

Wimmer, M.: Der Andere und die Sprache. Vernunftkritik und Verantwortung. Berlin: 1988.

— Von der Identität als Norm zur Ethik der Differenz. Kritik, Dekonstruktion und Verantwortung. In: Masschelein, J./M. Wimmer, M.: Alterität, Pluralität, Gerechtigkeit. Randgänge der Pädagogik. Sankt Augustin/Leuven: 1996, S. 25-58.

Wingert, L.: Der Grund der Differenz: Subjektivität als ein Moment von Intersubjektivität. In: Brumlik, M./Brunkhorst, H. (Hg.): Gemeinschaft und Gerechtigkeit. Frankfurt am Main: 1993, S. 290-305.

Winkler, M.: Subjektivität als Kriterium pädagogischen Handelns. In: Olk, T./Otto, H.U. (Hg.): Soziale Dienste im Wandel 2. Entwürfe sozialpädagogischen Handelns. Frankfurt am Main: 1989, S. 113-136.

Winnuest, J. A. M./Ter Heine, E.: German developments in Role Theory: 1958-1980. In: Sociology Vol. 19. No. 4, 1985, S. 598 608.

Wintersteiner, W.: Pädagogik des Anderen. Bausteine für eine Friedenspädagogik in der Postmoderne. Münster: 1999.

Wiswede, G.: Rollentheorie. Stuttgart/Berlin: 1977.

Witte, E.: ›Bildung‹ und ›Imagination‹. Einige historische und systematische Überlegungen. In: Dewender, T./Welt, T. (Hg.): Imagination – Fiktion – Kreation. Das kulturschaffende Vermögen der Phantasie. München/Leipzig: 2003, S. 317-340.

Wittpoth, J.: Rahmungen und Spielräume des Selbst. Ein Beitrag zur Theorie der Erwachsenenbildung im Anschluß an G. H. Mead und P. Bourdieu. Frankfurt am Main: 1994.

Wolzogen, C. v.: ›Mitvernunft‹ oder ungeladener Gast? Der Andere als widerständiges Problem der Bildungstheorie. In: Koch, L./Marotzki, W./Schäfer, A. (Hg.): Die Zukunft des Bildungsgedankens. Weinheim: 1997, S. 83-100.

Wünsche, K.: Die Muskeln, die Sinne, die Reden: Medien im pädagogischen Bezug. In: Kamper, D./Wulf, C. (Hg.): Die Wiederkehr des Körpers. Frankfurt am Main: 1982, S. 97-108.

Wulf, C.: Der mimetische Körper. Handlung und Material im künstlerischen Prozeß. In: Schuhmacher-Chilla, D. (Hg.): Das Interesse am Körper. Strategien und Inszenierungen in Bildung, Kunst und Medien. Essen: 2000, S. 98-105.

Zacharias, W.: Du siehst etwas, was ich nicht weiß, du weißt etwas, was ich nicht seh ... . Zur Einführung. In: Ders.: Schöne Aussichten? Ästhetische Bildung in einer technisch-medialen Welt. Essen: 1991, S. 11-27.

Zdarzil, H.: Bildungstheorie und Identitätstheorie. In: Vierteljahresschrift für wissenschaftliche Pädagogik 48 (1972), S. 279-293.

Zurek, A.: Entfremdung oder Identität? Zur Konfliktverdinglichung im Bewusstseinsfeld von ›politischen‹ und ›Alltags‹-Menschen. In: Birbaumer, A./Steinhardt, G. (Hg.): Der flexibilisierte Mensch. Subjektivität und Solidarität im Wandel. Heidelberg: 2003, S. 86-98.

zur Lippe, R.: Am eigenen Leibe. In: Kamper, D./Wulf, C. (Hg.): Die Wiederkehr des Körpers. Frankfurt am Main: 1982, S. 25-39.

— Sinnenbewußtsein. Grundlegung einer anthropologischen Ästhetik. Reinbek bei Hamburg: 1987.

— Eine Logik des gestischen Wissens. In: Hauskeller, M./Rehmann-Sutter, C./Schiemann, G. (Hg.): Naturerkenntnis und Natursein. Für Gernot Böhme. Frankfurt am Main: 1998, S. 306-322.

## Titel zur Erziehungswissenschaft:

Thorsten Kubitza
**Identität – Verkörperung – Bildung**
Pädagogische Perspektiven der Philosophischen Anthropologie Helmuth Plessners

März 2005, 354 Seiten,
kart., 28,80 €,
ISBN: 3-89942-318-6

Jürgen Budde
**Männlichkeit und gymnasialer Alltag**
Doing Gender im heutigen Bildungssystem

März 2005, 268 Seiten,
kart., 25,80 €,
ISBN: 3-89942-324-0

Andrea Liesner, Olaf Sanders (Hg.)
**Bildung der Universität**
Beiträge zum Reformdiskurs

Januar 2005, 164 Seiten,
kart., 16,80 €,
ISBN: 3-89942-316-X

Ellen Schwitalski
**»Werde, die du bist«**
Pionierinnen der Reformpädagogik.
Die Odenwaldschule im Kaiserreich und in der Weimarer Republik

2004, 394 Seiten,
kart., 28,80 €,
ISBN: 3-89942-206-6

Thomas Brüsemeister, Klaus-Dieter Eubel (Hg.)
**Zur Modernisierung der Schule**
Leitideen – Konzepte – Akteure
Ein Überblick

2003, 426 Seiten,
kart., 26,80 €,
ISBN: 3-89942-120-5

Thomas Höhne
**Pädagogik der Wissensgesellschaft**

2003, 326 Seiten,
kart., 25,80 €,
ISBN: 3-89942-119-1

Werner Friedrichs, Olaf Sanders (Hg.)
**Bildung / Transformation**
Kulturelle und gesellschaftliche Umbrüche aus bildungstheoretischer Perspektive

2002, 252 Seiten,
kart., 24,80 €,
ISBN: 3-933127-94-7

**Leseproben und weitere Informationen finden Sie unter:**
**www.transcript-verlag.de**